lonely planet



# Canaries

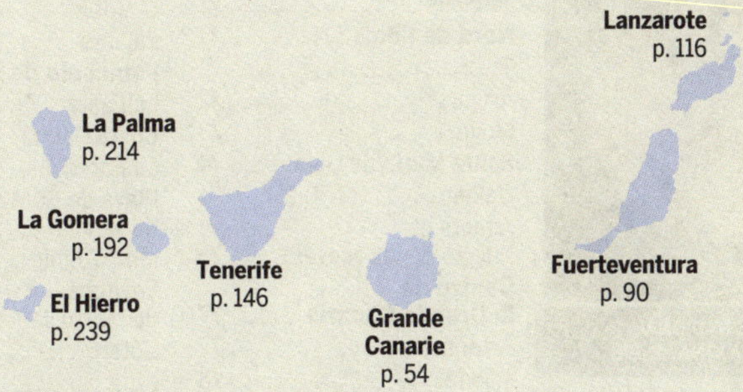


Édition écrite et actualisée par
Isabella Noble et Damian Harper

## PRÉPARER SON VOYAGE

STIAN KLO/LONELY PLANET ©

PARQUE NACIONAL DE GARAJONAY P. 198

ALEKSANDAR TODOROVIC/SHUTTERSTOCK ©

LA LAGUNA, TENERIFE P. 158

## SUR LA ROUTE

LOVETHIEF PHOTOGRAPHY/GETTY IMAGES ©

LA PALMA P. 214

# Sommaire



## COMPRENDRE LES CANARIES



## CANARIES PRATIQUE



## COUPS DE PROJECTEUR

# Bienvenue aux Canaries

*Odorantes forêts de pins, volcans majestueux, paysages lunaires, criques sablonneuses, dunes dignes du Sahara, hôtels en bord de plage... Sublimes et singulières, les îles Canaries séduisent les visiteurs.*

## Paysages fantastiques

Les sommets couverts de pins de l'arrière-pays montagneux de la Grande Canarie, les cascades rugissantes de La Palma ou la végétation tropicale du Parque Nacional de Garajonay contrastent avec les étendues arides entourant El Teide sur Tenerife, les champs de lave aux couleurs surréalistes de Lanzarote, les douces collines fleuries d'El Hierro et les plaines infinies ponctuées de cactus de Fuerteventura. Avec des températures idéales, les Canaries permettent d'admirer des paysages inouïs. Pour trouver cette diversité, on traverse habituellement des continents.

## Grands espaces

Cette incroyable diversité permet de pratiquer nombre d'activités de plein air. Randonnez sur les sentiers balisés, allant de la simple balade à la randonnée en montagne. Pratiquez la plongée et le snorkeling dans des eaux délicieusement chaudes abritant plus de 350 espèces de poissons (et quelques épaves). Pour des sensations fortes sur les vagues et dans les airs : kitesurf, planche à voile, surf et parapente sont bien présents. Pour un rythme plus tranquille : balades à cheval, sorties en bateau, kayak, paddle ou yoga sur la plage vous raviront.

## Art et architecture

Contrairement à ce que l'on pourrait croire, les îles Canaries se targuent d'une immense richesse artistique et architecturale. Les toiles spectaculaires du peintre surréaliste Óscar Domínguez embellissent sa Tenerife natale, les gigantesques sculptures abstraites de Martín Chirino ornent la Grande Canarie et les “interventions” inspirées de César Manrique s'épanouissent partout sur Lanzarote (et au-delà). Les emblématiques balcons en bois, les patios intérieurs verdoyants et les façades peintes caractérisent l'architecture traditionnelle canarienne, et des églises, dont beaucoup datent de plusieurs siècles, se dressent à l'ombre des palmiers.

## ... ou détente

Si pour vous, “voyage” rime avec “farniente”, vous êtes au bon endroit. En matière de plages, le choix est vaste parmi les dunes ondoyantes de Fuerteventura, les anses de sable doré de Tenerife ou les étendues sauvages de la Isla Graciosa. Yoga, méditation, massages et autres techniques de bien-être sont proposés dans l'archipel, et la thalassothérapie fait figure de spécialité locale. Autre solution pour prendre soin de soi : un cocktail tropical ou un verre de vin local face au soleil couchant.

## Pourquoi j'aime les Canaries

Par Isabella Noble, auteure

Les amoureux des Canaries partagent un secret ensoleillé : ces îles éparpillées dans l'océan ont bien plus à offrir que leur réputation souvent dénigrante. Ayant grandi en Andalousie, j'ai toujours été fascinée par les Canaries, avec leurs influences latino-américaines, leur richesse culturelle et leurs paysages volcaniques. Ce morceau d'Espagne enchanteur et d'une grande variété est intimement lié au continent, mais il offre un monde à part. Je ne peux m'empêcher de sourire en atteignant le rivage volcanique de Lanzarote, en traversant les merveilleuses forêts de lauriers de La Gomera ou en m'évadant parmi les bassins naturels d'El Hierro.

**Pour en savoir plus sur les auteurs, voir p. 320.**

Ci-dessus : Jardín de Cactus (p. 130), Lanzarote

# Canaries

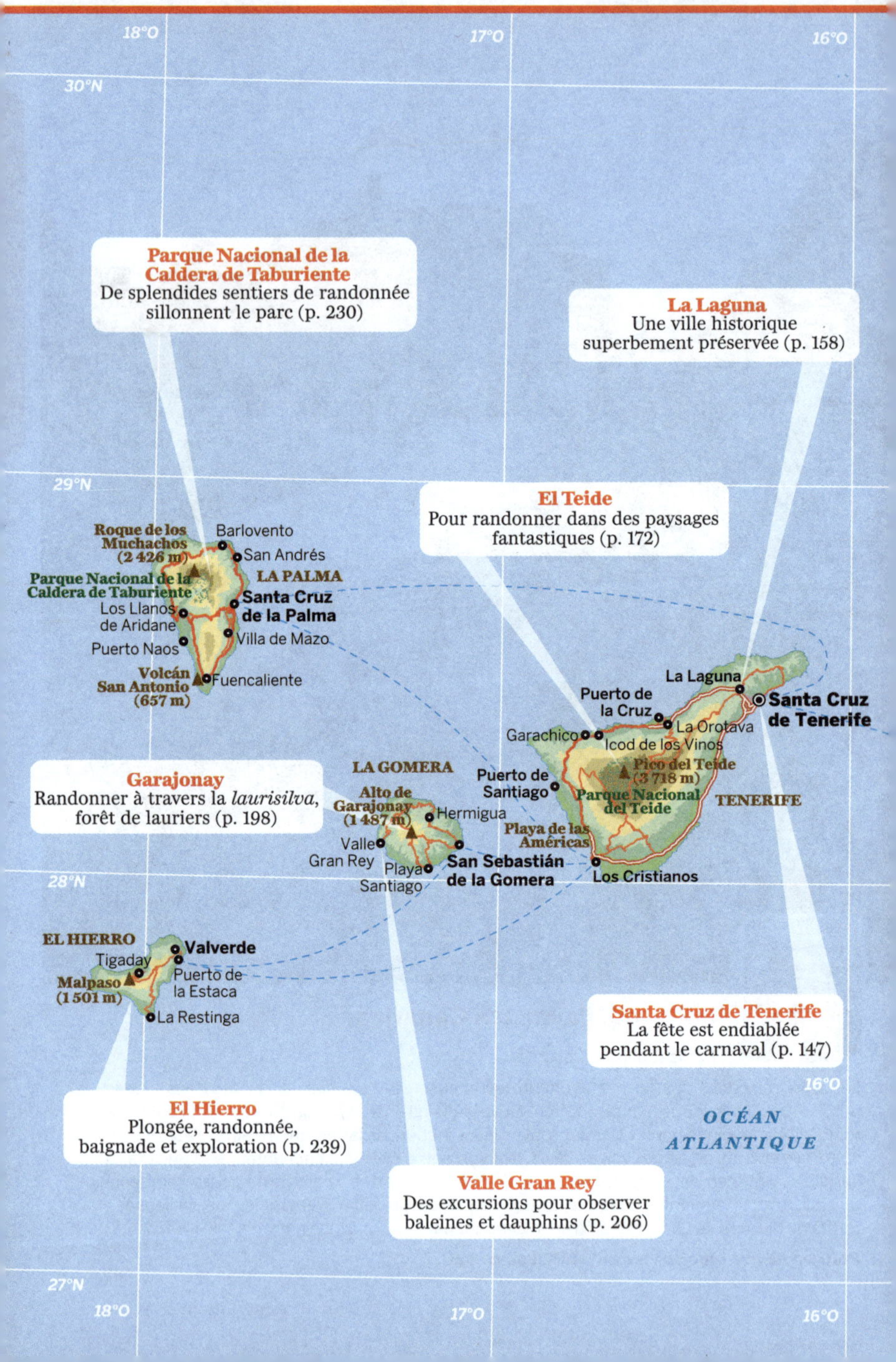

18°O
17°O
16°O
30°N
29°N
28°N
27°N
Parque Nacional de la Caldera de Taburiente
De splendides sentiers de randonnée sillonnent le parc (p. 230)
La Laguna
Une ville historique superbement préservée (p. 158)
El Teide
Pour randonner dans des paysages fantastiques (p. 172)
Garajonay
Randonner à travers la *laurisilva*, forêt de lauriers (p. 198)
Santa Cruz de Tenerife
La fête est endiablée pendant le carnaval (p. 147)
El Hierro
Plongée, randonnée, baignade et exploration (p. 239)
Valle Gran Rey
Des excursions pour observer baleines et dauphins (p. 206)
Roque de los Muchachos (2 426 m)
Barlovento
San Andrés
LA PALMA
Parque Nacional de la Caldera de Taburiente
Santa Cruz de la Palma
Los Llanos de Aridane
Villa de Mazo
Puerto Naos
Volcán San Antonio (657 m)
Fuencaliente
La Laguna
Puerto de la Cruz
Santa Cruz de Tenerife
Garachico
La Orotava
Icod de los Vinos
Pico del Teide (3 718 m)
Puerto de Santiago
Parque Nacional del Teide
TENERIFE
Playa de las Américas
Los Cristianos
LA GOMERA
Alto de Garajonay (1 487 m)
Hermigua
Valle Gran Rey
Playa Santiago
San Sebastián de la Gomera
EL HIERRO
Valverde
Tigaday
Malpaso (1 501 m)
Puerto de la Estaca
La Restinga
OCÉAN ATLANTIQUE

15°O
14°O
30°N
29°N
28°N
27°N
Isla Graciosa
Une petite île sablonneuse, hors des sentiers battus (p. 135)
Artenara
Le plus haut village de la Grande Canarie réserve des vues spectaculaires (p. 77)
La Caleta de Famara
D'excellentes vagues pour le surf (p. 133)
Tahíche
Plongez dans l'univers de Manrique (p. 120)
OCÉAN ATLANTIQUE
Timanfaya
Ici, les volcans sont toujours en activité (p. 128)
La Geria
Des vignes plantées sur des terres volcaniques (p. 127)
Playa de Cofete
Une plage complètement préservée (p. 114)
Barranco de Guayadeque
Un ravin verdoyant et fleuri, merveilleux au printemps (p. 70)
Tejeda
Randonnées, balades à vélo ou en voiture dans de sublimes paysages (p. 78)
Isla de Alegranza
Agujas Grandes (266 m)
Isla Graciosa
Monte Corona (609 m)
LANZAROTE
Haría
La Caleta de Famara
Arrieta
Timanfaya
Parque Nacional de Timanfaya
(510 m)
Teguise
Tahíche
Mozaga
El Golfo
Arrecife
Puerto Calero
Playa Blanca
Corralejo
Isla de Lobos
Lajares
El Cotillo
Parque Natural de Corralejo
La Oliva
FUERTEVENTURA
Puerto del Rosario
Betancuria
Gran Montaña (708 m)
Pájara
Pozo Negro
Playa de Cofete
Playa de Sotovento Jandía
Morro Jable
Santa María de Guía
Las Palmas de Gran Canaria
Arucas
Tejeda
Roque Nublo (1 803 m)
San Bartolomé de Tirajana
Agüimes
GRANDE CANARIE
Maspalomas
ALTITUDE
2 000 m
1 500 m
1 000 m
500 m
200 m
0
0
100 km

# 17 façons de voir les Canaries

1

## El Teide

**1** L'extraordinaire est à portée de main : il suffit d'effectuer une randonnée au pied du volcan Teide (p. 172), à Tenerife, pour se convaincre que l'on marche sur la Lune. Les sentiers vous mènent au cœur d'un paysage étrange émaillé de cratères rouges, jaunes et bruns évoquant des sortes de taupinières préhistoriques, de formations de roche volcanique aux formes insolites et de lapilli pareils à des galets. Si vous avez un permis, attaquez-vous à la randonnée menant au sommet. Sinon, prenez le téléphérique. Habillez-vous chaudement car il peut faire très froid là-haut dans les nuages (surtout en hiver).

## Carnaval !

**2** Les Canarios aiment faire la fête et, à Santa Cruz de Tenerife, la fiesta atteint son paroxysme chaque année, au milieu des paillettes du carnaval (p. 28). Les festivités débutent en grande pompe début février, suivies par 3 semaines de spectacles, concours de déguisements, feux d'artifice et défilés semblables à ceux de Rio. Toutes les îles de l'archipel célèbrent le carnaval avec ferveur de l'aube au crépuscule : pensez à réserver votre hébergement longtemps à l'avance (à moins que vous n'ayez pas l'intention de vous coucher...).

SANTIAGO URQUIJO/GETTY IMAGES ©

2

LUCIANO DE LA ROSA/SHUTTERSTOCK ©

3

4

## Paysages accidentés de la Grande Canarie

**3** La plupart des visiteurs se limitent à la côte de la Grande Canarie, mais ce sont les montagnes qui auront le pouvoir de vous envoûter. À chaque virage – et il y en a beaucoup –, vous découvrirez un autre bosquet de pins imposants ou un autre point de vue inouï provoquant une irrésistible envie de s'arrêter sur le bas-côté. Par chance, on peut aussi profiter de la vue en savourant une soupe roborative ou de délicieux gâteaux dans les nombreux et ravissants villages du centre de l'île, tels Tejeda (p. 78).

## Randonnée dans la Caldera de Taburiente

**4** Découvrez le spectaculaire Parque Nacional de la Caldera de Taburiente (p. 230) à l'occasion d'une randonnée sur l'un de ses nombreux sentiers. Les forêts de pins et les rideaux de nuages qui dévalent les parois abruptes de la caldeira ajoutent à la magie d'une randonnée – de la simple balade au trek d'une journée exigeant plus d'endurance –, considérée par beaucoup comme l'une des plus belles de l'archipel. Cascade dans le Parque Nacional de la Caldera de Taburiente

## Plages splendides de Fuerteventura

**5** Fuerteventura possède certaines des plus belles plages des Canaries. La plus magnifique de toutes est sans doute la Playa de Cofete (p. 114), isolée à la pointe sud de l'île. Pour échapper aux rangées de transats, mettez le cap vers le nord-ouest de l'île, les plages sauvages et les vagues d'El Cotillo. Les véliplanchistes pourront se faire plaisir à Playa de Sotavento de Jandía. Enfin, si vous avez des enfants, choisissez des plages plus familiales, comme Costa Calma et Caleta de Fuste.

6

7

## L'art de César Manrique

**6** L'influence de César Manrique sur Lanzarote est particulière à bien des égards. Partout, les encadrements de portes et de fenêtres sont peints en vert forêt et bleu ciel. Des sculptures en acier décorent de nombreux ronds-points – exemples classiques de la faculté de Manrique à combiner phénomène naturel et génie architectural. Explorez l'ancienne demeure de l'artiste (p. 133) et ne manquez pas la Cueva de los Verdes, Jameos del Agua, le Mirador del Río et la Casa-Museo César Manrique.

## Quartier historique de La Laguna

**7** Visitez La Laguna (p. 158), sur Tenerife, et flânez dans son quartier historique, l'un des mieux préservés de l'île, avec ses ruelles pavées, ses maisons de marchand restaurées et ses demeures ornées de balcons en pin. Cette architecture et ce plan ont servi de modèles à nombre de villes coloniales d'Amérique. Si La Laguna a un côté suranné, elle vibre d'une énergie très contemporaine : une vie nocturne dynamique et des terrasses de bars et cafés invitant à la détente.

## Parque Nacional de Garajonay

8 Émergeant des nuages qui flottent au-dessus de La Gomera durant la majeure partie de l'année, l'Alto de Garajonay (1 487 m) couronne à la fois la petite île circulaire et son magique Parque Nacional de Garajonay (p. 198). Le sommet de l'île est tapissé de *laurisilva* (forêt de lauriers) à la beauté irréelle, antérieure à la dernière époque glaciaire. Une balade sur les sentiers ombragés est une expérience très apaisante. La marche est facile et la vue depuis le sommet, englobant les neiges d'El Teide, sur Tenerife, est extraordinaire.

## El Hierro

9 Avec ses paisibles forêts de pins vert vif, ses genévriers sculptés par le vent, ses bassins naturels d'eau salée scintillants et d'accessibles sentiers de randonnée, la petite île d'El Hierro (p. 239), la plus occidentale des Canaries, aura conquis votre cœur en un rien de temps. Sous les vagues au sud de l'île, vit un monde caché de merveilleuses et étranges créatures aquatiques. Avec ses eaux chaudes et une bonne visibilité, c'est l'une des destinations de plongée les plus excitantes de l'Atlantique Nord.

Piscine naturelle, El Hierro

BENKRUT/GETTY IMAGES ©

## Artenara

**10** Sur les hauteurs des montagnes du centre, après Tejeda, Artenara (p. 77) est le village le plus élevé de la Grande Canarie. Avec ses points de vue exceptionnels et son panorama infini, on a l'impression d'être sur le toit du monde. Choisissez votre belvédère, puis découvrez les étonnantes grottes d'Artenara : l'une abrite une adorable chapelle, d'autres ont été transformées en maisons équipées d'objets du quotidien. Le soir, dînez dans un restaurant troglodytique, avec une vue imprenable depuis votre table. Santuario de la Cuevita, Artenara (p. 77).

## Marchés de petits producteurs

**11** Aubergines, tomates, saucisses parfumées à l'ail, biscuits aux amandes, ail tressé, pain tout chaud, fromage odorant... Les Canaries excellent en la matière. Sur toutes les îles, les marchés débordent de produits locaux, souvent bio, dont les spécialités tels le crémeux *queso de flor* de la Grande Canarie (p. 66), le vin doux Malmsey de La Palma ou le fromage de chèvre de La Gomera (si fameux que Christophe Colomb en embarqua pour son expédition vers les Amériques).

## Dégustation de vin à Lanzarote

**12** Dans la région viticole de La Geria (p. 127), les vignes sont cultivées dans de petits cratères creusés dans la terre volcanique, à l'abri de murettes en arc de cercle appelés *zocos*. Ici, le circuit dégustation est facilité par la proximité de la plupart des grandes bodegas, installées sur la même portion de route. Vous y goûterez, entre autres, le célèbre et liquoreux vin de *malvasía* (malvoisie).

12



## Sports aquatiques à Lanzarote

**13** Baptisées par les surfeurs "Hawaï de l'Europe", les Canaries offrent de nombreux spots de surf de tout premier rang, mais aucun n'est plus représentatif que le récif d'El Quemao et sa vague gauche, à Lanzarote. Si vous n'avez pas le niveau pour ce dernier, La Caleta de Famara (p. 133) convient à tous les niveaux et offre des conditions idéales pour s'initier aux techniques de la planche. Partout sur l'île, d'autres plaisirs aquatiques sont envisageables : kayak, snorkeling, plongée, voile ou yoga sur paddle (SUP).

Surfeurs à Lanzarote

13

14

15

## Barranco de Guayadeque

**14** Le printemps est la meilleure saison pour découvrir cette luxuriante vallée encaissée de la Grande Canarie (p. 70), lorsque les amandiers en fleur colorent le paysage de blanc et de rose. Sur le flanc des montagnes escarpées qui encadrent la vallée sont creusées des grottes abritant restaurants, bars et même une chapelle. Déjeunez dans les entrailles des falaises, puis parcourez l'un des sentiers des environs. Vous serez récompensé par un large panorama sur la mer.

## Parque Nacional de Timanfaya

**15** Sans doute l'un des paysages les plus surréalistes qui soient, le Parque Nacional de Timanfaya (p. 128), à Lanzarote, est un tableau naturel de gris chatoyants, rouges terreux et vert sapin sur un fond bleu ciel étincelant. Formé par une éruption volcanique au XVIIIe siècle, ce superbe territoire ne peut être exploré que dans le cadre d'un circuit en bus ou d'une randonnée guidée, organisée à l'avance. En avant-goût, parcourez le Parque Natural de los Volcanes. Vue sur le parc derrière la pancarte

## Observer les cétacés

**16** Toute l'année (mais surtout de mars à juin), des groupes de baleines et de dauphins se prélassent dans les eaux chaudes au large des Canaries. Le détroit entre Tenerife et La Gomera (p. 207) constitue leur destination de vacances préférée et, si vous séjournez sur l'une des deux îles, une sortie en bateau pour observer les cétacés – avec un prestataire respectueux de l'environnement – sera sans doute l'un des temps forts de votre voyage aux Canaries.

## Isla Graciosa

**17** Il existe peu d'endroits en Europe où les routes sont interdites à la circulation, mais la minuscule et jolie Isla Graciosa (p. 135) va encore plus loin – la huitième île des Canaries n'a pas de route. Du moins, pas de route goudronnée. Embarquez à bord du ferry partant d'Órzola sur Lanzarote et, une demi-heure plus tard, vous profiterez de plaisirs simples tels que pédaler sur un chemin, bronzer sur des plages sauvages, manger du poisson frais en bonne compagnie et explorer les rues quasi désertes et fouettées par le sable de Caleta de Sebo.

# L'essentiel

**Pour plus de précisions, voir le chapitre *Canaries pratique* (p. 279)**

## Devise
Euro (€)

## Langue
Espagnol

## Visas
Pas nécessaires pour les ressortissants de l'UE ou de l'espace Schengen, ainsi que pour les séjours n'excédant pas 90 jours. Voir aussi p. 283.

## Argent
Les cartes bancaires sont le moyen le plus simple de régler les dépenses ; prévoyez un peu d'espèces en cas d'urgence.

## Téléphones portables
Achetez un téléphone avec communications prépayées à partir de 30 €. Les cartes SIM locales fonctionnent avec les téléphones portables européens.

## Heure locale
Heure GMT (UTC+0) ; passage à l'heure d'été

## Quand partir

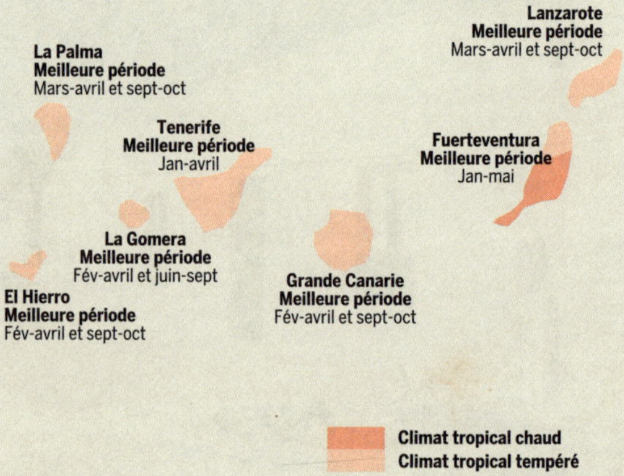


### Haute saison
(déc-avr et juil-août)

- La période allant de décembre à avril coïncide avec Noël, le carnaval et les fêtes de Pâques.
- Les tarifs des hébergements sont à leur maximum en janvier et février.
- Pluies épisodiques de janvier à mars, surtout en montagne.
- Juillet et août sont les mois les plus chauds de l'année.
- Au cœur de l'été, les visiteurs sont plus nombreux, surtout en août.

### Saison intermédiaire
(mai-juin et sept-nov)

- La température moyenne avoisine les 28°C, mais les nuits sont plus fraîches.
- Dans l'ensemble, les touristes sont moins nombreux en automne.
- En haute altitude, en particulier sur la Grande Canarie, Tenerife et El Hierro, il peut faire beaucoup plus froid, avec parfois du brouillard.

## Sites Internet

**Gouvernement des Canaries** (www.gobiernodecanarias.org, en espagnol). Renseignements provenant du gouvernement local, avec de nombreuses informations touristiques.

**Office du tourisme des Canaries** (www.salutilescanaries.com). Informations sur la région en général et renseignements sur chacune des îles.

**Turismo Tenerife** (www.webtenerifefr.com). Office du tourisme de Tenerife ; utile.

**Turismo Gran Canaria** (www.grancanaria.com). Office du tourisme de la Grande Canarie.

**Daily Connections** (www.islandconnections.eu, en anglais). Actualités quotidiennes.

**Lonely Planet** (www.lonelyplanet.fr). Informations sur la destination et forums.

## Numéros utiles

Si vous appelez aux Canaries depuis les Canaries, le numéro composé comportera 9 chiffres. Il commencera par le chiffre 9 pour les lignes fixes et par un 6 pour les téléphones mobiles.

| | |
|---|---|
| **Indicatif du pays** | ☎34 |
| **Code d'accès à l'international** | ☎00 |
| **Ambulance** | ☎61 |
| **Police** | ☎112 |

## Taux de change

| | | |
|---|---|---|
| **Canada** | 1 $CA | 0,68 € |
| **Suisse** | 1 FS | 0,91 € |

Pour les derniers taux de change, consultez le site www.xe.com.

## Budget quotidien

### Moins de 60 €

- Chambre pour petits budgets avec sdb commune : 25-50 €
- Courses au marché/supermarché pour un repas : 6 €
- Ticket de bus : 3 €
- Parcs, églises, randonnées et certains musées : gratuits

### 60-150 €

- Chambre dans un hôtel de catégorie moyenne ou un appartement privatif : 65-100 €
- Repas de 3 plats avec vin dans un restaurant de catégorie moyenne : 30 €
- Grands musées, galeries et sites touristiques : environ 6 €
- Location de voiture : à partir de 20 € par jour

### Plus de 150 €

- Chambre en boutique-hôtel ou *resort* : à partir de 100 €
- Bon repas avec vin : à partir de 50 €
- Course en taxi : 20 €
- Activités (plongée, surf, sortie en bateau) : 60 €

## Heures d'ouverture

Les horaires suivants s'entendent uniquement pour la haute saison ; en dehors de cette période, ils sont en principe plus restreints.

**Banques** 8h30 à 14h du lundi au vendredi

**Bars** 19h à minuit

**Commerces** 10h à 14h et 17h à 21h du lundi au vendredi, 10h à 14h samedi

**Postes** 8h30 à 20h30 du lundi au vendredi, 9h30 à 13h samedi (dans les grandes villes) ; 8h30 à 14h30 du lundi au vendredi, 9h30 à 13h samedi (ailleurs)

**Restaurants** service de 13h à 16h et de 19h jusque tard

**Supermarchés** 9h à 21h du lundi au samedi

## Arriver aux Canaries

- **Aeropuerto de Gran Canaria** Bus réguliers pour Las Palmas. Taxis : 30 € ; environ 25 minutes
- **Aeropuerto César Manrique-Lanzarote** Bus réguliers pour Arrecife. Taxis : 12 € ; environ 15 minutes
- **Aeropuerto Tenerife Sur** Bus réguliers pour Los Cristianos. Taxis : 20 € ; environ 30 minutes
- **Aeropuerto de Fuerteventura** Bus réguliers pour Puerto del Rosario. Taxis : 10 € ; environ 15 minutes

## Bonnes manières

**Se saluer** La plupart du temps, les Espagnols saluent amis ou étrangers avec une bise sur chaque joue ; chez les hommes, seuls les amis très proches s'embrassent.

**Visites des églises** Rentrer dans une église à des fins touristiques pendant une messe ou tout autre service religieux est considéré comme un manque de respect.

**Ponctualité** Comme en Espagne continentale, la ponctualité n'est pas respectée aussi strictement que dans d'autres pays européens, donc essayez de rester souple.

Plus d'informations sur **comment circuler** p. 292.

# Hébergement

**Pour plus de détails sur les hébergements, voir les chapitres *Sur la route* (p. 53)**

## Types d'hébergements

**Appartements et villas** Avec cuisine et souvent le meilleur rapport qualité/prix ; beaucoup plus courants que les hôtels aux Canaries. Les *aparthotels* sont entre l'appartement et l'hôtel, avec kitchenette et service hôtelier.

**Casas rurales** Fermes aménagées ou maisons de village, souvent avec cuisine. Idéal pour échapper à l'agitation des zones touristiques. Réservez tôt, car le nombre de places est limité et il peut n'y avoir personne à demeure sur place.

**Auberges de jeunesse** Modernes, avec dortoirs, Wi-Fi et cuisines communes, pour voyageurs sac au dos. À Santa Cruz de Tenerife, Las Palmas de Gran Canaria et certaines localités de surfeurs.

**Pensions et auberges** Logements souvent familiaux aux prix modestes et au bon rapport qualité/prix. Certains sont sobres avec sdb communes, d'autres sont pleins de charme et d'élégance.

**Hôtels** Établissements modestes, sublimes boutiques-hôtels ou luxueux cinq-étoiles avec peignoir, spa et restaurant gastronomique.

**Paradores** Établissements de prestige gérés par l'État espagnol. Cinq *paradores* aux îles Canaries.

**Camping** Les campings sont rares dans les sublimes paysages des Canaries, mais certains parcs nationaux disposent d'emplacements officiels. Réservez en ligne bien à l'avance.

### TARIFS

Voici les tarifs d'une chambre double avec sdb privée (petit-déjeuner non inclus, sauf mention contraire).

**€** moins de 65 €

**€€** 65-140 €

**€€€** plus de 140 €

## Le top des hébergements

### En famille

Les *resorts* des principales destinations touristiques (Maspalomas à la Grande Canarie, Los Cristianos à Tenerife, etc.) sont adaptés aux familles, tandis que les appartements et villas privés sont parfaits pour des séjours avec des tout-petits. Cela dit, des établissements disséminés dans l'archipel feront le bonheur des enfants.

**Finca de Arrieta** (p. 131) Arrieta, Lanzarote

**Barceló Castillo Beach Resort** (p. 98) Caleta de Fuste, Fuerteventura

**Lopesan Villa del Conde** (p. 60) Maspalomas, Gran Canaria

**Apartamentos Playa Delphin** (p. 229) Puerto Naos, La Palma

### Petits budgets

On peut voyager aux Canaries avec un budget serré dans des hébergements au charme fou. Santa Cruz de Tenerife et Las Palmas de Gran Canaria, ainsi que des localités de surfeurs, possèdent d'excellentes auberges pour voyageurs sac au dos. Les appartements avec cuisine et les *hostales* et *pensiones* bon marché sont populaires dans tout l'archipel.

**El Sitio** (p. 247) La Frontera, El Hierro

**Laif Hotel** (p. 98) El Cotillo, Fuerteventura

**Downtown House** (p. 60) Las Palmas de Gran Canaria, Grande Canarie

**El Jostel** (p. 170) Santa Cruz de Tenerife, Tenerife

**Los Telares** (p. 201), Hermigua, La Gomera

**La Fuente** (p. 229) Santa Cruz de la Palma, La Palma

Monts Anaga, Tenerife (p. 161)



## Boutiques-hôtels

Des propriétés indépendantes au charme exquis sont inspirées de l'art et de l'architecture de l'archipel. Elles occupent souvent de beaux bâtiments historiques et/ou sont dissimulées au cœur de paysages spectaculaires.

**Buenavista Lanzarote** (p. 131) Wine Country, Lanzarote

**Hotel La Quinta Roja** (p. 170) Garachico, Tenerife

**Finca Malvasía** (p. 131) Wine Country, Lanzarote

**Hotel San Telmo** (p. 229) Santa Cruz de la Palma, La Palma

**Hotel Palacio Ico** (p. 131) Teguise, Lanzarote

## Séjours à la campagne

Sur toutes les îles de l'archipel, les gîtes ruraux et les *casas rurales* équipées sont d'un excellent rapport qualité/prix vu leur caractère, leur cadre et leurs infrastructures. Ce sont souvent des bases idéales pour la randonnée et les escapades loin de toute civilisation et beaucoup ne sont pas accessibles en transport public. Réservez bien à l'avance.

**Casa Isaítas** (p. 98) Pájara, Fuerteventura

**El Sitio** (p. 247) La Frontera, El Hierro

**Caserío de Mozaga** (p. 126) Mozaga, Lanzarote

**Los Telares** (p. 201) Hermigua, La Gomera

## Réservations

Réservez tôt toute l'année. En période d'affluence, certains hôtels (surtout les grands *resorts*) imposent des séjours de plusieurs nuits et/ou la pension ou demi-pension ; en outre, les tarifs s'envolent. Offres intéressantes parfois en automne (oct/nov).

**Lonely Planet** (lonelyplanet.fr/hotels). Commentaires indépendants, sélection d'adresses et réservation en ligne.

**Airbnb** (www.airbnb.fr). Appartements avec vue sur la mer ou vastes maisons en montagne.

**Canari Rural** (www.canarirural.com). Plus de 200 gîtes ruraux et maisons de campagne.

**Casas Rurales** (www.ecoturismocanarias.com). Vaste choix de gîtes ruraux. Ne couvre pas La Gomera, ni Lanzarote.

# Comment circuler

**Pour plus d'informations, voir le chapitre *Transports* (p. 289).**

## En voiture

Être motorisé est le meilleur moyen d'explorer les Canaries, la conduite étant souvent agréable et sure. Certains itinéraires sont spectaculaires, depuis le littoral jusqu'aux routes de montagne. Les plages, sentiers de randonnée et autres sites dignes d'intérêt ne sont accessibles qu'en transport privé (surtout ceux qui sont plus éloignés). Le grand nombre d'agences de location garantit des tarifs très compétitifs (en taxi, les prix peuvent vite monter). Les routes sont souvent bien entretenues et signalisées, mais les habitants respectent peu les limitations de vitesse et les distances de sécurité. Les visiteurs qui connaissent mal le relief de la région peuvent gêner la circulation. Les plus beaux circuits suivent souvent des routes de montagne sinueuses, impressionnantes et parfois difficiles pour les visiteurs. Conduire dans les grandes villes n'est pas aisé – entre les embouteillages et les rares (et chères) places de stationnement –, surtout en haute saison ; mieux vaut emprunter les transports en commun.

### CONDUIRE AUX CANARIES

- On conduit à droite.
- La ceinture de sécurité est obligatoire pour les passagers.
- Âge légal pour conduire une voiture : 18 ans.
- Soyez toujours en possession de votre permis de conduire.
- Limitation de vitesse : 120 km/h sur les autoroutes et 50 km/h en agglomération.
- Taux d'alcool maximum : 0,5 g/litre de sang.

## Louer une voiture

Aux Canaries, la location d'une voiture est fortement conseillée. On trouve des agences dans les aéroports, les stations balnéaires et les grandes villes. Sur les petites îles, comme El Hierro et La Gomera, réservez car les véhicules de location ne sont pas légion. Certains prestataires louent aussi des véhicules électriques. Les grands loueurs internationaux sont représentés sur les îles, mais les agences locales affichent souvent des tarifs légèrement inférieurs. Cicar (p. 294) est une agence locale réputée. En règle générale, il n'est pas permis de transporter son véhicule de location d'une île à l'autre en ferry ; si vous visitez plusieurs îles, louez une nouvelle voiture sur chaque île.

## État des routes

Les routes principales sont goudronnées et bien entretenues : conduire aux Canaries est souvent agréable. Dans les régions isolées, certaines voies se changent en chemin de terre ou de graviers, notamment autour de la région de Jandía, sur Fuerteventura, et sur l'Isla Graciosa. Il est difficile de conduire sur le sable ; évitez de rouler la nuit sur les routes couvertes de sable. La plupart des contrats d'assurance des agences de location ne couvrent pas l'utilisation des véhicules sur les routes non goudronnées. Mieux vaut donc, dans ce cas, passer par un prestataire louant des 4x4.

## Sans voiture

### Avion

Les sept îles principales possédent un aéroport (Tenerife en a deux). L'avion est le moyen le plus efficace de voyager de l'une à l'autre. Les distances sont courtes et les tarifs généralement très raisonnables. Binter Canarias (p. 292), Canary Fly (p. 292) et Europa Express (www.aireuropa.com) sont les principaux transporteurs inter-îles.

#### D'ÎLE EN ÎLE

Les îles sont reliées entre elles par des ferrys, des "ferrys rapides" et des hydroglisseurs.

Les horaires, les tarifs et même les itinéraires peuvent changer. Ce n'est pas grave sur les grands itinéraires, où l'offre ne manque pas, mais cela peut occasionner d'importants retards sur un itinéraire desservi seulement 2 à 3 fois par jour, voire par semaine. Si vous manquez de temps, l'avion est une solution plus rapide (et les tarifs sont compétitifs).

Les 3 compagnies principales :

**Trasmediterránea** (p. 292)

**Fred Olsen** (p. 292)

**Naviera Armas** (p. 292)

### Vélo

Le cyclotourisme est de plus en plus prisé et les majestueux paysages volcaniques rendent les virées à vélo spectaculaires. Las Palmas de Gran Canaria s'est dotée d'un bon système de vélo en libre-service, Sitycleta (p. 295), et de pistes cyclables. On peut louer des vélos dans la plupart des grandes villes et *resorts*, à partir de 12 €/jour environ. De nombreuses agences proposent aussi des circuits à vélo.

### Bateau

Passer d'une île à l'autre en ferry rapide est merveilleux, et la plupart des liaisons sont fréquentes. Cela dit, il est plus rapide et, en général, aussi bon marché de prendre l'avion.

### Bus

Les bus interurbains (*guaguas*) desservent les principaux sites de chaque île, mais il faut s'organiser à l'avance, car il n'y a que quelques services par jour et souvent pas le week-end. Vous trouverez les horaires des bus auprès des offices du tourisme locaux ou sur Internet. Il existe des cartes rechargeables, offrant de légères réductions.

Caleta de Sebo, Isla Graciosa (p. 135)

# Envie de...

## Paysages

**Grande Canarie** Un arrière-pays montagneux fabuleux, surtout aux environs de Cruz de Tejeda et d'Artenara. (p. 54)

**El Teide** Le point culminant de l'Espagne, accessible à pied ou en téléphérique, dévoile un panorama vertigineux. (p. 172)

**Parque Nacional de Timanfaya** Le parc national de Lanzarote est une débauche de couleurs, des paysages lunaires et d'extraordinaires formations rocheuses. (p. 128)

**La Gomera** L'île entière offre des paysages de montagne spectaculaires, mais les meilleurs points de vue se situent dans le parc national de l'Alto de Garajonay. (p. 198)

**Mirador del Río** Le chef-d'œuvre de César Manrique, accroché à une falaise de Lanzarote, offre une vue panoramique sur l'archipel de Chinijo. (p. 132)

**El Hierro** La deuxième île la plus petite des Canaries offre, un peu partout, des points de vue hallucinants. (p. 239)

## Plages

Les stations balnéaires du sud de l'archipel possèdent des plages magnifiques, mais surpeuplées. À l'inverse, les splendides étendues de sable noir d'El Hierro, de La Palma et de La Gomera sont souvent désertes.

**Playa de Cofete, Fuerteventura** Peut-être le tronçon de sable le plus ravissant et le mieux préservé de l'archipel. (p. 114)

**Playa de las Teresitas, Tenerife** Sable très fin, bons restaurants de bord de mer et agréable ambiance espagnole. (p. 161)

**Dunes à l'infini, Gran Canaria** Crapahutez sur les dunes extraordinaires de Maspalomas. (p. 81)

**Playa del Papagayo, Lanzarote** Roulez sur une piste de terre jusqu'à cette plage de sable clair, dans une réserve naturelle, puis continuez jusqu'à la Playa Mujeres, non loin. (p. 143)

**Playa de las Conchas, Isla Graciosa** Une magnifique plage de sable doré, le plus souvent déserte ou presque. Mais prudence, car ses eaux peuvent se révéler traîtresses. (p. 135)

**Bassins naturels, El Hierro** Pas vraiment la plage, mais les piscines d'eau de mer d'El Hierro font partie des incontournables des Canaries. (p. 239)

## Randonnées

Hormis en juillet et août, quand l'atmosphère est brûlante et poussiéreuse, le climat est assez doux pour envisager de sublimes randonnées à travers toutes les îles.

**Parque Nacional del Teide, Tenerife** Affrontez le sommet ou restez au pied de la montagne pour certaines des plus belles randonnées de Tenerife dans des paysages lunaires. (p. 172)

**Ruta de los Volcanes, La Palma** Ce trek fait traverser des étendues de cendres volcaniques jusqu'au site de la plus récente éruption des Canaries. (p. 229)

**Parque Nacional de Garajonay, La Gomera** Des parcours ombragés pour tous niveaux sillonnent la *laurisilva* – l'une des dernières forêts de l'ère tertiaire au monde –, de La Gomera. (p. 198)

**Parque Nacional de Timanfaya, Lanzarote** Réservez bien à l'avance pour arpenter les champs de lave, ou explorez la Caldera Blanca, en bordure du parc. (p. 128)

**Parque Nacional de la Caldera de Taburiente, La Palma** Gravissez le chemin jusqu'au Pico Bejenado pour un point de vue mémorable ou choisissez

**En haut** : Cenobio de Valerón (p. 74), la Grande Canarie

**En bas** : Chèvres dans les monts Anaga (p. 161), Tenerife

n'importe quel autre parcours panoramique. (p. 230)

**Roque Nublo, Grande Canarie** Depuis le parking, une demi-heure suffit pour rejoindre le monolithe emblématique de la Grande Canarie. (p. 79)

**Barranco de Masca, Tenerife** Une descente éprouvante et impressionnante le long d'un ravin, jusqu'à l'océan (itinéraire fermé pour entretien lors de notre passage). (p. 176)

**El Hierro** Suivez les 27 km du pèlerinage du Camino de la Virgen ou lancez-vous sur le Camino de Jinama, en bordure de falaise. (p. 254)

**Isla de Lobos** On se sent seul au monde le long du rivage de cette île inhabitée, au large de Fuerteventura. (p. 105)

## Art et architecture

Pour les passionnés d'art, les hauts lieux de l'archipel sont, entre autres, Las Palmas de Gran Canaria, Santa Cruz de Tenerife et l'île de Lanzarote.

**Créations de César Manrique** Émaillant toute l'île de Lanzarote, les créations modernes de l'artiste offrent un merveilleux contraste avec les paysages. (p. 120)

**Tenerife Espacio de las Artes** Un joyau architectural incroyablement moderne pour des expositions d'œuvres engagées. (p. 152)

**Santa Cruz de la Palma** Sans doute la plus belle ville de l'archipel, avec une kyrielle d'églises anciennes et d'édifices historiques. (p. 216)

**Centro Atlántico de Arte Moderno, Gran Canaria** Complété de deux musées satellites, le CAAM de Las Palma présente de superbes expositions contemporaines. (p. 60)

**La Laguna, Tenerife** Ville historique débordant de charme et d'architecture traditionnelle à tous les coins de rue. (p. 158)

**San Sebastián de la Gomera** Flânez dans des ruelles aux tons pastel, bordées d'églises et de maisons anciennes, sur une île connue pour son atmosphère artistique et bohème. (p. 195)

**Teguise** La première capitale de Lanzarote, fondée au XV^e^ siècle. (p. 124)

## Histoire

**La Laguna, Tenerife** Ce site classé au patrimoine mondial de l'Unesco est un véritable musée à ciel ouvert d'architecture historique. (p. 158)

**Santa Cruz de la Palma** Certainement le centre historique le plus ravissant et attachant de l'archipel. (p. 116)

**San Sebastián de la Gomera** La capitale colorée où Christophe Colomb fit sa dernière escale avant les Amériques. (p. 195)

**Betancuria** Une bonne dose d'histoire dans les collines de Fuerteventura. (p. 96)

**Teguise** La longue histoire de Lanzarote se dévoile dans les rues pittoresques de son ancienne capitale. (p. 124)

**Teror** Une ville de montagne haute en couleurs sur la Grande Canarie, avec des bouffées d'histoire tous les deux pas. (p. 71)

## Sports nautiques

On peut compter sur le vent et les vagues à Fuerteventura et Lanzarote, tandis qu'El Hierro est particulièrement réputée pour la plongée.

**El Cotillo** Le cœur du surf à Fuerteventura, entouré de plages battues par les vents. (p. 107)

**La Caleta de Famara** Le spot de surf de Lanzarote le plus prisé pour la pratique du kitesurf, de la planche à voile, du Bodyboard, du yoga... (p. 133)

**La Restinga** Ses eaux chaudes et limpides font de ce village côtier d'El Hierro le paradis des plongeurs. (p. 248)

**Playa de Sotavento de Jandía** Les amateurs de kitesurf et de planche à voile affluent sur cette plage de sable doré de Fuerteventura qui accueille la Coupe du monde de planche à voile. (p. 95)

**Pozo Izquierdo** Un lieu tranquille où pratiquer la planche à voile grâce à des clubs réputés, sur la Grande Canarie. (p. 85)

**Stations balnéaires du Sud** Los Cristianos sur Tenerife et Puerto de Mogán, Maspalomas et Playa del Inglés sur la Grande Canarie. (p. 179)

## Archéologie

La culture préhispanique de l'archipel a presque été éradiquée pendant la conquête espagnole, mais quelques fascinants sites guanches demeurent sur les îles.

**Cueva Pintada, Grande Canarie** Les motifs géométriques ornant cette grotte seraient une sorte de calendrier. (p. 74)

**Cenobio de Valerón, Grande Canarie** Un ensemble impressionnant de grottes et d'entrepôts à grains accrochés à flanc de falaise. (p. 74)

**Cuatro Puertas, Grande Canarie** Une grotte creusée par l'homme au sommet d'une colline, au sortir de Telde. (p. 69)

**La Zarza, La Palma** Un petit centre d'accueil des visiteurs, à proximité de gravures rupestres tourbillonnantes (p. 238).

**Museo de la Naturaleza y el Hombre** Les superbes collections de ce musée de Santa Cruz de Tenerife sont dédiées à la culture préhispanique. (p. 151)

**Museo Arqueológico de Lanzarote** Inauguré en 2018 à Arrecife, cet excellent musée d'archéologie met en lumière la turbulente histoire de l'île. (p. 120)

## Hors des sentiers battus

Outre ces lieux recommandés, il suffit de marcher un peu pour s'éloigner du circuit classique, et ce sur toutes les îles.

**Cofete, Fuerteventura** Un minuscule hameau, une spectaculaire plage de surf et une mystérieuse demeure... (p. 114)

**Monts Anaga, Tenerife** Marchez dans de verdoyantes pinèdes et découvrez des hameaux bucoliques figés dans le temps. (p. 161)

**Isla Graciosa, Lanzarote** Campez sur la plage et explorez cette île minuscule à vélo. (p. 135)

**Cala de Tacorón, El Hierro** Détente maximale dans des criques rocheuses idylliques, baignées d'eaux cristallines – l'île dans son ensemble est très peu fréquentée ! (p. 248)

**Charco Azul, La Palma** Des piscines naturelles d'eau de mer creusées dans la roche volcanique. (p. 235)

**Fortaleza de Ansite, Grande Canarie** Randonnez jusqu'à ce site guanche qui jouit d'un emplacement exceptionnel, où une galerie a été creusée dans le flanc de la montagne. (p. 78)

**Playa del Risco, Lanzarote** Marchez une heure pour atteindre une plage de sable doré préservée, au nord-ouest de l'île. (p. 133)

## Vin et fromage

**La Geria** La région volcanique et viticole la plus célèbre de Lanzarote, avec des bodegas assurant la visite, la vente et la dégustation (avec fromage de chèvre local en prime !). (p. 127)

**Queso Majorero** Achetez votre fromage de Fuerteventura dans une *quesería* locale : vous pourrez goûter avant de vous décider. (p. 98)

**Vin malvasía** Un vin rouge doux à déguster dans les bodegas de Tenerife et de La Palma. (p. 224)

**Queso de Flor, Grande Canarie** Goûtez à ce fromage crémeux aromatisé aux fleurs de chardon dans la jolie Santa María de Guía. (p. 74)

**El Hierro** Dans la partie la plus occidentale de l'île, découvrez un secteur viticole en pleine expansion, avec des raisins inhabituels et des bodegas innovatrices. (p. 252)

# Mois par mois

**LE TOP 5**

**Carnaval**, février ou mars

**Festival de Música de Canarias**, janvier-février

**Festival international de jazz**, juillet

**Gay Pride**, mai

## Janvier

**Un mois très prisé des visiteurs : il fait encore assez chaud dans les stations balnéaires du sud de l'archipel et le temps est (généralement) agréable. Au nord et à l'intérieur des terres, il fait plus froid et il pleut souvent. Il arrive que le sommet d'El Teide, à Tenerife, soit enneigé.**

### Fête des Rois mages

Les enfants espagnols reçoivent leurs cadeaux, apportés par les Rois mages et non par le Père Noël, le 6 janvier. Cette fête est célébrée par des défilés la veille au soir et des repas traditionnels le jour même.

### Festival de Música de Canarias

Le festival de musique classique des Canaries, dont le succès ne se dément pas depuis plus de 30 ans, débute en janvier (www.gobiernodecanarias.org).

## Février

**Le sud de l'archipel est ensoleillé, et la température plus fraîche de l'arrière-pays se prête à la marche. C'est aussi le mois du carnaval : réservez votre hébergement au plus tôt !**

### Carnaval

Presque aussi exubérant qu'à Rio, le carnaval canarien n'est jamais aussi beau qu'à Santa Cruz (Tenerife) et Las Palmas de Gran Canaria. Il est tout aussi mémorable à Santa Cruz de la Palma. (p. 153)

### Fiestas del Almendro en Flor

Nombre de villages accueillent des marchés et des festivités pour célébrer la floraison des amandiers, qui recouvrent de rose et de blanc les collines et les vallées de plusieurs îles. Ces fêtes peuvent parfois avoir lieu en janvier.

## Mars

**Fleurs printanières et superbes randonnées, surtout sur El Hierro, La Palma, La Gomera et la Grande Canarie, sont au rendez-vous.**

### Semana Santa

Pendant la semaine de Pâques, des processions religieuses traversent villes et villages. Parfois en avril.

### Temporada de Ópera

Le festival de l'opéra de Las Palmas de Gran Canaria attire des ténors du monde entier. (p. 63)

## Avril

**Le soleil brille sur les plages du Sud, mais les nuits sont plus fraîches et il y a parfois des averses, surtout sur Tenerife. Temps agréable pour la randonnée.**

### Plaisir des papilles

Profitez de la fête du fromage de Santa María de Guía (www.santamariadeguia.es) pour faire un festin de *queso de flor*, le fromage merveilleusement crémeux typique de la Grande Canarie. Parfois en mai.

## Mai

**Le mois de mai est très agréable, car les plages ne sont pas encore prises d'assaut et les soirées se font déjà plus chaudes.**

### Gay Pride

La deuxième *orgullo gay* d'Espagne, après celle de Madrid, anime les rues de Maspalomas (Grande Canarie), au milieu du mois. Grandes fêtes, défilés, spectacles et autres animations. (p. 84)

## Juin

**C'est le dernier mois de calme avant l'arrivée de la foule estivale. Le temps est idéal, avec un ensoleillement de 10 heures par jour et des températures de 20 à 25°C.**

## Juillet

**Le mercure grimpe, mais la température moyenne dans le Sud est inférieure à 35°C. Avec les vacances d'été, les touristes sont plus nombreux, et les prix des hôtels augmentent.**

### Bajada de la Virgen de los Reyes

La fête la plus réputée d'El Hierro a lieu tous les 4 ans (prochaines en 2021 et 2025) début juillet. La sainte patronne de la ville est portée de sa chapelle, dans l'ouest de l'île, jusqu'à Valverde. (p. 256)

### International Jazz Festival

Le Festival Internacional Canarias Jazz & Más Heineken attire les grands noms du jazz. (p. 66)

### Théâtre, musique et danse

Le Festival de Teatro, Musica y Danza de Grande Canarie est d'envergure internationale. (p. 63)

## Août

**Principal mois de congé pour les Espagnols, c'est le plus chaud de l'année (même si la température atteint rarement les 40°C qui règnent habituellement sur les côtes du sud de l'Espagne).**

### Danse de la pluie

La Fiesta de la Rama, organisée à Agaete le 4 août, est l'une des fêtes les plus importantes de la Grande Canarie. À l'origine "danse de la pluie" préhispanique, elle se situe aujourd'hui à mi-chemin entre la procession religieuse et une folle nuit de fête (p. 76).

### Festival du vin

La Fiesta de la Vendimia est le plus important festival du vin de Lanzarote et met à l'honneur ses crus volcaniques. Au programme : foulage des raisins aux pieds, concerts, circuits et dégustations. Il a lieu mi-août, dans la région de La Geria. (p. 127)

### San Ginés

Le Día de San Ginés (25 août) est l'occasion d'une énorme fête à Lanzarote. Les réjouissances (concerts, matchs de football et concours de beauté) durent 2 semaines. (p. 121)

## Septembre

**Les températures ne dépassent pas 25°C et les foules estivales se raréfient. Les nuits se rafraîchissent, surtout en haute altitude. Une période propice aux randonnées dans la plupart des régions.**

### Festival Christophe Colomb

La capitale de La Gomera, San Sebastián, organise les Fiestas Colombinas. Une manifestation festive et culturelle d'une semaine, en l'honneur du premier voyage de Christophe Colomb vers le continent américain. (p. 197)

## Octobre

**Les températures moyennes redescendent à 20°C, et les nuits sont plus fraîches (surtout sur les hauteurs). Plus calme, octobre est propice à la randonnée, surtout en montagne, ou aux plaisirs balnéaires.**

## Novembre

**Les soirées sont fraîches, mais il fait environ 20°C en journée, ce qui permet encore de passer du temps sur la plage. Les touristes en quête de soleil hivernal ne sont pas encore arrivés.**

## Décembre

**À Noël, les touristes d'Europe du Nord affluent, à la recherche d'un peu de chaleur. Les températures atteignent 15°C et les stations balnéaires les plus au nord ou en altitude sont parfois sous les nuages.**

### Fiesta de la Virgen de la Concepción

Cette fête à El Hierro culmine le 8 décembre par des festivités religieuses. La veille au soir, la population envahit les rues de Valverde pour manger, boire et s'amuser. (p. 243)

# Itinéraires

## 1 SEMAINE Le top de la Grande Canarie

Une semaine sur la Grande Canarie vous permettra d'explorer les musées et les restaurants de la capitale, de dîner de produits de la mer sur la côte, d'admirer les montagnes et même de passer du temps sur la plage.

Commencez à **Las Palmas de Gran Canaria** par une balade sur la Playa de las Canteras ou un plongeon dans le calme océan, propice au snorkeling. Le 2e jour, parcourez les pavés de l'historique Vegueta, dotée d'excellents musées. Le lendemain, rendez-vous dans la jolie ville d'**Arucas** avant de rallier la côte nord pour déguster des fruits de mer à **Puerto de las Nieves**. Le 4e jour, empruntez la sinueuse et superbe route le long de la côte ouest, déjeunez dans la paisible **Puerto de la Aldea**, puis continuez jusqu'à la jolie **Puerto de Mogán** et son port de plaisance très méditerranéen. Le 5e jour, virez au sud-est jusqu'au sable chatoyant de **Maspalomas**, où vous attendent balade ou baignade, puis prenez la GC-60 vers le nord jusqu'à **Tejeda** pour un déjeuner avec vue. Passez le 6e jour en randonnée ou sur une route en montagne pour apprécier le paysage éblouissant. Enfin, redescendez vers **Agüimes** aux jolis bâtiments pastel et au charme historique, puis retournez vers l'intérieur des terres jusqu'au luxuriant **Barranco de Guayadeque** pour déjeuner dans une grotte.

AMNAT30/SHUTTERSTOCK ©

En haut : Parque Nacional de la Caldera de Taburiente (p. 230), La Palma
En bas : Dîner au Barranco de Guayadeque (p. 70), la Grande Canarie

# Hors des sentiers battus



## POINTE DE L'ÎLE, TENERIFE

Suivez les montagnes déchiquetées et les virages en épingle à cheveux du nord-ouest peu touristique de Tenerife. Vous atteindrez la côte sauvage de Punta de Teno et les sublimes couchers de soleil de l'île la plus appréciée des Canaries. (p. 176)

## LA CÔTE EST, TENERIFE

Villages de pêcheurs paisibles, paysages volcaniques dénudés et plages de sable noir sont les stars de tout voyage sur la côte est, peu visitée, de Tenerife. (p. 187)

## LA PALMA

Verdoyante et préservée, La Isla Bonita échappe aux foules qui envahissent Tenerife. Sa charmante capitale regorge de belles demeures historiques et les environs du Parque Nacional Caldera de Taburiente comptent d'incroyables sentiers de randonnée. (p. 214)

## EL HIERRO

Plus difficile à atteindre, l'île la plus occidentale récompense les visiteurs avec des panoramas saisissants, des sentiers de randonnées bucoliques, des bassins naturels scintillants, des églises et des demeures fascinantes et des petits restaurants pour vous tout seul. (p. 239)

## ERMITA DE GUARÁ, LA GOMERA

Enfilez de bonnes chaussures et faites une randonnée jusqu'à cette ravissante petite chapelle, perchée au-dessus d'une gorge vertigineuse, dans le sud de La Gomera. Découvrez ensuite les anciens ateliers de potiers dans le hameau d'El Cercado. (p. 206)

## PLAYA DEL RISCO, LANZAROTE

Cette plage se mérite : il faut marcher une bonne heure en dévalant des collines escarpées pour arriver à cette étendue de sable qui ourle le littoral sauvage au nord de Lanzarote. (p. 133)

## ISLA GRACIOSA

Devenue officiellement la huitième île des Canaries, la Isla Graciosa, reculée, est un havre de paix protégé, aux rues saupoudrées de sable, aux plages dorées et aux volcans donnant sur les falaises de Famara. L'île n'est accessible qu'en bateau, au départ d'Órzola, sur Lanzarote. (p. 135)

## POZO NEGRO, FUERTEVENTURA

Palmiers, champs verdoyants et sommets déchiquetés embellissent le chemin qui mène, sur la côte est, à un minuscule village de pêcheurs, comptant une poignée de bateaux, de cottages et d'excellents restaurants de poissons. (p. 102)

## PLAYA DE COFETE, FUERTEVENTURA

Sur la côte sud, la plage de sable blond de Cofete est la plus appréciée de l'île, mais elle demeure sauvage et peu construite. Elle est gardée par une demeure pleine de mystère. (p. 114)

## POZO IZQUIERDO, GRANDE CANARIE

La planche à voile a le vent en poupe à Pozo Izquierdo, une ville insolite où vos seuls compagnons seront des véliplanchistes acharnés. (p. 85)

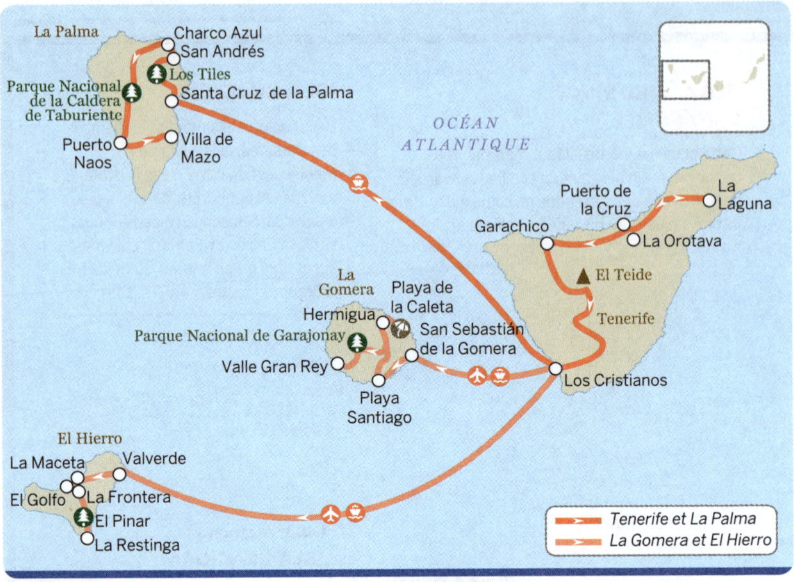


## 10 JOURS Tenerife et La Palma

Cette aventure sur deux îles mêle une architecture parfaitement préservée et un impressionnant paysage montagneux.

À Tenerife, passez 2 nuits à **Puerto de la Cruz** et profitez des boutiques, des bars et des plages. Le 3e jour, visitez **La Orotava** et ses demeures du XVIIe siècle, puis découvrez le quartier historique de **La Laguna**. Le lendemain, gagnez **Garachico** et ses modestes maisons de pêcheurs. Le 5e jour, cap sur l'extraordinaire **El Teide** pour une journée de marche et de paysages grandioses. Le 6e jour, rejoignez **Los Cristianos** et prenez le ferry quotidien pour La Palma.

Passez 2 ou 3 nuits à **Santa Cruz de la Palma** pour explorer la vieille ville, profiter de la plage et randonner jusqu'au Santuario de la Virgen de las Nieves. Découvrez, au nord, les ruelles escarpées de **San Andrés**. Le 8e jour, visitez la forêt tropicale de **Los Tiles**, puis rafraîchissez-vous dans les piscines naturelles du **Charco Azul**. Le 9e jour, randonnez dans le beau **Parque Nacional de la Caldera de Taburiente**. Poursuivez vers le sud jusqu'à **Puerto Naos**, puis visitez le musée de l'Artisanat à **Villa de Mazo**.

## 1 SEMAINE La Gomera et El Hierro

Au programme de ces deux petites îles : cuisine rustique, randonnées en forêt, baignade et routes sinueuses.

Le 1er jour, sur La Gomera, explorez les rues anciennes de **San Sebastián de la Gomera**. Le suivant, détendez-vous sur la plage et dans un restaurant de **Playa Santiago**. Le 3e jour, cap vers le nord verdoyant, avec une étape à la traditionnelle **Hermigua** et à la jolie plage volcanique de **Playa de la Caleta**. Le lendemain, allez vers le sud et randonnez dans la belle *laurisilva* (laurisylve) du **Parque Nacional de Garajonay**. Parcourez en voiture la splendide gorge du **Valle Gran Rey** jusqu'à la mer. Vous pourrez y passer la nuit, puis rejoindre **El Hierro**, via Tenerife, en ferry ou en avion.

Visitez la paisible capitale, **Valverde**, et cap vers le sud jusqu'à la spectaculaire région d'**El Golfo**. Une randonnée suit le Camino de Jinama, qui borde les falaises. Goûtez une délicieuse cuisine canarienne à **La Frontera**, établissement modeste où vous pourrez passer la nuit. Le lendemain, plongez dans les piscines naturelles de **La Maceta**, rejoignez les pinèdes d'**El Pinar**, puis les sites de plongée de **La Restinga**.

## Préparer son voyage

# Activités

Les activités de plein air sont à l'honneur aux Canaries. Avec des températures douces toute l'année, de rares menaces de précipitations pour gâcher vos aventures, des eaux claires, des vagues déchaînées et une surprenante variété de paysages, il sera difficile de ne pas passer tout votre temps dehors.

## Randonnée

### Quand partir

On peut randonner toute l'année aux Canaries, mais certains chemins deviennent glissants et dangereux, voire impraticables quand il pleut, une éventualité plus probable d'octobre à mars. D'autres itinéraires, comme l'ascension du volcan El Teide, peuvent être plus difficiles durant ces mêmes mois car la neige couvre certains passages. N'oubliez pas que s'il fait chaud sur le littoral et dans les plaines, toujours ensoleillés, le temps change en altitude. Vent et brouillard font chuter la température, aussi faut-il toujours partir avec des vêtements chauds et imperméables. Enfin, n'oubliez pas d'emporter suffisamment d'eau avec vous.

### Randonner sur...

#### Tenerife

Le Parque Nacional d'El Teide est l'un des plus beaux endroits où randonner en Espagne. Toutefois, El Teide n'est pas l'unique destination de randonnée de Tenerife. Au nord-est, les monts boisés d'Anaga permettent des randonnées à travers des forêts embrumées résonnant du chant des oiseaux ; dans l'extrême Nord-Ouest, le hameau de Masca est le point d'accès à des marches aussi belles que difficiles et, dans le Sud, Adeje mène

**Randonnée**

La question de savoir quelle île des Canaries offre les meilleures randonnées provoque à coup sûr des débats houleux au sein de la communauté des marcheurs. Tenerife, La Palma, El Hierro et La Gomera se disputent la couronne.

**Kitesurf et planche à voile**

Les îles Canaries offrent des conditions idéales, parmi les meilleures du monde, pour la pratique du kitesurf et de la planche à voile. Lanzarote est dans la course, mais c'est toutefois Fuerteventura qui remporte la palme du vent.

**Surf**

Les Canaries ne sont pas surnommées "Hawaï de l'Atlantique" pour rien. Si les spots de surf sont excellents dans tout l'archipel, La Caleta de Famara, à Lanzarote, en est La Mecque.

**Plongée et snorkeling**

Les sites de plongée ne manquent pas de Lanzarote à la Grande Canarie, de Tenerife à La Gomera, mais le trophée est attribué à l'île minuscule d'El Hierro.

**Cyclisme**

Les routes désertes et relativement plates de Lanzarote et de Fuerteventura sont propices au cyclotourisme, mais les accros de la petite reine préféreront les montagnes centrales de la Grande Canarie, et les pentes raides de La Gomera et de La Palma.

Footing sur un sentier pédestre, La Palma (p. 214)

à la sublime randonnée du Barranco del Infierno (p. 179).

## La Gomera

Grâce à la présence d'une brume quasi permanente (appelée pluie horizontale), la forêt verdoyante du Parque Nacional de Garajonay abonde en mousses et en plantes de toutes sortes. Depuis l'Alto de Garajonay, point culminant du parc, on découvre Tenerife et El Teide, sauf si les nuages sont de la partie. Les randonneurs de tous niveaux trouveront leur bonheur aussi bien dans le parc qu'aux alentours.

## La Palma

Considérée par beaucoup comme l'île offrant les plus belles randonnées, La Palma abrite le Parque Nacional de la Caldera de Taburiente, dont le paysage est à mi-chemin entre le verdoyant Garajonay et l'austère Teide. Suivez la crête montagneuse du parc, grimpez jusqu'au sommet de la montagne ou descendez au Puerto de Tazacorte. D'innombrables sentiers sillonnent l'île par ailleurs : en les parcourant, on traverse des pans de forêt tropicale humide, et on gravit des pentes volcaniques desséchées.

### CARTES LOCALES

En matière de balisage, certaines îles sont mieux équipées que d'autres. La Palma et La Gomera, en particulier, possèdent des sentiers bien balisés et quantité de documents d'information. Ailleurs, vous trouverez peut-être des chemins moins bien balisés. Si vous faites chou blanc au bureau d'information touristique, essayez le *cabildo* (gouvernement de l'île) : des cartes de randonnée y sont généralement disponibles, mais avoir la patience et la volonté de trouver la personne apte à vous aider peut parfois s'avérer aussi difficile que de partir en randonnée. Autre possibilité : utiliser les guides de randonnée (ci-contre) pour chacune des îles ; certains comportent aussi des cartes (par exemple les *Discovery Walking Guides*).

### RANDONNER HORS DES SENTIERS BATTUS

Outre les grands itinéraires de randonnée, il en existe quantité d'autres moins connus dans tout l'archipel. Sachez que de nombreux parcours partent de chaque point ; le Parque Nacional de Teide, par exemple, couvre un immense secteur et compte de nombreux chemins. Si vous êtes partant pour une randonnée vraiment spectaculaire, joignez-vous à un groupe avec guide pour découvrir Tremesana, dans le Parque Nacional de Timanfaya. Il faut l'organiser à l'avancer mais vos efforts seront largement récompensés.

Renseignez-vous sur place si vous empruntez un itinéraire non fréquenté – certains sont mal entretenus et envahis par la végétation, ce qui, joint à l'absence de signalisation, peut sérieusement gêner votre progression ou vous mettre en danger. Renseignez-vous aussi sur les périodes de fermeture (lors de nos recherches, le Barranco de Masca était fermé pour permettre sa régénération et pour améliorer la sécurité dans le ravin ; le chemin montant au mont Tindaya sur Fuerteventura était également interdit aux randonneurs).



La Ruta de los Volcanes (p. 229) longe l'épine dorsale volcanique au sud de l'île, jusqu'à Fuencaliente.

### El Hierro

Nouvelle venue dans le monde de la marche, la minuscule île d'El Hierro offre un large éventail de randonnées, des sentiers côtiers faciles à parcourir en famille, comme la promenade allant de Las Puntas à La Maceta, à des balades à l'ombre des forêts de pins d'El Pinar, en passant par le Camino de Jinama, beaucoup plus long (p. 254).

### Grande Canarie

Si l'on y randonne beaucoup moins que dans les îles occidentales, la Grande Canarie n'en recèle pas moins de superbes balades. On trouve les meilleurs sentiers autour de la Cruz de Tejeda, située près du point culminant de l'île, ou dans les ravines verdoyantes plus à l'est.

### Lanzarote

Les marches dans le parc national doivent être bien organisées, mais il existe d'autres options de randonnée. Vous pouvez parcourir les vignobles de La Geria ou traverser tranquillement l'Isla Graciosa – tant que le sable dans les chaussures ne vous dérange pas.

### Fuerteventura

Si vous souhaitez marcher sans trop grimper, Fuerteventura permet de belles randonnées tranquilles. Les dunes au sud de Corralejo offrent d'infinies possibilités de randonnée, il y a de superbes sentiers le long de la côte nord et la Isla de Lobos se prête également bien à la marche. Vous pourrez aussi explorer les espaces verdoyants autour de Betancuria ou les étendues de sable de Playa de Cofete.

## Les plus belles randonnées

Parmi nos secteurs de randonnée préférés figurent la réserve de biosphère de Los Tiles, protégée par l'Unesco, sur La Palma, et les dunes de Maspalomas sur la Grande Canarie. Les randonnées les plus gratifiantes sont les suivantes :

**Pico Viejo à El Teide** (p. 175). La randonnée la plus difficile – et la plus exceptionnelle – des Canaries est ce trek interminable qui vous mènera non seulement au sommet du point culminant de l'Espagne, mais aussi à la cime de son petit frère, moins fréquenté.

**Ruta de los Volcanes** (p. 229). Enchaînez les sommets des volcans, lors d'une randonnée longue et éprouvante.

**Pista de Valencia au Pico Bejenado** (p. 236). Dans le Parque Nacional de la Caldera de Taburiente, sur La Palma.

**Barranco del Infierno** (p. 179). Superbe randonnée dans une gorge près d'Adeje, sur Tenerife.

**De La Laguna Grande à Alto de Garajonay** (p. 210). Baladez-vous dans les forêts nimbées de brume au sommet de La Gomera ; un parcours assez facile.

Planche à voile, Pozo Izquierdo (p. 85)

**Camino de Jinama** (p. 254). Un parcours à travers l'histoire dans le plus beau paysage d'El Hierro.

**Isla de Lobos** (p. 105). Bouclez la boucle sur cette île déserte.

### Ressources

**Discovery Walking Guides** Les meilleurs ouvrages en anglais pour la randonnée en général ; publie des guides et les cartes correspondantes pour Lanzarote, La Palma, La Gomera et Tenerife.

**Sunflower Books** Des guides de randonnée pour tout l'archipel.

**Cicerone** Ces guides de randonnée en anglais sont également très appréciés. Il en existe un pour chaque île (*Walking on Tenerife*, *Walking on Gran Canaria*, etc.).

**Rother Walking Guides** Guides en anglais très instructifs, couvrant Tenerife, la Grande Canarie, La Palma et La Gomera.

## Sports nautiques

### Surf

Les Canaries offrent un superbe environnement pour le surf : longues heures de soleil, climat doux et grande variété de vagues, des rouleaux intimidants brisant sur des récifs très peu profonds aux doux bancs de sable, parfaits pour les débutants. On y trouve un large choix d'écoles assurant des cours pour enfants ou adultes ; quelques écoles de surf proposent aussi l'hébergement. La meilleure saison pour surfer court d'octobre à avril. À cette époque de l'année, vous aurez besoin d'une combinaison complète de 3 mm d'épaisseur.

Pour en savoir plus sur le surf aux Canaries, *The Stormrider Surf Guide: Canary Islands* (en anglais), publié par Low Pressure, est disponible en version digitale et s'avère pratique.

**La Caleta de Famara, Lanzarote** (p. 133). Plage de sable s'étendant à perte de vue et quantité d'écoles de surf ; l'idéal pour les débutants.

**El Cotillo, Fuerteventura** (p. 107). Conditions tout aussi parfaites pour apprendre à surfer.

**Playa de las Américas, Tenerife** (p. 179). Quelques vagues pas trop fortes et plusieurs écoles de surf.

### Planche à voile et kitesurf

Avec le vent toujours au rendez-vous, de bonnes vagues et un climat idéal, les Canaries offrent d'excellentes conditions – parmi les meilleures du monde – pour la pratique de la planche à voile et du kitesurf.

Tous les ans, des compétitions de niveau international y sont organisées. Les pros du monde entier convergent vers ces longues plages de sable pour goûter l'eau. Les débutants pourront aussi se faire plaisir car des stages sont proposés sur les principaux spots. Ils durent de deux jours à une semaine et les prix varient en fonction du niveau que vous souhaitez atteindre.

*The Kite & Windsurfing Guide Europe*, de Stoked Publications (en anglais), répertorie les meilleurs spots de kitesurf et de planche à voile du continent. Il comporte un chapitre sur les Canaries.

**Playa de Sotavento de Jandía, Fuerteventura** (p. 111). Une série de plages de sable blanc et doux avec d'excellents sites de planche à voile, sur la venteuse côte est.

**Playa de la Barca, Fuerteventura** (p. 111). Le meilleur choix en matière de planche à voile et de kitesurf.

**Pozo Izquierdo, Gran Canaria** (p. 85). Les vents forts sont permanents dans ce haut lieu de la planche à voile.

**Costa Teguise, Lanzarote** (p. 123). Excellentes conditions pour les véliplanchistes.

**Corralejo, Fuerteventura** (p. 104). Planche à voile pour tous les niveaux sur la côte nord-est.

**Playa Las Galletas, Tenerife** (p. 186). Ville décontractée avec de bonnes possibilités de planche à voile, au sud de l'île.

**Playa El Médano, Tenerife** (p. 186). Vent satisfaisant sur la côte sud-est.

## Baignade

Soleil et eau à des températures entre 18°C et 26°C toute l'année font de la mer l'un des principaux attraits de l'archipel. Des longues plages de sable fin des îles les plus à l'est aux piscines volcaniques des îles occidentales, les sites où se baigner ne manquent pas.

Il y a toutes sortes de plages : grandes ou petites, longues bandes de sable blond, noires et volcaniques, petites anses intimes et calmes, caps rocheux battus par les vents, plages désertes pittoresques et isolées ou plages familiales surpeuplées offrant quantité d'activités. Les piscines naturelles d'El Hierro, de La Palma et de Lanzarote sont aussi d'excellents sites pour la baignade.

Il ne faut jamais oublier d'être prudent, surtout dans l'océan. La première des règles est de ne jamais nager seul. Il y a des courants forts au large, en surface ou en profondeur.

Les eaux autour des îles sont d'une grande propreté. Les seuls endroits parfois pollués sont la proximité des ports (sans compter les résidus de dégazages sauvages polluant toute la planète) et les plages touristiques (où les fumeurs confondent parfois sable et cendrier).

## Plongée et snorkeling

La richesse de la vie marine, la chaleur et le calme relatif de l'océan autour des Canaries en font une destination idéale pour les amateurs de plongée, libre ou avec bouteille. S'il ne faut pas s'attendre aux couleurs chatoyantes des récifs coralliens des Caraïbes, la roche volcanique fait de la côte un site ponctué de belles formations rocheuses et de grottes. On dénombre quelque 350 espèces de poissons et 600 variétés d'algues.

Les écoles de plongée et les boutiques spécialisées sont nombreux, aussi est-il très facile de trouver un professionnel organisant des sorties. Une plongée

### ACTIVITÉS ALTERNATIVES

Vous avez déjà coché toutes ces cases : plongée, surf, vélo, kitesurf, farniente sur la plage et randonnée sur les volcans ? Voici quelques idées d'activités plus confidentielles pour passer un excellent moment ; la plupart sont proposées sur toutes les îles Canaries. Prendre un cours de cuisine ou explorer le marché local, participer à un circuit historique ou architectural dans les villes les plus intéressantes de l'archipel (certains offices du tourisme proposent des itinéraires autoguidés), découvrir toutes les subtilités de l'espagnol grâce à un cours de langue (p. 282), pratiquer le yoga, le Pilates, la méditation et d'autres activités de bien-être, ou s'offrir une séance de thalassothérapie dans un somptueux spa.

REBECAHEREDERO/GETTY IMAGES ©

Piscine naturelle, El Hierro (p. 239)

standard (une bouteille), location de matériel incluse, coûte entre 30 et 55 €, mais une "plongée d'essai" (première plongée, avec un moniteur) peut coûter deux fois plus cher. Les stages sanctionnés par un brevet débutent à 330 € environ et durent de 3 à 7 jours. Les tarifs sont souvent plus attrayants sur El Hierro que sur les autres îles. La plupart des boutiques de matériel de plongée proposent aussi des sorties avec tuba (snorkeling) à ceux qui n'utilisent pas les bouteilles, pour environ la moitié des prix indiqués ci-dessus.

Pour ceux qui souhaitent explorer l'océan lors d'une longue et unique respiration, la plongée en apnée est désormais pratiquée sur plusieurs îles, dont Tenerife, Fuerteventura, Lanzarote et El Hierro. Parmi les écoles proposant cette discipline, citons Apnea Canarias (p. 188), à Tenerife, et Magma Kitesurf School (p. 282), à Fuerteventura.

**La Restinga, El Hierro** (p. 248). Une vie marine d'une grande richesse et quantité de clubs de plongée pour vous accompagner à la découverte de ces merveilles.

**Playa Blanca, Lanzarote** (p. 141). Ces eaux particulièrement chaudes sont l'occasion d'observer des makaires, des barracudas et bien d'autres poissons.

**Los Gigantes et Puerto de Santiago, Tenerife** (p. 177). Plongée en épave, dans des grottes sous-marines et plongée classique depuis un bateau. Vous rencontrerez notamment des murènes, des requins-anges et des raies.

**Puerto de Mogán, Grande Canarie** (p. 85). Plongée dans les grottes et les épaves situées non loin du rivage.

**Playa de las Canteras, Grande Canarie** (p. 61). À quelques mètres du sable, c'est l'un des spots de snorkeling les plus accessibles de l'archipel.

## Observation des dauphins et baleines et sorties en bateau

Environ une trentaine d'espèces de baleines et de dauphins passent dans les eaux canariennes. Les baleines pilotes, les grands dauphins et les dauphins communs sont les espèces les plus courantes.

Les eaux entre Tenerife et La Gomera sont le meilleur secteur où les apercevoir. D'ailleurs, plusieurs agences proposent des circuits d'observation des dauphins et des baleines au départ du port de Los Cristianos.

Les autres ports d'où partir observer les baleines incluent Los Gigantes et Puerto de Santiago (Tenerife), Valle Gran Rey (La Gomera), Puerto Rico (Grande Canarie), et Playa Santiago (La Gomera). Quel que soit le prestataire choisi, cela vaut toujours la peine de chercher à savoir s'il respecte l'environnement. En effet, il peut arriver que certains capitaines emmènent leurs clients trop près des baleines. Cette proximité peut stresser les cétacés et les dauphins, et éventuellement les pousser à changer complètement de comportement, voire à déserter le secteur.

Outre les sorties d'observation, des excursions en bateau partent de quasiment toutes les stations balnéaires de l'archipel, mais les croisières les plus impressionnantes sont peut-être celles qui partent de Valle Gran Rey à La Gomera et se rendent à Los Órganos (p. 204), singulières formations rocheuses évoquant un orgue.

## Golf

Le sud de Tenerife est devenu le paradis des golfeurs. Ils apprécient le climat qui leur permet de jouer toute l'année. Rien qu'autour de la seule Playa de las Américas, on compte une demi-douzaine de terrains. Essentiellement destinés aux vacanciers amateurs, les greens ne présentent pas de vraies difficultés. Dans la douceur de l'hiver, les droits d'accès sont d'environ 100 €, mais, dans la fournaise de l'été, ils peuvent être deux fois moins élevés.

Il y a aussi plusieurs golfs autour de Las Palmas de Gran Canaria et Maspalomas, un sur La Gomera, et même quelques-uns sur les îles arides de Lanzarote et Fuerteventura.

En raison du manque d'eau sur les îles, ce sport pose un problème écologique. Les exploitants soutiennent que l'eau qui arrose ces belles pelouses vient des usines de purification ou du ruissellement, mais les groupes écologistes affirment qu'ils détournent de l'eau destinée à l'agriculture. La vérité est quelque part entre les deux. Aussi, politiciens locaux, golfeurs et écologistes n'ont-ils pas fini de batailler.

### MEILLEURS COINS POUR LE CYCLOTOURISME

| ITINÉRAIRE | NIVEAU DE DIFFICULTÉ |
|---|---|
| El Teide (Tenerife, p. 172) | Avancé |
| Alto de Garajonay (La Gomera, p. 199) | Avancé |
| Valle Gran Rey (La Gomera, p. 206) | Modéré |
| Los Llanos de Aridane (La Palma, p. 232) | Modéré |
| Fataga Ravine (Grande Canarie, p. 80) | Avancé |

## Vélo

Si vous avez de bons mollets, le vélo est un excellent moyen de découvrir les Canaries. Le prix de la location dépend de la qualité du vélo, suspensions et équipements coûtent plus cher. Il faut prévoir environ 15 € pour une journée de location et 50 € pour un circuit avec guide. Toutes les îles, y compris La Graciosa, sont bien pourvues en loueurs de vélos.

Préparer son voyage

# Voyager avec des enfants

Les Canaries combleront même les plus exigeants des voyageurs en herbe. Commencez par le cadre naturel – de larges plages baignées d'eaux calmes et peu profondes et ourlées de rochers formant des bassins et abritant des crabes. Ajoutez à cela une excursion sous-marine ou un cours de plongée, kayak, surf ou kitesurf, une balade à vélo dans les collines ou une randonnée autour d'un volcan, et vous ferez la joie des petits voyageurs.

## Îles aux enfants

### Tenerife

Le karting, l'observation des baleines, les plages, les parcs à thème, les sorties en bateau, la plongée et le surf devraient plaire à toute la famille.

### Fuerteventura

À Corralejo, les enfants plus âgés seront ravis de s'amuser dans les dunes au sud de la ville. Pour s'amuser dans l'eau, il y a les parcs aquatiques, les sorties en bateau, le snorkeling et le surf.

### Lanzarote

Les geysers et le paysage lunaire du Parque Nacional de Timanfaya impressionneront même les plus blasés.

### Grande Canarie

Playa de las Canteras à Las Palmas est magnifique et le musée des sciences devrait faire fureur. Les enfants aimeront aussi les dunes de Maspalomas.

### La Palma

Les plus courageux apprécieront les randonnées de la Caldera de Taburiente, et les enfants de tout âge seront excités par le Volcán San Antonio. L'observation des étoiles remporte toujours un franc succès.

## Les Canaries pour les enfants

Si les sites et attractions spécialement conçus pour les enfants ne manquent pas, notamment les parcs à thème et les zoos, les espaces publics tels que les places des villages ou des villes se transforment aisément en terrains de jeu improvisés où l'on tape dans un ballon, on enfourche un vélo et on s'amuse pendant que les parents, assis en terrasse, surveillent leur progéniture en grignotant des tapas. En outre, de nombreuses places dans les villes possèdent une aire de jeux. Les enfants canariens ont l'habitude de se coucher tard, et, lors des fiestas, il n'est pas rare de voir dans les rues des enfants en bas âge encore debout à minuit. Les petits vacanciers trouvent généralement l'idée fabuleuse, mais, dans la réalité, ils ne font pas toujours preuve de la même résistance.

### Réductions

Les enfants (généralement les moins de 12 ans) ont droit à des réductions dans les transports en commun et à l'entrée des sites touristiques. En principe, tout est gratuit pour les moins de 5 ans.

## Cafés et restaurants

Se retrouver attablé en famille pour passer un moment convivial au restaurant ou dans un bar fait partie intégrante du quotidien aux Canaries, et les établissements où les enfants ne sont pas les bienvenus sont rares. Même si peu (mais de plus en plus) de restaurants proposent un menu enfant, on accepte en principe de préparer des portions moins copieuses pour les petits. Le personnel peut aussi vous suggérer de commander plutôt des tapas. Les équipements pour bébé, telles les chaises hautes et tables à langer, sont communs dans les *resorts*, mais plus rares dans les endroits reculés.

Hormis les boissons non alcoolisées courantes, l'archipel est connu pour ses *zumerias* (bars à jus de fruits), qui servent tout un choix de jus fraîchement pressés. Dans les bars, le *Cola Cao* (lait chocolaté), servi froid ou chaud, remporte un franc succès auprès des enfants.

## Ressources

Demandez systématiquement aux offices du tourisme une liste des activités adaptées aux familles, notamment les fêtes traditionnelles. Renseignez-vous aussi sur les hôtels équipés pour les enfants.

Pour des renseignements d'ordre général consultez le guide Lonely Planet *Voyager avec ses enfants*.

# À ne pas manquer

## Parcs à thème

**Siam Park, Costa Adeje, Tenerife** (p. 179). Cet immense parc aquatique a tout ce qu'il faut, y compris des rapides pour du rafting, une piscine à vagues et même une plage de sable blanc.

**Maroparque, Breña Alta, La Palma** (p. 220). Un petit zoo avec de vastes enclos et d'agréables jardins paysagers.

**Oasis Park, La Lajita, Fuerteventura** (p. 110). Mammifères, oiseaux et animaux marins, mais aussi des balades à dos de dromadaire.

**Acua Water Park, Corralejo, Fuerteventura** (p. 104). Amusement garanti pour les petits amateurs d'eau.

## Sports nautiques et sorties en bateau

**Dive Academy, Arguineguín, Grande Canarie** (p. 82). Cours de plongée Bubblemaker d'une journée pour enfants de 8 à 10 ans.

**Oceanarium Explorer, Calea de Fuste, Fuerteventura** (p. 101). Sorties pour observer les dauphins et les baleines, location de kayak et otaries dans le port.

**Tina, Valle Gran Rey, La Gomera** (p. 207). Circuits d'observation des baleines de 4 heures, déjeuner compris.

## Plages

Les plages répertoriées ci-après bénéficient d'eaux peu profondes et de sable fin (adapté aux châteaux de sable). Elles proposent diverses activités (pédalo, sorties en bateau, volley-ball ou autre), et les restaurants familiaux et les glaciers ne sont jamais très loin.

**Fuerteventura** Corralejo Viejo, Muelle Chico (Corralejo), Caleta de Fuste, Costa Calma, Playa del Matorral (Morro Jable)

**Lanzarote** Playa Grande, (Puerto del Carmen), Playa Blanca, Playa del Castillo (Caleta de Fuste)

**Grande Canarie** Playa de las Canteras, Playa del Inglés, Playa Mogán

**Tenerife** Los Cristianos, Playa de las Américas, Costa Adeje, Las Teresitas

La Palma, La Gomera et El Hierro possèdent principalement des plages de sable noir et, dans l'ensemble, les activités pour les enfants y sont moins nombreuses, hormis les croisières d'observation des baleines et les sorties en bateau à fond de verre.

**La Palma** Puerto Naos, Puerto de Tazacorte, Charco Azul (piscines naturelles creusées dans la roche)

**La Gomera** Playa de las Vueltas et La Playa (Valle Gran Rey), Playa Santiago

**El Hierro** La Restinga

## Musées

**Museo de la Piratería, Teguise, Lanzarote** (p. 124). Un musée de cape et d'épée sur l'histoire de la piraterie dans l'île.

FEVREDREAM/GETTY IMAGES ©

Cueva de los Verdes (p. 131), Lanzarote

**Casa Santa María, Betancuria, Fuerteventura** (p. 97). Folklore et artisanat, ainsi qu'un excellent documentaire sous-marins en 3D.

**Museo Elder de la Ciencia y la Tecnología, Las Palmas de Gran Canaria** (p. 61). Fascinant musée de la Science et de la Technologie faisant une large place à l'interaction.

**Casa-Museo de Colón, Las Palmas de Gran Canaria** (p. 58). Musée retraçant les expéditions de Christophe Colomb, doté d'une impressionnante reproduction de galion.

**Museo de la Naturaleza y el Hombre, Santa Cruz de Tenerife** (p. 151). Muséum de sciences naturelles et d'archéologie, où voir des momies guanches.

**Museo de la Ciencia y el Cosmos, La Laguna, Tenerife** (p. 159). Excellent musée de la Science pour les enfants, comportant un planétarium.

### Plein air

**Isla de Lobos, Fuerteventura** (p. 105). Les enfants devraient apprécier la traversée en ferry et l'arrivée sur une île minuscule et quasi déserte.

**Cueva de los Verdes et Jameos del Agua, Malpaís de la Corona, Lanzarote** (p. 131). Grottes et cavernes.

**Parque Nacional de Timanfaya, Lanzarote** (p. 128). Fascinant parc volcanique avec geysers et méharées.

**Lanzarote a Caballo, Puerto del Carmen, Lanzarote** (p. 136). Équitation et courtes randonnées.

**Grottes troglodytiques, Artenara, Grande Canarie** (p. 77). Fascinantes grottes préhistoriques.

**Lago Martiánez, Puerto de la Cruz, Tenerife** (p. 165). Fabuleuse aire de jeu aquatique.

**La Caldera del Rey, Los Cristianos, Tenerife** (p. 181). Équitation, ferme d'animaux domestiques, mur d'escalade et parcours de cordes pour enfants.

## Préparatifs

Les Canaries sont une destination facile à découvrir avec des enfants. Les mois de juillet et août voient affluer de nombreux vacanciers espagnols, et les hôtels des grandes stations balnéaires sont souvent réservés par les tour-opérators. Le début du printemps est une saison idéale pour voyager avec de jeunes enfants car il fait assez beau pour profiter de la plage sans avoir à supporter une chaleur écrasante, et les parcs à thème ne sont pas surpeuplés – du moins jusqu'aux vacances de Pâques.

On peut acheter du lait infantile, ainsi que des solutions pour stériliser dans les *farmacias* (pharmacies). On trouve facilement des couches jetables dans ces mêmes *farmacias* ainsi que dans les supermarchés.

### Avant de partir

- Réservez bien à l'avance les sièges auto auprès du loueur de voitures.
- Les hôtels disposent souvent de lits bébé. Réservez le vôtre en même temps que la chambre.
- Au moment de choisir un hôtel, vérifiez que le vôtre dispose d'un club pour enfants, propose des activités spéciales ou un service de garderie.
- La protection solaire est de rigueur (écran total, lunettes de soleil et chapeau).
- Vous éviterez bien des larmes et des colères en programmant les activités – visites de parcs à thème, de musées et autres loisirs.

Préparer son voyage

# Cuisine canarienne

La cuisine canarienne se compose d'ingrédients simples et frais que l'on transforme le moins possible : poisson grillé servi avec une sauce piquante aux herbes, pommes de terre en robe des champs à la peau ridée et salée, viande de chèvre grillée juteuse, tranches de tomates arrosées d'un filet d'huile d'olive et fruits frais. On se régale toute l'année, mais les menus évoluent en fonction des saisons.

## Expériences culinaires

### Occasions uniques

**Casa Efigenia** (p. 205). Tout en charme rustique, une introduction à la cuisine de La Gomera.

**Enriclai** (p. 221). Seulement 4 tables dans ce restaurant enchanteur de Santa Cruz de la Palma.

**La Cantina** (p. 125). L'une des meilleures tables de Lanzarote. Des produits locaux cuisinés avec modernité et créativité.

**Llévame al Huerto** (p. 65). Menu éclectique et flexitarien à Las Palmas de Gran Canaria.

**Texeda Brewery & Restaurant** (p. 78). L'adresse mérite à elle seule un passage par Tejeda.

**La Cabaña** (p. 137). Cuisine méditerranéenne fusion dans un lieu somptueux à Playa del Carmen, Lanzarote.

**Tas-k** (p. 178). Excellent choix de tapas dans cet établissement dissimulé derrière le port de Los Gigantes.

**Guannabi** (p. 155). Sensationnel à tous les égards, ce restaurant de Tenerife met l'accent sur de succulents plats de riz.

### Délices bon marché

**Chocolate con churros** Longs beignets à tremper dans un chocolat chaud très épais ; une spécialité canarienne pour le petit-déjeuner ou le goûter.

## Une année à table

Grâce à la douceur du climat de l'archipel, les fruits et légumes peuvent être cultivés tout au long de l'année. La chaleur permet aussi une incroyable variété de produits locaux, avec des fruits tropicaux et des légumes exotiques.

### Printemps (mars à mai)

Les amandiers sont en fleur sur de nombreuses îles, tout comme les autres arbres fruitiers.

### Été (juin à septembre)

Les mangues arrivent à maturité à la fin de l'été, rejoignant les prunes, les oranges, les pêches, les abricots, les pommes, les avocats et les poires sur les étals des marchés.

### Automne (octobre à novembre)

Les papayes et les bananes sont succulentes. L'odeur des *castañas* (châtaignes) grillées flotte partout, et, lors de la fiesta de San Andrés, les caves de Tenerife ouvrent leurs portes pour la dégustation du vin nouveau.

### Hiver (décembre à février)

Les oranges sont récoltées entre octobre et mai et les étals débordent de tomates. Durant le carnaval de Santa Cruz de Tenerife, les fêtards reprennent des forces sur les nombreux étals de rue.

**Papas arrugadas** Les patates ridées canariennes sont incontournables ; elles sont généralement accompagnées de *mojo* (sauce épicée).

**Tapas** Petites portions de toutes sortes servies un peu partout.

**Bocadillos** Petits sandwichs garnis de *jamón* (jambon cru) ou autre charcuterie, de fromage de chèvre ou de chorizo.

**Tostada con tomate** Toast ou pain agrémenté de purée de tomate, huile d'olive et sel.

### Mets singuliers

**Almogrote** Une pâte piquante à base de fromage, typique de La Gomera. Fromage à pâte dur bien affiné, poivrons, piments, tomates et huile d'olive sont mixés en pâte dans un mortier, avec un pilon. La pâte est étalée sur du pain.

**Morcilla dulce canaria** Boudin noir sucré préparé avec du sang de porc, du lard, de la patate douce, du sucre, des raisins secs, des amandes, de la cannelle, de la noix de muscade et de l'anis.

**Chorizo de Teror** Chorizo très souple, pareille à une pâte, contenant de grosses quantités de graisse, paprika, sel, épices, ail et viande maigre. De couleur rouge ou blanche (sans paprika), il est généralement étalé sur du pain, un toast ou dans un *bocadillo*. L'idéal est de le déguster dans sa ville d'origine, à Teror (Grande Canarie).

## Spécialités locales

La cuisine des Canaries doit beaucoup au Nouveau Monde. L'Amérique du Sud a fourni des produits de base comme les pommes de terre, les tomates et le maïs. C'est aussi de là qu'arrivèrent avocats et papayes, alors que les mangues venaient d'Asie. Tous ces délices se trouvent dans les vallées et aux étals des magasins.

Certains plats espagnols classiques sont très répandus, comme la paella, ce riz au safran mélangé de poulet, de lapin ou de poisson et de fruits de mer, les *tortillas* (omelettes de pommes de terre), le gaspacho (soupe froide à la tomate), diverses *sopas* (soupes) et les *pinchos morunos* (brochettes de viande au barbecue).

### Gofio

Surnommé le *pan de los Canarios* (pain des Canariens), le *gofio* est le produit local par excellence, et vous apprendrez à l'apprécier. Mélange grillé de blé, d'orge ou, plus souvent, de maïs, le *gofio* fait partie intégrante de l'alimentation traditionnelle canarienne – bien qu'aujourd'hui le pain soit tout aussi répandu dans les foyers, et plus encore dans les restaurants. Mélangé dans diverses proportions, il se consomme tel quel au petit-déjeuner. Associé à des amandes et des figues, on le retrouve dans les desserts.

### Papas Arrugadas

Les *papas arrugadas* ("patates ridées"), petites pommes de terre nouvelles cuites dans leur peau dans de l'eau très salée, sont de loin le plat le plus connu. Elles sont servies avec les *mojos* : différents types de sauces canariens à base de coriandre, de basilic ou de piment. Les *papas arrugadas* sont bouillies dans une eau si salée que le sel leur colle à la peau. On utilise pour cette recette une variété de *papas antiguas* (pommes de terre anciennes) dérivée des premières variétés importées des Amériques au XVIe siècle.

### Soupes et ragoûts

Parmi les nombreux ragoûts et soupes que vous découvrirez, une délicieuse variante canarienne est le *potaje de berros* (soupe de cresson de fontaine). Au menu canarien figurent aussi la *ropa vieja* (littéralement "vieux vêtements"), un ragoût de pois chiches rassérénant traditionnellement préparé avec des restes, et le *rancho canario,* un généreux bouillon comportant des nouilles épaisses, quelques morceaux de viande et des pommes de terre.

### Poisson et fruits de mer

Parmi la kyrielle de spécialités de la mer, repérez le *sancocho canario,* un plat canarien typique venu d'Amérique du Sud. Ici, il s'agit de poisson salé accompagné de *papas arrugadas,* de patates douces et de *gofio*, souvent relevé d'un peu de *mojo picón* (sauce pimentée).

### Viande

La viande joue un rôle important dans la cuisine canarienne, mais, si le bœuf et l'agneau figurent souvent sur les cartes, ils sont généralement importés. Optez plutôt pour les spécialités des îles : le porc, le poulet, le lapin et, surtout, la chèvre.

Paella espagnole traditionnelle

## Fromage

Le *queso* (fromage) des Canaries mériterait une encyclopédie à lui seul. Vous trouverez du délicieux fromage de chèvre sur toutes les îles, mais le plus célèbre est peut-être le *majorero* (p. 98) de Fuerteventura. Le lait est produit par la chèvre Majorero et le fromage tellement vanté qu'il possède sa propre Denominación de Origen (DO ; appellation d'origine contrôlée). Des planches de fromage canariens sont souvent servies dans les restaurants de tapas ; le fromage de chèvre frit est aussi un plat populaire.

## Desserts et autres douceurs

Les Canariens aiment les desserts sucrés. Les friandises les plus connues sont le *bienmesabe* (pâte épaisse faite de jaunes d'œuf, de miel, de sucre et d'amandes), délicieusement sucrée, les *frangollos* (mélange de farine de maïs, de fruits secs, de lait et de miel), *les bizcochos lustrados* (proches du cake) et les *truchas de batata* (chaussons à la patate douce).

Ne ratez pas les *quesadillas* d'El Hierro, où l'on fabrique ces pâtisseries fromagères à la cannelle (ou parfois aux graines d'anis) depuis le Moyen Âge. Les *morcillas dulces*, boudins noirs sucrés aux raisins frais, aux raisins secs, aux amandes et aux épices, sont appréciés à des degrés variables.

## Les boissons

Les cafés et les bars sont ici une partie indissociable de la culture, et quasiment tous servent indifféremment café et alcool. Au nombre des différents types de débits de boissons, on compte les *cervecerías* (bars à bières rappelant un peu les pubs), *tabernas* (tavernes) et *bodegas* (bars à vins à l'ancienne).

### Café

Le café est produit à petite échelle sur les îles, principalement dans la vallée d'Agaete, dans le nord de la Grande Canarie.

**Café con leche** Moitié café, moitié lait chaud.

**Sombra** Plus de lait que de café.

**Café solo** Café noir court (expresso).

**Cortado** Expresso avec une goutte de lait (équivalent de la "noisette").

**PRIX DES REPAS**

Les prix suivants font référence à un plat principal standard.

**€** moins de 12 €

**€€** 12 à 20 €

**€€€** plus de 20 €

Demandez si un supplément s'applique en terrasse – certains établissements ajoutent 10% à 15% à l'addition.

**Cortado de leche y leche** Expresso allongé de lait et de lait concentré.

**Barraquito** Un *cortado* servi dans une plus grande tasse.

**Café con hielo** Tasse de café chaud à verser dans un verre rempli de glaçons (café frappé).

### Vin

L'un des vins les plus répandus est la *malvasía*, issue du cépage méditerranéen du même nom. C'est un blanc le plus souvent *dulce* (doux) bien qu'il soit aussi parfois *seco* (sec). On le trouve tout particulièrement à La Palma et à Lanzarote, où le raisin est cultivé dans la terre volcanique foncée.

Tenerife est la principale productrice de vins, et le Tacoronte Acentejo rouge le premier vin des Canaries à avoir bénéficié d'une DO. Les régions viticoles sont Icod de los Vinos, Güímar et Tacoronte à Tenerife. À Lanzarote, le vin est redevenu à la mode depuis le début des années 1980, et, en 1993, les *malvasías* de l'île ont reçu leur propre DO.

Les vins d'El Hierro (p. 252) gagnent en popularité. Ils sont produits à partir d'un raisin généralement assez acide et le tourisme viticole prend de l'ampleur sur l'île. Sur La Palma, Tenerife, Lanzarote et d'autres îles, le tourisme viticole se développe également.

### Bière

Le plus souvent, pour commander une *cerveza* (bière) on demande une *caña*, le demi pression local (*cerveza de barril* ou *cerveza de presión*). Si vous préférez une version plus grande, demandez une *jarra*. Brassée à Santa Cruz de Tenerife, la Dorada est une pilsner plus légère. La Tropical, autre pilsner légèrement plus légère produite sur la Grande Canarie, est très appréciée, notamment dans les îles de l'est de l'archipel.

De nombreuses microbrasseries se sont installées, dont l'excellente Cervecería Isla Verde (☎691 44 51 53 ; www.cervezaislaverde.com ; Calle General Plaza el Jesús 41, El Jesus ; ⏲12h-22h lun et mer-ven, 10h-22h sam-dim ; 🅿📶) à El Jesús (La Palma), et la Texeda Brewery & Restaurant (p. 78) à Tejeda (Grande Canarie). Les bars et restaurants servant de la bière artisanale se sont multipliés au fil des ans, donc l'offre est de plus en plus foisonnante. Nos suggestions : La Buena Vida (p. 65) à Las Palmas (Grande Canarie) ou La Jaira de Demian (p. 94) à Puerto del Rosario (Fuerteventura).

### Alcools

En dehors des spiritueux venus d'Espagne, tels que le *coñac* et toute une série de *licores* (liqueurs), il faut goûter les eaux-de-vie locales. Savourez la *mistela* de La Gomera, un mélange de vin, de sucre, d'épices et de *parra* – une version locale de l'*aguardiente* (semblable au schnaps ou à la grappa). Le rhum produit sur les îles est bien plus facile à avaler. Le rhum brun est la boisson favorite, tandis que le *ron miel* (rhum au miel) est une douce concoction parfois offerte après le repas sous la forme de *chupito* (shot).

## Habitudes locales

### Les différents repas

**Desayuno** (petit-déjeuner). Aux Canaries, le petit-déjeuner est généralement simple et rapide : attendez-vous à un jus de fuit, du café ou du thé, des céréales ou du *gofio* et des toasts avec du jambon ou du fromage. Vous trouverez dans les *churrerías* les délicieux *churros* (beignets), souvent servis avec une tasse de chocolat chaud très épais. L'alternative est un *café con leche* ou un *cortado* avec un croissant ou une *tostada* (toast beurré), ou une *tostada con tomate*.

**Comida ou almuerzo** (déjeuner). Le principal repas de la journée. Si beaucoup de Canariens mangent chez eux en famille durant la semaine, certains travailleurs choisissent un bar à tapas ou un restaurant, d'autant que le *menú del día* est généralement pratique et d'un bon rapport qualité/prix. Le week-end, le déjeuner est plutôt un

Chocolate con churros

rassemblement familial ou amical, à la maison ou à l'extérieur. Le déjeuner commence assez tard, vers 14h (13h au plus tôt) et peut se prolonger jusqu'à 16h.

**Cena** (dîner). Le dîner est souvent un moment décontracté et se prend tard : vous trouverez certes des restaurants servant à partir de 18h-19h, mais la plupart des Canariens attendent 20h-21h pour passer à table.

## Où se restaurer

**Asador** Restaurant spécialisé dans les viandes rôties.

**Bar de copas** Animé à partir de minuit. On y sert des alcools forts et des cocktails.

**Cafetería** Pour un café et des en-cas. Lieu propice aux rencontres se doublant souvent d'un bar.

**Casa de comidas** Restaurant modeste proposant une cuisine familiale abordable.

**Cervecería** La *cerveza* à la pression est à l'honneur.

**Guachinche** Cuisine maison dans un cadre informel, à Tenerife.

**Restaurante** Restaurant.

**Taberna** Établissement rustique servent des tapas et des *racíones* (grosses tapas).

**Tasca** Bar à tapas.

**Terraza** Bar en plein air, pour boire et manger des tapas quand il fait chaud.

**Vinoteca** Bars à vins. On peut commander au verre.

## Décodeur de menu

**a la parrilla** – grillé

**asado** – rôti ou au four

**bebidas** – boissons

**carne** – viande

**carta** – carte

**casera** – fait maison

**ensalada** – salade

**entrada** – entrée

**entremeses** – hors-d'œuvre

**frito** – frit

**menú** – menu

**menú de degustación** – menu dégustation

**pescado** – poisson

**plato combinado** – plat principal avec généralement trois légumes

**postre** – dessert

**racíones** – grosses tapas

**sopa** – soupe

# Les régions en un clin d'œil

Chaque île de l'archipel des Canaries offre un visage très singulier. Ceux qui aiment la nature et le grand air seront comblés par les paysages, spectaculaires, et les nombreuses promenades ou randonnées, exigeantes sur toutes les îles, mais notamment sur Tenerife. Chaque île possède évidemment quantité de plages, mais les plus belles sont sans conteste celles de Fuerteventura qui, avec sa voisine Lanzarote, est une destination tendance en matière de sports nautiques. En quête de quelque chose de radicalement différent ? Cap sur les champs de lave noire de Lanzarote, majestueux arrière-plan à l'architecture de l'île. Les passionnés d'histoire trouveront également leur bonheur, en particulier sur la Grande Canarie, dont les extraordinaires sites archéologiques s'ancrent dans un lointain passé.

## Grande Canarie

**Montagnes**
**Archéologie**
**Gastronomie**

### Topographie variée

L'intérieur montagneux se démarque par sa beauté sauvage, avec des forêts de pins et de lauriers, des cratères volcaniques et de belles retenues d'eau. Au printemps, les amandiers se muent en nuages roses et blancs et les quelques cascades coulent à plein débit.

### Héritage guanche

L'histoire très ancienne des Guanches à la Grande Canarie est révélée d'une manière saisissante dans la Cueva Pintada ("grotte peinte"), l'excellent musée de Gáldar, mais aussi dans d'autres musées, ou dans des grottes moins connues, à travers l'île.

### Du poisson à la cuisine fusion

Ici, les textures et les saveurs vont des fabuleux produits de la mer sur le littoral aux solides ragoûts dans les collines, des bons fromages régionaux aux friandises traditionnelles. À vous les longues listes de tapas, les bistrots fusion ou les menus internationaux à Las Palmas.

p. 54

## Fuerteventura

**Plages**
**Sports nautiques**
**Balade en voiture**

### Sable sublime

Les plages de Fuerteventura représentent le principal atout de l'île : petites criques isolées frangées de sable doré, plages où s'écrasent de puissants rouleaux, ou étendues de galets volcaniques noirs adossées à de splendides falaises.

### Vagues et vent

Les surfeurs, véliplanchistes et kitesurfeurs profitent de conditions optimales, surtout sur les côtes nord, est et sud-est. Inutile de trop se charger : vous pourrez louer tout le matériel nécessaire. Les débutants pourront aussi prendre des cours.

### Routes vertigineuses

Dites adieu aux interminables virages en lacets des îles occidentales – vous gagnerez au change avec les longues routes rectilignes de Fuerteventura. Conduire ici est un bonheur, mais aucun risque de s'ennuyer : les pistes sinueuses de la péninsule de Jandía peuvent aussi susciter quelques frayeurs.

p. 90

## Lanzarote

**Art et architecture**
**Paysage volcanique**
**Plages**

### César Manrique

Grâce à l'influence persistante de César Manrique, l'île tout entière est une gigantesque toile naturelle. Sculptures en plein air, galeries d'art et édifices chaulés se marient aux "interventions" visionnaires de Manrique. Autant de rencontres entre l'art et la nature.

### Parque Nacional de Timanfaya

Les paysages volcaniques sombres et intimidants de Lanzarote sont saisissants, surtout au cœur du parc national Timanfaya, où les pics onduleux, les gouffres profonds et les couleurs changeantes se dévoilent sur fond de ciel bleu.

### Plages secrètes

Si Lanzarote est avant tout connue pour ses plages de galets noirs, elle possède aussi de très belles étendues de sable doré. Découvrez les belles plages protégées de Punta del Papagayo, marchez jusqu'à la Playa del Risco ou prenez le ferry pour atteindre les étendues de sable intactes de la minuscule Isla Graciosa.

p. 116

## Tenerife

**Paysage volcanique**
**Festivals**
**Villages traditionnels**

### El Teide

Tentez une aventure volcanique inoubliable en gravissant le plus haut sommet d'Espagne et le troisième volcan de la planète par la taille (le téléphérique est envisageable).

### Carnaval !

L'île sait faire la fête. Le Carnaval annuel de Santa Cruz n'a rien à envier à celui de Rio en matière de dynamisme, de ferveur et d'ambiance festive, avec 3 semaines de frénésie absolue (les hôtels sont pris d'assaut, alors réservez bien à l'avance).

### Villages traditionnels

Les petits villages traditionnels, aux rues pavées et à l'architecture typique, offrent un contraste bienvenu avec l'animation des stations balnéaires de Tenerife. La Laguna et La Orotava sont incontournables, mais ne manquez pas d'autres jolies bourgades comme Garachico, Masca et Vilaflor.

p. 146

## La Gomera

**Nature**
**Randonnée**
**Gastronomie**

### Parque Nacional de Garajonay

L'un des plus beaux espaces protégés des Canaries, le Garajonay, est tapissé de forêts ancestrales de *laurisilva*, qui semblent tout droit sorties d'un conte de fées et sont sillonnées de paisibles chemins de randonnée.

### Au-delà du parc

Le Parque Nacional de Garajonay est émaillé de fabuleux chemins bien balisés, mais le reste de l'île mérite aussi d'être exploré. Des sentiers pédestres traversent des gorges abruptes au nord et au sud, et vous pourrez marcher pendant des heures (et même des jours !) entre plages tranquilles, plantations de bananiers et formations rocheuses.

### Saveurs locales

La cuisine traditionnelle et les ingrédients locaux sont à l'honneur : délicieux *miel de palma* (confectionné à partir de la sève de palmier), fromage de chèvre frais ou fumé, solides ragoûts, *almogrote* (pâté à base de fromage de chèvre, poivrons, huile et ail).

p. 192

## La Palma

**Nature**
**Activités**
**Randonnée**

### Paysages luxuriants

Denses forêts tropicales, montagnes couvertes de pinèdes, collines ondoyantes et falaises rocheuses : la nature de La Palma offre un panorama verdoyant sensationnel, en contraste saisissant avec le Sud, plus austère et plus aride. La plage ne vous manquera même pas.

### Sports d'aventure

Offrez-vous une poussée d'adrénaline : parapente, en solo ou en tandem, spéléologie, kayak de mer et canoë : tous ces sports sont très prisés ici – sans parler des circuits guidés en VTT, de la plongée sous-marine ou des randonnées.

### Sentiers volcaniques

Un paradis pour les randonneurs grâce aux paysages les plus impressionnants des Canaries : le stupéfiant Parque Nacional de la Caldera de Taburiente ou la Ruta de los Volcanes jusqu'à Fuencaliente et la mer. Et ce n'est que le début des réjouissances sur La Isla Bonita !

p. 214

## El Hierro

**Nature**
**Randonnée**
**Plongée**

### Au bout de l'Espagne

Ici, on se sent loin de tout, avec des ciels infinis, des collines tapissées de pins et des bassins vertigineux. Gagnez l'extrémité sud-ouest de l'île pour ses plages sauvages, ses falaises volcaniques et ses bosquets de genévriers sculptés par le vent.

### Sentiers historiques

Parmi les sentiers de randonnée traversant El Hierro, nombre d'entre eux ont une grande importance culturelle depuis des siècles. Lancez-vous sur le célèbre Camino de la Virgen (27 km), l'épine dorsale de l'île, ou tentez le Camino de Jinama, dont les multiples virages au-dessus d'El Golfo vous donneront des sueurs froides.

### Mar de las Calmas

Il existe de sublimes sites de plongée autour de l'île, mais les eaux calmes de la réserve marine au large de La Restinga sont l'épicentre de la plongée à El Hierro, avec quantité d'écoles multilingues. L'eau étant plus chaude, on y découvre d'autres espèces de poissons.

p. 239

# Sur la route

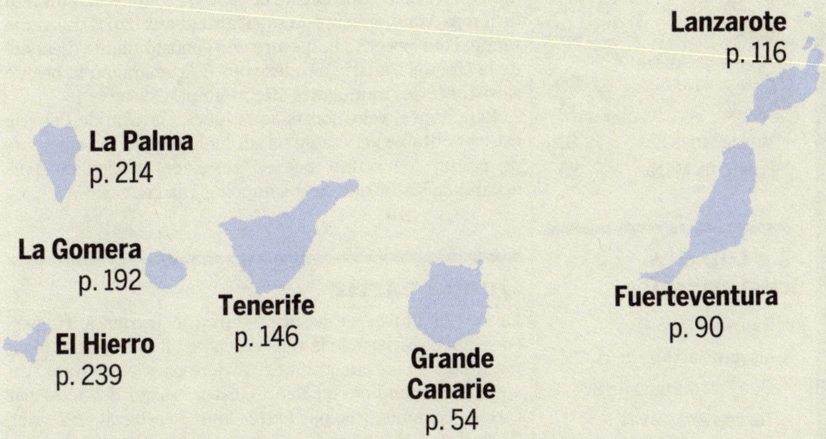
Lanzarote
p. 116
La Palma
p. 214
La Gomera
p. 192
Tenerife
p. 146
El Hierro
p. 239
Grande Canarie
p. 54
Fuerteventura
p. 90

# Grande Canarie

847 000 HABITANTS

**Dans ce chapitre ➜**



## Le top des restaurants

- Samsara (p. 84)
- Llévame al Huerto (p. 65)
- Qué Tal by Stena (p. 86)
- Texeda Brewery & Restaurant (p. 78)
- Valle de Mogán (p. 87)

## Les plus belles plages

- Playa de las Canteras (p. 61)
- Dunas de Maspalomas (p. 81)

## Pourquoi y aller

La Grande Canarie, troisième île de l'archipel par la taille, abrite pourtant près de la moitié de la population canarienne. Elle est à la hauteur de sa réputation de continent miniature, avec des paysages d'une grande diversité, du Nord luxuriant au Sud aride en passant par les verdoyantes montagnes centrales. Vous pourrez aussi faire l'expérience de trois voire quatre saisons dans la même journée, avec des microclimats disséminés le long de la côte et dans les collines : en un rien de temps, vous passerez du soleil ardent aux bancs de brume moite. Pour prendre la mesure de l'époustouflante diversité de la Grande Canarie, rendez-vous à Artenara, où la beauté saisissante des montagnes atteint un paroxysme.

Randonnée, vélo, sports aquatiques : la Grande Canarie est un véritable générateur d'adrénaline, mais les amateurs de culture ne seront pas en reste, en particulier dans la capitale historique, la cosmopolite Las Palmas.

## Quand partir

La fin de l'hiver et le printemps (de février à Pâques) constituent la période la plus agréable : il fait doux, il pleut rarement, et le magnifique arrière-pays verdoyant est émaillé d'amandiers en fleur. C'est la saison des fêtes par excellence, inaugurée par le très animé carnaval en février, suivis des célébrations de la Semana Santa (Semaine sainte).

- La San Juan (Saint-Jean), l'une des plus grandes fêtes de l'archipel, a lieu en juin. La température est parfaite, avec 24°C en moyenne.
- Les mois de juillet et d'août, plus qu'animés, voient affluer les Espagnols du continent et les familles de vacanciers venues d'Europe du Nord.
- Septembre et octobre sont parfaits : le temps est idéal et les estivants sont repartis.

## À ne pas manquer

**1** Le panorama saisissant depuis la terrasse d'un restaurant de **Tejeda** (p. 78), bourgade perchée dans les montagnes.

**2** L'exploration du *barrio* (quartier) historique de Vegueta, à **Las Palmas de Gran Canaria** (p. 57).

**3** Rouler dans le **Barranco de Guayadeque** (p. 70) jusqu'à un restaurant troglodytique au bout de la route.

**4** Le panorama vertigineux depuis **Artenara** (p. 77), le plus haut village de l'île.

**5** Un dîner canarien à **Mogán** (p. 87), adorable village au pied des collines.

**6** Les édifices pastel d'**Agüimes** (p. 69), joli village du XVe siècle.

**7** Les merveilleuses peintures rupestres des **Museo y Parque Arqueológico Cueva Pintada** (p. 74), site préhispanique à Gáldar.

## Histoire

Le melting-pot ethnique et culturel qui caractérise la Grande Canarie, et particulièrement sa capitale, Las Palmas, est l'un de ses grands atouts. Rien de neuf sous le soleil, pour ainsi dire... Historiquement, l'île a accueilli de longue date des vagues successives de colons qui ont tous laissé une empreinte profonde et durable.

Les premiers habitants, qui arrivèrent possiblement dès 1 000 av. J.-C., furent les Guanches, sans doute des migrants venus d'Afrique du Nord, qui baptisèrent l'île Tamarán en raison des dattiers (*tamar*) qui y poussaient. En 1478, malgré une résistance farouche, les Guanches durent s'incliner devant les Espagnols, dont la culture supplanta largement la leur. L'île fut rapidement colonisée par une clique hétéroclite d'aventuriers et d'ambitieux sans terre venus de Galice, d'Andalousie, du Portugal, d'Italie, de France, des Pays-Bas et même de Grande-Bretagne et d'Irlande.

Las Palmas devint ensuite le siège de l'évêché et de la cour royale des Canaries, ainsi qu'une étape sur la route des Amériques. L'exportation de sucre et le commerce transatlantique stimulèrent son économie. Mais, lorsque la demande de sucre canarien chuta et que la viticulture eut le vent en poupe, l'île déclina au profit de sa grande rivale, Tenerife, meilleure productrice de vin.

Nombre de Canariens émigrèrent en Amérique du Sud, créant ainsi une forte affinité entre les deux cultures, toujours palpable aujourd'hui. Il fallut ensuite attendre la fin du XIXe siècle pour que la Grande Canarie retrouve une position éminente. L'importance de l'île comme port de ravitaillement pour les bateaux à vapeur favorisa les investissements de négociants étrangers, en particulier britanniques.

Cette forme d'investissement se prolonge de nos jours dans le domaine du tourisme. Le boom des séjours tout compris du milieu du XXe siècle a apporté une prospérité durable à l'île. Avec quelques conséquences négatives : le destin de la Grande Canarie est désormais dépendant du flux de visiteurs étrangers, et le tourisme a eu de graves conséquences sur l'environnement.

### ICI GRAN CANARIA

Avant votre séjour ou sur place, n'hésitez pas à vous connecter au site **Ici Gran Canaria** (www.icigrancanaria.com), un site en français présentant l'actualité de l'île et répertoriant quantité de sites d'intérêt, restaurants, fêtes, manifestations et activités.

## Depuis/vers la Grande Canarie

### AVION

L'**aéroport de Gran Canaria** (☎913 21 10 00 ; www.aena.es ; près de GC-1) se trouve à 25 km au sud de la capitale. Binter Canarias (p. 292) assure des vols directs vers toutes les îles Canaries. Canary Fly (p. 292) propose des vols directs pour Lanzarote, Tenerife et La Palma. **Air Europa** (www.aireuropa.com) vole vers Tenerife, Fuerteventura et Lanzarote. Des vols décollent pour des destinations partout en Europe, comme Paris, Bruxelles, Madrid, Lisbonne, et Londres.

### BATEAU

La Grande Canarie compte deux ports de croisière d'où l'on peut prendre le ferry pour gagner les autres îles. Les bateaux au départ de Las Palmas se rendent à Tenerife, Fuerteventura, Lanzarote et, moins fréquemment, à La Palma. Des ferrys réguliers quittent également Puerto de las Nieves à destination de Tenerife. Trois compagnies desservent l'île.

**Fred Olsen** (p. 292). Assure une liaison en ferry rapide de Las Palmas à Morro Jable (Fuerteventura ; 45 €, 2 heures, 2/jour) et de Puerto de las Nieves (Agaete) à Santa Cruz de Tenerife (45 €, 1 heure 30, 6/jour), d'où partent les correspondances pour La Gomera et La Palma.

**Naviera Armas** (p. 292). Liaisons directes en ferry de Las Palmas à Santa Cruz de Tenerife (32 €, 2 heures 30, 4/jour), Morro Jable (Fuerteventura ; 43 €, 3 heures, tlj), Puerto del Rosario (Fuerteventura ; 35 €, 6 heures 30, tlj) et Arrecife (Lanzarote ; 49 €, 7 heures, lun-ven). Il y a aussi des services réguliers pour Santa Cruz de La Palma (La Palma) et San Sebastián (La Gomera) via Santa Cruz de Tenerife, ainsi qu'une traversée quotidienne à destination de l'Isla Graciosa via Arrecife (Lanzarote).

**Trasmediterránea** (p. 292). Un ferry hebdomadaire part de Las Palmas le jeudi, avec escale à Puerto del Rosario (Fuerteventura ; 27 €, 6 heures) et Arrecife (Lanzarote ; 27 €, 9 heures 30). Le samedi, un service hebdomadaire est assuré à destination de Santa Cruz de Tenerife (22 €, 4 heures) et Santa Cruz de La Palma (La Palma ; 28 €, 19 heures).

## Comment circuler

### BUS

Un réseau de bus très complet dessert toute l'île. Las Palmas et, dans une moindre mesure Maspalomas, font office de plaques tournantes des transports. La compagnie **Global** (☎ 928 25 26 30 ; www.guaguasglobal.com) couvre absolument toute l'île. Les petites villes plus reculées ne sont desservies qu'une ou deux fois par jour.

### VOITURE ET MOTO

Des agences de location sont installées à l'aéroport de la Grande Canarie, au terminal des ferrys et dans tout le quartier de Santa Catalina, à Las Palmas.

**HORS DES SENTIERS BATTUS**

### LOIN DE TOUT

**Randonnée en montagne** À l'office du tourisme, vous trouverez une brochure avec des itinéraires pédestres autour de Tejeda (p. 79).

**Au volant** Prenez la route pour explorer l'intérieur montagneux ; vous traverserez des paysages magnifiques.

**Pique-nique** Cap sur le verdoyant Barranco de Guayadeque (p. 70) ou sur les tables de pique-nique au bord du lac à la Presa de las Cuevas de las Niñas (p. 86).

**Marché de producteurs** Teror (p. 71) est l'une des petites villes les plus remarquables de l'intérieur de l'île. Venez un samedi matin pour rejoindre les habitants au marché de produits frais hebdomadaire.

# LAS PALMAS DE GRAN CANARIA

379 000 HABITANTS

Las Palmas a des airs d'Espagne continentale pimentés par un mélange éclectique de cultures (africaine, chinoise, indienne). La présence d'équipages de marine marchande et d'une population interlope qui caractérise la plupart des villes portuaires fait de Las Palmas un endroit fascinant, mêlant la langueur et l'énergie caractéristiques des villes de la Méditerranée et d'Afrique du Nord. Les klaxons des taxis, les quartiers commerçants animés, les bars bruyants et le port dynamique participent de l'énergie d'une ville majeure, la neuvième d'Espagne.

Vegueta, le plus vieux quartier, est à la fois pittoresque et branché – c'est ici que se trouvent les boutiques et les bars les plus tendance. De l'autre côté de la ville, la courbe majestueuse de la Playa de las Canteras offre une occasion rare d'aller barboter entre deux visites ou deux séances de lèche-vitrines. Las Palmas est une authentique ville espagnole dynamique. Il y a certes des coins où l'on évitera de se promener le soir avec un appareil photo autour du cou, mais vous vous y sentirez dans l'ensemble en parfaite sécurité.

Lorsque Christophe Colomb, en route pour l'Amérique, passa non loin de là en 1492, le petit centre historique animé avait déjà été délimité par les Espagnols. La ville tira grand profit de la conquête espagnole de l'Amérique latine et du commerce transatlantique qui en découla, mais, inévitablement, devint aussi une cible de choix pour les pirates et les boucaniers. En 1595, sir Francis Drake lança sur Las Palmas une offensive particulièrement réussie.

En 1822, Santa Cruz de Tenerife fut déclarée capitale d'une nouvelle province espagnole unique, Las Islas Canarias, au grand dam des habitants de Las Palmas. Ceux-ci obtinrent réparation en 1927, date à laquelle Las Palmas devint la capitale de la Grande Canarie, de Fuerteventura et de Lanzarote.

Le sort de cette ville portuaire continua de fluctuer jusqu'à la fin du XIXe siècle : la présence croissante des Britanniques ramena la prospérité. Au début de l'année 1936, le général Franco fut nommé gouverneur militaire des Canaries – à la fois une rétrogradation d'importance et une affectation qu'il considérait comme une forme de bannissement. Alors qu'il logeait en ville – semble-t-il à l'Hotel Madrid, dans le quartier de Triana –, il échafauda et lança le coup d'État qui allait déclencher la guerre civile espagnole.

Depuis le boom touristique des années 1960, Las Palmas est passée du statut de ville portuaire moyenne, avec 70 000 habitants, à celui de métropole trépidante abritant quelque 400 000 âmes. Et, bien qu'elle partage sa position de capitale provinciale à part égale avec Santa Cruz de Tenerife, Las Palmas la surpasse par la taille et l'influence.

## Las Palmas (sud)

## À voir

Les sites historiques les plus marquants sont concentrés dans les étroites ruelles pavées de Vegueta, tandis que le gros de l'animation, plus internationale et éclectique, se trouve à Santa Catalina.

### Vegueta et Triana

Ce quartier, le plus riche en histoire et en architecture, s'agrémente d'édifices coloniaux et de magnifiques cours secrètes. Prenez le temps de flâner dans ses rues et ruelles en passant la tête en chemin dans les bars et les restaurants pleins de charme.

**Casa de Colón** MUSÉE

(928 31 23 73 ; www.casadecolon.com ; Calle Colón 1 ; adulte/enfant 4 €/gratuit ; 10h-18h lun-sam, 10h-15h dim). Cet intéressant musée retrace les expéditions de Christophe Colomb et présente des collections consacrées au rôle historique des Canaries en tant qu'étape sur la route du trafic transatlantique. Ne manquez pas la vaste section comprenant des maquettes de galions au rez-de-chaussée. Le crucifix proviendrait du vaisseau du navigateur. Dans la salle suivante sont exposées les maquettes de 3 navires de Christophe Colomb : *La Niña, La Pinta* et la *Santa María*.

## Las Palmas (sud)

**Les incontournables**
1 Casa-Museo de Colón ........ D4
2 Catedral de Santa Ana et Museo Diocesano de Arte Sacro ........ C5

**À voir**
3 CAAM San Antonio Abad ........ D4
4 Calle Mayor de Triana ........ C2
5 Casa-Museo de Pérez Galdós ........ C3
6 Centro Atlántico de Arte Moderno ........ D5
7 Gabinete Literario ........ C4
8 Iglesia de San Telmo ........ C1
9 Museo Canario ........ C5
10 Parque San Telmo ........ C1
11 San Martín Centro de Cultura Contemporánea ........ B5

**Où se loger**
12 Downtown House ........ B2

**Où se restaurer**
13 Amaki ........ B2
14 Deliciosa Marta ........ B2
15 Lava ........ C2
16 Panadería Miguel Díaz ........ B2
17 Restaurante Casa Montesdeoca ........ D4
18 Marché de rue de Triana ........ B2

**Où prendre un verre et faire la fête**
19 El Modernista ........ B1
20 La Azotea de Benito ........ C4

**Où sortir**
21 Teatro Pérez Galdós ........ D3

**Achats**
22 Casa del Perfume Canario ........ C4
23 Fedac ........ B2
24 Librería Moebius ........ C4
25 Mercado de Vegueta ........ D4

Les salles 5 et 6 conservent des cartes historiques et des fac-similés de cartes anciennes, datant pour beaucoup du début du XVIe siècle. Repérez le fac-similé de la carte “Universalis Cosmographia” du cartographe allemand Martin Waldseemüller, établie en 1507 et incroyablement précise pour l'époque. On peut aussi y voir des astrolabes.

Une vaste collection d'œuvres d'art se déploie dans les étages, ainsi qu'un diorama de Las Palmas d'antan, avec des boutons pour illuminer des édifices spécifiques. En bas du long escalier qui mène au sous-sol, vous découvrirez des expositions consacrées à la poterie et à l'histoire anciennes de l'Amérique du Sud.

Superbe exemple d'architecture canarienne, l'édifice est organisé autour de deux jolis patios, agrémentés de fontaines, de palmiers et d'aras colorés (très photogéniques mais attention, ils peuvent donner des coups de bec). L'extérieur de l'édifice est à lui seul une œuvre d'art, associant des motifs plateresques exubérants et des balcons traditionnels en bois.

On l'appelle la “maison de Colomb” (le navigateur y aurait fait une halte en 1492), mais l'édifice date pour l'essentiel de l'époque où il servait d'opulente résidence aux premiers gouverneurs de Las Palmas.

Consultez le site Internet pour des détails sur les jours de gratuité, entre autres le premier week-end de chaque mois.

### Catedral de Santa Ana et Museo Diocesano de Arte Sacro — CATHÉDRALE

(☎ 928 33 14 30 ; Calle Obispo Codina 13 ; adulte/enfant 3 €/gratuit ; ⏲ 10h-16h30 lun-sam). Cœur spirituel de la ville, cette grise et troublante cathédrale fut commencée au début du XVe siècle, peu après la fin de la conquête, pour n'être achevée que 350 ans plus tard. La façade néoclassique contraste avec l'intérieur émaillé de vitraux traversés par la lumière, un bel exemple de ce que certains historiens de l'art appellent le “gothique atlantique”, avec de majestueuses colonnes semblant imiter les palmiers plantés à l'extérieur. Vous pourrez aussi admirer dans la cathédrale plusieurs tableaux de Juan de Miranda, illustre artiste canarien du XVIIIe siècle.

Le billet comprend également l'entrée au musée d'Art sacré aménagé sur deux niveaux tout autour du Patio de los Naranjos. Il renferme une collection d'objets et œuvres d'art religieux, dont des manuscrits plusieurs fois centenaires, des sculptures en bois, de l'art sacré et autres ornements, qui n'ont rien d'extraordinaire, mais le cadre est ravissant, et, au printemps, le parfum des orangers en fleur embaume l'air.

Une fois que vous aurez parcouru les salles, prenez l'ascenseur (1,50 € ; 10h-18h lun-ven, 10h-13h30 sam) qui conduit au sommet du clocher pour profiter d'une splendide vue panoramique sur la ville et la côte.

## QUATRE BEAUX HÔTELS SUR LA GRANDE CANARIE

**Lopesan Villa del Conde** (928 56 32 00 ; www.lopesan.com ; Mar Mediterráneo 7 ; s/d 200/350 € ; ). À Maspalomas, un immense *resort* de bon goût, mettant à l'honneur l'architecture canarienne traditionnelle.

**Fonda de la Tea** (928 66 64 22 ; www.hotelfondadelatea.com ; Calle Ezequiel Sánchez 22 ; s/d 65/95 € ; ). Au cœur de Tejeda, cet édifice traditionnel en pierre renferme des chambres colorées avec carrelage en terre cuite, agencées autour d'un patio de style canarien.

**Downtown House** (639 62 93 35 ; www.houselaspalmas.com ; Calle Domingo J Navarro 10 ; sans/avec sdb s 30/40 €, d 40/50 €, f sans sdb 40-60 €, dort 20 € ; ). À proximité de la Calle Mayor de Triana à Las Palmas, ce fabuleux édifice des années 1920, avec des chambres à la décoration simple, fut conçu par l'architecte du Gabinete Literario (ci-dessous).

**La Ventana Azul** (671 50 53 59 ; www.ventana-azul.de ; Paseo de las Canteras 53 ; dort à partir de 20 € ; ). Lumineuse et accueillante, cette auberge de jeunesse appréciée des surfeurs se situe sur le front de mer de Las Palmas.

Devant la cathédrale, une vaste et belle place offre un cadre parfait pour de superbes photos de l'église avec le ciel bleu en toile de fond.

**Museo Canario** MUSÉE
(928 33 68 00 ; www.elmuseocanario.com ; Calle Dr Verneau 2 ; adulte/enfant 5 €/gratuit ; 10h-20h lun-ven, 10h-14h sam-dim ; ). Bien qu'un peu démodé, mais toujours aussi intéressant, le principal musée de l'île retrace l'histoire de la Grande Canarie avant la conquête. On se targue ici de posséder la plus vaste collection au monde de crânes de Cro-Magnon. Vous y verrez aussi plusieurs momies, une collection de poteries et d'autres objets guanches provenant de toute l'île. La boutique vend un excellent matériel pédagogique pour les enfants.

**Centro Atlántico de Arte Moderno** MUSÉE
(CAAM ; 928 31 18 00 ; www.caam.net ; Calle Balcones 11 ; adulte/enfant 5 €/gratuit ; 10h-21h mar-sam, 10h-14h dim). Le principal musée d'art moderne de la ville se trouve dans un édifice du XVIII^e siècle rénové avec goût. Il n'abrite aucune collection permanente, mais ses galeries, inondées de lumière naturelle, accueillent de magnifiques expositions temporaires. Deux galeries satellites présentent également des expositions temporaires : il s'agit du **CAAM San Antonio Abad** (Plaza San Antonio Abad ; adulte/enfant 2 €/gratuit), près de la Casa de Colón, et du **San Martín Centro de Cultura Contemporánea** (928 32 25 35 ; www.sanmartincontemporaneo.com ; Calle Ramon y Cajal 1 ; 10h-21h mar-sam, 10h-14h dim) GRATUIT, aménagé dans un ancien hôpital. Un billet combiné pour les 3 bâtiments coûte 8 € (tarif adulte).

**Gabinete Literario** MONUMENT HISTORIQUE
(bibliothèque ; www.gabineteliterario.com ; Plazoleta Cairasco). Datant de 1844, cet édifice historique très ornementé est classé monument national. Ce qui fut le premier théâtre de l'île a conservé son allure surannée et son élégance désuète, avec un joli patio – surmonté d'une splendide verrière – et des salles flanquées de bibliothèques. Le lieu est désormais un club privé, mais le beau restaurant avec terrasse est ouvert à tous. Vous pourrez aussi faire un petit tour dans le hall.

**Calle Mayor de Triana** RUE
Aujourd'hui piétonne, cette rue est depuis longtemps la principale artère commerçante de Las Palmas. Entre deux emplettes, levez les yeux pour découvrir de véritables pépites architecturales, dont plusieurs exemples frappants de l'architecture moderniste, tel l'**édifice Wiot** (1930-1935) au n°106, conçu par Miguel Martín. Remarquez un tronçon de l'ancienne voie pour tramways, incrusté dans les briques grises de la chaussée.

**Casa-Museo de Pérez Galdós** MUSÉE
(www.casamuseoperezgaldos.com ; Calle Cano 6 ; adulte/enfant 3 €/gratuit ; 10h-18h mar-dim). Le plus célèbre écrivain canarien, Benito Pérez Galdós, naquit en 1843 dans cette maison en plein cœur du vieux Las Palmas. Il y passa les 19 premières années de sa vie, avant de partir pour Madrid et de connaître la gloire littéraire. Les visites guidées (en espagnol

et en anglais, départ toutes les heures) font découvrir les salles de l'étage, en particulier la reconstitution du bureau de l'écrivain et divers effets personnels rapportés après sa mort de sa demeure principale, en Espagne continentale.

**Parque San Telmo** PARC
Dans ce joli parc au sol pavé, un superbe bosquet d'énormes magnolias offre une ombre agréable. La belle **Iglesia de San Telmo** se dresse du côté sud-ouest. Le joli kiosque El Modernista (p. 65), dans l'angle nord-ouest, fait office de café, avec des tables dressées à l'extérieur pour un petit-déjeuner, un sandwich ou un bon café.

## Ciudad Jardín

Ce faubourg verdoyant et huppé présente un mélange éclectique de styles architecturaux, du style colonial britannique aux édifices à l'andalouse, blanchis à la chaux, en passant par un fantastique éventail de villas modernistes des années 1930. Une carte des édifices modernistes du quartier est disponible au principal office du tourisme. Il abrite aussi le charmant **Parque Doramas** et ses beaux *dragos* (dragonniers), ainsi que d'excellentes zones de jeux pour les enfants. Ce parc a été conçu par les Britanniques à la fin du XIX^e^ siècle, lorsqu'ils régnaient sur la vie économique de Las Palmas.

**Pueblo Canario** QUARTIER
(10h-20h mar-sam, 10h-14h30 dim). GRATUIT Cette reconstitution d'un village canarien fut imaginée par l'artiste Néstor Martín Fernández de la Torre et bâtie par son frère Miguel. L'endroit est un peu laissé à l'abandon et les heures d'ouverture du restaurant local sont assez aléatoires, mais cela vaut la peine de venir faire un petit tour le dimanche matin pour entendre jouer de la musique folklorique traditionnelle, à 11h30. Le *pueblo* se trouve sur le côté sud du Parque Doramas, via la Calle Leoń y Castillo. Il était fermé pour rénovation lors de nos recherches.

## Santa Catalina et Playa de las Canteras

La zone située entre Las Canteras et Santa Catalina est à la fois un melting-pot culturel, une plage de ville, un port frénétique et un quartier d'affaires, avec tantôt des airs de pays en développement, tantôt une atmosphère très Espagne continentale. Le Parque Santa Catalina est assez sûr de jour, malgré la présence de marginaux, plus nombreux la nuit. Le samedi à 11h, des spectacles mariant musique canarienne traditionnelle et danse ont lieu dans le parc.

**Playa de las Canteras** PLAGE
Cette magnifique étendue de sable doré de 3 km est considérée comme l'une des plus belles plages de ville au monde. On y trouve une agréable promenade de bord de mer, le Paseo de las Canteras, où flâneurs et cyclistes peuvent évoluer librement à l'écart de la circulation automobile. Toutefois, le récif appelé La Barra est peut-être le meilleur atout de la plage : à marée basse, il transforme les eaux de Las Canteras en gigantesque piscine d'eau de mer se prêtant idéalement au snorkeling.

**Museo Elder de la Ciencia y la Tecnología** MUSÉE
(musée de la Science et de la Technologie ; www.museoelder.org ; Parque Santa Catalina ; adulte/enfant 6/3 €, avec film en 3D 8,50/7 € ; 10h-20h mar-dim ; ). Tout entier dédié au XXI^e^ siècle, ce musée résonne de "vroum", de "clic" et de "vrrr". Dans un entrepôt du XIX^e^ siècle rénové et peint en vert, dans le Parque Santa Catalina, c'est un excellent endroit où passer quelques heures. On peut y piloter un avion de combat supersonique, comprendre comment les rampes de lancement envoient des satellites en orbite, ou faire un tour de Robocoaster, sorte de manège dont le bras automatique vous fait exécuter des manœuvres préprogrammées. Les enfants seront aux anges – la navette spatiale et le générateur de Van de Graaff sont très populaires.

## Autres quartiers

**Jardín Botánico Canario Viera y Clavijo** JARDIN
(928 21 95 80 ; www.jardincanario.org ; Camino del Palmeral 15 ; 9h-18h oct-mars, 9h-19h avr-sept ; P). GRATUIT À 9 km au sud-ouest de Las Palmas, ce jardin botanique (de 27 ha, le plus grand d'Espagne) compte un large éventail de flore de Macaronésie provenant de tout l'archipel, dont beaucoup d'espèces en voie d'extinction. Le jardin est accroché aux flancs du Barranco Guiniguada et dispose de nombreux panneaux d'information en espagnol et en anglais. Les bus n^os^301, 302, 303 et 323 passent par l'entrée supérieure du jardin. L'entrée inférieure se trouve sur la route GC-310.

# Las Palmas (nord)

## Las Palmas (nord)

**Les incontournables**
1 Playa de las Canteras ............................ B2

**À voir**
2 Museo Elder de la Ciencia y la Tecnología ............................ C3

**Activités**
3 7 Mares Las Canteras ............................ C1
4 Gran Canaria School of Languages ............................ A4

**Où se loger**
5 La Ventana Azul ............................ A4

**Où se restaurer**
6 Bodegón El Biberón ............................ B2
7 El Cid Casa Pablo ............................ B3
8 Kim's Pojangmacha ............................ B3
9 La Marinera ............................ B1
10 Llévame al Huerto ............................ B5
11 Peccôu de Gôa ............................ A3

**Où prendre un verre et faire la fête**
12 Bar La Tienda ............................ B4
13 La Buena Vida ............................ B3

**Achats**
14 El Corte Inglés ............................ B5

## Activités

Il y a 12 spots de surf aux alentours de Las Palmas, le plus fréquenté étant celui de La Cicer à l'extrémité sud de la Playa de las Canteras. Cette partie de la plage est un lieu parfait pour les débutants, et l'on y trouve quelques écoles de surf et centres de plongée.

**Circuit guidé à Vegueta** MARCHE À PIED
(674 128849 ; www.tripgrancanaria.com ; adulte/enfant 6 €/gratuit ; 12h lun-sam). Familiarisez-vous avec les ravissantes ruelles étroites de la vieille ville au cours d'une de ces visites guidées d'une heure du centre historique. Elles partent de la Plaza Hurtado de Mendoza (appelée localement Plaza de las Ranas), à l'extrémité sud du quartier de Triana. Réservation impérative.

**7 Mares** PLONGÉE
(928 46 79 59 ; www.7mares.es ; Calle Tenerife 12 ; plongée 1 heure équipement inclus 25 €, initiation 2 heures 60 €). Les instructeurs parlent anglais et des cours PADI de tout niveau, jusqu'à instructeur, sont proposés. Location de matériel et plongées sur des épaves de bateau. Départ pour les plongées individuelles à 9h30 et 15h.

**Oceanside** SURF
(928 22 04 37 ; www.grancanariasurf.es ; Calle Numancia 47 ; cours 2 heures 30 €). École de surf réputée proposant un choix de cours pour adulte et enfant, ainsi que la location de planches et combinaisons (à partir de 25 €/jour pour une planche basique et une combinaison). Pour le même tarif, cours de stand-up paddle (SUP). Également : circuits à vélo (à partir de 40 €), randonnées (à partir de 55 €) et cours de yoga (18 €).

## Cours

Plusieurs écoles de langue à Las Palmas proposent des cours d'espagnol.

**Gran Canaria School of Languages** LANGUE
(928 26 79 71 ; www.grancanariaschool.com ; Calle Dr Grau Bassas 27 ; 1 sem cours intensif 170 €). Cette école à la réputation excellente, a été fondée il y a plus de 55 ans. Votre hébergement peut être organisé.

## Fêtes et festivals

**Carnaval** CARNAVAL
(www.laspalmascarnaval.com ; 2 à 3 sem avant le Carême). Frénésie et déguisements à gogo pendant 2 à 3 semaines pour marquer la première rupture avec l'hiver, l'essentiel des festivités ayant lieu autour du Parque de Santa Catalina, doté alors d'une immense scène en plein air et de bars éphémères. La fête s'achève par un prodigieux feu d'artifice. Célébré dans toute l'île, mais en particulier à Las Palmas.

**Festival d'Opéra** MUSIQUE
(www.operalaspalmas.org ; fév-juin). Ce festival d'opéra attire à Las Palmas des artistes du monde entier. Les représentations ont lieu au Teatro Pérez Galdós.

**Corpus Christi** FÊTE RELIGIEUSE
(juin). Ces festivités se distinguent par d'extraordinaires "tapis" de fleurs déployés dans certaines rues du vieux Las Palmas.

**Fiesta de San Juan** FÊTE RELIGIEUSE
(23 juin). Las Palmas fait la fête en l'honneur de son saint patron. Des manifestations culturelles sont organisées dans toute la ville, et la Playa de las Canteras attire les foules avec feux d'artifice et concerts. C'est là également que les habitants se livrent au jeu traditionnel qui consiste à sauter par-dessus des feux de joie avant de plonger dans les flots à minuit. Le lendemain est en principe un jour férié.

**Festival de théâtre, musique et danse** ARTS DU SPECTACLE
(www.lpatemudasfest.com ; juil-août). Le Festival de Teatro, Musica y Danza de Las Palmas est un événement d'envergure internationale, accueillant des artistes de grand talent.

## Où se restaurer

Las Palmas est truffée de restaurants. Si vous êtes en quête d'animation, direction Vegueta et Triana. À l'autre bout de la ville, les restaurants du front de mer du nord de la ville sont, à quelques exceptions près, des établissements sans réelle identité proposant des menus en plusieurs langues, des buffets à volonté et une cuisine au-dessous de la moyenne. Il suffit toutefois de s'aventurer à une ou deux rues de là, en tournant le dos à la mer, pour dénicher des restaurants espagnols à l'ancienne et des bars à tapas pleins de caractère, sans oublier d'excellentes offres de cuisines du monde.

### Vegueta et Triana

**Marché de rue de Triana** MARCHÉ €
(667 67 09 42 ; Calle Domingo J Navarro 4 ; 8h-23h lun-mer, 8h-2h jeu-ven, 10h-2h sam-dim).

### RUTA DE LAS TAPAS

Le jeudi soir, la **Calle Mendizábal**, dans le quartier de Vegueta, est l'endroit rêvé pour rencontrer les habitants (et d'autres voyageurs) tout en participant à la tournée des bars à tapas. Nombre d'établissements de cette rue proposent alors une petite bière et une tapa pour 2 €. Prévoyez tout de même de dîner ailleurs ensuite car les portions sont minuscules. Il s'agit plutôt ici de partager un moment convivial que de se restaurer à proprement parler, mais c'est un excellent moyen de s'imprégner de l'atmosphère des rues et de la vie canariennes. Les réjouissances commencent à 20h.

Ce fabuleux marché couvert est une excellente nouveauté dans le paysage culinaire de la ville. Vous y découvrirez des stands proposant toutes sortes d'aliments, ainsi qu'un bar. Tentez le Mojos and the Papas pour des tapas ou El Sibarita pour du vin, du fromage et du jambon ; d'autres étals vendent des mets cuisinés. Les convives se serrent autour d'une longue table commune.

**Panadería Miguel Díaz** BOULANGERIE €
(☎928 36 29 64 ; Calle Viera y Clavijo 18 ; à partir de 1 € ; 🕒6h30-20h30 lun-ven, 7h30-14h sam). Derrière de hautes portes en bois, cette *panadería* (boulangerie) régale les habitants de Las Palmas de savoureuses viennoiseries depuis 1920.

**Amaki** JAPONAIS €
(☎928 37 22 92 ; www.amakisushi.com ; Calle Viera y Clavijo 4 ; plats 2-8 € ; 🕒12h30-16h et 19h30-22h30 lun-mer, jusqu'à 23h jeu-sam). Avec son intérieur en bois et ses coquettes rangées de bentos (à partir de 8,90 €), ce petit restaurant japonais un peu guindé propose de bons *gyoza* (raviolis ; 3,60 €) au poulet et aux légumes, cuits à la vapeur, une généreuse soupe miso (2,95 €) au tofu et aux algues, des nouilles *udon* et un large choix de *nigiri*, *sashimi*, *uramaki* et *hosomaki*. Une bouteille de saké coûte 8,75 €, une bouteille de bière Asahi 2,90 €.

♥ **Deliciosa Marta** ESPAGNOL €€€
(☎928 37 08 82 ; Calle Pérez Galdós 33 ; plats 15-20 € ; 🕒13h30-16h et 21h-23h lun-ven). Adresse chic avec murs en pierre nue et éclairage tamisé, devenue l'une des tables incontournables de Las Palmas cette dernière décennie. Pol, le chef et propriétaire, s'est formé à Barcelone dans le fameux restaurant El Bulli – et ça se voit sur sa carte régulièrement renouvelée, proposant des ingrédients tels que noix de Saint-Jacques, poitrine de porc et truffes. Réservation recommandée.

**Restaurante Casa Montesdeoca** CANARIEN €€€
(☎928 33 34 66 ; Calle Montesdeoca 10 ; plats 15-20 € ; 🕒6h-16h lun-ven, 10h-16h sam-dim). Ce restaurant romantique, installé dans une superbe demeure du XVIe siècle (restaurée en 1757), où vous pourrez dîner dans un patio verdoyant aux balcons traditionnels en bois et aux murs jaune soleil. Mention toute particulière aux viandes rouges.

**Lava** BURGERS €€
(Calle de Perdomo 7 ; burgers à partir de 13 € ; 🕒13h30-23h mar-sam, 13h30-17h dim ; 📶). Pour un bon burger dans un cadre soigné, le clinquant Lava est l'adresse qu'il vous faut : beaux sets de table noirs, assiettes noires, serviettes noires, verres rouge sang, jazz ou pop en fond sonore et personnel en chemise à carreaux rouges et tablier. Divers burgers spéciaux, notamment à l'agneau, au poulet fermier et végétarien.

## Santa Catalina et Playa de las Canteras

♥ **Peccôu de Gôa** ITALIEN €
(☎654 19 64 66 ; Calle Bernardo de la Torre 63 ; plats à partir de 6,50 € ; 🕒13h-17h et 19h30-23h mer-lun). Au nord de la ville, ce superbe restaurant italien est souvent si fréquenté que l'on vous installera dans une arrière-salle. Mais cela en vaut la peine. La spécialité de la maison est la *fainà*, une sorte de galette à base de farine de pois chiches. Posez la question et on vous donnera quelques explications tout en vous faisant goûter. Les pizzas et les pâtes sont savoureuses également.

**Kim's Pojangmacha** CORÉEN €
(☎628 99 35 80 ; www.facebook.com/kims.pojangmacha ; Calle Secretario Artiles 82 ; plats à partir de 8 € ; 🕒20h-1h lun-sam). En partant de la Calle Alfredo L. Jones, avancez direction nord dans la Calle Secretario Artiles et vous trouverez sur votre droite cette fantastique cantine sans fioritures. Pas d'enseigne en anglais ou en espagnol à l'extérieur, juste le nom en *hangul* (alphabet coréen). Vous remarquerez aussi la foule : l'affluence est

générée par M. Kim, ses *bibimbap* (plats à base de riz, viande, légumes et œuf) et tout ce qu'il décide de cuisiner au jour le jour.

**Llévame al Huerto** FUSION €€
(Calle Ruíz de Alda 26 ; menu flexitarien 11 € mar-jeu ; 13h-23h mar-jeu, 13h-23h30 ven, 12h30-23h30 sam). Tables en bois clair, plantes dans des paniers, luminaires gigantesques, chaises dépareillées et coussins colorés composent le cadre superbe de cette adresse *cocina eco fusión*. Le menu flexitarien à se damner est servi par un personnel avenant. Le succulent *pad thai* (11,40 €) est délicatement agrémenté de champignons, tofu et crevettes. Vous pourrez aussi sortir de votre zone de confort avec des falafels au quinoa et un risotto végan à la coriandre.

**Bodegón El Biberón** TAPAS €€
(928 27 13 95 ; Calle Pedro Castillo Westerling 15 ; menu 23 € ; 17h-1h lun-jeu, 13h-1h30 ven-dim). Avec sa kyrielle de jambons accrochés au plafond, ce restaurant de tapas populaire allie un bel intérieur traditionnel et des versions fiables de tous les classiques : *papas arrugadas con mojo* (pommes de terre et leur sauce maison épicée), fromages canariens, poisson grillé et excellent choix de saucisses.

**El Cid Casa Pablo** ESPAGNOL €€
(928 22 46 31 ; Calle Nicolás Estévenez 10 ; plats 15-19 € ; 13h-minuit). Ce vénérable restaurant avec un chevalier en armure à l'entrée se distingue par ses innombrables photographies de célébrités espagnoles aux murs, preuve qu'il s'agit de l'adresse incontournable pour de solides mets traditionnels, en particulier les produits dc la mer et la viande grillée. Attendez-vous à des plats comme le saumon grillé farçi ou le cochon de lait rôti. Pour alléger l'addition, le *menú del día* (menu du jour ; 11 €) est très abordable. Réservation recommandée pour le dîner.

**La Marinera** PRODUITS DE LA MER €€
(928 46 15 55, 928 46 88 02 ; www.restaurantelamarineralaspalmas.com ; Paseo de las Canteras ; plats 12-18 € ; 12h30-tard). Fracas des vagues en fond sonore pour ce restaurant de poisson établi de longue date sur le front de mer. Il y a quelques plats de viande, mais les produits de la mer dominent la carte, avec du poisson frais vendu au kilo (gardez toutefois un œil sur les prix pour éviter les mauvaises surprises au moment de l'addition). Vous serez sûr de vous faire plaisir avec la paella, le *filete de pescado a la plancha* (filet de poisson grillé) et la *sopa de marisco* (soupe aux fruits de mer).

### MARCHÉS DE LAS PALMAS

Vous trouverez les produits les plus frais et les moins chers, y compris tout ce qu'il faut pour concocter un délicieux pique-nique, dans les marchés couverts. Les meilleurs sont celui situé entre la Calle Barcelona et la Calle Néstor de la Torre, et le Mercado de Vegueta, aussi vaste qu'alléchant et situé à l'angle de la Calle Mendizábal et de la Calle Juan de Quesada.

## Où prendre un verre et faire la fête

Les bars ne manquent pas à Las Palmas, mais peu se démarquent par leur originalité. Le quartier de Vegueta dispose d'un bon choix, tandis que, dans le nord de la ville se trouvent quelques bars où trouver de la bière artisanale et une bonne ambiance. Pour des concerts, tentez l'extrémité sud du Paseo de las Canteras, près de l'auditorium.

**La Buena Vida** BAR
(928 49 27 66 ; www.facebook.com/LaBuenaVidaLasPalmas ; Calle Ripoche 6 ; 10h30-minuit dim-jeu, 10h30-1h ven-sam ; ). Malgré son allure de bar canarien classique, c'est l'une des meilleures adresses de la ville pour son choix de bières artisanales Viva (à partir de 1,60/2,90 € le petit verre/la pinte). Choisissez entre la Viva *pale ale*, la Viva Morena, la Viva Negra "Happiness" ou la Viva *lager* – toutes délicieuses.

**La Azotea de Benito** BAR À COCKTAILS
(928 36 74 50 ; Centro Comercial Monopol, 2e niv., Plaza Hurtado de Mendoza ; 17h-2h lun-jeu, 16h-2h ven-dim). Les tarifs sont élevés, mais ce bar à cocktails à l'ambiance décontractée, situé dans le centre historique, est un choix attrayant au coucher du soleil, grâce à ses fauteuils en bambou et à son mobilier d'extérieur installé dans la verdure, sur le toit du Centro Comercial Monopol. Gravissez l'escalier central de l'édifice pour atteindre le bar.

**El Modernista** CAFÉ
(El Quiosco de San Telmo ; Parque San Telmo ; 10h-21h lun-ven, 11h-23h sam, 12h-20h dim). Dans le joli Parque San Telmo, ce kiosque époustouflant est une réalisation Art nouveau de 1923, avec de beaux carrelages

et vitraux, le tout surmonté d'une guirlande de fruits en céramique. Installez-vous en terrasse pour un *cortado* (expresso avec une goutte de lait) et admirez les lignes prémodernistes.

**Bar La Tienda** BAR
(Calle Isla de Cuba 21 ; 21h-2h lun-sam). Ce lieu est empreint d'un charme authentique, avec ses étagères garnies de bouteilles d'alcool, son sol ancien à damier noir et blanc, ses vitrines débordant de livres, son plafond sans âge et sa singularité bien affirmée. Il y a une autre salle à l'arrière avec boiseries et baby-foot.

## Où sortir

**Auditorio Alfredo Kraus** CONCERTS
(928 49 17 70 ; www.auditorioteatrolaspalmasgc.es ; Avenida Príncipe de Asturias). On doit ce spectaculaire auditorium, à l'étonnante modernité géométrique, à l'architecte catalan Óscar Tusquets. Construit en partie en roche volcanique, avec une grande baie donnant sur l'océan, il est immanquable, à l'extrémité sud de la Playa de las Canteras. Les représentations sont en majorité de la musique classique, mais l'auditorium est aussi l'un des lieux qui accueillent chaque été le **Canarias Jazz & mas** (www.facebook.com/canariasjazz ; juil), festival international de jazz.

Visites guidées (5 € ; 30 min) du lundi au vendredi à 10h15, 11h15 et 12h15.

**Teatro Pérez Galdós** THÉÂTRE
(928 43 33 34 ; www.auditorioteatrolaspalmasgc.es/teatroperezgaldos ; Plaza Stagno). Présente des pièces de théâtre et des récitals. Visites guidées (5 € ; 40 min) du théâtre proposées du lundi au vendredi à 10h15, 11h15 et 12h15.

## Achats

La majestueuse Calle Mayor de Triana (p. 60) est depuis longtemps la plus fréquentée pour les achats. Pour votre shopping, pensez aussi aux Calles Cano et Viera y Clavijo et à leurs abords, toutes situées dans la partie sud de la ville.

Les boutiques très chics de Las Palmas se concentrent dans l'Avenida Mesa y López, où se trouvent deux enseignes du (très) grand magasin **El Corte Inglés** (www.elcorteingles.es ; venida Mesa y López 15 et 18 ; 9h30-22h).

**Mercado de Vegueta** MARCHÉ
(928 33 41 29 ; Calle Mendizábal 1 ; 6h30-14h lun-jeu, 6h30-15h ven-sam). En activité depuis le milieu du XIXe siècle dans un fabuleux édifice, ce marché de Vegueta offre une abondance d'arômes et une explosion de couleurs provenant des étals de fruits, des poissons présentés sur la glace pilée, des fromages odorants, des jambons de qualité, des sacs de céréales, des légumes secs et de toutes les denrées imaginables. Le tout est entouré de cafés et de *churrerias* (vendeurs de churros).

**Librería Moebius** LIVRES
(928 36 94 10 ; Calle Peregrina 3 ; 10h-13h30 et 16h30-20h30 lun-sam). Ce temple du roman graphique propose un très large choix en anglais et en espagnol, merveilleusement bien présenté.

**Casa del Perfume Canario** PARFUM
(928 32 48 10 ; www.casadelperfumecanario.com ; Calle Herrería 6 ; 9h30-18h30 lun-sam, 10h-17h dim). Arrêtez-vous dans cette boutique-musée où sont produits des parfums depuis les années 1870. Le personnel vous expliquera les procédés de distillation et de filtration de l'eau nécessaires à la composition de certains des 163 parfums proposés à la vente. Certaines fragrances sont exquises et préparées à base d'huiles choisies selon les saisons, à base de melon, citron, lavande et autres arômes naturels.

**Fedac** ART ET ARTISANAT
(Fondation pour l'ethnographie et le développement de l'artisanat canarien ; 928 36 96 61 ; www.fedac.org ; Calle Domingo J Navarro 7 ; 10h-14h et 17h-21h lun-ven, 10h-14h sam). Cette boutique à but non lucratif, subventionnée par le gouvernement, offre l'occasion d'acquérir des pièces d'artisanat et des créations modernes : superbes foulards en soie peints à la main, châles tissés, bijoux, poterie, céramique vitrifiée, peintures, objets en verre, bols en aluminium et paniers.

## Renseignements

**Bureau d'information de la gare routière** (Estación San Telmo, Parque San Telmo ; 6h30-20h30 lun-ven, 7h30-13h sam-dim)

**Office du tourisme de l'île** (928 21 96 00 ; www.grancanaria.com ; Calle Triana 93 ; 9h-18h lun-ven, 10h-14h sam-dim). Demandez des cartes de randonnée.

**Office du tourisme principal** (www.lpavisit.com ; Parque Santa Catalina ; 9h-18h lun-ven, 10h-14h sam-dim). Les amateurs d'architecture se procureront la carte axée sur l'architecture moderniste, qui indique deux itinéraires faciles, dont un à proximité du Parque San Telmo.

**Kiosque d'information touristique** (Plaza de Santa Ana ; ⌚9h-18h lun-ven, 10h-14h sam). Sur la Plaza de Santa Ana. Il y a d'autres kiosques au Parque San Telmo (www.lpavisit.com ; Parque San Telmo ; ⌚9h-14h et 15h-18h lun-ven, 9h-15h sam) et sur la Playa de las Canteras (Paseo de las Canteras ; ⌚10h-19h lun-sam).

## Depuis/vers Las Palmas de Gran Canaria

### BUS

Les bus Global (p. 57) desservent toute l'île. Ils partent de l'**Estación San Telmo** (Parque San Telmo), à l'extrémité nord du quartier de Triana.

Départs fréquents sur les lignes suivantes :

- Bus n°s30 et 50 express pour Maspalomas (6,15 €, 1 heure)
- Bus n°1 pour Puerto de Mogán (8,75 €, 1 heure 30)
- Bus n°s12 et 80 pour Telde (1,65-2,30 €, environ 20 min)
- Bus n°105 pour Gáldar (3,10 €, 1 heure)

Le bus de nuit n°5 relie la capitale à Maspalomas. Il part toutes les heures de 20h à 3h, à l'heure pile, de l'Estación San Telmo à Las Palmas et toutes les heures à la demie de 21h30 à 4h30 de Maspalomas.

### VOITURE ET MOTO

Des agences de location sont présentes à l'aéroport de Gran Canaria, au terminal des ferrys et dans le quartier de Santa Catalina. **Avis** (☎928 09 23 30 ; www.avis.es ; Muelle Santa Catalina ; ⌚8h-16h lun-ven, 9h-12h sam) possède un bureau au terminal des ferrys.

### FERRY

Des ferrys relient Las Palmas à Fuerteventura (Morro Jable, Puerto del Rosario, Gran Tarajal), Tenerife (Santa Cruz de Tenerife), La Palma (Santa Cruz de la Palma), Lanzarote (Arrecife) et l'Espagne continentale (Huelva et Cadix). Les bateaux sont gérés par **Naviera Armas** (☎928 30 06 00 ; www.navieraarmas.com ; Edificio Fundación Puertos ; ⌚8h-20h lun-ven, 8h-13h sam), **Fred Olsen** (☎922 29 60 69 ; www.fredolsen.es ; Calle Luis Morote 4) et **Trasmediterránea** (☎928 47 44 44 ; www.trasmediterranea.es ; Muelle de León y Castillo ; ⌚8h30-16h45 lun-ven).

## Comment circuler

### DEPUIS/VERS L'AÉROPORT

**Aéroport de Gran Canaria** Le bus n°60 circule entre l'aéroport et l'Estación San Telmo 2 fois par heure de 6h à 19h, puis toutes les heures ensuite (2,30 €, 25 min), et poursuit jusqu'à Santa Catalina (2,95 €, 35 min). La course en taxi de l'aéroport au centre de Las Palmas coûte environ 30 €.

### BUS

Les bus jaunes (*guaguas municipales* ; www.guaguas.com) assurent la desserte métropolitaine : vous trouverez la carte du réseau aux offices du tourisme, dans les kiosques touristiques et à la gare routière. Le trajet simple, quel qu'il soit, coûte 1,40 €. Si vous comptez prendre le bus plusieurs fois, cela vaut la peine d'investir dans un *bono de guagua* (8,50 €) : ce titre de transport valable pour 10 trajets est en vente dans les gares routières et les kiosques à journaux. Plusieurs usagers peuvent se partager un seul et même *bono de guagua*.

Les bus jaunes n°s1, 12, 13 et 17, au départ de Triana, circulent vers le nord jusqu'au port et l'extrémité nord de la Playa de las Canteras, via la gare routière et le Parque Santa Catalina.

Le touristique **City Sightseeing Bus** (☎902 70 20 71 ; www.city-sightseeing.com/en/22/las-palmas-de-gran-canaria ; adulte/enfant 15/7,50 € ; ⌚9h30-18h), avec montée et descente à volonté, permet d'avoir un premier aperçu de la ville intéressant. Le point de départ principal est le Parque Santa Catalina, mais on peut prendre le bus à n'importe lequel des 10 arrêts entre le Parque et Vegueta.

### TAXI

Pour trouver un **taxi** (☎928 15 47 77, 928 46 90 00, 928 46 00 00), vous pouvez téléphoner, en héler un ou vous rendre dans l'une des nombreuses stations qui parsèment la ville.

### VÉLO

Le réseau de vélos partagés Sitycleta (p. 295) dispose de stations un peu partout en ville.

### VOITURE ET MOTO

Conduire à Las Palmas n'est pas une sinécure car y sévissent les embouteillages habituels des grandes villes aux heures de pointe et un réseau de rues à sens unique très déconcertant. Le stationnement dans le centre fonctionne avant tout au parcmètre (pièces uniquement), mais trouver une place est une gageure. Sinon, il existe plusieurs parkings souterrains, où l'heure de stationnement revient à environ 2 €.

> **CARTES DE RÉDUCTION**
>
> Las Palmas de Gran Canaria a mis en place le **pass Live** (www.guaguas.com/tarifas-carnets/tarjeta-turistica), pour les lignes de bus municipales. Les cartes de trajets illimités pour 1/3 jours coûtent 5/12 € ; elles sont vendues à l'office du tourisme et à la gare routière.

Les plus centraux sont ceux du Parque Santa Catalina, de la Plaza España et du Parque San Telmo, en face de la gare routière principale.

# EST DE L'ÎLE

Un court trajet en voiture au sud de Las Palmas vous conduira à de pittoresques bourgades historiques, à des villages de montagne brumeux et aux sublimes paysages du verdoyant Barranco de Guayadeque, un magnifique canyon très apprécié, à juste titre, des habitants comme des touristes. De loin, la belle ville d'Agüimes a des airs de carte postale. Dominant une bonne partie de la région, l'imposante Caldera de Bandama est l'un des plus grands cratères volcaniques éteints de l'île. Enfin, le trajet depuis Agüimes via Temisas vous mènera à San Bartolomé de Tirajana et à de sublimes paysages dans les collines du centre de la Grande Canarie.

## Caldera de Bandama et Santa Brígida

**Caldera de Bandama** VOLCAN

Au sud de Tafira Alta, l'impressionnante Caldera de Bandama mesure 200 m de profondeur et 1 km de diamètre. Il est possible de se rendre en voiture jusqu'au sommet pour admirer la vue sur le cratère et au-delà. Si vous êtes suffisamment en forme, vous pouvez gagner à pied le fond de la caldeira. La randonnée part de l'ensemble de bâtiments installés au bord de la route GC-802, où se trouvent un petit restaurant cosy et un domaine viticole.

Tout près, à **La Atalaya**, premier village producteur de poteries de l'île, on peut acheter de ravissantes céramiques (puis s'inquiéter du moyen de les remporter chez soi...).

Le bus n°311 (1,55 €, 30 min) part toutes les heures de Las Palmas pour Santa Brígida, et s'arrête en chemin à Bandama et La Atalaya.

**Casa Museo del Vino** MUSÉE

(☎928 64 44 84 ; Calle Calvo Sotelo 26, Santa Brígida ; ⏲13h-16h et 20h-23h mar et jeu, jusqu'à minuit ven-sam, 13h-17h dim, 13h-16h mer). GRATUIT Dans le village de Santa Brígida, ce musée conserve une modeste collection d'objets associés à la production viticole ; vous pourrez aussi goûter des vins et il y a un bon restaurant canarien sur place (plats 10-18 €).

## Telde

102 000 HABITANTS

À l'est de l'île, Telde est la deuxième ville de la Grande Canarie. Il y a peu de musées et de sites connus, mais il est très agréable de flâner dans son centre historique.

La ville a été fondée avant la conquête espagnole, et elle est connue pour ses fabricants d'instruments à cordes, en particulier de *timple*, cousin de l'ukulélé emblématique des Canaries.

### À voir

Ignorez les abords industriels peu avenants de la ville pour découvrir son cœur historique composé de trois quartiers distincts : San Juan, San Francisco, et, un peu plus loin, San Gregorio. Commencez par San Juan, où il est assez facile de se garer pour ensuite flâner dans les étroites ruelles pavées en direction de San Francisco. En chemin, arrêtez-vous le temps de prendre en photo les jolies maisons blanchies à la chaux et agrémentées çà et là du rouge carmin des bougainvillées, avant de rejoindre San Gregorio, organisé autour de sa place et de son église homonymes.

**Iglesia de San Francisco** ÉGLISE

(Plaza San Francisco ; ⏲horaires variables). À l'intérieur de cette église dédiée à saint François, remarquez les trois autels polychromes, situés dans celle des deux nefs qui est la plus au nord, ainsi que les beaux plafonds *artesonados* (à caissons). Pour la rejoindre depuis la Plaza San Juan Bautista, prenez vers l'ouest la Calle Ynes Chimida pavée. Cette rue tranquille longe un vieil aqueduc surplombant des bananeraies et des orangeraies.

**Basílica de San Juan Bautista** ÉGLISE

(Plaza San Juan Bautista ; ⏲9h30-12h30 et 17h-20h). Cette église néogothique figure au nombre des édifices vénérables du quartier de San Juan. On ne risque guère de passer à côté du monument kitsch qu'est son retable du XVIe siècle, doré à l'envi et représentant la crucifixion. Le Christ a été fabriqué par des Indiens Tarascos du Mexique.

**Museo León y Castillo** MUSÉE

(www.fernandoleonycastillo.com ; Calle León y Castillo 43 ; adulte/enfant 2 €/gratuit ; ⏲10h-18h mar-dim). Ce musée est consacré au plus illustre des habitants de Telde, l'homme politique de la fin du XIXe siècle Fernando León y Castillo. L'édifice, son ancienne demeure, agrémentée de balcons en bois courant en galeries, est charmant ; les expositions sont moins attrayantes.

**Cuatro Puertas** SITE ARCHÉOLOGIQUE

GRATUIT Bien que situé à seulement 5 km au sud de Telde, cet impressionnant site préhispanique est rarement visité, même par les gens du coin. "Cuatro Puertas" ("Quatre Portes") tient son nom des multiples entrées creusées dans la paroi de ce complexe troglodytique fabriqué par l'homme. Vous trouverez des panneaux d'information mais pas de centre des visiteurs. Le site se visite donc à n'importe quel moment. Il se situe tout près de la GC-100 dans le hameau de Cuatro Puertas. Le bus n°36 de Telde (1,40 €, 10 min) à Maspalomas passe par là toutes les heures.

**Playa de Melenara** PLAGE

Cette plage correcte, à 5 km de Telde, est plus fréquentée par les habitants que par les touristes. Le vaste croissant de sable est bordé d'appartements et de plusieurs bons restaurants de poisson à petits prix. Un chemin suit le littoral rocheux jusqu'à la Playa de la Garita, autre plage locale populaire à 3 km au nord. En route, on croise de bons spots de surf.

### Renseignements

**Office du tourisme** (www.telde.es ; Calle Conde de la Vega Grande 9 ; 8h-15h lun-ven). Emplacement central, à une rue au nord de la Basílica de San Juan Bautista.

### Depuis/vers Telde

Les bus n°s 12 et 80 circulent depuis/vers Las Palmas (1,65-2,30 €, environ 20 min, toutes les 20 min).

## Agüimes

30 740 HABITANTS

Un court trajet en bus ou en voiture au sud de Telde mène à la charmante Agüimes, ville dotée d'un centre historique magnifiquement restauré. Agüimes est parfois délaissée par les touristes, mais c'est l'une des plus jolies localités de la Grande Canarie et quelques musées offrent une excellente introduction à son histoire.

### À voir

Les rues piétonnes d'Agüimes sont bordées de superbes témoignages de l'architecture canarienne, en particulier celles aux alentours de la Plaza del Rosario, une place ombragée.

**Iglesia de San Sebastián** ÉGLISE

(Calle de San Sebastián ; 9h30-12h30 et 17h-19h mar, jeu, sam-dim). Avec son dôme percé de 12 grandes fenêtres (symbolisant les 12 apôtres) et ses arcs arrondis, cette vaste église est considérée comme l'un des meilleurs exemples du néoclassicisme canarien. Sa construction a débuté à la fin du XVIIIe siècle, mais l'église ne fut achevée que dans les années 1940.

**Museo de Historia de Agüimes** MUSÉE

(928 78 54 53 ; Calle Juan Alvarado y Saz 42 ; adulte/enfant 3/2,50 € ; 9h-17h mar-dim). Les collections bien présentées dépassent le simple domaine de l'histoire de la ville et donnent un bon aperçu de l'histoire des Canaries : coutumes préhispaniques, agriculture, folklore, pauvreté, révolte, émigration et sorcellerie. Les informations sont détaillées et très instructives.

**Centro de Interpretación del Casco Histórico** MUSÉE

(Plaza San Antón 1 ; 8h30-16h lun, 8h30-18h mar-ven, 9h-13h sam). GRATUIT Le "centre d'interprétation de la vieille ville" présente des expositions bien documentées et captivantes sur l'évolution du plan urbain d'Agüimes au cours des siècles. Vous le trouverez dans le même bâtiment que l'office du tourisme. N'oubliez pas de jeter un coup d'œil dans la vieille chapelle.

### Où se restaurer et prendre un verre

**El Populacho** CANARIEN €

(928 78 45 14 ; Plaza del Rosario 17 ; tapas 2,50-6 € ; 10h-23h dim-jeu, 10h-minuit ven-sam). Dans un angle de la place principale d'Agüimes, cet accueillant bar à tapas, au comptoir peint en vert et aux luminaires Art déco, occupe une ancienne épicerie (de 1933), comme en témoignent les fresques couvrant les murs. Les affamés opteront pour une *ropa vieja* (ragoût de pois chiches).

**Almogaren** CAFÉ

(628 87 99 27 ; Calle el Progreso 14 ; 9h-17h mer-lun). Tenu par les chaleureux Carmen et Roberto, ce lieu adorable – petite cour ensoleillée, quelques tables, un canapé, un

VAUT LE DÉTOUR

### UN MATIN AU MARCHÉ

De petits marchés intéressants se tiennent dans les villes et les villages, la plupart proposant fromages, boucherie et produits boulangers, ainsi que des souvenirs et autres babioles. Ces marchés sont généralement en place de 9h à 14h.

**Puerto de Mogán** (vendredi). L'un des plus touristiques.

**San Fernando** (mercredi et samedi)

**Arguineguín** (mardi et jeudi)

**Santa Brígida** (samedi)

**Teror** (samedi et dimanche)

**Vega de San Mateo** (samedi et dimanche)

ou deux carillons à vent et une poignée de livres d'occasion – est un choix de très bon goût. Prenez une bière fraîche (1,50-2,30 €) dans le réfrigérateur ou préparez un café. Se double d'une boutique d'artisanat.

## Achats

**Aragüeme** ÉPICERIE FINE
(☎645 31 39 25 ; Calle el Progreso 22 ; ⏲10h15-18h mer-lun). On a forcément l'eau à la bouche dans cette coquette boutique : choix de fromages étourdissant, huile d'olive produite dans la région, *mojo* (sauce typique), confiture de patate douce, vin, *gofio* (céréales grillées et moulues), miel et glace artisanale, mais également bijoux et plus encore.

## Renseignements

**Office du tourisme** (www.aguimes.es ; Plaza San Antón 1 ; ⏲ 8h30-16h lun, 8h30-18h mar-ven, 9h-13h sam). Dans le même bâtiment que le Centro de Interpretación del Casco Histórico.

## Depuis/vers Agüimes

Les bus n$^{os}$11 et 21 relient Las Palmas et Agüimes (3,40 €, 45 min, toutes les heures). Le bus n°22 dessert, direction sud-est, Arinaga (1,40 €, 20 min, toutes les heures), un lieu de baignade sur la côte très apprécié bien qu'il n'y ait pas de plage digne de ce nom.

Vous trouverez un parking payant dans la Calle Acebuche, immédiatement en sortant du centre historique.

# Barranco de Guayadeque

L'une des destinations les plus fascinantes et prisées de l'île, le sublime Barranco (ravin) de Guayadeque creuse dans le centre de la Grande Canarie de majestueuses crêtes froissées. La végétation y est verdoyante la plupart du temps mais, si vous le pouvez, rendez-vous au Barranco au début du printemps, lorsque les amandiers sont en fleur et que le paysage est d'une beauté saisissante.

Commencez votre visite par le vaste **Centro de Interpretación** (☎928 17 20 26 ; adulte/enfant 3/2,50 € ; ⏲9h-17h mar-sam, 10h-15h dim ; P), aménagé dans une grotte à l'entrée du *barranco*. Les collections traitent de la géologie du ravin et de sa fascinante histoire, des premiers habitants préhispaniques à l'habitat troglodytique d'aujourd'hui.

À 4 km de là, allez vous dégourdir les jambes à **Cueva Bermejas** (GC-103), petit village troglodytique creusé à flanc de montagne. Ne manquez pas de jeter un coup d'œil à la minuscule chapelle (à côté du Bar Guayadeque) dont la chaire, l'autel et le confessionnal sont taillés dans la roche.

La route continue son ascension sinueuse jusqu'à **Montaña de las Tierras**, qui compte des restaurants et quelques habitations creusés dans la roche. Pour continuer la balade à partir de là, vous devrez avoir de solides chaussures de marche. Deux ou trois sentiers profitant d'une vue splendide vont jusqu'à la mer. Renseignez-vous au centre d'interprétation.

Le canyon n'est jamais aussi beau qu'une fois désert, après le départ des foules qui le visitent à la mi-journée.

**Bar Guayadeque** TAPAS €
(barrestauranteguayadeque.negocio.site ; Cueva Bermejas 23 ; tapas 4-9 € ; ⏲9h-23h lun-jeu, 9h-minuit ven-dim). Avec ses jambons photogéniques suspendus au plafond et sa carte de tapas alléchante, cette adresse attire de nombreux visiteurs mais parvient à conserver son authenticité. Juste à côté de la chapelle (Ermita de Guayadeque) ; parking en face.

♥ **Restaurant Tagoror** CANARIEN €€
(☎928 17 20 13 ; www.restaurantetagoror.com ; Montaña de las Tierras 21 ; plats 8-16 € ; ⏲13h-16h et 19h-tard). Les nombreux restaurants troglodytiques du canyon ne se distinguent guère les uns des autres. Toutefois, cet établissement labyrinthique, accueillant et établi de longue date, suscite beaucoup de bons échos.

## LA GRANDE CANARIE POUR LES ENFANTS

La Grande Canarie est un paradis pour les plus jeunes. Au programme : une myriade d'activités naturelles ou conçues pour eux, et des parcs à thème. On pense d'abord, bien sûr, aux **plages**, avec en prime dans les stations du Sud un large choix d'excursions en bateau. Au sud de Puerto Rico, on peut aller voir les dauphins avec la compagnie **Spirit of the Sea** (☎928 56 22 29 ; www.dolphin-whale.com ; Calle Puerto Base, Puerto Rico ; adulte/enfant 33/20 €). Plus à l'ouest, **Taurito** est une ville aux airs de parc de loisirs, avec plusieurs piscines et toutes sortes d'activités pour les enfants et les plus grands. Il existe de nombreux parcs à thème, en particulier dans le secteur de la Playa del Inglés (p. 81), tel le gigantesque **Aqualand** (www.aqualand.es ; Carretera Palmitos Park ; adulte/enfant 27/18 € ; ⏲10h-18h juil-août, 10h-17h sept-juin ; ) de Maspalomas. Le **Cocodrilo Park** (www.cocodriloparkzoo.com ; adulte/enfant 9,90/6,90 € ; ⏲10h-17h dim-ven), près d'Agüimes, est à la fois un zoo et une réserve animalière. La majorité de ses pensionnaires sont des animaux de compagnie exotiques abandonnés par leurs propriétaires. Pour élever le niveau, même le bambin le plus hostile aux musées sera impressionné par les maquettes de galions de la Casa de Colón (p. 58), à Las Palmas. Ou bien suivez les groupes d'écoliers au superbe Museo Elder de la Ciencia y la Tecnología (p. 61), dans la capitale.

Le personnel est sympathique. À la carte, on trouve surtout de solides ragoûts, du *gofio*, du *potaje* (soupe) canarien et des *papas arrugadas* avec un *mojo* épicé. Le *menú del día* (menu du jour ; 11 €) est excellent et d'un rapport qualité/prix imbattable.

### Depuis/vers Barranco de Guayadeque

Le mieux est d'explorer le ravin avec votre propre véhicule. Chaque matin à 8h15, le bus n°27 (1,40 €, 25 min) part d'Agüimes et se rend à Montaña de las Tierras.

## Temisas

Depuis Temisas, au cadre impressionnant avec son arrière-plan de falaises impénétrables, on a une superbe vue sur un ravin qui plonge jusqu'à la mer. Le village lui-même est paisible et pittoresque, avec ses cottages et maisons en pierre d'origine. Pour venir jusqu'ici en voiture, prenez la GC-550 qui serpente à travers les montagnes d'Agüimes à Santa Lucía de Tirajana. À l'approche de Temisas, accroché à une corniche, remarquez les terrasses de chaque côté du centre, creusées jusqu'à la vallée en contrebas.

**Observatorio Astronómico de Temisas** OBSERVATOIRE
(astrotemisas.probooking.es ; GC-550, Montaña de Arriba ; circuit adulte/enfant 35/30 € ; ⏲21h-23h lun-sam). Situé à 850 m au-dessus du niveau de la mer, en bordure de la Caldera de Tirajana, cet observatoire propose des visites guidées pour scruter les étoiles, du lundi au jeudi de 20h30 à 22h30. Si vous avez un billet (tarif réduit en ligne), vous pouvez prendre le bus gratuit pour vous y rendre ; contactez l'observatoire pour plus de détails. Si vous arrivez en voiture de Temisas, repérez la pancarte sur le côté de la route : elle indique une piste de terre montant à l'observatoire.

# NORD DE L'ÎLE

Les paysages du nord fertile de la Grande Canarie se différencient de l'intérieur montagneux, et du sud balnéaire et touristique. Le long des routes sinueuses, autour d'une myriade de villages et de hameaux, vous verrez tour à tour des ravins spectaculaires, des champs intensément cultivés et des forêts de pins couverts de lichen vert nourri par le brouillard et la pluie. Il faut atteindre l'ouest de l'île pour que cette verdure cède la place à un paysage plus austère mais tout aussi fascinant.

## Teror

6 650 HABITANTS / ALTITUDE : 543 M

En dépit de son nom, Teror est loin d'inspirer la terreur : la place centrale, la Plaza Nuestra Señora del Pino, et la Calle Real, à côté de l'extraordinaire Basílica Nuestra Señora del Pino, sont bordées de belles maisons anciennes peintes de couleurs vives, avec des murs penchés et des balcons en bois. Le centre-ville empreint d'un charme historique semble tout droit sorti d'un livre d'images. Malgré la popularité de ce hameau posé dans les collines, les habitants continuent d'accueillir les visiteurs très chaleureusement.

Le samedi matin se tient sur la place un **marché de petits producteurs** (Plaza Nuestra Señora del Pino ; 8h-14h dim), où vous trouverez des spécialités locales comme le délicieux *chorizo de Teror* à l'ail. Le marché du dimanche est plus important et plus commercial.

Le seul bâtiment qui jure complètement avec le caractère résolument historique de la ville est le moderne **Auditorio de Teror** (Plaza de Sintes), juste à l'ouest de la basilique.

Teror se situe dans les collines, à 20 km au sud-ouest de Las Palmas.

## À voir

**Basílica Nuestra Señora del Pino** ÉGLISE
(Plaza Nuestra Señora del Pino 3 ; 8h-12h et 14h-18h). Surplombant la place, cet édifice néoclassique du XVIII^e siècle est dédié à la patronne de la Grande Canarie. La légende, qui veut que la Vierge ait été aperçue en haut d'un pin dans la forêt voisine au XV^e siècle, a fait de Teror un lieu de pèlerinage. À l'intérieur de la basilique, où est fait un usage immodéré de la dorure, trône la Virgen de las Nieves illuminée, entourée d'anges, sur un retable.

**Musée de la Basílica Nuestra Señora del Pino** MUSÉE
(Plaza Nuestra Señora del Pino 3 ; 1 € ; 12h-15h lun-ven, 11h-14h30 sam-dim). Ne manquez pas ce musée (également appelé la "maison du trésor"), accessible par un escalier à l'arrière de la basilique. Il donne l'occasion de voir la Vierge de plus près et de découvrir la myriade de cadeaux loufoques offerts par les fidèles. Dans une salle sont exposés les divers vêtements qu'elle a portés au fil du temps (une robe neuve est étrennée chaque année durant la fête organisée en son honneur). Toutefois, le plus saisissant est la Vierge elle-même, avec l'Enfant, installée sur un trône en argent.

**Casa de los Patronos de la Virgen** MUSÉE
(Calle Real de la Plaza 1 ; 3 € ; 11h-16h lun-ven, 10h-14h dim). L'un des plus ravissants édifices de Teror abrite ce modeste musée. On y conserve des éléments de la vie au XVIII^e siècle, dont de nombreux objets étonnants ayant appartenu pour la plupart à une famille de Las Palmas qui avait là sa résidence secondaire. Le musée était fermé lors de nos recherches et devait rouvrir fin 2019.

## Fête

**Fiesta de la Virgen del Pino** FÊTE RELIGIEUSE
(1^re sem de sept). Teror est la capitale religieuse de la Grande Canarie, et la Virgen del Pino est la sainte patronne de l'île. Cette fête est non seulement un grand événement en ville, mais surtout la première fête religieuse de l'île, avec processions, foire aux bestiaux, musique, danse à profusion et autres festivités.

## Où se restaurer

**El Encuentro** CANARIEN €€
(Plaza Nuestra Señora del Pino 7 ; plats 8-16 € ; 10h-17h mar-jeu, 10h-23h ven-sam). Sur la place, cet établissement accueillant propose un bon choix de grillades, ainsi qu'un *potaje* du jour – l'idéal en hiver, quand un froid mordant règne parfois à Teror.

## Achats

**Couvent cistercien** BISCUITS
(Calle del Castaño 24 ; 10h-13h et 15h-18h). Une sorte d'aura divine entoure Teror. Gravissez la Calle Herrería, rue très escarpée à côté du musée, jusqu'à rejoindre la Calle del Castaño et ce couvent cistercien, dont les religieuses fabriquent de délicieux biscuits. S'il n'y a personne, tirez la sonnette et préparez des espèces : une religieuse invisible s'occupera en toute hâte de la vente.

## Renseignements

**Office du tourisme** (Calle Real de la Plaza 2 ; 9h30-17h30 mar-sam). En face de l'église.

## Depuis/vers Teror

Les bus n^os 216, 220 et 229 rallient Las Palmas (2,30 €, 30 min, toutes les heures) ; le bus n°215 relie Arucas (1,40 €, 20 min, toutes les heures).

# Arucas

10 400 HABITANTS

Arucas est l'occasion d'une agréable escapade d'une journée hors de Las Palmas. Il est facile de se déplacer dans cette ville jolie et compacte ; les rues piétonnes sont jalonnées d'élégants édifices historiques, et il y a un superbe jardin très fleuri et une église digne d'intérêt.

## À voir

De l'église, descendez la Calle Gourié jusqu'à la Calle León y Castillo, bordée par des bâtiments pittoresques de style colonial. Tournez à droite sur la Plaza Constitución, située en face du splendide Parque Municipal de Arucas de las Flores (ci-dessous), sur laquelle on trouve l'*ayuntamiento* (hôtel de ville), de style moderniste de la fin du XIXe siècle, ainsi que quelques agréables terrasses de cafés.

Si vous avez un moyen de transport, prenez le chemin pentu et bien signalisé qui rejoint **La Montaña de Arucas**, à 2,5 km au nord de la ville. On a de là une vue splendide sur Las Palmas, la côte nord, des vergers et des bananeraies (et, moins photogéniques, des hectares de serres en plastique).

**Iglesia de San Juan** ÉGLISE

(Calle Párroco Cárdenes 3 ; 9h30-12h30 et 16h30-19h15). L'extraordinaire silhouette néogothique de cette église monte la garde au-dessus des maisons blanches d'Arucas, offrant un contraste saisissant. Avec ses flèches sophistiquées, cette église conçue par un architecte catalan a des airs de Sagrada Familia (Gaudí). Sa construction démarra en 1909 sur le site d'une ancienne *ermita* (chapelle) pour s'achever 70 ans plus tard. Elle recèle des trésors, dont un Christ nu allongé sculpté par Manolo Ramos, un artiste local, et trois magnifiques rosaces.

**Parque Municipal de Arucas de las Flores** JARDINS

(Carretera Arucas-Bañaderos ; 9h-22h). GRATUIT Ces jardins municipaux en terrasse sont agencés à la française, avec des fontaines, des kiosques, des sculptures et des arbres tropicaux, dont le rare bois de Panama (*Quillaja saponaria*), un arbre à feuilles persistantes, et plusieurs magnifiques dragonniers, ainsi que d'époustouflantes plantes à fleurs et des bambouseraies. Remarquez le système sophistiqué de canaux d'irrigation et de voies d'eau aménagé dans le parc.

**Jardín de la Marquésa** JARDIN

(928 60 44 86 ; www.jardindelamarquesa.com ; Carretera Arucas-Bañaderos ; adulte/enfant 6/3 € ; 9h-18h lun-sam ; P). Ce ravissant jardin botanique se trouve au nord-ouest d'Arucas, sur la route de Bañaderos, et appartient, tout comme l'Hacienda del Buen Suceso, à la Marquesa (marquise) de Arucas. Luxuriant, il comporte plus de 2 500 plantes vivaces, arbres et cactus, mais aussi des mares, des espaces où s'asseoir et une serre abritant des bananiers.

**Destilerías Arehucas** DISTILLERIE

(928 62 49 00 ; www.arehucas.com ; adulte/enfant 3,50 €/gratuit ; 9h-14h lun-ven ; P). La visite de 45 minutes de cette distillerie de rhum, de son ancienne cave (l'une des plus vieilles caves à rhum en Europe) et des salles de fermentation et de distillation se termine par une dégustation de rhum et de liqueur.

**Musée municipal** MUSÉE

(928 62 81 65 ; Plaza de la Constitución ; 10h-18h lun-ven, 10h-13h sam). GRATUIT Les jardins municipaux abritent le principal musée de la ville, qui conserve une collection permanente de peintures et sculptures d'artistes canariens, dont les maîtres Guillermo Sureda (1912-2006) et Manolo Ramos (1899-1971) – tous deux natifs d'Arucas –, ainsi que les sculptures monumentales d'Abraham Cárdenes (1907-1971), natif de Tejeda. Également des expositions temporaires.

## Où se restaurer

**Tasca Jamón Jamón** TAPAS €

(928 60 34 97 ; Calle Gourié 5 ; tapas 4-8 € ; 13h-16h et 19h-tard mar-dim). Un emplacement superbe pour la terrasse de cet établissement, dans une petite rue piétonne avec vue sur l'église. Bon choix de tapas classiques du type tranches de fromage *manchego* avec pain blanc croustillant.

## Renseignements

**Office du tourisme** (Calle León y Castillo 10 ; 10h-16h lun-sam)

## Depuis/vers Arucas

Les bus nos 205 et 210 circulent entre la **gare routière** (Calle Bruno Pérez Medina) d'Arucas et Las Palmas toutes les 30 minutes (2,10 €, 25 min). Le bus n°215 se rend toutes les heures à Teror (1,40 €, 20 min).

# Moya

1 320 HABITANTS / ALTITUDE : 490 M

La route spectaculaire qui parcourt les 20 km entre Arucas et Moya, à flanc de montagne, offre une vue vertigineuse sur la côte nord. Moya est une localité active sans prétentions, dotée de quelques exemples d'architecture canarienne, dont la jolie **Casa-Museo Tomás Morales** (www.tomasmorales.com ; Plaza Tomás Morales ; adulte/enfant 2 €/gratuit ; 10h-18h mar-dim), l'ancienne demeure du poète canarien décédé en 1922 à 37 ans. Le plus impressionnant reste la vue sur le *barranco* depuis l'arrière de l'église du XVIe siècle. Seul le spectacle de l'église elle-même, vue depuis l'autre côté du ravin, accrochée en équilibre précaire au flanc de la montagne, est en mesure de rivaliser.

Les bus n[os]116 et 117 circulent toutes les heures, entre Moya et Las Palmas (2,95 €, 1 heure).

## Santa María de Guía

À la sortie de la route GC-2, au sud-est de Gáldar, Santa María de Guía (Guía pour les intimes) est une petite ville élégante, qui accueillit temporairement le compositeur français Camille Saint-Saëns (1835-1921). Le musicien aimait jouer de l'orgue dans son église néoclassique du XVIIe siècle. Celle-ci domine une grande place qui fait un agréable lieu de promenade.

Au XVIIIe siècle, la ville et ses environs furent ravagés par une invasion de sauterelles. Pour s'en débarrasser, les habitants s'en remirent aux bons soins de la Vierge Marie. La tradition est restée, et le troisième dimanche de septembre, Guía fête La Rama de las Marías en dansant jusqu'à l'église pour y déposer des offrandes de fruits. La ville est connue aussi pour son *queso de flor* (fromage de fleur).

Les bus n[os]103, 105 et 151 (2,85 €, 50 min) passent ici à peu près toutes les demi-heures en venant de Las Palmas.

**Cenobio de Valerón** SITE ARCHÉOLOGIQUE
(www.arqueologiacanaria.com ; Cuesta Silva ; adulte/enfant 3 €/gratuit ; 10h-18h mar-dim avr-sept, 10h-17h mar-dim oct-mars ; P). Ce fascinant ensemble est constitué de plus de 350 grottes, silos et cavités de tailles variées, qui servaient à entreposer les céréales à l'époque préhispanique. Ces grottes, situées sur les pentes escarpées, sont reliées entre elles par des marches et des chemins aménagés. Sur tout le site, des panneaux informatifs détaillent l'histoire et l'archéologie des grottes, ainsi que la géologie volcanique de la région.

## Gáldar

10 780 HABITANTS / ALTITUDE : 124 M

Cette ville historique fut la capitale du *guanartemato* (royaume) à l'époque préhispanique et elle est surtout célèbre pour ses extraordinaires peintures rupestres exposées dans le musée et parc archéologique Cueva Pintada. La ville possède un joli centre historique, petit et animé, organisé autour de la ravissante Plaza de Santiago et de son église néoclassique, l'**Iglesia de Santiago** (Plaza de Santiago ; 9h-20h, musée d'Art sacré 10h-13h mar-jeu et dim, 10h-13h et 16h-19h ven-sam), qui abrite un musée d'art sacré. Également en bordure de la place, les **Casas Consistoriales** (XIXe siècle) se distinguent par leur dragonnier, l'un des plus vieux de l'île (il date de 1718), qui s'élève vers le ciel depuis un patio.

### À voir

**Museo y Parque Arqueológico Cueva Pintada** SITE ARCHÉOLOGIQUE
(928 89 54 89, 902 40 55 04 ; www.cueva-pintada.com ; Calle Audiencia 2 ; adulte/enfant 6 €/gratuit ; 10h-18h mar-sam et 11h-18h dim oct-mai, 10h30-19h30 mar-sam et 11h-19h dim juin-sept). Découverte par un fermier à la fin du XIXe siècle, cette grotte, l'un des plus importants sites archéologiques préhispaniques de la Grande Canarie, est ornée de motifs géométriques, qu'on pense peut-être liés aux calendriers lunaire et solaire (mais il y a débat). C'est aussi le site archéologique le plus accessible de l'île, car situé en plein cœur de la ville et non à flanc de falaise. En outre, on peut le visiter en fauteuil roulant. Le principal intérêt est la grotte elle-même qui n'aura, après la visite, plus de secret pour vous.

Le musée présente des vidéos et des reconstitutions éclairant la vie locale avant l'arrivée des conquistadors. Il donne à voir les 5 000 m$^2$ où ont été excavés les vestiges de grottes d'habitation creusées dans la roche volcanique. Des vidéos en plusieurs langues donnent des informations historiques, mais vous devrez participer à la visite de 1 heure 30 (disponible en français) pour pouvoir poser des questions et voir la grotte peinte, depuis l'intérieur d'une salle vitrée. Les couleurs et les formes des motifs triangulaires sur le mur se sont beaucoup détériorés, mais restent suffisamment nets pour les distinguer. Tâchez de réserver via le site Internet ou par téléphone – le nombre de participants est limité à 20 personnes par visite, et vous pourriez ne pas avoir de place en venant à l'improviste.

Afin de prévenir une détérioration plus poussée des peintures, la grotte n'est ouverte qu'à heures fixes, et les plages horaires sont parfois courtes. Entre 1972 et 1982, les couleurs des pigments ont perdu 50% de leur éclat, à cause du flux constant de visiteurs (la seule respiration humaine suffit à créer des dommages considérables, d'où l'installation de la salle vitrée).

Après avoir scruté les peintures rupestres, vous pourrez explorer l'intérieur de quelques reconstitutions d'habitations ornées de peaux d'animaux.

Un billet combiné est disponible (6 €) incluant la Casa Museo Antonio Padrón et la Casa-Museo Tomás Morales à Moya.

**Casa Museo Antonio Padrón** MUSÉE

(Calle Capitán Quesada 3 ; adulte/enfant 2 €/gratuit ; ⏲10h-18h mar-sam oct-juin, 10h-19h mar-dim juil-sept). Les habitants sont très fiers d'Antonio Padrón, enfant du pays qui mourut tragiquement d'une réaction allergique à la pénicilline à l'âge de 48 ans, dans les années 1960, alors qu'il commençait tout juste à être reconnu par le monde de l'art européen. Le musée est aménagé dans l'ancien atelier de l'artiste. Ses tableaux colorés au style très particulier s'inspirent pour beaucoup des motifs géométriques des Guanches. Un billet combiné est disponible (6 €) incluant le musée Cueva Pintada et la Casa-Museo Tomás Morales à Moya.

## Renseignements

**Office du tourisme** (www.ciudaddegaldar.com ; Plaza de Santiago 1 ; ⏲8h-15h30 lun-ven, 10h-14h sam). Très utile, notamment pour récupérer un plan de la ville. Juste à côté d'un des plus vieux dragonniers de la Grande Canarie.

## Depuis/vers Gáldar

Le bus n°105 (3,10 €, 1 heure) prend la direction de l'est et de Las Palmas environ toutes les demi-heures. À destination du Sud, le bus n°103 (1,40 €, 20 min, toutes les heures) relie Gáldar à Agaete et à Puerto de las Nieves. Tous les bus arrivent et partent de l'**Estación de Guaguas Gáldar** (Carretera General), à 5-10 minutes à pied à l'est du centre historique.

Il y a deux parkings gratuits dans la Calle Real de San Sebastián, lorsqu'on arrive en ville en venant de Las Palmas.

# Agaete et Puerto de las Nieves

5 600 HABITANTS

La Calle de la Concepción, jolie rue principale de la bourgade verdoyante d'Agaete, est bordée d'édifices typiques de l'architecture canarienne, dont certains s'ornent de traditionnels balcons en bois. Dans le centre se dresse la belle église du bourg. Agaete abrite aussi l'unique plantation de café d'Europe.

Située à 1 km de là, Puerto de las Nieves fut jusqu'au XIX^e^ siècle le port principal de l'île. Elle est surtout connue pour être le terminal des ferrys rapides qui relient la Grande Canarie et Tenerife. Cette petite localité possède des plages de galets noirs et bénéficie d'un cadre montagneux ravissant et d'une vue splendide au sud le long de l'Andén Verde. Le quartier du port évoque un village de pêcheurs, et l'architecture toute de bleu et de blanc rappelle celle des îles grecques. Il est réputé pour ses excellents restaurants de poisson où affluent les habitants le week-end.

VAUT LE DÉTOUR

### LE CAFÉ CANARIEN

Un itinéraire panoramique assez direct mène de la ville d'Agaete 6 km plus loin dans la fertile vallée du même nom, où vous attendent plusieurs plantations de café. À la **Finca La Laja** (www.bodegalosberrazales.com ; Calle de los Romeros, Valle de Agaete ; ⏲10h-17h), on cultive des fruits exotiques et du raisin en plus du café. La visite guidée comprend une dégustation de vin et une tasse du café parfumé produit sur place. Tout en haut en surplomb de la vallée, la pinède de Tamadaba est idéale pour la randonnée.

## À voir

**Iglesia de Nuestra Señora de la Concepción** ÉGLISE

(Plaza Constitución, Agaete ; ⏲horaires variables). Érigée en 1874, cette église est d'un style éminemment méditerranéen.

**Huerto de las Flores** JARDIN

(Calle Huertas, Agaete ; adulte/enfant 1,50/1 € ; ⏲10h-16h mar-sam ; P). Une retraite agréablement ombragée les jours de grosse chaleur, ce charmant jardin du XIX^e^ siècle conserve plus de 300 plantes tropicales. Son petit bar sert un café produit dans la vallée d'Agaete voisine.

VAUT LE DÉTOUR

## D'AGAETE À ALDEA DE SAN NICOLÁS

Parfois appelé San Nicolás de Tolentino, mais plus souvent La Aldea ("Le Hameau") tout court, cette bourgade assez morne n'offre guère d'intérêt. Le voyage importe toutefois plus que la destination : la route GC-200 d'Agaete à San Nicolás est l'occasion d'un magnifique trajet à flanc de falaise. Si vous partez vers le sud-ouest en fin d'après-midi, le soleil couchant baigne le paysage d'une lumière douce et enveloppe les crêtes successives d'un halo qui s'assombrit. Les endroits où s'arrêter sont peu nombreux, mais vous pourrez faire une pause, vers la fin du trajet, à Puerto de La Aldea, son petit port et ses quelques restaurants de la mer. La *ropa vieja de pulpo* (ragoût de pois chiches au poulpe) est la spécialité locale.

Ceux qui souffrent de vertige préfèreront peut-être effectuer ce périple de 40 km (pouvant durer 2 heures) dans l'autre sens. En le parcourant du sud au nord, on peut négocier les innombrables virages côté montagne plutôt qu'au bord du précipice.

L'arrivée depuis Mogán et le Sud, bien qu'on ne voie pas la mer, permet une vue saisissante.

**Ermita Nuestra Señora de las Nieves** ÉGLISE

(Carretera al Puerto de las Nieves, Puerto de las Nieves ; 11h-13h lun-sam, 9h-11h dim). À Puerto de las Nieves, cette minuscule et belle chapelle chaulée à l'atmosphère incroyablement paisible se dresse juste au bord de l'eau. Elle possède un triptyque flamand du XVIe siècle réputé, peint par Joos van Cleve et dédié à la Virgen de las Nieves (Vierge des Neiges).

## Fête

**Fiesta de la Rama** CULTURE

(4 août). Cette fête extraordinaire trouve son origine dans une obscure danse de la pluie guanche. Aujourd'hui, fanfares et habitants défilent dans les rues en brandissant des rameaux (*ramas*) avant de se livrer corps et âme à la fête.

## Où se restaurer

Le week-end, aux heures de repas, il peut être difficile de trouver une table à Puerto de las Nieves : venez tôt.

**Terraza Angor** PRODUITS DE LA MER €

(928 55 41 09 ; Avenida de los Poetas 2, Puerto de las Nieves ; plats 8-12 € ; 7h-22h dim-mar et jeu, 7h-23h ven-sam). Aménagé dans un bel édifice bleu et blanc du port, cette adresse est très prisée de la clientèle locale et des touristes, essentiellement pour son *menú del día* (3 plats, 10 €) d'un excellent rapport qualité/prix.

**Restaurante Las Nasas** PRODUITS DE LA MER €

(Calle Nuestra Señora Nieves 7, Puerto de las Nieves ; plats 8-10 € ; 9h-21h tlj sauf jeu). Cadre pour le moins évocateur dans ce vieil entrepôt à la déco à l'ancienne en noir et blanc, avec maquettes de bateaux et plafonds hauts. Sur la petite terrasse surplombant l'océan, les convives se régalent de poisson grillé, paella aux fruits de mer et calamars.

**Ragu** PRODUITS DE LA MER €€

(605 45 39 65 ; Paseo de los Poetas 10, Puerto de las Nieves ; plats 13-15 € ; 12h30-16h et 18h30-21h mer-dim). Bénéficiant d'une vue sur les flots, ce restaurant italien spécialisé dans les produits de la mer se montre toujours à la hauteur, avec de délicieuses pâtes maison intégrées à des plats savoureux comme les spaghettis aux crevettes et saint-jacques de l'Atlantique. Complétez votre repas avec une bière artisanale Jaira et ne snobez pas les *postres* (desserts), comme le brownie au chocolat et les cheesecakes. Réservez.

## Renseignements

**Office du tourisme** (928 55 43 82 ; www.agaete.es ; Calle Nuestra Señora Nieves 1, Puerto de las Nieves ; 9h-17h mar-ven, 9h-14h30 sam)

## Depuis/vers Agaete et Puerto de las Nieves

### BATEAU

Au départ de Puerto de las Nieves, **Fred Olsen** (p. 292) assure 6 ferrys rapides par jour (adulte/enfant 42/25 €) qui effectuent la traversée d'une heure à destination de Santa

Cruz de Tenerife. La correspondance en bus jusqu'à Las Palmas (Parque Santa Catalina) est gratuite. Au retour, le bus quitte Las Palmas 1 heure avant le départ du ferry.

### BUS

Le bus n°103 relie la ville et le port à Las Palmas (4,30 €, 1 heure 15) au minimum toutes les heures. Le bus n°101 se rend au sud à Aldea de San Nicolás (3,95 €, 1 heure, 4/jour).

### VOITURE ET MOTO

Il y a un parking gratuit à Agaete, en face des jardins dans la Calle Huertas. Il est assez facile de stationner dans les rues, surtout en semaine.

# CENTRE DE LA GRANDE CANARIE

Pour explorer ces routes sinueuses qui sillonnent la vaste partie montagneuse au centre de l'île, le mieux est de prendre le volant. Vous pourrez ainsi apprécier pleinement la diversité topographique et climatique de la Grande Canarie. À mille lieux des dunes arides et ondoyantes et des complexes hôteliers du Sud, les altitudes élevées du centre de l'île pourront vous faire passer du soleil au brouillard épais le temps d'un virage. Au virage suivant, le soleil sera de retour. Cette région immense et extrêmement variée est la quintessence même de la Grande Canarie.

## Artenara

1 200 HABITANTS / ALTITUDE : 1 270 M

Bénéficiant d'un emplacement spectaculaire, Artenara est le village le plus élevé de la Grande Canarie et offre des points de vue inouïs, notamment sur le gigantesque cratère volcanique depuis le Mirador de Unamuno (près de l'Iglesia de San Matías ; ci-contre), l'un des nombreux belvédères bien indiqués.

À Artenara, tout tourne autour des grottes. Les gens y vivent, des restaurants y sont aménagés, le musée du village lui-même occupe un ensemble de plusieurs grottes et, pour passer la nuit sur place, il est même possible de loger dans une *casa rural* (gîte rural), elle aussi installée dans une grotte.

Le bourg assoupi se tient au pied du Corazón de Jesus, sorte de Cristo Redentor aux bras étendus semblable à celui de Rio, en beaucoup plus petit.

### À voir

**Mirador de Unamuno** — BELVÉDÈRE

L'un des nombreux points de vue de la ville, le Mirador de Unamuno permet d'admirer la vaste caldeira volcanique – un spectacle saisissant.

**Museo Etnográfico Casas Cuevas** — MUSÉE

(Calle Pàrroco Domingo Bàez ; sur contribution ; 11h30-16h30). Cet ensemble de grottes, autrefois habité, abrite aujourd'hui le musée du village, qui offre un aperçu captivant de la vie quotidienne dans le bourg autrefois. Les grottes, décorées de mobilier d'époque et d'images religieuses très diverses, sont étonnamment spacieuses et jouissent d'une vue sensationnelle. À les voir, on comprend qu'il devait faire bon y vivre. Il y a même des toilettes, dans une grotte bien sûr.

**Mirador de la Atalaya** — BELVEDERE

Le Mirador de la Atalaya surplombe plusieurs grottes troglodytiques, dont certaines sont encore habitées, et permet d'apercevoir au loin le sommet d'El Teide, sur Tenerife.

**Santuario de la Cuevita** — ÉGLISE

(Calle Camino de la Cuevita). Datant du début du XIXe siècle, cette chapelle est l'une des plus petites et des plus ravissantes de la Grande Canarie. Autel, confessionnal, chaire – tout a été sculpté dans la roche, et l'ensemble évoque une version miniature de l'église de Lalibela. La chapelle abrite la Virgen de la Cuevita, sainte patronne du folklore canarien et du… cyclisme ! Le plafond de la chapelle est entièrement recouvert de mousse et de végétation, qui absorbent les rayons du soleil pénétrant dans la grotte.

**Iglesia de San Matías** — ÉGLISE

(Plaza San Matías). Cette ravissante église du XVIIIe siècle est dotée d'un plafond en bois sculpté, d'un autel décoré de fresques et de vitraux Art nouveau.

### Où se restaurer

**Biocreperia RiscoCaido** — VÉGÉTARIEN €€

(617 50 92 57 ; Avenida Matías Vega 13 ; menu 15 € ; 13h-17h et 19h30-21h30 jeu, jusqu'à 22h ven-sam, 13h-17h dim ; ). Dans ce restaurant qui ne désemplit pas, une philosophie culinaire exclusivement bio préside à la création de crêpes délicieuses. Soupes de légumes, pâtés végans, crêpes sucrées et salées et innombrables spécialités de

VAUT LE DÉTOUR

### FORTALEZA DE ANSITE

Les énormes rochers de la **Fortaleza de Ansite** (GC-651) forment une forteresse naturelle et constituent l'un des sites préhispaniques les plus importants de la Grande Canarie. C'est là que se déroula le dernier combat des Guanches, nombre d'entre eux préférant se jeter dans le précipice plutôt que de se résoudre à une vie d'esclavage. Découvrez toute l'histoire au centre d'interprétation et enfilez vos chaussures de randonnée pour visiter la "forteresse", ses grottes et ses galeries creusées dans le flanc de la montagne sur 34 m.

légumes mitonnées chaque jour : au final, un festin sain et plein de saveurs.

**Restaurante Mirador La Cilla** BARBECUE €€
(☎609 163944 ; Camino de la Cilla 9 ; plats 8-16 € ; ⏲13h-16h et 19h-tard). Une longue galerie creusée à flanc de montagne sert d'entrée à ce restaurant établi de longue date. Réservez pour être sûr d'obtenir une table sur la vaste terrasse avec vue splendide sur le Roque Nublo au loin (et de beaux paysages au premier plan). La carte fait la part belle à la viande (steaks cuits sur un brasero le week-end).

## Depuis/vers Artenara

Le bus n°220 circule toutes les heures depuis/vers Teror (2,95 €, 1 heure 15), d'où l'on peut facilement prendre une correspondance pour Las Palmas.

Une route vertigineuse (GC-210) relie Artenara et Aldea de San Nicolás, mais aucun bus n'est en mesure de l'affronter.

# Tejeda

1 485 HABITANTS / ALTITUDE : 1 050 M

Au cœur de l'île, sur une colline, ce charmant village possède une jolie église et des rues tortueuses et escarpées bordées de maisons à balcons. Quel que soit l'itinéraire emprunté en voiture, vous traverserez un splendide paysage accidenté de vertigineuses falaises et de gorges très encaissées. Plaisant toute l'année, le bourg est absolument ravissant en février lorsque les amandiers sont en fleur. Dès la floraison, une grande fête célébrant l'amande est organisée. Le village bénéficie d'un emplacement privilégié sur la crête est de la Caldera de Tejeda, un immense bassin volcanique au beau milieu de la Grande Canarie.

## À voir et à faire

Les environs sont propices aux randonnées exigeantes comme aux balades moins ardues. Les offices du tourisme disposent de brochures détaillant les sentiers.

**Centro de Plantas Medicinales** JARDIN
(☎928 66 60 96 ; Calle Párroco Rodriguez Vega 10 ; adulte/enfant 3 €/gratuit ; ⏲10h-16h lun-ven, 10h-15h sam-dim). Cet agréable jardin de plantes médicinales comporte des légendes en anglais. Il compte un petit centre d'interprétation et un café où achever la visite en buvant une tisane – médicinale, bien sûr.

**Museo de las Tradiciones** MUSÉE
(Calle Párroco Rodríguez Vega ; adulte/enfant 3 €/gratuit ; ⏲10h-16h lun-ven, 10h-15h sam-dim). Occupant l'un des plus charmants édifices de Tejeda, ce musée offre un bon aperçu de la vie locale, commençant par l'époque guanche et couvrant toute la période de la conquête espagnole. Intéressantes collections traitant de l'agriculture dans les montagnes.

## Où se restaurer

**Dulcería Nublo Tejeda** PÂTISSERIE €
(Calle Hernández Guerra 15 ; pâtisseries à partir de 1 € ; ⏲9h-20h lun-ven, 9h30-20h sam, 9h30-18h dim). Des cyclistes allemands en sueur aux petits couples de retraités britanniques, tout le monde fait la queue devant cette sublime pâtisserie, en activité depuis plus de 70 ans. Les mets succulents sont cuits sur place : goûtez les gâteaux aux amandes nappés de chocolat et rapportez chez vous un bocal de délicieux *bienmesabe* (une pâte à tartinée sucrée aux amandes) ou 500 g d'amandes (7,50 €).

**Texeda Brewery & Restaurant** FUSION €€
(☎928 66 66 77 ; www.cervezatexeda.es ; Calle Los Almendros 25 ; plats à partir de 6 € ; ⏲12h-17h30 mar-dim). Cet établissement se fournit directement dans sa ferme pour le restaurant et produit 3 bières artisanales dans sa brasserie : une nouveauté plus que bienvenue à Tejeda. Nous avons choisi une délicieuse soupe au fromage suivie du Burger Nublo,

servi sur une tuile (une vraie !). Service irréprochable. On peut s'installer dedans ou dehors, l'essentiel étant de réserver.

### Renseignements

**Office du tourisme** (www.tejeda.es ; Avenida de los Almendros ; 10h-17h lun-ven). À l'entrée sud de Tejeda.

### Depuis/vers Tejeda

Le bus n°305 (2,55 €, 1 heure, 6/jour) relie Tejeda à San Mateo, d'où les correspondances pour Las Palmas sont fréquentes. Le bus n°18 (6,15 €) relie Tejeda à Maspalomas.

## Environs de Tejeda

### Cruz de Tejeda

La croix en pierre gris-vert qui donne son nom au site marque le centre de la Grande Canarie et de ses *caminos reales* (sentiers royaux) grâce auxquels on peut encore sillonner toute l'île. Le site est l'un des plus prisés des touristes des stations balnéaires qui participent à des excursions en bus. Les visiteurs y sont donc généralement nombreux, d'où les stands de souvenirs et les promenades à dos d'âne.

Les belvédères permettent d'admirer les plus belles merveilles de l'île : à l'ouest, la montagne sacrée du Roque Bentayga et, par temps clair, la pyramide volcanique du Teide, sur l'île voisine de Tenerife ; au sud-est se dresse le Pozo de las Nieves, point culminant de la Grande Canarie, et l'emblématique Roque Nublo, souvent enveloppé de nuages ; enfin, se déployant au nord-est, Vega de San Mateo.

De là, on peut faire des randonnées de niveaux différents, allant de la balade d'une demi-heure sur un chemin bien pavé au trek de 5 heures en montagne. L'itinéraire circulaire de 12,5 km de Cruz de Tejeda au Roque Nublo est particulièrement recommandé. Prévoyez environ 3 heures 30 et habillez-vous chaudement, même si la journée vous semble particulièrement belle. Vous pourrez obtenir des renseignements et des conseils à l'**Hotel Rural El Refugio** (928 66 65 13 ; www.hotelruralelrefugio.com ; s/d 65/80 € ; P) ou à l'**office du tourisme** (10h-17h).

Le bus n°305 (1,45 €, 1 heure, 6/jour) en provenance de San Mateao passe par Tejeda.

### Roque Bentayga

À quelques kilomètres à l'ouest du village de Tejeda s'élève le Roque Bentayga (1 404 m). L'endroit est bien signalisé, mais il faut son propre moyen de locomotion pour s'y rendre. On peut voir autour du Roque plusieurs témoignages de la présence des Guanches comme des inscriptions dans la roche, des greniers et un site sacré. Ne manquez pas le **Centro de Interpretación** (10h-16h lun-ven, 10h-17h sam-dim) GRATUIT, au pied du rocher, pour des renseignements très instructifs sur l'histoire et l'héritage guanche de la région. Renseignez-vous sur les sentiers de randonnée menant aux grottes troglodytiques qui abritaient jadis les guanches.

### Pozo de las Nieves

Avec votre propre véhicule, vous pouvez rejoindre ce sommet, point culminant de l'île à 1 949 m, à 15 km au sud-est de Tejeda, et son panorama époustouflant par temps clair. Suivez les panneaux vers Los Pechos.

### Roque Nublo

Impressionnant monolithe (1 803 m), le Roque Nublo est emblématique de Grande

#### POURQUOI "CANARIES" ?

D'où vient le nom de Canaries ? Des canaris gazouillants originaires de l'archipel ? Ou bien, autre explication improbable, du mot latin *canus* (chien), parce que les membres de l'une des toutes premières expéditions auraient découvert sur place des chiens d'une taille qu'ils jugèrent impressionnante ? D'autres pensent que les habitants de l'archipel étaient des mangeurs de chiens.

Selon une théorie plus plausible, les habitants des Canaries, arrivés plusieurs siècles avant Jésus-Christ, étaient des Berbères de la tribu des Canarii, venus du Maroc. Ce nom tribal fut simplement appliqué à l'archipel et, plus tard, ratifié par Pline. Quant au qualificatif de Gran apposé à Canaria, c'est peut-être que l'île était considérée comme la plus grande de l'archipel, bien que Tenerife et Fuerteventura soient en fait plus étendues.

**SOINS ANTI-STRESS**

La thalassothérapie est en vogue depuis longtemps ; basée sur l'utilisation de l'eau de mer chauffée, elle a pour but de réduire le stress et les douleurs physiques. Qu'elle soit efficace ou non (les effets sur la cellulite ne sont pas avérés), la thalassothérapie est sans conteste une expérience sensorielle et fait souvent des merveilles pour les problèmes de peau. Des centres sont installés partout sur l'île, notamment à l'Hotel Puerto de las Nieves, au Centro de Talasoterapia (p. 83) et à la Lopesan Villa del Conde (p. 60).

Canarie. Il semble jaillir du paysage volcanique pour atteindre 80 m de haut. Si on l'aperçoit en arrière-plan de quasiment toutes les photos prises dans le coin, cela vaut également la peine de le voir de près. La marche d'une demi-heure qui part de la route comporte quelques tronçons escarpés, mais elle n'est pas trop ardue, et la vue est splendide.

## San Bartolomé de Tirajana

5 800 HABITANTS / ALTITUDE : 890 M

La jolie bourgade de San Bartolomé compte plusieurs belvédères offrant une vue imprenable sur la vallée de Tirajana. Au cœur de la ville, l'**Iglesia de San Bartolomé** (Plaza de Santiago) est ornée de superbes vitraux et dégage une atmosphère très apaisante. Nous sommes ici dans une région viticole, ce dont témoigne la cave **Bodega Las Tirajanas** (☎628 21 66 83 ; www.bodegaslastirajanas.com ; Calle Las Lagunas ; dégustation 1 €/vin ; visite guidée à partir de 6 € ; 10h-16h lun-ven, 10h-14h sam-dim), dans la partie supérieure de la ville, près de l'hôtel. Il est possible de passer à l'improviste pour une dégustation informelle, en revanche, pensez à réserver pour une visite guidée et pour savourer du fromage local, des olives et du *mojo* avec le vin. San Bartolomé est une base idéale pour randonner et explorer la campagne environnante. Plusieurs sentiers bien indiqués parcourent les montagnes qui l'entourent.

Allez-y plutôt un dimanche pour profiter du très animé marché de producteurs.

**♥ Mirador Degollada de la Cruz Grande** — POINT DE VUE

Situé en bordure de route entre San Bartolomé de Tirajana et Tejeda, ce magnifique point de vue offre un panorama, dans les deux directions, sur la Caldera de Tirajana ainsi que sur la Cuenca de Chira et le Pinar de Pilancones. Vous verrez aussi le Pico de las Nieves, Risco Blanco et, au loin, Santa Lucia.

**La Panera de Tunte** — BOULANGERIE €

(☎928 12 74 28 ; Calle Reyes Católicos ; en-cas à partir de 2 € ; 6h30-20h30 lun-sam, 7h-15h dim). À pied ou en voiture, les montagnes environnant San Bartolomé offrent un cadre parfait pour un pique-nique. Dans ce café-boulangerie bien établi (depuis 1948), vous trouverez de quoi confectionner un déjeuner en plein air (charcuterie, pain frais et fromages du cru). Les tables en terrasse de l'autre côté de la route en font aussi une halte agréable pour boire un café et manger une part de gâteau.

### ℹ Depuis/vers San Bartolomé de Tirajana

Le bus n°18 (3,50 €, 30 min) circule de Maspalomas à San Bartolomé de Tirajana, sur la route de Tejeda.

Il faut payer une somme modique pour stationner dans la Calle Fernando Guanarteme, après l'église, à hauteur du virage de la rue principale qui prend la direction nord.

## Fataga

400 HABITANTS / ALTITUDE : 600 M

De San Bartolomé, le trajet de 7 km vers le sud qui mène au village de Fataga (607 m) est aussi magnifique que le hameau lui-même, posé sur un petit monticule flanqué d'immenses falaises à l'ouest. La montée sur la GC-60 depuis les complexes hôteliers de Maspalomas (à des années-lumière, géographiquement et dans l'esprit) est quasiment aussi époustouflante, surtout au niveau du point de vue de la **Degollada de la Yegua**, qui permet d'admirer la vaste vallée en contrebas.

Les ruelles de Fataga sont autant de joyaux à explorer, avec leurs murs blancs, les toits en tuiles et les montagnes omniprésentes à l'arrière-plan. Ce village viticole compte au moins trois caves, toutes bien indiquées mais ouvertes à des horaires variables. Au centre, les anciens viennent s'asseoir et discuter à côté de la petite **église** chaulée, construite en 1880.

Plusieurs restaurants sont installés dans la rue principale à côté de l'église de Fataga, dont le **Bar Restaurante El Albaricoque** (Calle Nestor Álamo 4 ; plats 7-12 € ; ⏲10h-17h sam-jeu ; 📶), avec sa terrasse fréquentée à l'arrière, qui bénéficie d'une vue sublime sur les montagnes et la vallée.

Le bus n°18 (2,65 €, 50 min, 4/jour) reliant Maspalomas et San Bartolomé s'arrête ici.

## SUD DE L'ÎLE

Surtout connu pour Maspalomas et les complexes hôteliers jalonnant le littoral direction ouest, le sud de l'île offre aussi quelques coins très pittoresques et des merveilles naturelles éblouissantes. Ironie du sort, le plus bel exemple se trouve à Maspalomas : une réserve naturelle d'énormes dunes qui rappelle le Sahara. C'est ici que l'on comprend pourquoi on présente souvent l'île comme un "continent miniature". Nous vous conseillons fortement de passer la nuit dans le ravissant village de Mogán, à côté du *barranco* (canyon) éponyme, pour vous imprégner de sa magie. Pour une orgie de poisson et fruits de mer et une ambiance portuaire animée, gagnez Puerto de Mogán. Les véliplanchistes ne s'attarderont peut-être pas dans ces bourgades et mettront le cap sur Pozo Izquierdo pour dompter les vagues.

## Maspalomas

30 000 HABITANTS ENVIRON

La station balnéaire la plus célèbre de la Grande Canarie est un lieu de fête ensoleillé prisé des visiteurs venus surtout d'Europe du Nord. Pourtant, en journée (et hors saison), l'endroit semble plus haut de gamme qu'on ne s'y attend : rien à voir avec Los Cristianos à Tenerife. Vous trouverez davantage d'hôtels chics et de résidences élégantes que de pubs dans le centre. Reste qu'il n'y a pas grand-chose d'espagnol ici et on s'en tire très bien en ne parlant qu'allemand ou anglais. Le plan de la ville est par ailleurs sans charme, avec des boulevards et des ronds-points tirés au cordeau.

Les seuls sites vraiment dignes d'intérêt sont les époustouflantes dunes de Maspalomas, où sont aussi aménagés certains des hôtels les plus luxueux de la Grande Canarie et le plus grand terrain de golf de l'île.

### À voir et à faire

Pour une superbe randonnée de 5 km, suivez la promenade qui part vers l'est de la Playa del Inglés : le sentier chemine tantôt au niveau de la mer, tantôt en surplomb.

#### Plages

♥ **Dunas de Maspalomas** RÉSERVE NATURELLE

Les plus de 400 ha de ces dunes magnifiques ont été classées réserve naturelle dans les années 1990. Grâce à cette mesure, on est certain qu'elles seront épargnées par la construction anarchique des hôtels. C'est du bas de l'Avenida Tirajana qu'on en a la plus belle vue. Déambulez sous les arches de l'Hotel Riu Palace Maspalomas jusqu'au balcon, au milieu d'un jardin botanique où l'on peut voir des végétaux endémiques aux Canaries. Un petit bureau d'information y est ouvert (10h-13h, lun-ven).

**Playa del Inglés** PLAGE

Outre les dunes ondoyantes de Maspalomas, le principal atout de l'île aux yeux des milliers de touristes annuels en séjour tout compris est la longue et magnifique plage de sable homonyme, qui s'étend sur 2,7 km. D'est en ouest, on trouve dans cet ordre la **Playa de las Burras** (San Agustín), la **Playa del Corralillo**, la **Playa del Inglés** et la **Playa de Maspalomas**. Elles sont toutes reliées entre elles pour ne former qu'une longue étendue de sable spectaculaire.

#### Sports nautiques

La pratique du surf est possible par ici (les meilleures vagues se trouvent à l'extrémité ouest de Maspalomas, près du phare), mais ce n'est pas le meilleur spot du monde. Les véliplanchistes, eux, préféreront l'est de la

**UNE CUILLERÉE DE RHUM**

Généralement associé à un moment passé à danser pieds nus sur une plage caribéenne, le rhum est pourtant produit ici depuis longtemps – en fait depuis l'époque des plantations de canne à sucre. Le rhum canarien jouit d'une excellente renommée internationale : il est aussi bien réputé pour sa saveur que pour ses vertus médicinales supposées. Vous vous sentez un peu fiévreux ? Buvez donc un *ron miel* (rhum blanc infusé au miel) – c'est bien meilleur que l'aspirine.

zone, au-delà de la station touristique, vers Bahía Feliz, Playa Águila et, surtout, pour ce qui est des sportifs expérimentés, le Pozo Izquierdo (p. 85), 25 km plus loin sur la côte.

**Prosurfing Company** SURF
(☎628 104025 ; www.prosurfing.es ; Avenida de Moya 6, CC Eurocenter ; cours de surf 1 journée 55 €, location planche 25 €/jour). Agence réputée : cours de surf, de kitesurf, de planche à voile et de stand-up paddle (SUP). Location de planches, de combinaisons et de Jet-Ski également. Cours beaucoup moins chers en réservant en ligne.

**Canarias Extreme** KAYAK
(☎675 91 19 23 ; www.canariasextreme.com ; centre commercial Varadero, Calle Mar Mediterráneo ; circuit kayak 3 heures 52 €). Si vous avez envie d'une activité aquatique générant plus d'adrénaline qu'une balade en bateau à fond de verre, ce prestataire organise des sorties en kayak (simple et double) le long de la côte de la Grande Canarie, ainsi que des excursions en buggy et 4x4.

**Dive Academy Gran Canaria** PLONGÉE
(☎928 73 61 96 ; www.diveacademy-grancanaria.com ; Calle La Lajilla, Arguineguín ; baptême plongée 4 heures 60 €, stage Advanced Open Water 290 €). Prestations très professionnelles et excellents instructeurs pour cette école qui dispose d'un minibus gratuit pour aller chercher les plongeurs à leur hôtel. Ils sont ensuite conduits au centre de plongée à Arguineguín, à l'ouest sur la côte, puis vers divers spots (dont quelques épaves). Plongées du bateau et du rivage.

### Parcs à thème et zoos

Les familles seront peut-être intéressées par ces établissements, mais sachez que les conditions de vie sont souvent stressantes pour les animaux dans les parcs et les zoos, en raison du manque d'espace et des performances qui leur sont imposées.

**Mundo Aborigen** MONDE ABORIGÈNE
(GC-60 ; adulte/enfant 10/5 € ; ⏲9h-18h ; 👪). À 6 km vers le nord sur la route de Fataga, la reconstitution d'un village ancien donne un aperçu de la vie des Guanches avant l'arrivée des conquistadors.

**Camel Safari ParkLa Baranda** PLEIN AIR
(☎928 79 86 80 ; www.camelsafarigrancanaria.com ; Carretera Playa del Inglés-Fataga ; promenade en chameau 1 heure 25 € ; ⏲9h-17h lun-sam ; 👪). À 13 km au nord de la Playa del Inglés, ce parc situé au cœur d'un domaine verdoyant planté de palmiers, d'avocatiers et d'agrumes compte 70 dromadaires, de même qu'un restaurant, un bar et un petit zoo. Outre les promenades à dos de dromadaire, des randonnées à cheval en montagne (36 €), des balades à dos d'âne (36 €) et des

## DU POISSON-PERROQUET À LA QUEUE DE COCHON

"Dans le *cochino* (cochon), tout est bon", semble clamer la cuisine canarienne. Les Canariens avaient d'ailleurs coutume d'accrocher cette queue en tire-bouchon, appelée *templero*, à l'entrée de leur cuisine, pour la tremper régulièrement dans les plats et leur donner du goût. Tapas typiques de l'archipel, généralement accompagnées de l'apéritif traditionnel au rhum, les *carajacas* sont des morceaux de foie de porc sauté, trempés dans une sauce épicée. La chèvre est aussi très appréciée, de même que le lapin. Les produits de la mer sont naturellement à l'honneur (nous sommes sur un archipel). Laissez-vous tenter par la *vieja* (poisson-perroquet), très prisée.

Plusieurs îles produisent du fromage de chèvre, mais l'une des pâtes molles les plus réputées, le *queso de flor* de la Grande Canarie, est à base de lait de vache et de lait de brebis. Produit exclusivement dans la région de Guía, dans le Nord, ce fromage fermente avec des fleurs du chardon *Cardo alcausí*. Il rivalise d'excellence avec le *pastor*, au goût semblable, fabriqué dans la région d'Arucas. Pour plus de précisions, procurez-vous la brochure *La Ruta de los Quesos* (La Route des fromages) dans les grands offices du tourisme.

Les amandes sont un ingrédient utilisé dans la confection de nombreux desserts traditionnels, en particulier le *bienmesabe* (littéralement : "Je trouve que ça a bon goût.") à base d'amandes en poudre, de zeste de citron, de sucre et d'œufs – un must.

Parmi les excellents vins de la Grande Canarie figurent le Del Monte, breuvage fruité quoiqu'un peu traître (il titre à plus de 11,5°), qui accompagne à merveille les viandes. Outre le *ron miel* (rhum au miel), qui tient plus de la liqueur que du rhum, l'île produit un rhum ambré correct. Vous pourrez goûter toute la gamme à la distillerie d'Arucas. *¡Salud!*

VAUT LE DÉTOUR

### ITINÉRAIRE PANORAMIQUE : DE PLAGE EN PLAGE

Pour plus d'espace autour de votre serviette de bain, plusieurs plages d'exception sont accessibles depuis la route GC-500 qui longe la côte à l'ouest de la Playa del Inglés. Du centre-ville (en haut de l'Avenida Tirajana), suivez les panneaux vers l'hôpital municipal et Puerto de Mogán en laissant Holiday World sur votre gauche. La route monte ensuite, longeant des palmeraies et le terrain de golf. Au Km 7, cherchez le panneau **Pasito Bea** et prenez à gauche la voie rocailleuse qui conduit à une petite crique de sable noir abritée par des rochers, où cohabitent nudistes et "textiles".

Après un bain rafraîchissant, reprenez la route, qui sillonne dans des collines arides avant d'atteindre, à 1,2 km, la **Playa de Carpinteras**. Suivez ensuite le sentier à l'est de la plage principale pour vous garer sur les falaises : vous découvrirez alors un large croissant de plage idyllique, méconnue, bordée par des dunes d'un côté et des eaux peu profondes de l'autre. Il s'agit de la **Playa de Montaña Arenas**. Il est possible de passer par les rochers vers l'est à partir de là pour rejoindre la plage, qui mêle, une fois encore, nudistes et non-nudistes. La troisième plage qui vaut le détour, au Km 9,2, est la **Playa de Triana**, une étendue de galets noirs, avec stationnement sur la route principale : attention, ici, pas question de s'étendre en tenue d'Ève et d'Adam.

En poursuivant sur la même route, on atteint 4 km plus loin un rond-point qui rejoint la GC-1 vers les plages bien plus touristiques de Puerto Rico et consorts.

sorties à vélo (36 €) dans la vallée de Fataga sont aussi proposées.

#### Autres activités

**Free Motion** VÉLO
(☎928 77 74 79 ; www.free-motion.com ; Hotel Sandy Beach, Avenida Alféreces Provisionales ; location de vélo à partir de 15 €/jour, circuits organisés à partir de 22 € ; ⏲8h30-19h lun-sam, 9h-17hdim). Gérée avec efficacité, cette agence propose un éventail de circuits en petits groupes, et loue des vélos – VTT, vélos de route et vélos de ville, et même vélos électriques (ces derniers à partir de 18 €/jour). Contre un petit supplément, Free Motion organise aussi votre transport depuis/vers plusieurs localités du littoral, dont Puerto Rico et Puerto de Mogán.

**Happy Horse** RANDONNÉE À CHEVAL
(☎658 925286 ; Calle Islas Malvinas ; ⏲9h-22h). Cet opérateur organise des randonnées à cheval de 1, 2 ou 3 heures dans les environs. On vient vous prendre à votre hôtel (inclus dans le prix).

**Centro de Talasoterapia** THALASSOTHÉRAPIE
(centre de thalassothérapie ; ☎928 77 64 04 ; www.gloriapalaceth.com ; Hotel Gloria Palace, Calle Las Margaritas, San Agustín ; circuit 2 heures 24 € ; ⏲10h-21h). Immense et luxueux, ce centre de thalassothérapie est le plus grand d'Europe. Dans ce bâtiment de 7 000 m$^2$, le traitement standard consiste en un circuit englobant divers soins en Jacuzzi, sauna et grotte de glace. Massages, masques, réflexologie, acupuncture, enveloppements corporels et autres soins sont aussi proposés.

### Où se restaurer

Sans surprise, la Maspalomas abonde en restaurants, parmi lesquels on trouve les habituels buffets chinois, grills argentins et établissements internationaux quelconques, mais aussi d'authentiques tables espagnoles (une espèce de plus en plus rare).

**El Salsete** CANARIEN €€
(☎928 77 82 55 ; Calle Secundino Delgado, Edificio Jovimar Bloque 1 ; plats 12-18 € ; ⏲18h-23h lun-ven, 13h-16h et 18h-23h sam). Hors des sentiers battus, dans le nord du quartier de San Fernando, la façade quelconque d'El Salsete cache un accueillant restaurant servant une cuisine qui serait tout à fait à sa place dans un établissement avant-gardiste de Barcelone. Les plats témoignent d'une grande créativité, tant par le goût que par la présentation, et sont concoctés avec les produits frais du marché. Réservation recommandée.

**Mundo** FUSION €€
(☎928 93 78 50 ; Apartamentos Tenesor, Avenida Tirajana 9 ; plats 10-18 €, menu 10 € ; ⏲13h-16h et 19h-23h lun-ven, 19h-23h sam ; 🅥). Un excellent choix pour de la cuisine fusion et des plats canariens et européens, avec un *menú del día* au rapport qualité/prix imbattable. Certains plats mettent tout le monde d'accord, par exemple le *pollo al horno*

(poulet rôti) ou la salade de thon. Réservation recommandée.

**Restaurante Etiopico Afrika** ÉTHIOPIEN €€
(☎648 76 04 98 ; www.restauranteafrika.es ; Centro Comercial Ronda, Calle La Palma 9 ; plats 9-20 € ; ⏲19h-23h mar-jeu, 12h-15h30 et 19h-23h ven-sam ; ☑). Le premier restaurant éthiopien de la Grande Canarie a reçu de nombreuses louanges. Choix très large pour les végétariens.

**Casa Vieja** CANARIEN €€
(☎928 76 90 10 ; www.facebook.com/restaurante-grillacasavieja ; Calle El Lomo 139, Carretera de Fataga ; plats 8-17 € ; ⏲12h-23h30 dim-jeu, 12h-minuit ven-sam ; ♿). Un peu au nord de la GC-1, sur la route de Fataga, cette "vieille maison" baigne dans une ambiance *del campo* (campagnarde). Des plantes ornent le toit bas, les canaris gazouillent et la carte est on ne peut plus authentique. Plats de poisson ou de viande (comme le poulet à l'ail ou la *ropa vieja*) ; menu enfant. Concerts de musique traditionnelle presque tous les soirs à partir de 20h.

♥ **Samsara** FUSION €€€
(☎928 14 27 36 ; www.samsara-gc.com ; Avenida Oasis 30 ; plats 18-25 € ; ⏲19h30-tard mar-dim). En face de l'hôtel Palm Beach, une immense statue du Bouddha donne le ton. Le mélange d'ingrédients canariens et espagnols et des saveurs asiatiques aboutit à des plats comme le fromage de chèvre fumé au wasabi ou les pâtes noires aux crevettes et coquillages agrémentées d'une sauce citron-citronnelle. Réservation recommandée.

## Où prendre un verre et faire la fête

Tous les soirs, le Yumbo Centrum se transforme en paradis des noctambules, avec des établissements pour les gays et les hétéros.

**Pacha** CLUB
(☎928 72 01 14 ; www.pachagrancanaria.com ; Avenida Sargentos Provisionales 10 ; entrée 15 € ; ⏲23h-5h). Vaste discothèque accueillant des DJ renommés.

## Achats

Les principaux centres commerciaux se trouvent au nord du centre-ville, à San Fernando et à Bellavista.

**Fedac** ART ET ARTISANAT
(Centro Insular del Turismo, angle Avenida España et Avenida EE UU ; ⏲10h-14h et 16h-19h30 lun-ven). Pour de l'artisanat local, cette petite boutique à but non lucratif soutenue par les autorités canariennes, installée dans l'office du tourisme principal, offre des prix et une qualité incomparable avec ce que vous voyez ailleurs. Achats assortis d'une garantie.

## Renseignements

**Office du tourisme principal** (☎928 77 15 50 ; www.grancanaria.com ; angle Avenida España et Avenida EE UU ; ⏲9h-17h lun-ven, 9h-13h sam). À l'extérieur du Yumbo Centrum : cartes, personnel serviable et toilettes publiques.

**Office du tourisme de la Playa del Inglés** (centre commercial Anexo 11 ; ⏲9h-19h lun-ven, 9h-13h sam)

### SCÈNE LGBT À LA GRANDE CANARIE

La Grande Canarie est *la* destination gay de l'archipel, et Playa del Inglés le terrain de jeu hivernal des Européens. De nombreux hôtels et résidences s'adressent spécifiquement à la clientèle homosexuelle. Les bars, boîtes et clubs semblent former un chapelet interminable au Yumbo Centrum, qui accueille une scène nocturne à prédominance gay, fréquentée tout de même par une petite clientèle lesbienne et hétéro. Il ne se passe pas grand-chose avant minuit. Après les douze coups et jusqu'à 3h environ, la fête bat son plein dans les bars au 4e niveau du Yumbo Centrum, avant que les clubs du 2e niveau ne prennent le relais.

À l'aube, tout le monde rentre tant bien que mal se reposer. Certains se rendent sur la plage de Maspalomas, de l'autre côté des dunes, qui est aussi un haut lieu de rencontres.

Défilés, concerts, excursions et fêtes sont au programme de la **Maspalomas Pride** (www.gaypridemaspalomas.com ; ⏲mai), qui se déroule sur 10 jours depuis 2001.

Pour plus de renseignements sur les clubs, événements, hébergements et petites annonces LGBT, consultez les sites www.gaymap.info et www.travelgay.com.

HORS DES SENTIERS BATTUS

### POZO IZQUIERDO

Agréable bien que très venteuse, la localité de Pozo Izquierdo, à 25 km au nord-est de la Playa del Inglés, n'a qu'une raison d'être : la planche à voile. Aux mois de juin et juillet, lorsqu'elle accueille une manche du championnat du monde de planche à voile, les passionnés affluent. Le reste de l'année, c'est un lieu paisible : hormis les véliplanchistes, personne ne vient ici, et surtout pas les amateurs de bronzette ; pour la planche à voile, les conditions sont toujours bonnes.

Plusieurs écoles proposent des cours et la location de matériel. On peut aussi trouver des cours de kitesurf et de stand-up paddle (SUP) : essayez Cutre ou Pozo Winds.

## Depuis/vers Maspalomas

Des bus circulent régulièrement le long de la côte, jusqu'à Puerto de Mogán (4,15 €, 45 min) à l'ouest, et la capitale à l'est. Pour rejoindre Las Palmas (6,15 €, 1 heure), prenez les lignes express et sans arrêt n°30 ou 50. Ceux qui veulent profiter de la *marcha* (vie nocturne) à l'autre bout de l'île prendront le bus de nuit (ligne n°5). L'office du tourisme principal dispose des horaires des bus desservant les itinéraires au nord et au sud.

## Comment circuler

### DEPUIS/VERS L'AÉROPORT

**Aéroport de Gran Canaria** Le bus n°66 circule depuis/vers l'aéroport (4,05 €, 30 min, toutes les heures) jusqu'à 20h environ. En taxi, prévoyez 35 € pour Playa del Inglés et 40 € pour Maspalomas.

### BUS

Il y a des arrêts de bus partout à Maspalomas, dont quelques-uns à côté du Yumbo Centrum. Global (p. 57) assure des bus pour nombre des parcs à thème. Pour un trajet en ville, comptez 1,40 €.

### TAXI

Vous pouvez appeler un **taxi** (☎ 928 76 67 67) ou vous rendre dans l'une des stations, nombreuses et fiables. De la Playa del Inglés, aucune course en zone urbaine ne devrait dépasser 10 €.

### VOITURE ET MOTO

Si vous devez prendre votre voiture pour aller à la plage, vous trouverez un grand parking à côté de la Playa del Inglés. Le stationnement dans les rues coûte à partir de 0,50 € pour 30 minutes, mais, dans certaines rues (le long de l'Avenida de Alemania menant aux dunes, par exemple), les parcmètres ne fonctionnent pas : vous pourrez donc stationner gratuitement.

# Puerto de Mogán

Joli croissant de sable juste à côté d'un petit port de pêche et de plaisance animé, Puerto de Mogán vit certes sous forte influence du tourisme, mais de façon plus modérée que ses voisins tape-à-l'œil à l'est. La localité n'a peut-être pas le charme fou de Mogán, plus haut sur la route, mais son agréable atmosphère portuaire n'a pas encore été entachée par le béton des complexes hôteliers.

Malgré un surnom excessif de "Venise des Canaries", l'architecture et les canaux sont très jolis et Puerto de Mogán déborde de charme bourgeois. Dans le port, les immeubles bas aux balcons en fer forgé sont parés de couleurs vives et de magnifiques bougainvillées.

Malheureusement (mais logiquement), Puerto de Mogán attire la journée des foules de touristes venus des stations voisines, surtout le vendredi matin, lorsque le marché envahit une partie de la ville.

## À voir et à faire

Le lieu est idéal pour la plongée et le snorkeling, grâce aux grottes et aux épaves qui se trouvent juste au large.

**Ermita de San Fernando** ÉGLISE
Cachée dans une enfilade de bars et de restaurants dans le Paseo de los Pescadores, la modeste chapelle de l'Ermida de San Fernando date de 1936. Si l''église est ouverte, vous pourrez jeter un œil à l'intérieur spartiate et très peu décoré.

**Canary Diving Adventures** PLONGÉE
(☎ 610 81 06 19 ; www.canary-diving.com ; Hotel Taurito Princess, Playa de Taurito). Ce prestataire enthousiaste et responsable propose des plongées du bateau avec moniteur (40 €, location du matériel incluse) et toute une gamme de cours, notamment le Discover

VAUT LE DÉTOUR

### PIQUE-NIQUE UNIQUE

Troquez le sable dans votre sandwich, les piqûres de méduses et les parasols sur la plage pour un pique-nique avec de véritables tables et des bancs, un cadre lacustre idyllique et une découverte de la variété topographique de cette île magnifique.

Roulez environ 3 km vers le nord le long de la GC-200 après Mogán pour rejoindre la GC-605, puis continuez à travers un paysage bucolique de sublimes rochers, de montagnes majestueuses et de nombreux bosquets de pins. Au bout de 10 km après l'embranchement, on atteint le mirador de la **Cruz de San Antonio**, d'où la vue plongeante sur le lac et la route qui serpente en contrebas est grandiose. Un joli sentier balisé part de là pour rejoindre **Inagua** (10 km). La route continue de sinuer à travers les pinèdes de **Pinar de Pajonales** jusqu'au lac appelé **Presa de las Cuevas de las Niñas** et aux tables de pique-nique, installées au bord de l'eau. Le trajet depuis Mogán dure un peu moins d'une heure. D'ici, vous pouvez faire demi-tour ou continuer jusqu'à Tejeda et les plus hauts sommets de l'île, ou poursuivre sur la route pour l'itinéraire Agüimes-Mogán (p. 88), mais dans l'autre sens.

Scuba Diving (80 €), le PADI Open Water (339 €) et le Rescue Dive (280 €). Également des plongées méditatives et thérapeutiques.

## Où se restaurer et prendre un verre

La concurrence est intense et de nombreux cafés et restaurants servent du poisson frais sur d'agréables terrasses surplombant la mer.

**La Cucina** ITALIEN €

(Calle Corriente 8 ; pizzas 6-10 € ; 12h-16h et 18h-22h mar-dim). Tenu par des Italiens, ce petit local est destiné surtout à la vente à emporter, avec quelques tables à l'extérieur. Les pizzas sont recommandées, mais on prépare aussi divers plats de pâtes et de salades et l'incontournable tiramisu. Emplacement agréable, à l'écart de la rue principale, dans la partie ancienne de la ville.

**Jack El Negro** CANARIEN €€

(Paseo de los Pescadores 6 ; plats 12-15 € ; 18h-minuit mar-dim). Aménagé dans l'une des cabanes de pêcheurs d'origine, ce restaurant baptisé du nom du légendaire pirate des Caraïbes a un charme fou. Tenu depuis 1970 par Claudio, un Italien, il a pour spécialité la viande rouge cuite à la perfection sur une *parrilla* (gril). Les pizzas sont tout aussi recommandables.

♥ **Qué Tal by Stena** ESPAGNOL €€€

(692 94 89 86 ; quetalbystena.com ; Urbanización Puerto de Mogán ; menu 5 plats 69 € ; 20h-tard). Tableaux contemporains d'artistes locaux sur les murs, nappes blanches et menu exquis renouvelé régulièrement : voici une adresse tout indiquée pour un dîner romantique. Optez pour l'accord mets et vin (49 €) qui vous permettra de goûter à des cuvées spéciales de la cave. Un seul service à 19h30 tous les jours. Réservation vivement recommandée.

♥ **Olivia Lounge** BAR À COCKTAILS

(928 56 52 54 ; www.olivia-lounge.com ; 11h30-minuit mer-lun ; wifi). Installé en retrait de la marina et derrière le kiosque à musique, c'est dans ce bar qu'il faut venir pour une ambiance décontractée et de fabuleux cocktails (à partir de 8 €), alcools forts, vins canariens, liqueurs, etc. La carte interminable est impressionnante, mais les tarifs sont assez élevés.

## Depuis/vers Puerto de Mogán

### BUS

Les bus circulant en direction de l'est vers Puerto Rico (1,55 €, 15 min) et Playa del Inglés (2 €, 45 min) ne manquent pas. Le bus n°1 (8,75 €, 2 heures) part toutes les heures pour Las Palmas. Des ferrys circulent par ailleurs entre le port et Puerto Rico (adulte/enfant 6,50/3,50 €, 30 min).

### VOITURE ET MOTO

Il y a deux parkings souterrains : le plus économique, dans la Calle La Mina, est indiqué lorsqu'on arrive en ville. Le stationnement dans la rue est payant dans tout le centre-ville (1,80 €/heure). Évitez le front de mer.

## Mogán

1 415 HABITANTS

De même que Puerto de Mogán est une bouffée d'air frais sur une côte sud envahie par le béton et la Guinness pression, la route GC-200 au nord de la ville permet, elle aussi, une échappée loin des foules de vacanciers. En remontant progressivement une large vallée vers Mogán, à 8 km, vous traverserez un paysage de montagnes et de champs d'avocatiers, culture dominante par ici.

Mogán est une petite ville paisible et préservée, dans un beau cadre montagneux. Vous n'y trouverez pas de sites exceptionnels, mais c'est un endroit tranquille pour déjeuner, se balader ou passer une nuit dans un silence pastoral.

### Où se restaurer

**Restaurante Acaymo** CANARIEN €€

(☎928 56 92 63 ; www.restauranteacaymogan.es ; Calle los Pasitos 21 ; plats 11-19 €, menu du jour 12,50 € ; ⏲12h-23h dim-jeu, 12h-minuit ven-sam). Ne soyez pas rebuté par les drapeaux flottant à l'extérieur : installé de longue date, le rustique Acaymo est prisé des habitants comme des touristes. Il est réputé avant tout pour la viande : veau, lapin, steaks et surtout épaule d'agneau de lait rôtie (18 €). Bons plats de poisson également, notamment la soupe (7,90 €). Vous pourrez aussi choisir un classique régional comme le ragoût de pois chiches au poulpe (8,95 €).

**Casa Enrique** CANARIEN €€

(☎634 25 14 07 ; Calle San José 7 ; plats à partir de 9-15 € ; ⏲9h-18h tlj sauf sam). Bonne cuisine canarienne classique, délicieux café et gâteaux.

♥ **Valle de Mogán** CANARIEN €€€

(☎928 56 86 49 ; Calle los Pasitos 2 ; menu dégustation 56 € ; ⏲12h-16h et 19h-22h30). Un choix remarquable à Mogán : l'une des meilleures cuisines de la Grande Canarie combinée à une vue époustouflante sur les montagnes depuis la terrasse. Si vous êtes en quête d'une expérience inoubliable, choisissez le *menú degustación*, de préférence le soir pour une atmosphère encore plus envoûtante. Réservez bien à l'avance.

### Depuis/vers Mogán

Le bus n°84 (1,40 €, 11 min) circule régulièrement entre Puerto de Mogán et Mogán.

## De Mogán à La Aldea de San Nicolás

De Mogán, la GC-200 serpente sur 26 km vers le nord-ouest jusqu'à **La Aldea de San Nicolás** dans un superbe paysage montagneux, à la beauté malheureusement gâchée par la mer de serres en plastique à l'approche du village. Faites une halte pour un jus de papaye frais au **Restaurante Las Cañadas** (☎928 94 35 90 ; www.restaurantelascañadas.es ; GC-200 ; plats 4-12 € ; ⏲9h-20h30 tlj sauf mer), à environ 8 km de Mogán sur votre gauche. La route sinue ensuite à travers Los Azulejos, une formation rocheuse colorée composée de minerais verts, jaunes et ocre scintillants. Pour plus de sécurité, prenez vos photos depuis un belvédère indiqué, le **Mirador de la Fuente de los Azulejos**.

# ESCAPADE EN VOITURE : D'AGÜIMES À MOGÁN

*Ce trajet impressionnant et sinueux, qui relie le sud-est au sud-ouest de la Grande Canarie, est l'occasion d'une escapade inoubliable. De la ville historique d'Agüimes, vous grimperez jusqu'à un mirador. À la descente, des routes en lacets traversent des pinèdes jusqu'à la paisible Mogán.*

### 1 Agüimes

L'étroite et sinueuse GC-550 grimpe vers le nord-ouest depuis Agüimes (p. 69), offrant des vues sur les montagnes et l'océan.

### 2 Temisas

Roulez sur 10 km jusqu'au minuscule village de Temisas, perché sur une saillie naturelle, avec une vue sur un ravin plongeant jusqu'à la mer et à l'arrière-plan, des falaises infranchissables. Le village, composé de maisons en pierre et de petits logements, est paisible et pittoresque.

### 3 Observatorio Astronómico de Temisas

Quittez Temisas mais admirez le village depuis un point de vue plus en hauteur

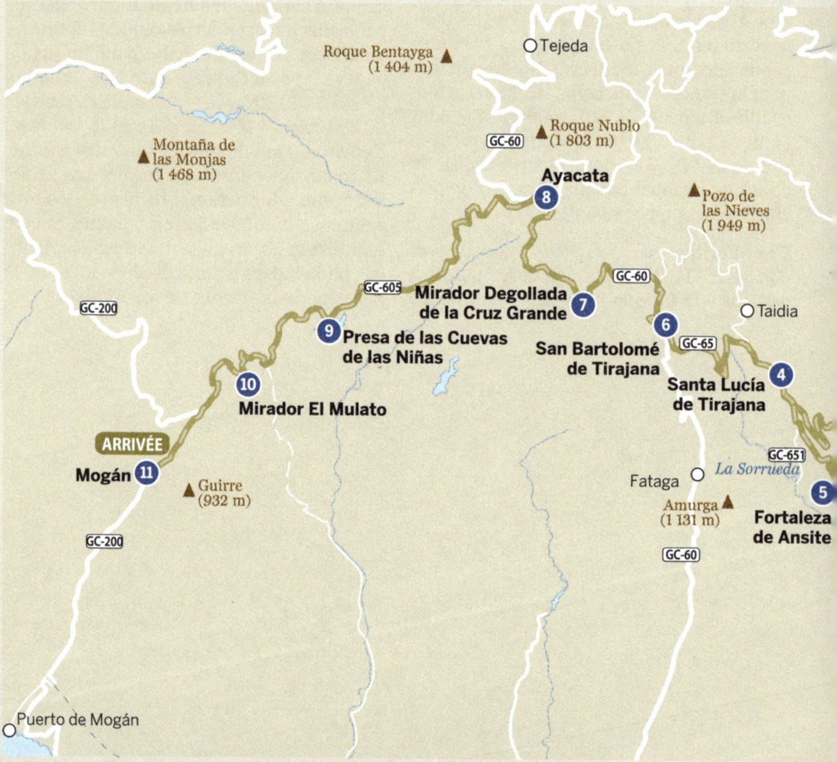

**Départ** Agüimes
**Arrivée** Mogán
**Distance et durée** 63 km, 3 heures

afin de profiter d'une perspective différente. Vous passerez devant l'Observatorio Astronómico de Temisas.

### 4 Santa Lucía de Tirajana

Continuez le long de la GC-550 pendant 8 km jusqu'à Santa Lucía de Tirajana, puis prenez vers le sud le long de la GC-65. Peu après, bifurquez sur la GC-651 jusqu'à La Sorrueda, une superbe retenue d'eau ourlée de palmiers, avec des montagnes verdoyantes en toile de fond.

### 5 Fortaleza de Ansite

Un peu plus au sud après le réservoir se dresse la Fortaleza de Ansite, une forteresse naturelle et l'un des sites préhispaniques les plus importants de l'île. Ici, se déroula le dernier combat des Guanches ; découvrez cette histoire au centre d'interprétation.

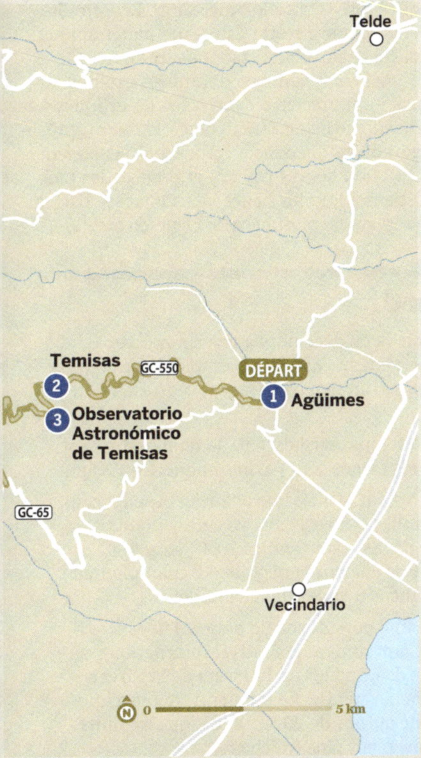


### 6 San Bartolomé de Tirajana

Regagnez Santa Lucia de Tirajana et gravissez la GC-65 sur 7 km jusqu'à la jolie localité de San Bartolomé de Tirajana (où la route devient la GC-60). Faites une pause pour quelques douceurs et un café à La Panera de Tunte et admirez l'Iglesia de San Bartolomé.

### 7 Mirador Degollada de la Cruz Grande

Quittez la ville vers le nord par la GC-60 ; après 4 km environ, on atteint l'époustouflant Mirador Degollada de la Cruz Grande. Ce superbe point de vue permet d'admirer la Caldera de Tirajana, la Cuenca de Chira et le Pinar de Pilancones.

### 8 Ayacata

Poursuivez sur 4,5 km jusqu'au village d'Ayacata et repérez la bifurcation sur la gauche pour emprunter la CG-605 le long du Barranco de Ayacata, jusqu'à Mogán.

### 9 Presa de las Cuevas de las Niñas

Descendez la CG-605 à travers les pinèdes jusqu'à la Presa de las Cuevas de las Niñas, une belle retenue d'eau entourée de collines couvertes de pins, qui porte le nom de l'énorme barrage (*presa*) du côté sud.

### 10 Mirador El Mulato

Continuez la descente à travers les pins ; la route devient très sinueuse sur plusieurs kilomètres jusqu'au Mirador El Mulato, qui offre un beau panorama sur la vallée.

### 11 Mogán

Après des virages en épingles à cheveux, on pénètre dans la vallée en contrebas. On traverse plusieurs villages avant de gagner la jolie localité de Mogán, où l'on peut passer la nuit à condition d'avoir réservé ou s'offrir un fabuleux dîner canarien au Restaurante Acaymo ou au Valle de Mogán. Un peu plus loin, on arrive à Puerto de Mogán et la mer.

# Fuerteventura



## Le top des restaurants

- Restaurante Avenida (p. 106)
- El Goloso de Cotillo (p. 108)
- La Jaira de Demian (p. 94)
- Restaurante La Vaca Azul (p. 109)
- Frasquita (p. 101)

## Le top des plages

- Playa de Cofete (p. 114)
- Parque Natural de Corralejo (p. 104)
- Playa de la Barca (p. 111)
- Playa de la Mujer (p. 102)
- Playa del Matorral (p. 112)

## Pourquoi y aller

À seulement 100 km de la côte africaine, Fuerteventura rappelle sa voisine Lanzarote, en plus colorée. Ses multiples touches de couleurs ressemblent à une mosaïque d'épices, tels le safran, le piment et la coriandre. Ici, nulle trace des pins enveloppés de brume ou des microclimats de montagne de la Grande Canarie. Balayée par les vents et dardée de soleil, l'île offre un spectacle saisissant. Le Mirador Astronómico de Sicasumbre réserve une vue panoramique sur ce paysage martien, alors ouvrez grands les yeux.

La plupart des visiteurs viennent davantage profiter du vent et des vagues qu'apprécier ses paysages désertiques à la beauté drue. Deuxième île de l'archipel par la taille (après Tenerife), Fuerteventura bénéficie d'un ensoleillement quasi permanent (3 000 heures par an) et possède les plus grandes plages, et aussi les plus belles, des Canaries. L'île a reçu le statut de réserve de biosphère de l'Unesco en 2009.

## Quand partir

- La haute saison va de décembre à février. À cette période, les hébergements affichent complet longtemps à l'avance. Le temps, un peu plus frais et venteux, reste très agréable.
- À la fin du printemps (avril et mai), la température est idéale, même si les plages sont parfois bondées à Pâques.
- Juillet et août voient affluer les vacanciers espagnols, ainsi que les familles qui voyagent avec des enfants. La température dépasse souvent les 30°C, toutefois, il fait rarement une chaleur écrasante. Le championnat du monde de planche à voile a lieu en juillet.
- L'automne est une période idéale pour les fêtes et festivals, avec notamment le Festival international des cerfs-volants de Corralejo et la Fiesta de la Virgen del Rosario, dans la capitale. La température moyenne en journée tourne autour de 20°C, tandis que les nuits se font progressivement plus fraîches.

# À ne pas manquer

1 Surf, planche à voile ou simple dîner au coucher du soleil, dans la ville côtière et décontractée d'**El Cotillo** (p. 107).

2 Le doux sable fin des dunes du **Parque Natural de Corralejo** (p. 104).

3 La plage sauvage de **Playa de Cofete** (p. 114), complètement préservée, au sud-ouest de Fuerteventura.

4 Un trajet en ferry pour une randonnée sur l'**Isla de Lobos** (p. 105), une île balayée par le vent.

5 Un coup de foudre pour **Betancuria** (p. 96), une ville nichée au cœur d'une vallée verdoyante.

6 Un panorama époustouflant sur le paysage incroyablement aride de Fuerteventura depuis le **Mirador Astronómico de Sicasumbre** (p. 96).

7 Une escapade jusqu'à la pointe sud de l'île et un festin de la mer au **phare de la Punta de Jandía** (p. 113).

## Histoire

Fuerteventura a eu plusieurs noms au cours des siècles : d'abord appelée Planaria par les Romains (Plaines, en raison de son absence de relief), elle fut ensuite rebaptisée Fuerteventura (Grande Aventure) à l'époque des premiers conquérants européens. En 1405, avec à leur tête le noble normand Jean de Béthencourt, les conquérants trouvèrent l'île scindée en deux royaumes tribaux séparés par un muret long de 6 km. Le premier de ces royaumes guanches, Jandía, englobait la péninsule sud et remontait au nord jusqu'à La Pared. Le second, Maxorata, occupait tout le reste de l'île.

Béthencourt établit une base permanente et une chapelle dans la zone montagneuse qui prendra le nom de Betancuria, Santa María de Betancuria devenant la capitale de l'île. L'emplacement fut choisi pour ses ressources en eau, dont la présence demeure visible aujourd'hui encore : il s'agit en effet de l'une des régions les plus luxuriantes de cette île aride. En outre, le terrain montagneux offrait quelques défenses naturelles contre les raids des pirates.

Après s'être progressivement installés dans toute l'île, les Européens occupèrent El Cotillo, l'ancien siège du royaume guanche Maxorata, au XVII^e siècle. Les familles Arias et Saavedra prirent à cette époque le contrôle du *señorío*, le gouvernement insulaire qui représentait la Couronne espagnole. Au XVIII^e siècle, des officiers de la milice de l'île installèrent un pouvoir rival à La Oliva. Petit à petit, *los coroneles* (les colonels) imposèrent un pouvoir très dur à tous les niveaux, s'enrichissant aussi bien aux dépens des *señores* que des paysans surexploités. Vous en apprendrez davantage sur le règne des colonels en visitant leur extraordinaire ancienne résidence, la Casa de los Coroneles, à La Oliva.

La milice finit par être dispersée en 1834, et, en 1912, à l'instar d'autres îles de l'archipel, Fuerteventura obtint une certaine autonomie administrative avec la mise en place du *cabildo* (autorité locale insulaire).

## ℹ Depuis/vers Fuerteventura

### AVION

L'**aéroport de Fuerteventura** (☎ 902 40 47 04 ; www.aena.es ; El Matorral) est à 6 km au sud de Puerto del Rosario, à El Matorral. **Binter Canarias** (www.binternet.com) et **CanaryFly** (www.canaryfly.es) assurent des vols directs vers la Grande Canarie et Tenerife, d'où partent des correspondances pour les autres îles de l'archipel. **Air Europa** (www.aireuropa.com) dessert la Grande Canarie.

### BATEAU

**Fred Olsen** (p. 292). Les ferrys partent de Corralejo à Playa Blanca (27 €, 25 min, 7/jour), sur Lanzarote. On peut acheter les billets au port de Corralejo. Il y a également une liaison de Morro Jable à Las Palmas de Gran Canaria (49 €, 2 heures, 2/jour).

**Naviera Armas** (☎ 928 30 06 00, à Corralejo et Morro Jable ☎ 902 45 65 00 ; www.navieraarmas.com). Des ferrys partent quotidiennement de Corralejo pour Playa Blanca (27,20 €, 35 min, 7/jour) sur Lanzarote. Au départ de Morro Jable, des ferrys lèvent l'ancre chaque jour à destination de Las Palmas de Gran Canaria (48,80 €, 3 heures) et de

### FUERTEVENTURA POUR LES ENFANTS

Les **plages** sont le principal attrait de l'île pour les familles. Beaucoup offrent un sable fin et des eaux peu profondes qui permettent aux petits de patauger gaiement. La Playa del Castillo (p. 100) et la Playa del Matorral (p. 112) sont toutes deux très agréables ; la Playa Chica (p. 234), dans la capitale Puerto del Rosario, est également un bon choix. Pour une aventure aquatique artificielle, le gigantesque Acua Water Park (p. 104), à Corralejo, dispose d'un bowling, d'un golf miniature et d'un practice de golf, sans parler des bassins à vagues, des toboggans kamikazes et des manèges.

Quantité d'**excursions en bateau** proposées dans les stations balnéaires ciblent un public familial. À Caleta de Fuste, Oceanarium Explorer propose chaque jour un circuit d'observation des baleines et des dauphins (p. 101) ; à Corralejo, des bateaux réguliers partent pour l'Isla de Lobos (p. 105), dotée d'une jolie plage déserte à la Robinson Crusoé. On peut ensuite explorer cette île à la force des mollets. Autre possibilité : à La Lajita, le populaire Oasis Park (p. 110) abrite toutes sortes de mammifères, oiseaux et créatures marines et propose des spectacles et des balades à dos de dromadaire. L'entrée est onéreuse, mais les enfants sont toujours ravis.

Santa Cruz de Tenerife (83,60 €, 6 heures 30). Au départ de Puerto del Rosario, des ferrys desservent Las Palmas de Gran Canaria (35,20 €, 6 heures) et Santa Cruz de Tenerife (62 €, 11 heures) à 11h du mardi au samedi.

**Trasmediterránea** (☎902 45 46 45 à Puerto del Rosario ; www.trasmediterranea.es ; León y Castillo 58). Une liaison hebdomadaire le samedi à destination de Puerto del Rosario (33 €, 6 heures) au départ de Las Palmas de Gran Canaria. Des bateaux naviguent également entre Santa Cruz de Tenerife et Santa Cruz de la Palma (trajets indirects), mais les traversées sont longues. Mieux vaut opter pour l'avion.

### Comment circuler

La compagnie Tiadhe (p. 293) dessert 18 itinéraires couvrant les principales destinations de l'île. Une carte rechargeable Bono Transport (2 €) vous permettra d'économiser 5% sur le prix du billet à l'unité. Elle est intéressante si vous faites de nombreux trajets en bus.

Ici, la conduite est un plaisir ; le relief est majoritairement plat, les routes sont en excellent état et plusieurs itinéraires sont sublimes. **Cicar** (☎928 82 29 00 ; www.cicar.com ; aéroport de Fuerteventura) et **Avis** (☎928 09 23 30 ; www.avis.com ; aéroport de Fuerteventura) sont des loueurs fiables.

## PUERTO DEL ROSARIO

37 000 HABITANTS

Puerto del Rosario, capitale de Fuerteventura, regroupe plus du tiers de la population insulaire. Petite ville portuaire assez moderne, qui ne prit vraiment son essor qu'au XIX^e siècle, elle peut paraître déroutante en raison de ses vastes faubourgs et de ses terrains vagues, mais il suffit de rejoindre la vieille ville, derrière la promenade du front de mer, pour trouver la majorité des boutiques, bars et restaurants.

Longtemps délaissée, la capitale a fait des efforts pour séduire les touristes et notamment les amateurs de culture urbaine, grâce au street art et à l'installation de sculptures. La ville connaît aussi un éventail grandissant d'excellents restaurants et d'hébergements à prix raisonnables. Il s'agit également d'une base pratique pour gagner d'autres villes et plages de l'île, dans la mesure où les bus desservent la plupart des destinations depuis la capitale.

Puerto del Rosario ne fut longtemps qu'un hameau de pêcheurs. En 1860, la position stratégique de son port lui valut de devenir la capitale de l'île.

Jusqu'à 1956, on surnommait le lieu Puerto de las Cabras, car les chèvres venaient s'y abreuver. Mais les malheureuses ont fini exportées sous forme de côtelettes. Une première tentative de réhabilitation consista à donner à la ville le nom plus distingué de Puerto del Rosario (port du Rosaire).

Quand l'Espagne dut quitter le Sahara en 1975, elle installa environ 5 000 soldats de sa *Legión extranjera* (Légion étrangère) sur Fuerteventura pour surveiller le nord de l'Afrique. S'il n'y reste aujourd'hui que 1 000 hommes à peine, l'immense caserne de Puerto del Rosario est toujours en service.

HORS DES SENTIERS BATTUS

### LOIN DE TOUT

**Pozo Negro** (p. 102). Des produits de la mer frais, une paisible plage de sable noir et des pics acérés environnant ce hameau de pêcheurs, sur la côte est.

**Parque Natural de Corralejo** (p. 104). Des dunes jamais bondées. On se croirait dans le désert : n'oubliez pas d'emporter de l'eau (ou une boussole).

**Playa de Cofete** (p. 114). L'antithèse des stations balnéaires : une beauté sauvage parfaitement préservée.

**Mirador Astronómico de Sicasumbre** (p. 96). Pour contempler un paysage martien sans âme qui vive ou la profondeur infinie de l'espace.

### À voir

Procurez-vous un guide *Puerto on Foot* (Puerto à pied) à l'office du tourisme (p. 95). Le guide comprend un plan facile à suivre, englobant les sculptures modernes les plus centrales. Il existe aussi un plan détaillé avec les emplacements des œuvres de street art incontournables. Devenue piétonnière depuis peu, l'Avenida 1 de Mayo part de l'église principale en direction de l'ouest. Elle est bordée de boutiques et de bars.

**Casa-Museo Unamuno** MUSÉE

(Calle Rosario 11 ; 9h-14h lun-ven). GRATUIT Ce petit musée proche de l'église rend hommage au philosophe Miguel de Unamuno, qui vécut ici en 1924 après avoir été exilé d'Espagne. Son crime : avoir critiqué, oralement et dans ses écrits, la dictature de Primo de Rivera.

À NE PAS MANQUER

## STREET ART

Afin d'embellir ses bâtiments et de promouvoir les talents artistiques locaux, Puerto del Rosario s'est lancée, il y a plusieurs années, dans un ambitieux programme de street art à travers la ville. Ces fresques artistiques – certaines gigantesques et d'autres plus discrètes – ont eu un effet incroyable sur la cité, comme autant de touches de couleurs et d'imagination.

La plus connue est peut-être l'audacieuse fresque **Superheroes** près de la principale gare routière – vous la trouverez à l'angle nord-ouest de l'Avenida Diego Miller et de la Calle Primero de Mayo. Une autre œuvre magnifique représente une tortue et des poissons – surmontés d'un édifice dans les mêmes tons blanc et turquoise –, le long de la Calle García Escámez, à proximité de l'Avenida Reyes de España. À l'office du tourisme (ci-contre), demandez le plan détaillé de tous les emplacements de ces véritables œuvres d'art.

Il s'enfuit ensuite en France, avant de retrouver son poste de maître de conférences et recteur de l'université de Salamanque lorsque les républicains arrivèrent au pouvoir en Espagne en 1931.

**Centro de Arte Juan Ismael** CENTRE ARTISTIQUE
(☎928 85 97 50 ; Calle Almirante Lallemand 30 ; ⏱10h-13h et 17h-21h mar-sam). GRATUIT Baptisé du nom d'un artiste né à Fuerteventura, ce centre accueille des expositions temporaires. Aucune des toiles de Juan Ismael n'est exposée, mais l'on peut acheter des souvenirs et des reproductions de ses œuvres surréalistes.

♥ **Playa del Pozo** PLAGE
(Avenida Reyes de España). La douce courbe et les eaux turquoise de cette plage de sable et de coquillages en font un lieu paradisiaque. Vous pourrez y accéder en empruntant le chemin qui longe son côté nord. La baignade est généralement surveillée de mai à septembre. La plupart du temps, l'endroit est désert, mais il peut y avoir un peu de monde durant les périodes d'affluence touristique.

## Fêtes et festivals

**Carnaval de Puerto del Rosario** CARNAVAL
(⏱fév). La ville portuaire organise ses propres festivités carnavalesques en février, pendant deux semaines.

**Fiesta de la Virgen del Rosario** FÊTE RELIGIEUSE
(⏱7 oct). Puerto del Rosario se pare de son costume de fête, en l'honneur de la sainte patronne de la capitale. Des processions accompagnent l'effigie de la Vierge que l'on transporte dans toute la ville.

## Où se restaurer et prendre un verre

Ces dernières années, la ville vit une véritable renaissance culinaire : un repas ici pourrait bien être l'un des temps forts de votre séjour.

**Mercado Municipal** MARCHÉ €
(Calle Teófilo Martínez Escobar ; ⏱8h-15h). Le petit *mercado* local est idéal pour goûter (et acheter) le fameux *queso artesanal de cabra* (fromage de chèvre artisanal).

♥ **La Jaira de Demian** TAPAS €€
(☎928 53 37 84 ; www.facebook.com/lajairademian ; Calle la Cruz 26 ; menu 12 € ; ⏱13h-16h et 20h-23h mar-jeu, jusqu'à 23h30 ven-sam). Géré par le très serviable Demian, cet excellent restaurant profite d'un cadre plaisant avec une terrasse extérieure, à côté d'une friche que La Jaira a transformée en jardin. Le personnel déplace, de table en table, une grande carte en bois sur laquelle est inscrit le *menú del día* (menu du jour), d'un très bon rapport qualité/prix (12 €). Du pain aux bières artisanales, tout est divin.

**Casa Toño** ESPAGNOL €€
(☎928 34 47 36 ; www.facebook.com/antonio.alonsochef ; Calle Alcalde Alonso Patallo 8 ; plats 12-20 € ; ⏱12h-16h et 20h-minuit lun-sam). Il faut réserver pour avoir une table dans ce restaurant très prisé qui apporte une touche avant-gardiste à la scène gastronomique de Puerto del Rosario. Sa spécialité est le thon rouge légèrement saisi. Vous goûterez aussi à de nombreuses tapas concoctées avec des produits locaux d'une grande fraîcheur. La carte des gins, impressionnante, en propose près de 50 variétés.

**La Tierra** BAR
(www.facebook.com/latierrafuerteventura1 ; Calle Eustaquio Gopar 3 ; ⌚19h-minuit). Niché dans une étroite ruelle pavée, ce bar est idéal pour boire un verre en terrasse. Jam-session le mercredi et échange linguistique le mardi soir.

## Renseignements

**Office du tourisme provincial** (www.visitfuerteventura.es ; Almirante Lallemand 1 ; ⌚7h-15h lun-ven).

**Office du tourisme** (www.turismo-puertodelrosario.org ; Avenida Reyes de España ; ⌚9h-19h lun-ven, 10h-13h sam). Extrêmement utile, avec un personnel enthousiaste et des plans indiquant les fresques (street art) et sculptures disséminées dans les rues de Puerto del Rosario.

## Depuis/vers Puerto del Rosario

### AVION

L'aéroport de Fuerteventura (p. 92) est à 6 km au sud de Puerto del Rosario à El Matorral.

### BUS

Les bus **Tiadhe** (☎928 85 57 26 ; www.tiadhe.com) partent de l'arrêt principal situé juste après l'angle de l'Avenida León y Castillo et de l'Avenida Constitución. Voici les lignes parmi les plus empruntées au départ de Puerto del Rosario :

**Bus n°1** Morro Jable via Costa Calma (10 €, 2 heures, au moins 12/jour)

**Bus n°2** Vega de Río Palmas via Betancuria (3,30 €, 50 min, 3/jour)

**Bus n°3** Caleta de Fuste via l'aéroport (1,50 €, 30 min, au moins 18/jour)



## ACTIVITÉS SPORTIVES À FUERTEVENTURA

Avec son ensoleillement quasi permanent, Fuerteventura est une destination de choix pour les sportifs. Dompter les vagues sur un surf ou faire jouer le vent dans les voiles sont les activités les plus prisées, mais il est aussi possible de s'adonner à des sports plus spécialisés comme la plongée en apnée. Les paysages paisibles mais âpres de Fuerteventura offrent de multiples et excellentes possibilités de randonnées : cratères volcaniques, haciendas abandonnées et littoral déchiqueté se dévoilent aux intrépides. La réserve naturelle de l'Isla de Lobos est aussi un excellent lieu de balades.

### Sports aquatiques

Les activités sont avant tout nautiques sur Fuerteventura. De Caleta de Fuste, Morro Jable et Corralejo, vous pourrez pratiquer la plongée et la planche à voile, mais le meilleur spot pour les véliplanchistes se situe au large de Playa de la Barca (p. 111), le long des plages ventées qui constituent la **Playa de Sotavento de Jandía**, sur la côte sud-est ; le site est parfait pour le kitesurf également. Les surfeurs taquinent les rouleaux sur la côte entre Corralejo et Los Molinos, ainsi qu'à La Pared. El Cotillo est réputé auprès des surfeurs pour son ambiance et ses vagues. Procurez-vous une copie de la *Surfer Map*, pratique et disponible dans la plupart des offices du tourisme et boutiques de surf.

### Vélo, golf et cerf-volant

Abandonnez les sentiers pédestres : le VTT à Fuerteventura est une expérience totalement différente de ce que l'on peut vivre sur les autres îles très montagneuses de l'archipel comme la Grande Canarie. La plupart des stations balnéaires ont des agences de location de vélos. Procurez-vous dans les offices du tourisme un exemplaire de la carte *Eco-Fuerteventura*, qui détaille les itinéraires de randonnée et de cyclisme sur toute l'île.

Si vous avez envie de travailler votre swing, Caleta de Fuste s'honore du premier terrain de golf de l'île homologué PGA, le **Fuerteventura Golf Club** (www.fuerteventuragolfclub.com ; Carretera de Jandía ; 18 trous 79 €). Ou profitez juste des alizés pour pratiquer le cerf-volant. Si vous êtes à Corralejo début novembre, vous assisterez peut-être au festival international de cerf-volant (p. 106), qui se déroule sur la plage pendant 3 jours.

VAUT LE DÉTOUR

### MIRADOR ASTRONÓMICO DE SICASUMBRE

Pour une perspective grand angle sur la géologie aride et primitive de l'île et ses paysages martiens, le **Mirador Astronómico de Sicasumbre** (FV-605) offre un point de vue imprenable sur les collines, vallées et ravins cuivrés de Fuerteventura. Le soir, le site est encore plus impressionnant car il se prête à l'observation de la Voie lactée. Si vous venez de nuit, prévoyez une torche et consultez les prévisions météo au préalable (le temps est généralement clair, mais pas toujours). Peu de visiteurs viennent ici, l'endroit est donc habituellement calme.

Voiture indispensable pour s'y rendre ; le mirador se trouve le long de la FV-605 entre Pájara et La Pared. Le mieux est donc de s'arrêter lors d'un trajet entre ces deux villes.

**Bus n°6** Corralejo (3,40 €, 40 min, au moins 16/jour)
**Bus n°7** El Cotillo (4,35 €, 45 min, 3/jour)

### BATEAU

**Naviera Armas** (☎ 928 85 15 42 ; www.navieraarmas.com ; Puerto del Rosario) assure des ferrys quotidiens pour Las Palmas de Gran Canaria (35,20 €, 6 heures). Trasmediterránea (p. 93) dessert aussi Las Palmas de Gran Canaria (33 €, 6 heures) tous les samedis.

## Comment circuler

Un grand parking gratuit est aménagé juste après le marché en direction de l'est dans l'Avenida Marítima.

Un bus municipal fait le tour de la ville toutes les heures. Les **taxis** se réservent par téléphone (☎ 928 85 02 16, 928 85 00 59).

Le bus n°3 (1,30 €, 10-15 min) se rend à l'aéroport. En taxi, comptez environ 10 €.

# CENTRE DE FUERTEVENTURA

Le centre de Fuerteventura offre les paysages les plus variés de cette île par ailleurs quasi désertique et aride. Au sud, les reliefs montagneux du Parque Natural de Betancuria contrastent avec les palmiers de l'oasis de Vega de Río Palmas. Sur les côtes ouest et est, les falaises rocheuses alternent avec de petites plages de galets noirs et de modestes villages de pêcheurs.

L'ensemble tranche aussi avec les plaines centrales aux couleurs cuivrées qui entourent Antigua, ponctuées de moulins à vent séculaires.

On trouve ici certaines des plus belles routes panoramiques de l'île, en particulier aux alentours de Betancuria et de Tefía.

## Betancuria

800 HABITANTS

Le très vert village de Betancuria, niché dans les replis protecteurs des collines de basalte, est un patchwork de murets de pierre sèche, de palmiers et de modestes maisons aux murs chaulés. Une superbe église du XVIIe siècle et son jardin veillent sur l'ensemble. Comme un refuge dans le paysage majoritairement aride de Fuerteventura, ce ravissant village est l'une des destinations les plus populaires de l'île et attire de nombreux visiteurs. Toutefois, il parvient à conserver une atmosphère tranquille, propice à la détente.

Jean de Béthencourt trouva ce lieu idéal et s'y installa en 1405, y faisant bâtir sa résidence et une chapelle. Il donna à l'endroit, en toute simplicité, son propre nom, qui allait évoluer au cours des ans pour devenir Betancuria. Au cours du XVe siècle, des frères franciscains s'y installèrent et agrandirent la ville qui, bien que très modeste, resta la capitale de l'île jusqu'en 1834. La proximité des côtes d'Afrique du Nord faisait de Fuerteventura une proie facile pour les pirates marocains et européens, qui réussirent à plusieurs reprises à vaincre les défenses naturelles de Betancuria et à la mettre à sac.

### À voir

Si vous arrivez à Betancuria depuis le nord, vous verrez à gauche les ruines du premier **monastère** de l'île, érigé par les Franciscains.

♥ **Iglesia de Santa María** ÉGLISE
(Calle Alcalde Carmelo Silvera ; 1,50 € ; ⏲ 10h-12h30 et 13h-17h50 lun-sam, 10h30-14h20 dim). Cette église datant de 1620 possède un magnifique sol en pierre, un plafond en bois et un authentique autel baroque. Ne manquez pas la sacristie où sont exposés

vêtements sacerdotaux et objets religieux d'autel, et qui comporte un plafond en bois sculpté aux tons rouge et or. La précédente église gothique fut détruite par des pirates en 1593. Le billet d'entrée donne également accès au **Museo de Arte Sacro** attenant, qui expose les habituelles peintures religieuses et statues.

**Museo Arqueológico de Betancuria** MUSÉE
(Calle Roberto Roldán ; adulte/enfant 2 €/gratuit ; 10h-18h mar-sam). Les passionnés d'archéologie apprécieront ce captivant petit musée consacré aux tribus guanches, et qui conserve notamment un squelette découvert dans une tombe de la région (on estime qu'il a entre 600 et 1 000 ans). D'autres objets présentés datent de l'occupation romaine. Le droit d'entrée comprend une excellente brochure (en anglais).

**Casa Santa María** MUSÉE
(adulte/enfant 6/3 € ; 10h-16h lun-sam ; ). Bien que s'adressant ostensiblement aux touristes, ce musée n'en mérite pas moins la visite. Le propriétaire allemand, Reiner Loos, a acheté le vaste édifice d'origine dans les années 1990 et a passé plusieurs années à collecter des objets d'artisanat traditionnel et des outils agricoles, tout en réalisant dans le même temps un splendide jardin paysager. À l'intérieur, on peut voir des artisans au travail, mais aussi goûter à du fromage et à du *mojo* (sauce épicée canarienne) locaux, et même visiter la "chèvrerie virtuelle". Le clou du spectacle reste néanmoins un documentaire en 3D produit avec art, qui traite de la faune marine des côtes de la région, notamment la tortue verte, une espèce rare.

## Fêtes et festivals

**Día de San Buenaventura** FÊTE RELIGIEUSE
(14 juil). Les habitants rendent hommage au saint patron de la ville lors de cette fête qui remonte au XVe siècle.

## Où se restaurer

**Valtarajal** CANARIEN €
(Calle Roberto Roldán 6 ; raciónes 4,50-13 € ; 13h-16h et 19h-tard lun-sam). Cet établissement dégage une atmosphère plus authentique et traditionnelle que d'autres adresses en ville, et offre un bon choix de *raciónes* (grandes portions de tapas). Commandez 6 tapas (13 €) ou dégustez une part de gâteau et un café (4,50 €).

## Depuis/vers Betancuria

Le bus n°2 (2,80 €, 50 min, 3/jour) passe par le bourg sur son trajet entre Puerto del Rosario et Vega de Río Palmas, à une courte distance au sud.

Un petit parking gratuit est aménagé au sud du centre.

# Environs de Betancuria

Les environs de Betancuria se distinguent par des paysages splendides et une vue panoramique exceptionnelle. Pour commencer, à quelques kilomètres au nord de Betancuria, sur la FV-30, un belvédère très pratique, aménagé de part et d'autre de la route, permet d'admirer et d'identifier les

### AVIS AUX AMATEURS DE FROMAGE

Malheureusement, avec la banalisation de la "cuisine internationale", on voit arriver des plats décongelés sur les tables des restaurants des stations les plus touristiques.

Les chèvres sont nombreuses sur l'île et leur viande est très appréciée. Mais c'est le fromage qui emporte tous les suffrages. Appelé **Majorero**, il est si réputé qu'il bénéficie d'une *Denominación de Origen* (appellation d'origine), certifiant qu'il est véritable et fabriqué sur place. C'est le premier fromage des Canaries, et le premier fromage de chèvre de toute l'Espagne, à avoir reçu ce label.

Au cœur de ce processus, il y a la très productive chèvre Majorero, importée à l'origine d'Espagne continentale. Dans l'idéal, le fromage s'achète frais, moelleux, et recouvert d'une croûte blanche pulvérulente qui jaunit avec l'âge. Le *majorero*, l'un des meilleurs fromages de chèvre d'Europe, est un fromage riche et crémeux à la saveur de noisette, qui se marie particulièrement bien avec les fruits. Les fromages entiers sont souvent recouverts de farine de céréales (*gofio*), de paprika ou huilés pour une meilleure conservation.

Pour en apprendre davantage sur le fromage – et les chèvres – visitez le Museo del Queso Majorero (p. 98), à Antigua.

## CINQ FANTASTIQUES HÔTELS À FUERTEVENTURA

**Casa Isaítas** (☎ 928 16 14 02 ; www.casaisaitas.com ; Calle Guize 7 ; s/d avec petit-déj 66/84 € ; ❄). À Pájara, l'une des plus jolies *casas rurales* (hébergement dans un village) de l'île, dans une maison en pierre du XVIIIe siècle superbement restaurée. Excellent restaurant.

**Hotel Rural Mahoh** (☎ 928 86 80 50 ; www.mahoh.com ; Sitio de Juan Bello, Villaverde ; s/d/tr avec petit-déj à partir de 48/68/93 € ; P 📶 🏊). Installée dans un édifice en pierre et bois du début du XIXe siècle, cette fabuleuse adresse à La Oliva est entourée d'un jardin de cactus. Des antiquités agrémentent les 9 chambres romantiques.

**Laif Hotel** (☎ 928 53 85 98 ; www.laifhotel.com ; Calle San Pedro 2 ; s/d à partir de 50/60 € ; 📶 🏊). Cet élégant et moderne boutique-hôtel de 18 chambres est un excellent choix à El Cotillo. Fantastique piscine sur le toit-terrasse.

**Barceló Castillo Beach Resort** (☎ 928 16 31 00 ; www.barcelo.com ; Avenida Castillo ; bungalows à partir de 90 € ; P ❄ @ 📶 🏊). Un somptueux et gigantesque *resort*, adapté aux familles, à Caleta de Fuste. Les bungalows sont tapissés de bougainvilliers et les jardins luxuriants s'épanouissent autour d'un large croissant de plage.

**Avanti** (☎ 928 86 75 23 ; www.avantihotelboutique.com ; Avenida Marítima ; ch avec petit-déj 135 € ; ❄ 📶). À Corralejo et réservé aux adultes, ce merveilleux boutique-hôtel, tout en bleu et blanc, dégage une ambiance chic propice à la détente : décoration minimaliste, espaces blancs lumineux, mobilier haut de gamme et Jacuzzi sur le toit-terrasse.

divers sommets s'élevant à l'horizon. Les immenses statues qui se dressent ici représentent les deux rois préhispaniques de l'île, Ayose et Guize. Plus loin, le **Mirador de Morro Velosa** (🕐 10h-18h lun-sam) GRATUIT offre une vue envoûtante sur les paysages lunaires, étranges et mélancoliques de l'île.

La vue est presque aussi spectaculaire du col par lequel passe la FV-30 avant de bifurquer au nord pour descendre au **Valle de Santa Inés**.

Dans le joli village de **Casillas del Ángel**, sur la FV-20, la petite Iglesia de Santa Ana abrite une sculpture sur bois du XVIIIe siècle représentant la sainte.

De Betancuria, en partant au sud vers Pájara, on rejoint rapidement la petite oasis de **Vega de Río Palmas** (plaine fertile de la rivière Palma), dont le nom s'explique à mesure qu'on s'en approche : la route longe un cours d'eau pratiquement à sec en surface, mais au sous-sol suffisamment humide pour permettre à une rangée de palmiers de se développer.

# Antigua

1 800 HABITANTS

Au XVIIIe siècle, cette bourgade assoupie conserva durant un an le titre de capitale. Aujourd'hui, il fait bon y flâner avant de jeter un coup d'œil à l'intérieur de l'église et de visiter son excellent musée du fromage.

♥ **Museo del Queso Majorero** MUSÉE

(☎ 928 878 041 ; www.museoquesomajorero.es ; Calle Virgen de Antigua ; adulte/enfant 4/2 € ; 🕐 9h30-17h30 ; P 👪). Ce superbe musée est l'un des plus attrayants de l'île ; il comporte de nombreuses expositions interactives, dont une “traite de chèvre virtuelle” ! Les enfants adorent toucher tous les boutons donnant des renseignements sur la flore et la faune de l'île, tandis que les adultes se familiarisent avec la production de *majorero* (fromage de chèvre), et apprennent des astuces de dégustation du produit fini. Il y a sur place une boutique vendant une gamme de fromages et d'autres produits locaux. Pour 3 € de plus, vous pourrez goûter du fromage lors d'une dégustation.

**Iglesia de Nuestra Señora de Antigua** ÉGLISE

(Calle Plaza 3 ; 🕐 10h-14h). Construit à l'emplacement d'une chapelle du XVIe siècle, sur une jolie place, ce vaste lieu de culte tout blanc est l'une des plus anciennes églises de l'île. Ses éléments les plus remarquables sont les colonnes en pierre noueuses supportant la galerie en bois, une immense peinture à l'huile représentant saint Michel et le bel autel peint en rose et vert.

**Bar El Artesano** ESPAGNOL €

(☎ 606 95 50 73 ; Calle Real 13 ; menu 9 € ; 🕐 9h-minuit mar-dim). Un bon choix pour l'ambiance authentique, le personnel sympathique et l'excellent rapport qualité/prix du menu du jour.

### Depuis/vers Antigua

Le bus n°1 (2,15 €, 30 min) s'arrête à Antigua en chemin entre Puerto del Rosario et Morro Jable. Pour le trajet de retour, l'arrêt de bus se trouve juste à côté de la banque.

## Environs d'Antigua

**Ermita de San Pedro de Alcántara** CHAPELLE

(La Ampuyenta). L'Ermita de San Pedro de Alcántara, du XVIIe siècle, dans le minuscule village de La Ampuyenta, est entourée d'un solide mur protecteur construit par les Normands. À l'intérieur, les murs de la nef sont décorés de grandes fresques naïves datant de 1760. Si la comparaison avec la chapelle Sixtine est un peu exagérée, il faut convenir que les tons pastel et la simplicité d'exécution des fresques suscitent l'admiration.

Le meilleur moyen de découvrir le site est la visite guidée gratuite qui part du **Centro de Interpretación de Las Ermitas de Fuerteventura** (FV-20, La Ampuyenta ; visites guidées à 10h30, 12h30, 14h30 et 16h30 mar-sam) GRATUIT, à côté de la chapelle. Outre la chapelle, la visite englobe la Casa Museo Doctor Mena (XIXe siècle) et la maison natale de Fray Andresito, moine franciscain né à La Ampuyenta en 1800.

La Ampuyenta se situe à 5 km au nord d'Antigua ; il vous faudra un véhicule pour y accéder.

**Centro de Interpretación de los Molinos** MUSÉE

(Calle de la Cruz, Tiscamanita ; adulte/enfant 4/ 2,50 € ; 9h30-17h30 nov-avr, 10h-18h mai-oct). Ce moulin à vent en activité comporte un petit centre d'accueil des visiteurs donnant tous les renseignements possibles et imaginables sur les moulins à vent. Un guide gratuit est disponible en anglais. Si lors de votre passage le meunier n'est pas au moulin, cela ne vous empêchera pas de goûter au *gofio* (aliment à base de céréales grillées, qui remplace traditionnellement le pain dans la cuisine canarienne) ou d'en acheter. Le moulin se situe à Tiscamanita (à 9 km au sud d'Antigua), un petit village qui abrite aussi la sobre et blanche Ermita de San Marcos.

VAUT LE DÉTOUR

### ITINÉRAIRES PANORAMIQUES

Le trajet entre Betancuria (p. 96) et Pájara par la **FV-30** est l'un des plus spectaculaires de l'île, mais attention si vous êtes sujet au vertige ! L'étroite route en lacets serpente au milieu d'un paysage de pics volcaniques et de champs de lave, avec, parfois, la mer qui apparaît au loin. Au printemps, les sommets s'ornent d'un vert qui contraste de façon étonnante avec les tons ocre et rouge des sols.

L'itinéraire via La Pared (p. 111) en direction du sud et de la **Península de Jandía** est presque aussi grandiose. Fuerteventura est considérée comme relativement plate par rapport à Lanzarote et aux autres îles de l'ouest, mais on ne le devinerait jamais en suivant cette route qui zigzague à travers un spectaculaire paysage accidenté.

## Pájara

19 400 HABITANTS

Pájara est une oasis de verdure bienvenue dans le paysage désertique de Fuerteventura. Empreinte d'une ambiance décontractée, cette belle ville prodigue une ombre délicieuse provenant de ses très nombreux arbres ; mais ce qui la distingue le plus, c'est son inimitable Iglesia de Nuestra Señora de Regla, du XVIIe siècle. Le reste de la localité est plaisant à explorer et il y a suffisamment de restaurants pour s'offrir un bon repas le temps d'une excursion d'une demi-journée.

**Iglesia de Nuestra Señora de Regla** ÉGLISE

(Calle Nuestra Señora de Regla). Cette superbe église du XVIIe siècle se distingue par son ornementation extérieure aux motifs animaliers d'inspiration aztèque. Les retables sobres derrière l'autel reposent des excès du baroque espagnol que l'on rencontre en Espagne continentale (mettre une pièce dans la machine à droite de l'entrée pour les éclairer). Ils offrent aussi un exemple des influences mexicaines. N'oubliez pas de lever les yeux vers le superbe plafond en bois sculpté.

VAUT LE DÉTOUR

### AJUY ET PUERTO DE LA PEÑA

Si vous êtes motorisé, au départ de Pájara, un chemin de traverse de 9 km vous conduit au nord-ouest jusqu'à Ajuy et, à côté, à Puerto de la Peña. Le minuscule village de pêcheurs et la plage de sable noir tranchent avec les étendues dorées du sud de la péninsule de Jandía. Ici, les habitants et les bateaux de pêche occupent le devant de la scène, et le front de mer se résume à deux bons petits restaurants qui préparent la pêche du jour.

Une fois repu de poisson frais, faites une balade de 40 minutes aller-retour le long de la côte. Le sentier part de l'extrémité nord de la plage et passe devant un vieux four en pierre calcaire avant de prendre la direction de grottes impressionnantes creusées dans la falaise.

**Casa Isaítas** CANARIEN €€
(☎928 16 14 02 ; www.casaisaitas.com ; Calle Guize 7 ; plats 10 € ; ⏲10h-16h30 ; ✎). Installé dans l'hôtel du même nom, ce restaurant est le meilleur du bourg. La carte variée propose quantité de soupes et de ragoûts copieux, de la tourte au poisson, quelques tapas intéressantes et un choix correct pour les végétariens (dont la tourte aux légumes, 9 €). Vous serez servi dans une salle à manger traditionnelle (que vous trouverez peut-être un peu sombre), mais il est aussi possible de s'installer dans la cour extérieure.

### Depuis/vers Pájara

Le bus n°18 (3,40 €, 30 min, 3/jour) circule entre Pájara et Gran Tarajal, d'où l'on peut prendre des bus de correspondance pour Puerto del Rosario et Morro Jable.

## Caleta de Fuste

L'ambiance de cette jolie station chic rappelle celle des petites villes cossues du sud de la Californie, surtout autour du mini-village de Barceló, qui fait face à la plage principale. Caleta est souvent surnommée El Castillo (surtout sur les panneaux routiers) en référence à la tour Martello trapue du XVIIIe siècle qui se dresse dans le port.

La station est située à proximité de l'aéroport, et, si vous voyagez avec de jeunes enfants, le grand arc sablonneux de la plage aux eaux peu profondes est parfait. Mais, si vous cherchez un peu d'authenticité, regardez ailleurs : cette station balnéaire a été construite de toutes pièces, même s'il faut reconnaître que c'est un lieu reposant doté de plusieurs bons hôtels et de restaurants corrects.

### À voir et à faire

**Playa del Castillo** PLAGE
La plage de sable blanc qui fait face à la station possède un terrain de volley et on peut y faire des **promenades à dos de chameau** (12 € les 30 min pour 2 pers). Idéale pour les familles, elle l'est sans doute moins comparée aux dunes et aux étendues infinies de sable de Corralejo et de Jandía.

**Museo de la Sal** MUSÉE
(musée du Sel ; Las Salinas ; adulte/enfant 5 €/gratuit ; ⏲10h-18h mar-sam). Immédiatement au sud de Caleta, ce musée présente des expositions audiovisuelles expliquant l'histoire du sel et montrant comment il est extrait de l'eau de mer. Le musée est perché au-dessus de l'océan juste à côté de salines encore exploitées, mais accessibles au public.

**Barceló Fuerteventura Thalasso Spa** THALASSO
(☎928 16 09 61 ; www.barcelo.com ; Calle Savila 2 ; circuit spa 25 €, massage 55 min à partir de 69 €). Impossible de ne pas voir l'immeuble vitré derrière la plage et son enseigne "Thalasso" géante. Différentes prestations sont proposées : soin aux pierres volcaniques, réflexothérapie, massage hawaïen, masque anti-âge et gommage corporel aux granules de fruits. Vous pourrez aussi vous contenter des divers bains bouillonnants et autres jets du circuit spa. Les clients qui résident au Barceló ont droit à des tarifs réduits.

**Deep Blue** PLONGÉE
(☎606 27 54 68 ; www.deep-blue-diving.com ; Muelle Deportivo, Calle Tenerife ; plongée orientation 23 €, stage Open Water 390 € ; 👪). Emplacement pratique juste à côté du port pour cette école établie de longue date qui propose des cours, des plongées pour plongeurs déjà

titulaires d'un brevet (à partir de 30 €), des cours pour enfant (45 €) et des sorties de snorkeling (20 €).

**Oceanarium Explorer** ACTIVITÉS NAUTIQUES
(☎928 54 76 87 ; port de plaisance Puerto Castillo ; 👪). Cet opérateur propose tout un choix d'activités pour les familles : sorties pêche d'une demi-journée (à partir de 70 €), location de Jet-Ski (à partir de 55 € les 20 min), baignade à la rencontre des lions de mer (40 €), excursions en bateau à fond de verre (adulte/enfant 16/8 €), safaris d'observation des baleines et des dauphins (40 €) et croisières en catamaran (4 heures, 52 €).

**Caleta Cycles** CYCLOTOURISME
(☎676 60 01 90 ; www.caletacycles.com ; Hôtel Los Geranios ; location vélo 10 €/jour, circuits 30/50 €). Ce prestataire britannique organise des excursions guidées et loue des vélos.

### Où se restaurer et prendre un verre

**♥ Frasquita** PRODUITS DE LA MER €€
(☎928 56 69 98 ; Calle Aulaga, Playa de Caleta de Fuste ; plats 15 € ; ⏲13h-16h et 18h-22h mar-dim ; P). Ne vous fiez pas aux apparences. Malgré ses tables et ses chaises en plastique, c'est l'un des meilleurs restaurants de fruits de mer de l'île. Ici, pas de carte, mais seulement du poisson frais et des fruits de mer présentés sur un plateau : il suffit de montrer ce que l'on souhaite manger. Pensez à réserver pour obtenir une table dans la salle à manger vitrée donnant sur la plage.

**Los Caracolitos** PRODUITS DE LA MER €€
(☎928 17 42 42 ; Salinas del Carmen 22 ; plats 10-15 € ; ⏲12h-22h30 lun-sam ; P). Sur la côte qui domine les salines, voici une excellente solution de rechange par rapport aux menus touristiques des restaurants de la station balnéaire. Poisson et fruits de mer ont la part belle, et les voyageurs ne tarissent pas d'éloges sur la soupe aux coquillages et les crevettes à l'ail. À 2 km au sud de Caleta de Fuste – si la balade le long de la côte ne vous dit rien, le restaurant propose une navette gratuite.

**El Faro** BAR
(☎928 16 30 35 ; Calle Tenerife ; ⏲19h-minuit). Sur un ponton s'avançant dans l'océan, cet élégant bar vitré est l'adresse de choix pour un cocktail au couchant. Également : bonne carte des bières et en-cas légers. L'établissement fait partie du Barceló, mais il est ouvert à tous.

### ℹ Depuis/vers Caleta de Fuste

Le bus n°3 (1,45 €, 15 min) dessert régulièrement Caleta de Fuste depuis Puerto del Rosario, via l'aéroport. Le bus n°10 (1,45 €, 15 min) part de Puerto del Rosario 4 fois par jour (2 fois/jour le dimanche), passe par l'aéroport et s'arrête à Caleta de Fuste avant de poursuivre jusqu'à Morro Jable.

## Gran Tarajal

Située sur la côte entre Pozo Negro et La Lajita, cette jolie ville portuaire est la deuxième localité de l'île. Ourlée d'une belle et longue **plage** de sable noir, la ville est tournée vers l'est ; les levers de soleil y sont éblouissants. Gran Tarajal est assez peu visitée, d'où une ambiance décontractée voire nonchalante qui lui donne encore plus d'attrait.

**Pizza Pomodoro** PIZZA €
(☎928 87 10 57 ; Avenida Paco Hierro 1 ; plats à partir de 8 € ; ⏲11h-23h mer-dim). Les tables installées devant cette pizzeria, au bord de la promenade, sont rapidement prises d'assaut, et vous devrez peut-être vous hisser sur un tabouret à l'intérieur – mieux vaut réserver pour profiter de l'extérieur. Les succulentes pizzas sont garnies de jambon et de fromage *majorero* et les desserts mettent l'eau à la bouche.

### ℹ Depuis/vers Gran Tarajal

Gran Tarajal se situe au bout de la FV-4, qui bifurque brutalement vers le sud depuis l'axe FV-2.

Le bus n°16 (5,90 €, 1 heure) relie Puerto del Rosario à Gran Tarajal via Antigua, 4 fois par jour

HORS DES SENTIERS BATTUS

**FARO DE LA ENTALLADA**

Accroché au sommet d'une falaise non loin de Gran Tarajal et du village de pêcheurs de Las Playitas, le phare de La Entallada est une excellente destination si vous cherchez un itinéraire panoramique qui vous emmène hors des sentiers battus. Il n'est pas possible de pénétrer dans ce phare impressionnant, mais le trajet sinueux pour y parvenir est agréable et les vues sur la mer sont épatantes. Après la visite, déjeunez de poisson et fruits de mer à Las Playitas.

VAUT LE DÉTOUR

## POZO NEGRO

À 20 km au sud de Caleta de Fuste, Pozo Negro est l'un des hameaux de pêcheurs les plus authentiques de Fuerteventura. Le minuscule village se résume à quelques maisons, des bateaux de pêche aux couleurs vives et une petite poignée de restaurants de produits de la mer. En prime : une paisible plage de sable noir et des points de vue exceptionnels.

Le trajet de 5 km qui mène de la FV-2 à la côte le long de la FV-420 est splendide, et vous croiserez probablement de nombreux marcheurs. Le paysage n'est que palmeraies, vertes prairies, pics déchiquetés et troupeaux de chèvres. En chemin, repérez les panneaux indiquant **Poblado de La Atalayita** (adulte/enfant 2 €/gratuit ; ⌚10h-18h mar-sam), un village préhispanique de ruines en roche volcanique doté d'un petit centre d'information.

Deux restaurants proposent des tables directement face à la mer. L'un d'eux, **Flip-Flops** (Pozo Negro ; tapas à partir de 3,50 €, plats 7,50-12 € ; ⌚12h-18h sam-jeu), sert un menu de spécialités de la mer et de tapas canariennes : paella, moules, fromage de chèvre frit, poisson pané et plats végétariens. Repérez la rangée de tongs (*flip-flops* en anglais).



du lundi au vendredi, et 2 fois par jour le samedi et le dimanche. Le bus n°1 (5,90 €, 1 heure) dessert le même itinéraire. Le bus n°18 (3,40 €, 30 min) circule plusieurs fois par jour de Pájara à Gran Tarajal, et le bus n°9 (3,40 €, 30 min) part de Pájara chaque matin à 6h30, à destination de Gran Tarajal, puis Morro Jable.

Des ferrys circulaient entre Gran Tarajal et Las Palmas sur la Grande Canarie, mais, lors de nos recherches, ce service avait été suspendu.

# NORD DE FUERTEVENTURA

## Route vers Los Molinos

De Puerto del Rosario, la FV-10 part plein ouest vers l'intérieur et traverse les paysages typiques de Fuerteventura : la terre ocre et les volcans à distance créent un paysage nu, austère et aride, dont les couleurs et les formes changent au gré de la course du soleil.

Avant de franchir la crête dépourvue d'arbres formant l'épine dorsale de l'île, la route traverse les hameaux assoupis de **Tetir** et **La Matilla**. La petite chapelle de ce dernier, datant de 1902, est un bon exemple des constructions rustiques des Canaries : fonctionnelle, sobrement décorée, mais plaisante sur le plan esthétique.

À 7 km au sud de La Matilla, et à 1 km après le village de Tefía, au bord de la FV-207, l'**Ecomuseo la Alcogida** (FV-207 ; adulte/enfant 5 €/gratuit ; ⌚10h-17h30 mar-sam ; 👪) mérite un détour rapide.

En empruntant la FV-211 vers l'ouest au départ de Tefía, on rejoint Los Molinos. Cet autre itinéraire enchanteur emprunte une route qui serpente paresseusement à travers de petites collines avec, çà et là, de majestueux palmiers et des troupeaux de chèvres. En route, vous ne pouvez pas rater le vieux moulin à vent, utilisé pour moudre les céréales servant à faire le *gofio* et installé juste en face d'un observatoire surmonté d'un dôme blanc bien reconnaissable.

La route continue à serpenter vers la crête de la colline avant de redescendre en longeant une gorge spectaculaire pour rejoindre le hameau de **Los Molinos**. Traversez le pont du Barranco de Los Molinos – vous verrez peut-être des canards barboter dans l'eau en contrebas – et gagnez le petit parking. Les quelques maisons sans prétention surplombent une petite plage de galets gris d'où partent vers l'est des sentiers de falaise, fréquentés par les chèvres, les oies et les chats ensauvagés. Si vous y faites halte, ne manquez pas de déjeuner au **Restaurante Casa Pon** (Los Molinos ; plats 11-13 € ; ⌚10h-19h) pour ses produits de la mer, en admirant les brisants de l'Atlantique.

À 2 km au nord de Los Molinos, le long d'une piste accidentée, s'étend la **Playa de la Mujer**, une jolie plage de sable très appréciée des surfeurs.

Si vous suivez la FV-10 plutôt que l'itinéraire côtier, repérez la statue de Miguel de Unamuno qui jouit d'un emplacement spectaculaire, à mi-hauteur de la

Montaña Quemado. Le philosophe avait dit autrefois qu'il aurait aimé être enterré à cet endroit.

Aucun bus ne dessert Los Molinos, mais la route, très belle, est revêtue (et donc aisément praticable en voiture).

## La Oliva

1 370 HABITANTS

La Oliva fut un temps capitale de l'île, de fait sinon en titre, et garde quelques traces de jours plus glorieux, notamment l'un des édifices historiques les plus intrigants de l'île : la Casa de los Coroneles. L'imposant campanile de l'Iglesia de Nuestra Señora de la Candelaria (XVIIIe siècle) est un autre atout majeur de la ville, la masse de pierre volcanique noire contrastant fortement avec les murs chaulés immaculés de l'église. La Oliva possède aussi son Centro de Arte Canario – Casa Mané, une étape essentielle pour qui s'intéresse à l'art canarien.

### À voir

Cette bourgade comblera les amateurs d'art et d'histoire. Tâchez de venir un mardi ou un vendredi, quand le **marché** (Calle Tercio Don Juan de Austria ; ⏲10h-14h mar et ven) alimentaire et artisanal s'installe en ville et que l'on peut se procurer le forfait de la **Ruta de los Coroneles** (6 € ; ⏲10h-14h). Celui-ci donne accès aux deux musées, à la galerie d'art et à l'église.

♥ **Casa de los Coroneles** MUSÉE
(maison des Colonels ; 3 € ; ⏲10h-18h mar-sam ; Ⓟ). Cet édifice du XVIIIe siècle, restauré avec soin, a conservé son patio central traditionnel et ses balcons en bois, tandis que d'autres parties de la propriété se sont effondrées autour. Le rez-de-chaussée accueille désormais des expositions temporaires, tandis que le premier étage est consacré à l'histoire du bâtiment et de l'île. Ne manquez pas la toute petite chapelle très sobre, avec son sol carrelé d'origine et sa croix minuscule au-dessus de la porte.



### LA MONTAGNE DE LA CONTROVERSE

Il a beau ne s'élever qu'à 400 m d'altitude, le **mont Tindaya** est la montagne la plus importante et la plus célèbre de l'île. Ce sommet, à 6 km au sud de La Oliva, tient une place particulière dans l'histoire et la mythologie locales. Plus de 200 gravures rupestres guanches ont été découvertes sur ses flancs, dont beaucoup ont la forme d'empreintes de pas dirigées, semble-t-il, vers le pic de Teide, sur Tenerife. Un simple sentier de randonnée mène au sommet, et passe par certaines gravures rupestres en chemin. Renseignez-vous toutefois à l'office du tourisme de Corralejo, car le sentier était fermé aux randonneurs lors de notre passage.

La population locale prétend que des phénomènes inexpliqués se produisent près de cette montagne : les malades guérissent, les personnes malveillantes subissent un juste châtiment, etc. Mais, ces dernières années, la montagne a périodiquement fait les gros titres des journaux pour une autre raison. En 1985, le sculpteur basque Eduardo Chillida avait choisi le mont Tindaya pour en faire le site d'un projet gigantesque censé être son chef-d'œuvre. Impliquant de retirer 64 000 m³ de roche afin de creuser une grande grotte cubiste de 40 m de haut, le projet souleva un tollé. La structure, que Chillida appelait son "Monument à la Tolérance", fut conçue pour permettre aux visiteurs de prendre la pleine mesure de la taille de la montagne. Les impressions de certains artistes sur l'apparence de cette immense caverne laissent imaginer un projet sublime. Des puits dans la roche devaient permettre le passage des rayons de soleil et de lune, seules sources d'illumination de la grotte.

Eduardo Chillida est décédé en 2002. Neuf ans plus tard, les autorités locales ont finalement donné leur feu vert, mais le projet s'enlisa encore, jusqu'à ce qu'en 2015, la famille de Chillada en cède les droits au gouvernement canarien, ainsi qu'au *cabildo* (autorité locale insulaire) de Fuerteventura. La protestation fait rage, même si les autorités persistent dans leur volonté de mener à bien ce projet, qui devrait développer, selon eux, un "tourisme de qualité". Si, finalement, on entame la construction du grand projet de Chillada, la montagne sacrée de Fuerteventura restera certainement inaccessible un bon moment.

Au loin, la montagne en forme de volcan offre un panorama sublime.

La "maison des colonels" a une histoire fort intéressante. Dès le début du XVIIIe siècle, les officiers qui occupaient cette demeure contrôlaient virtuellement l'île. Accumulant pouvoir et fortune, ils pressurèrent à tel point les paysans que Madrid, confrontée à de multiples jacqueries sanglantes, dut dissoudre la milice en 1834.

**Centro de Arte Canario – Casa Mané** MUSÉE

(☎616 53 19 30 ; www.centrodeartecanario.com ; Calle Salvador Manrique de Lara ; entrée 4 € ; ⏲10h-17h lun-ven, 10h-14h sam ; P). Autre point d'intérêt, ce musée d'art comporte un jardin de sculptures et des galeries emplies d'œuvres d'artistes canariens comme César Manrique, Rubén Darío et Alberto Agulló. Deux galeries sont consacrées à l'aquarelliste Alberto Manrique (sans lien avec César), artiste dont les paysages et les scènes d'intérieur, plus nombreuses, ont été primés en Espagne. La galerie est proche de la Casa de los Coroneles – suivez les panneaux depuis le centre-ville.

### Depuis/vers La Oliva

Le bus n°7 (2,40 €, 35 min, 3/jour) de Puerto del Rosario à El Cotillo marque l'arrêt à La Oliva. Le bus n°8 se rend aussi à El Cotillo et, dans l'autre sens, à Corralejo, via La Oliva.

## Corralejo

16 300 HABITANTS

L'opinion que vous aurez de Corralejo dépendra complètement de l'endroit où vous vous trouvez. Malgré l'afflux des touristes, l'ancien village de pêcheurs près du port, ses rues étroites et inégales, ses bons restaurants de produits de la mer et même quelques maisons de pêcheurs, tout comme la plage principale de la ville, conservent leur charme. Deux rues plus loin dans l'intérieur, on se retrouve avec les sandwicheries d'une station balnéaire typique, et des rues en damier. Les points positifs : les bâtiments sont bas et il reste encore quelques authentiques bars et cafés espagnols.

Ce qui caractérise Corralejo, ce sont les dunes de sable blanc aveuglant au sud de la ville, ondulant nonchalamment depuis le rivage, et ses immenses et fabuleuses plages. Personne ne peut, pour l'instant, construire dans ou près de cette zone encore protégée qui constitue le Parque Natural de Corralejo (ci-dessous). Malheureusement, la chaîne hôtelière Riu y a érigé deux hideux monolithes de béton avant la mise en place de la réglementation.

### À voir et à faire

**Parque Natural de Corralejo** PLAGE

Ce parc naturel de dunes jaunes s'étend le long de la côte est sur environ 10 km au sud de Corralejo ; il couvre aussi plusieurs kilomètres en largeur, ce qui représente un immense territoire, idéal pour les randonnées dans le sable. Le lieu est très venté, d'où sa popularité auprès des véliplanchistes et des kitesurfeurs. Transats et parasols sont disponibles à la location devant les deux hôtels de luxe (qui, soit dit en passant, gâchent le paysage) du parc, aussi appelé **Grandes Playas**. La FV-1 traverse le parc.

**Playa Corralejo Viejo et Playa Muelle Chico** PLAGE

Les petites plages de sable entourant le port sont baignées d'eaux peu profondes. Toute l'année, des sculpteurs de sable viennent y laisser libre cours à leur imagination.

**Acua Water Park** PARC D'ATTRACTIONS

(☎928 53 70 34 ; www.acuawaterpark.com ; Avenida Nuestra Señora del Carmen 41 ; adulte/enfant 25/19 € ; ⏲10h-18h). Piscines à vagues, toboggans kamikazes, manèges, Jacuzzi et autres attractions aquatiques. Si vous avez réservé votre billet, un bus gratuit se rend au parc depuis Caleta de Fuste et Jandía, plus au sud.

**Flag Beach Windsurf Center** SURF

(☎609 029804, 928 53 55 39 ; www.flagbeach.com ; Flag Beach ; ☎928 86 63 89 ; location de planche à voile 40/60 € par heure/jour, cours débutant 1/3 jours 70/140 € ; 👪). Ce prestataire réputé loue des planches à voile et propose des cours pour débutants. Le personnel compte aussi d'excellents moniteurs de kitesurf, qui encadrent un cours d'initiation de 1/2 jours moyennant 130/230 €. Possibilité de location de planche de surf (12 €/jour). Organise aussi l'hébergement si besoin.

**Billabong Surf Camp** SURF

(☎928 86 62 07 ; www.billabongsurfcamp.com ; Calle La Red 11 ; cours 4 heures 45 € ; ⏲10h-17h). Corralejo est à juste titre un rendez-vous prisé des surfeurs, et compte quantité d'écoles de surf. Établie de longue date sur la plage, celle-ci propose des cours incluant le matériel, l'assurance, et le transport

VAUT LE DÉTOUR

## ISLA DE LOBOS

Les 4,7 km² dénudés de la Isla de Lobos doivent leur nom aux *lobos marinos* (loups de mer) qui y vivaient jadis. Il s'agissait en fait de *focas monje* (phoques moines), disparus au XVe siècle à cause de marins affamés qui avaient échoué sur les rivages arides et désolés de l'île. Par chance, ceux-ci sont peu à peu réintroduits dans l'île.

Prenez part à une excursion sur l'île au départ de Corralejo, cela en vaut la peine. Un fois sur place, vous pourrez commencer à explorer l'île à pied : découvrez la jolie plage au nord de l'embarcadère, gravissez la montagne et visitez le phare. Compléter le tour de l'île à pied prend environ 1 heure. Veillez à bien rester sur les chemins balisés.

Emportez vos jumelles car l'Isla de Lobos est une destination propice à l'**observation des oiseaux**, sans compter que vous pourriez bien apercevoir un requin ou deux. L'île est également idéale pour le surf, mais ne vous inquiétez pas des requins : ce sont des requins-marteaux, une espèce inoffensive. Enfin, l'île est appréciée des plongeurs et des amateurs de snorkeling.

Le **Faro** (phare) **de Martiño** se dresse à la pointe nord-est de l'île. La montagne à l'ouest de l'île est appelée **La Caldera**, tandis que la belle plage de sable au nord du terminal des ferrys est la **Playa de la Concha**. Vous trouverez aussi un petit **centre d'interprétation** (10h30-17h30).

Vous pourrez déjeuner au **restaurant** (928 87 96 53 ; El Puertito ; 11h-15h) dans le village d'El Puertito à l'est de l'embarcadère, mais réservez en arrivant. Sinon, prévoyez des boissons et des en-cas.

Le moyen le plus rapide et le plus économique de se rendre à la Isla de Lobos est le ferry de Naviera Nortour (p. 107), qui part de Corralejo (15 min). La même compagnie propose aussi une mini-croisière jusqu'à l'île à bord d'un bateau à fond de verre, avec snorkeling. Le dernier bateau pour Corralejo part de l'île à 18h.

Le stand-up paddle (SUP) est un moyen aussi agréable qu'insolite de découvrir l'île. Red Shark (ci-dessous), à Corraleio, propose des excursions à la journée incluant le transport à bord d'un Zodiac, la location de matériel et une brève leçon de mise en route.

jusqu'aux vagues. Des excursions "Surfari" vers des spots de surf des environs et des cours particuliers peuvent être organisés, et des hébergements rudimentaires sur la plage, ainsi que des appartements et des studios sont disponibles.

**Easy Riders Bikecenter** VÉLO

(928 17 58 57 ; www.easyriders-bikecenter.com ; Suite Hotel Atlantis Resort, Calle Las Dunas ; location de vélo à partir de 10 €/jour, excursion 4 heures 42 € ; 9h-13h et 17h-20h lun-sam). Easy Riders organise des circuits guidés toute l'année (horaires flexibles en fonction de la demande), dont un circuit sur l'Isla de Lobos. Également : location de vélos, dont des vélos pour enfant (8 €) et renseignements sur les itinéraires cyclables.

**Kayak Fuerteventura** KAYAK

(676 97 80 99 ; www.kayakfuerteventura.com ; sortie d'une journée 70 €). Le circuit côtier est idéal pour les débutants. Les kayakistes plus expérimentés privilégieront les cours appropriés à leur niveau (2 jours, 140 €). Possibilité de louer des kayaks (à partir de 50 €/jour) et du matériel de snorkeling (10 €/jour). Des randonnées à pied peuvent être organisées pour explorer des grottes de lave et des cratères volcaniques (40 €).

**Red Shark** SPORTS AQUATIQUES

(928 86 75 48 ; www.redsharkfuerteventura.com ; Calle Pedro y Guy Vandaele ; sortie Isla de Lobos 65 €/pers). Cours de surf et de kitesurf, et sorties en paddle de 3 heures jusqu'à la Isla de Lobos. Location de surf, kitesurf et paddle.

**Ventura Surf Center** PLANCHE À VOILE

(928 86 62 95 ; www.ventura-surf.com ; Avenida Marítima 54 ; cours 1 heure 30 à partir de 45 €, location de matériel à partir de 55 €/jour). Sur la plus grande partie de la côte et dans le détroit entre Corralejo et Lanzarote – l'Estrecho de la Bocaina – les conditions sont idéales autant pour la planche à voile que pour le kitesurf. Ce club est installé sur la plage, au bout de la Calle Fragata, au sud du centre. Cours de surf (journée complète 45 €) et location de planches (12 €/jour).

**Dive Center Corralejo** PLONGÉE
(☎928 53 59 06 ; www.divecentercorralejo.com ; Calle Nuestra Señora del Pino 22 ; plongée avec équipement à partir de 46 €, cours Open Water 450 € ; ⏲8h-19h lun-sam). Installé juste derrière le front de mer, ce club de plongée réputé fonctionne depuis 1979. Vous pourrez commencer par un plongeon dans la piscine pour une initiation (45 €) ou combiner une plongée en piscine et en mer pour 90 €. Cours de remise à niveau (65 €), cours PADI Open Water et de nombreuses autres options sont aussi proposés.

**Natoural Adventure** RANDONNÉE
(☎664 849411 ; www.natouraladventure.com ; trek à partir de 48 €). Propose différentes randonnées guidées, sur des distances de 6 à 12 km et avec divers niveaux de difficulté. Parmi les destinations et activités figurent la Isla de Lobos, le sentier d'Antigua à Betancuria et les sorties d'observation des étoiles.

## Fêtes et festivals

**Festival international de cerf-volant** CERF-VOLANT
(La Playa del Burro ; ⏲nov). Organisé chaque année sur la Playa del Burro pour les passionnés du monde entier, avec une incroyable variété de cerfs-volants de toutes tailles et formes.

## Où se restaurer

**Citrus Surf Cafe** CAFÉ €
(☎928 53 54 99 ; www.facebook.com/citrusfuerteventura ; Calle Anzuelo 1 ; plats 8 € ; ⏲9h-1h lun-sam ; 📶🌱). Cet établissement, de couleur verte et blanche, comblera ceux qui sont las des tapas. Salades inventives, plats Tex-Mex, hamburgers, pommes de terre au four, poulet tikka, salades et wraps apparaissent au menu. Accompagnez votre déjeuner d'un smoothie ou d'un jus de fruits fraîchement pressé. Ambiance décontractée, service aimable et rapide.

**Antiguo Café del Puerto** ESPAGNOL €
(Calle La Ballena 10 ; tapas à partir de 3 € ; ⏲11h-23h30). Un lieu chaleureux et accueillant du front de mer qui sert de bons vins, plus d'une cinquantaine de tapas et une savoureuse paella. Vous pourrez aussi vous contenter d'un simple *cortado* (expresso avec un nuage de lait) sur la terrasse, avec vue sur l'océan.

♥ **Restaurante Avenida** ESPAGNOL €€
(www.facebook.com/avenidarestaurantecorralejo ; Calle General Prim 11 ; plats 8-15 € ; ⏲13h-22h30 mar-sam, 13h-16h et 18h-22h dim). Malgré son emplacement, un peu éloigné de la plage, cet établissement ne désemplit pas d'une clientèle canarienne enjouée qui apprécie sa cuisine sans chichis, tout comme les gastronomes. Les poutres apparentes et les meubles massifs en bois sombre lui confèrent une ambiance rustique. Comptez à partir de 8 € seulement pour du poulpe grillé. Côté viandes grillées, on s'y régale d'agneau, de poulet, de lapin ou de porc. Espèces uniquement.

**La Arrocería** ESPAGNOL €€
(☎653 16 90 02 ; www.facebook.com/la.arroceria.de.corralejo ; Calle Pejin 10 ; plats 11-17 € ; ⏲19h-22h30 mar-ven, 13h30-15h30 et 19h-22h30 sam-dim). Niché au cœur de petites ruelles, ce sympathique établissement possède un élégant décor sur le thème nautique et propose une excellente carte minimaliste centrée sur les plats de riz. Outre les paellas aux fruits de mer très réussies, on sert ici des paellas à la viande et végétariennes, ainsi que de la *fideuà*, paella à base de vermicelles au lieu de riz. La carte, uniquement en espagnol, est la garantie d'un établissement typiquement local.

## Où prendre un verre et faire la fête

Pour une ambiance décontractée, rendez-vous dans la Calle La Iglesia, une rue piétonne comptant des bars à vins et quelques sympathiques établissements parfaits pour boire un cocktail dans une ambiance tranquille.

**Mojito Beach Club** BAR
(Avenida Marítima ; ⏲11h-tard ; 📶). Un bar branché, coloré et décontracté, posé à quelques pas de l'océan, avec un choix de mojitos exotiques.

**Zazamira** CAFÉ
(www.zazafuerte.com ; Calle La Iglesia 7 ; ⏲10h-2h tlj sauf mer ; 📶). Niché au bout d'une rue étroite proche du port, ce café sert des jus de fruits frais (orange ou papaye, par exemple) et du café épicé au ginseng. On peut aussi siroter des cocktails alcoolisés tout en observant les souvenirs de Bob Marley qui ornent les murs. Également une boutique d'accessoires aux influences reggae.

## À VÉLO SUR LA ROUTE CÔTIÈRE

Certes, on peut parcourir en voiture la route côtière accidentée qui va de Corralejo à El Cotillo, mais elle se prête tout particulièrement au vélo (ou à la marche) car elle est presque plate. Empruntez la piste au nord de la gare routière de Corralejo située dans l'Avenida Juan Carlos 1. Cette piste en terre aplanie serpente entre des champs de lave, puis passe au bout de quelque 5 km à un paysage plus désertique. Au bout de 8 km, on atteint le petit village de pêcheurs de **Majanicho**, dont les maisons se serrent au bord d'un bras de mer où dansent les bateaux, et qui possède la plus petite chapelle qu'on n'ait jamais vue. De là, on peut faire un détour par la route goudronnée FV-101, vers le sud jusqu'à Lajares (p. 109 ; 7 km), pour un petit rafraîchissement dans l'un des excellents restaurants ou boulangeries. Sinon, poursuivez sur la route côtière jusqu'à El Cotillo (p. 107), en longeant des plages de sable blanc comme Playa El Hierro et Playa Beatriz, ponctuées de criques de galets noirs ; le secteur abrite aussi quelques-unes des plages de planche à voile et de kitesurf les plus prisées de l'île. En venant directement de Corralejo, on rejoint au bout de 20 km le phare d'El Cotillo, appelé Faro de Tostón. Là, vous pourrez visiter le Museo de la Pesca Tradicional (p. 108). Sinon, continuez votre route jusqu'au centre d'El Cotillo (4,5 km) à travers le paysage de désert et de broussailles de Los Lagos.

**Rock Island Bar** DISCOTHÈQUE
(www.rockislandbar.com ; Calle Crucero Baleares ; 19h30-tard ; wifi). Depuis près de 30 ans, Mandy et son mari Gary, musicien, ont fait de ce bar l'un des plus appréciés de la ville. Des concerts acoustiques ont lieu tous les soirs, pour le plus grand plaisir des amateurs.

## Achats

**No Work Team** SPORT ET PLEIN AIR
(www.noworkteam.es ; Calle Marítima 6 ; 10h-21h). La marque de surfwear local est No Work Team. Cette boutique vend des vêtements confortables et de qualité à l'esprit surf pour homme, femme et enfant.

## Renseignements

**Office du tourisme** (928 86 62 35 ; www.visitcorralejo.com ; Avenida Marítima 2 ; 8h-15h lun-ven, 9h-15h sam-dim)

## Depuis/vers Corralejo

### BUS

Le bus n°6 (3,30 €, 40 min) relie régulièrement la **gare routière** (Avenida Juan Carlos I) à Puerto del Rosario (3,40 €, 40 min). Le bus n°8 se dirige vers l'ouest jusqu'à El Cotillo (3,10 €, 40 min, 13/jour) via La Oliva ; certains bus n°8 ne passent pas par La Oliva, auquel cas le billet coûte 2,05 €.

### VOITURE ET MOTO

**Cicar** (928 53 65 21 ; www.cicar.com ; Corralejo Muelle ; 30/99 € par jour/sem ; 8h-20h)

### BATEAU

**Fred Olsen** (902 10 01 07 ; www.fredolsen.es ; Estacíon Marítima). Les ferrys partent de Corralejo pour le court trajet jusqu'à Playa Blanca (à partir de 28 €, 25 min, 7/jour), sur Lanzarote.

**Naviera Armas** (928 30 06 00, 902 45 65 00 ; www.navieraarmas.com). Ferrys entre Corralejo et Playa Blanca (27,20 €, 35 min, 7/jour), sur Lanzarote.

**Naviera Nortour** (616 98 69 82 ; www.navieranortour.com ; Estacíon Marítima). Ferrys réguliers pour l'Isla de Lobos (adulte/enfant aller-retour 15/7,50 €, 7/jour), avec des départs de 10h à 17h30. Dans l'autre sens, le dernier bateau part de l'île à 18h.

## Comment circuler

On peut commander un **taxi** (928 86 61 08, 928 53 74 41) ou bien aller à la station de taxis pratique près du Centro Comercial Atlantico. La course entre le centre et les principales plages coûte environ 8 €.

# El Cotillo

1 300 HABITANTS

Modeste bourgade côtière fouettée par le vent et destination très populaire chez les surfeurs, cet ancien village de pêcheurs a plus de caractère que n'importe quelle autre localité de l'île. Jusqu'ici, il a réussi à éviter les constructions anarchiques. Gastronomes, amateurs de sports nautiques et vacanciers en quête de détente et de panoramas marins s'y plaisent beaucoup. La Calle Muelle Pescadores, derrière le vieux port, s'orne de peintures et de sculptures, et fait donc office de galerie d'art en plein air. Passez quelques jours ici, ralentissez le rythme et dégustez au moins un dîner de fruits de mer en contemplant un merveilleux coucher du soleil typique de Fuerteventura.

Ancien siège du pouvoir des chefs tribaux de Maxorata (royaume guanche du nord de Fuerteventura), El Cotillo est restée pratiquement ignorée depuis la conquête. Seules exceptions : les pirates qui tentèrent d'y accoster de temps à autre, et la lente invasion moins sanguinaire des amateurs de bronzette, qui apprécient la simplicité tranquille des lieux.

## À voir

**Museo de la Pesca Tradicional** MUSÉE
(musée de la Pêche traditionnelle ; Faro de Tostón ; adulte/enfant 3/1,50 € ; 10h-14h30 et 15h15-18h mar-sam ; P). Ce musée consacré aux pêcheurs est installé à côté du fameux phare rayé rouge et blanc de la ville. Grimpez jusqu'au sommet du phare d'origine, considérablement plus petit, afin de profiter de la vue panoramique, puis visitez les différentes galeries. Renseignements en anglais à disposition, ainsi que plusieurs vidéos très instructives sur les méthodes de pêche traditionnelle.

**Castillo de Tostón** CHÂTEAU
(adulte/enfant 1,50 €/gratuit ; 10h-15h lun-ven, 9h-14h sam-dim). Le Castillo de Tostón et ses formes épanouies n'est pas vraiment un château, mais plutôt une tour Martello. Les expositions sur l'art et l'histoire sont intéressantes, quoique la vue panoramique sur la plage de surf au sud soit le grand atout du lieu. Toutefois, vous trouverez peut-être le *castillo* fermé – lorsque nous l'avons visité, l'entrée était barrée d'une vieille sangle. Remarquez les deux anciens fours en calcaire, à un jet de pierre.

**Molino El Roque** MOULIN À VENT
(P). Ce charmant moulin à vent porte le nom d'El Roque, le village suivant en partant d'El Cotillo. Tout blanc et avec ses ailes noires, il est d'une beauté saisissante. On peut s'y rendre à pied, mais le moulin est aussi accessible en voiture.

## Activités

Les sports nautiques sont la principale activité d'El Cotillo.

Seuls les plus confirmés s'attaqueront à la vague appelée **The Bubble**, au nord du centre. Heureusement, les surfeurs moins expérimentés ont aussi de nombreuses occasions de se faire plaisir.

**Shock Wave** SURF
(928 53 87 49 ; www.shockwavesurfschool.com ; Calle Pintor Néstor de la Torre 1 ; cours 3 heures 50 € ; 9h-20h avr-oct, 9h-18h30 nov-mars). Cette école de surf et de planche à voile est chaudement recommandée. Cours de surf de 4 heures à 5 jours (200 €) et possibilité de louer planche et combinaison (à partir de 15 €/jour). Les cours de planche à voile coûtent 65 € pour 3 heures ; location de vélo à partir de 10 €/jour ou 47,50 €/semaine.

**Riders Surf 'n' Bike** SURF
(629 25 88 61 ; www.riders-surfnbike.com ; Calle 3 de Abril 1979 ; location planche à partir de 10 €/jour, cours de surf à partir de 50 €/jour). Club sympathique établi à l'entrée de la ville. Outre les cours, possibilité de louer des planches de surf, des boogie-boards, des stand-up paddles (SUP) et, pour ceux qui préfèrent la terre ferme, des vélos (10 €/jour).

## Où se restaurer

El Cotillo abrite certains des restaurants les plus raffinés de la côte nord, où la prise du jour tient le haut du pavé. Les produits de la mer se mariant à merveille avec un coucher du soleil, il est prudent de réserver une table. Ne manquez pas non plus les cafés en terrasse de la Calle Muelle Pescadores, une rue piétonnière.

**El Goloso de Cotillo** CAFÉ €
(Calle Pedro Cabrera Saavedra 1 ; sandwichs 3 €, tartes 2 € ; 7h30-19h30 ; ). Régalez-vous de succulents gâteaux, tartes et pâtisseries dans cet établissement paisible à l'extrémité nord de la ville. On y sert aussi des jus de fruits frais et des milk-shakes, et le café est excellent. Au dessert, mention spéciale à la tarte au citron meringuée, divine.

**El Mentidero** CAFÉ €
(Calle Punta Aguda 1 ; sandwichs 3-8 € ; 8h-17h mer-dim ; ). Niché à l'écart, ce petit café bleu et blanc, très populaire, se distingue par sa personnalité affirmée et son caractère décontracté. Idéal pour un petit-déjeuner léger ou plus solide, un verre de jus fraîchement pressé, un bol de *crema de verduras* (velouté de légumes ; 6 €), un déjeuner rapide ou une part de gâteau accompagnée d'un délicieux café.

**La Marisma** PRODUITS DE LA MER €€
(Calle Mariquita Hierro ; plats 14-20 € ; 13h-16h et 19h-tard). La décoration intérieure sur le thème nautique est bien choisie et le menu annonce des produits préparés à la perfection : calamars frits, langouste, sole grillée, paella et autres délices de la mer. Dans une ville où les points de vue sont souvent époustouflants, cette adresse est l'une des mieux dotées, avec un panorama frontal à travers la baie vitrée. Menu enfant (5,50 €). Le lieu est souvent bondé, donc réservez bien à l'avance.

**Restaurante La Vaca Azul** ESPAGNOL €€
(928 53 86 85 ; www.vacaazul.es ; Calle Requena 9, Vieux Port ; plats 14-20 € ; 12h30-tard mer-lun). La Vaca Azul profite d'un emplacement privilégié surplombant la plage de galets, avec une terrasse sur le toit offrant un point de vue imprenable ; en soirée, le coucher du soleil et les lanternes rendent l'ambiance assez magique. Côté assiette, vous ne prendrez pas de risque avec du poisson frais ou un plateau de fruits de mer accompagné de 3 sortes de *mojo* (sauce épicée). Quelques plats végétariens également.

**Azzurro** MÉDITERRANÉEN €€
(928 17 53 60 ; www.azzurro.es ; Avenida Los Lagos 1 ; plats 10-15 € ; 12h30-22h mar-dim, tlj en août). Donnant sur la plage de Los Lagos, au nord de la ville, l'Azzurro propose des pâtes et des produits de la mer de bonne qualité, ainsi qu'un choix intéressant de cocktails.

## Achats

**Clean Ocean Project** VÊTEMENTS
(www.cleanoceanproject.org ; Calle del Muelle de Pescadores 11 ; 10h-22h mar-dim 17h-22h lun). Faites un saut dans cette boutique soucieuse d'écologie pour sa gamme de surfwear aux tons verts et bleus tendres. La société reverse une partie de ses profits aux opérations de nettoyage des plages et d'alerte antipollution, et possède également des boutiques à Lajares et à Corralejo.

## Depuis/vers El Cotillo

Le bus n°7 pour Puerto del Rosario (4,35 €, 45 min) part tous les jours à 6h30, 12h et 17h. Le bus n°8 dessert Corralejo (3,10 €, 40 min, 13/jour).

Les places de stationnement dans la rue sont très nombreuses, mais le système de voies à sens unique peut désorienter les conducteurs. Il y a aussi amplement la place de se garer près du *castillo*.

# Lajares

À seulement 13 km au sud-ouest de Corralejo par la FV-101 et la FV-109, Lajares est empreinte d'une ambiance décontractée. Sa modeste rue principale a gagné en fantaisie avec un bel ensemble de restaurants, boutiques, bars de surfeurs et excellentes boulangeries. L'un des meilleurs marchés d'artisanat se tient également ici le samedi matin.

## Activités

**Magma Kitesurf School** KITESURF
(626 200345 ; www.magma-kiteschool.com ; Calle Central 1 ; cours de surf 1 jour 50 €, cours de kitesurf 2 jours 255 €). Cette école de surf populaire et efficace propose des cours de kitesurf, plongée en apnée, paddle, VTT et yoga. L'hébergement et des cours d'espagnol peuvent aussi être assurés.

## Où se restaurer

**Canela Café** CAFÉ €
(928 86 17 12 ; www.canela-cafe.es ; Calle Coronel Latherta González Hierro ; plats à partir de 8 € ; 8h-2h tlj sauf jeu). Pour manger quelque chose de substantiel, installez-vous au Canela Café, un café tendance, dont le menu varié comprend entre autres un curry de potiron et le choix classique de viande rouge et de crevettes au beurre d'ail. Des concerts de musique acoustique ont lieu le week-end.

**Pastelo** BOULANGERIE €
(Calle Coronel Latherta González Hierro ; 8h30-18h ; ). Installez-vous à l'intérieur ou sur le vaste espace extérieur à l'avant pour une part de généreux gâteau au chocolat, un excellent brownie, un crémeux cheesecake surmonté de fruits rouges ou un cake maison.

**722** MÉDITERRANÉEN €€
(693 01 32 10 ; www.facebook.com/722gradi ; Calle Majanicho 11 ; plats à partir de 15 € ; 17h-23h mer-sam, 13h-22h30 dim). Le menu est assez succinct et le restaurant ne se trouve pas au cœur de Lajares, mais un brin de créativité se trouve dans la cuisine de cet excellent établissement, élégant, attrayant et joliment agencé. Service attentionné, belle terrasse et fabuleux cocktails également. Le brunch du dimanche matin (12 €) est très couru.

## Achats

**Cabracadabra** VÊTEMENTS
(Calle la Cancela 8 ; 10h-14h et 15h30-20h mar-ven, 10h-14h sam). Entrez dans cette joyeuse

### LE CLIMAT DE FUERTEVENTURA

La masse volcanique de l'île date de plus de 20 millions d'années et s'est érodée au fil du temps pour aboutir à l'apparence actuelle, avec des collines arrondies et des sommets aplatis. Les terres de Fuerteventura sont essentiellement désertiques, sans la diversité topographique liée aux changements d'altitude que l'on peut découvrir sur d'autres îles comme la Grande Canarie ou La Palma.

La faiblesse des précipitations (moins de 200 mm de pluie par an) explique l'extrême aridité de Fuerteventura et l'absence de végétation sur ses collines, une situation exacerbée par le fort ensoleillement (plus de 3 000 heures par an) et les vents puissants qui balaient l'île, augmentant le phénomène d'évaporation et éliminant l'humidité du sol. Tous ces éléments contribuent à donner aux paysages de l'île cette apparence martienne, avec peu de variations d'une saison à l'autre.

Les arbres ayant du mal à se développer ou à trouver des prises solides, la végétation se compose essentiellement de broussailles, dont se nourrissent les chèvres. Vous verrez bien des rangées de palmiers, mais ils ont été plantés à la main et sont arrosés artificiellement : ils ne pourraient survivre sans intervention humaine.

Les secteurs plus verdoyants et fertiles comme Betancuria s'enorgueillissent d'une couverture végétale plus riche, mais la majeure partie de l'île est aride et brûlée par le soleil.

boutique pour des pièces en soie sérigraphiées ou des chaussures Pisaverde absolument sublimes – chaque paire est unique (nous a-t-on dit).

**Mandarin** VÊTEMENTS
(mandarin-store.negocio.site ; Calle Coronel Gonzalez 22A ; ⏲ 10h-14h et 16h30-19h lun-ven, 10h30-14h sam). Des créations sublimes, branchées et très élégantes : bijoux, foulards, chemisiers, vestes, chemises et sacs.

### ℹ Depuis/vers Lajares

De Lajares, le bus n°8 se rend à El Cotillo (10 min, toutes les heures) vers l'ouest et à Corralejo (30 min, fréquent) vers l'est ; la plupart des bus (mais pas tous) se rendant à Corralejo passent par La Oliva (10 min).

## PENÍNSULA DE JANDÍA

Le sud-ouest de Fuertaventura est une remarquable succession de collines rocheuses et de plaines dénudées jusqu'aux falaises de l'ouest de Morro Jable. Buissons, dunes et plages se partagent le reste de la péninsule. Les moments forts sont le trajet jusqu'au phare de la Punta de Jandía, avec son promontoire balayé par le vent à la pointe de l'île, ainsi que la traversée des collines pour descendre vers la sublime plage de sable doré de Cofete, peut-être le plus beau joyau de cette île aride, voire de l'archipel.

Classée parc naturel, la plus grande partie de la péninsule est protégée. Certaines routes sont goudronnées, d'autres sont en terre, mais un véhicule classique suffit généralement pour atteindre Cofete. Un bus à 4 roues motrices s'enfonce dans les profondeurs de la péninsule. Ce trajet chaotique est à lui seul une excellente raison de s'aventurer dans les parages.

## La Lajita

Ce petit village de pêcheurs possède une plage de sable noir et de galets, une anse émaillée de bateaux de pêche colorés et un front de mer intact flanqué d'imposantes falaises. Malheureusement, des immeubles sans grâce s'élèvent ensuite sans interruption jusqu'à la route principale. Du côté nord de la FV-2 se trouve le plus grand parc à thème de l'île : l'**Oasis Park** (www.fuerteventuraoasispark.com ; Carretera General de Jandía ; adulte/enfant 35/20,50 € ; ⏲ 9h-18h ; 👪).

Depuis Puerto del Rosario, le bus n°1 (6 €, 1 heure 20, toutes les heures) s'arrête à la bretelle d'accès à la ville sur la route principale. Il suffit de poursuivre à pied jusqu'au zoo tout proche.

## Costa Calma

Costa Calma, à 25 km au nord-est de Morro Jable, est un enchevêtrement de rues en sens unique parsemées d'immeubles d'habitation, de centres commerciaux (au moins 8 !) et, à l'occasion, d'hôtels. La longue plage de sable est certes superbe, mais l'endroit n'a ni âme ni passé, son unique vocation étant de satisfaire les touristes (essentiellement) allemands.

**Ion Club** PLANCHE À VOILE
(☎661 349 689 ; www.ionclubfuerte.com ; Club Mistral Fuerteventura ; cours 3 heures 80 € ; ⏲10h-19h). Professionnel et très apprécié, ce prestataire de planche à voile propose aussi des cours de kitesurf (2 heures 125 €, matériel inclus). Réservez en ligne.

**Acuarios Jandia** PLONGÉE
(☎616 27 46 81 ; www.acuarios-jandia.com ; Sotavento Beach Club ; ⏲9h-17h15 dim-ven ; 👪). Ce centre établi de longue date propose un large éventail de cours, des plongées en piscine pour les enfants (32 €) aux stages Advanced Open Water (300 €), Rescue Diver (330 €) et autres spécialités.

**Rapa Nui** CAFÉ €
(www.rapanui-surfschool.com ; Calle Punta de los Molinillos, Centro Comercial Bahia Calma ; sandwichs 3-6 € ; ⏲9h-minuit ; 📶). Cet établissement est un bon choix les jours ensoleillés (et ils sont nombreux), avec sa très jolie terrasse et sa vue sur la mer. Géré de concert avec la boutique de surf attenante, il propose des sandwichs, des en-cas, des glaces (faites sur place), d'excellents cocktails, des cafés et de grands barbecues le week-end à une clientèle essentiellement constituée de jeunes surfeurs bronzés. Également : cours de surf tous les jours.

### ℹ Depuis/vers Costa Calma

Le bus n°1 relie Puerto del Rosario (7,55 €, 1 heure 30, fréquent) à Costa Calma en route pour Morro Jable. Le bus n°5 circule entre Costa Calma et Morro Jable (2,70 €, 40 min, fréquent).

## La Pared

Située sur la côte ouest, La Pared est une toute petite localité. C'est une destination très prisée des surfeurs, ainsi que des randonneurs en raison de ses points de vue exceptionnels sur les formations rocheuses côtières, avec en prime des couchers de soleil mirifiques. Si vous êtes en voiture, roulez jusqu'au bout de la route pour atteindre les falaises surplombant la mer, garez-vous et baladez-vous le long des parois pour un panorama hallucinant sur la Punta Guadelupe, une longue et énorme saillie rocheuse qui avance dans la mer juste à l'extrémité nord de la plage.

**Waveguru** SURF
(☎619 804447 ; www.waveguru.de ; location planche 2 heures à partir de 10 €, cours de surf débutants 10/20/30 heures 135/240/325 € ; ⏲10h-18h). Cette école de surf établie de longue date au cœur de La Pared propose des cours pour débutants avec location de combinaison et de planche, ainsi que des cours pour surfeurs plus expérimentés. Les surfeurs peuvent profiter des forfaits avec hébergement (studios, appartements ou maisons) et du **camp de surfeurs** (☎619 804447 ; www.waveguru.de ; Avenida del Istmo 17 ; camping 130 €/sem), sur place.

**Restaurante Bahía La Pared** PRODUITS DE LA MER €€
(☎928 54 90 30 ; plats 12-15 € ; ⏲13h-16h et 19h-tard). Doté d'un agréable patio extérieur dominant la plage de sable mouchetée de basalte noir, ce restaurant a pour spécialité le poisson frais et la paella aux fruits de mer. Le personnel est un peu blasé et stressé. Il gère aussi la piscine adjacente, gratuite pour les clients à partir de 6 € de consommation.

### ℹ Depuis/vers La Pared

Le bus n°4 en provenance de Pájara relie La Pared à Morro Jable (2,80 €, 45 min, 2/jour).

## Playa de Sotavento de Jandía

Cette dénomination englobe l'ensemble des plages magnifiques qui s'étendent sur la côte est de la péninsule. Ce paradis pour adeptes de la baignade, de la bronzette et de la planche à voile déroule kilomètre après kilomètre un sable blanc et fin qui s'enfonce presque imperceptiblement dans l'immensité turquoise de l'océan. La plage principale – en particulier pour les véliplanchistes et les kitesurfeurs – est Playa de la Barca (ci-dessous).

Chaque année, en juillet (et parfois début août), pendant les 10 journées frénétiques du **Windsurfing World Championship** (www.fuerteventura-worldcup.org ; ⏲juil), fini le calme somnolent de Fuertaventura. Playa de la Barca accueille une manche du championnat du monde de planche à voile.

**Playa de la Barca** PLAGE
Lorsque l'on pense à Sotavento, c'est généralement l'image de la Playa de la Barca qui

surgit d'abord. Indiquée depuis la FV-2, à 2,5 km au sud de Costa Calma, cette plage est un spot idéal de planche à voile et de kitesurf, équipée d'excellentes infrastructures pour pros et débutants sur sa longue étendue sablonneuse. À marée basse, l'étendue de sable blanc fait près de 200 m de large. Et, lorsque la marée monte, elle crée un lagon turquoise peu profond idéal pour les enfants (ou les apprentis véliplanchistes).

Le bus n°5, qui circule entre Costa Calma (1,40 €, 20 min) et Morro Jable (1,70 €, 30 min) 7 fois/jour, dépose ses passagers au Melia Fuerteventura Hotel, immédiatement au-dessus de la Playa de la Barca.



**René Egli** PLANCHE À VOILE
(☎928 54 74 83 ; www.rene-egli.com ; location planche à partir de 70/350 € par jour/sem, cours d'essai à partir de 65 € ; ⏲10h-17h). Établi de longue date et vanté par de nombreuses publicités, ce prestataire possède un centre de planche à voile à l'extrémité nord de Playa de la Barca et un centre de kitesurf au sud. Ce dernier compte un petit bar-restaurant. Avec sa palmeraie et ses transats au bord de l'eau, il rappelle les Caraïbes. Les cours et la location de matériel reviennent moins cher en réservant. Possibilité également d'organiser l'hébergement.

## Morro Jable

16 700 HABITANTS

Plus tranquille que Corralejo, son homologue du Nord, Morro Jable est une station presque exclusivement allemande. Son point fort est sa splendide plage de sable blond, la **Playa del Matorral**, bordée de résidences et d'hôtels bien intégrés dans le paysage. Elle s'étend sur environ 4 km depuis la partie ancienne de la ville. Le charme s'estompe un peu quand on s'en éloigne pour emprunter le grand axe à chaussées séparées, bordé de centres commerciaux et d'hôtels beaucoup plus hauts. Plus ancien, le centre-ville, en haut de la colline, offre un aperçu de ce à quoi ressemblait l'endroit autrefois. Les amateurs de vraie solitude iront 7 km plus à l'est.

### Activités

**Surfers Island** SURF
(www.surfers-island.es ; Calle Melindraga 2 ; cours 4 heures 49 €, location planche 12 €/heure). Outre les cours de surf, cette école réputée propose des cours de kiteboard, paddle, planche à voile et catamaran. Un cours de 3 jours pour débutant coûte 147 € ; tous les cours de surf incluent combinaison, planche et transfert depuis/vers l'hôtel.

**Ocean World** PLONGÉE
(☎928 54 40 11 ; www.tauchen-fuerteventura.com ; plongée avec équipement 48 €, stage de plongée Open Water 350 €). Cet établissement organise chaque jour des plongées à 9h et 14h et propose divers cours de plongée et sorties de snorkeling. Un certificat médical est requis pour toutes les plongées, à l'exception des baptêmes.

**Volcano Bike** VÉLO
(☎639 73 87 43 ; www.volcano-bike.com ; Calle Melindraga, Club Hotel Aldiana Jandia ; location vélo à partir de 20 €/jour, vélo électrique 30 €/jour ; ⏲8h30-11h et 16h30-18h30). Outre les locations de VTT et vélos de route, ce prestataire propose divers circuits cyclables sur l'île.

### Où se restaurer

Vous trouverez les établissements authentiques et plus traditionnels du côté de la vieille ville, avec leurs produits de la mer.

**Bar La Parada** TAPAS €
(Calle Nuestra Señora del Carmen 6 ; tapas 2,80-9 € ; ⏲12h30-16h et 18h30-23h ; wifi). Le court menu est traduit en plusieurs langues, mais autour de vous, les conversations seront probablement en espagnol, dans une ambiance très authentique. Les *señores* du coin viennent pour les solides ragoûts de chèvre, de lapin ou de pois chiches et pour le fromage de chèvre frit accompagné de confiture. Le dimanche est le jour de la paella. La portion, généreuse, ne coûte que 7,50 € (à partir de 13h).

**La Bodega de Jandía** TAPAS €
(☎663 41 79 73 ; www.facebook.com/labodegadejandia ; Calle Diputado Manuel Velazquez Cabrera 4 ; tapas 4-9 € ; ⏲13h-22h dim-lun, 18h-22h mar-jeu, 18h-21h30 ven ; wifi). Jambons suspendus au plafond et habitants passant commande d'une voix forte : cet établissement a beaucoup plus de cachet et d'ambiance que les restaurants touristiques du front de mer. Au menu : des spécialités canariennes comme la *ropa vieja* (ragoût aux pois chiches), de la *mousse de gofio* et du ragoût de chèvre. Le dimanche, venez vous régaler d'une assiette de paella attablé dans la rue pavée piétonnière.

### LA NAISSANCE DES TORTUES

La Península de Jandía est le berceau d'un important programme de protection des tortues, grâce auquel les tortues caouannes sont peu à peu réintroduites après une disparition d'une centaine d'années. Le programme date de 2007, année où 145 tortues sont sorties de leur œuf sur la plage de Cofete, sur la côte ouest, dans le Parque Natural de Jandía.

Les plages de Fuerteventura sont le deuxième site au monde retenu pour cette expérience, le premier se trouvant au Mexique. Les œufs ont été prélevés dans une colonie des îles du sud du Cap-Vert, dont l'environnement et les plages ressemblent à ceux de Cofete, particulièrement par la qualité de l'eau, du sable et surtout du climat suffisamment chaud. Les œufs de tortue sont conservés dans des nids artificiels et, avant que les bébés tortues traversent la plage en rampant vers un avenir incertain, ils sont transférés dans les aquariums de la "nurserie" à Morro Jable. Là, on attend qu'ils soient assez forts pour nager. À ce stade, on leur implante une puce pour pouvoir les suivre et on les relâche dans la mer.

On espère qu'une fois adultes, ces tortues reviendront pondre leurs œufs à Cofete et qu'ainsi, l'espèce se reproduira de nouveau spontanément sur l'île. Les organisateurs du projet comptent répéter l'opération au moins tous les 5 ans, afin d'enrayer la disparition de cette espèce de tortue marine.

On peut visiter la **nurserie** (☎ 928 53 36 02 ; Puerto del Morro Jable ; ⏲ 10h-13h lun-ven) GRATUIT, souvent fermée malheureusement, où l'on s'occupe également des tortues blessées découvertes sur l'île. Vous la trouverez dans le port de Morro Jable, derrière une barrière en métal qui vous permettra de voir les pattes des tortues dépassant de temps en temps des aquariums.

## Renseignements

**Office du tourisme** (☎ 928 54 00 77 ; Avenida Saladar ; ⏲ 9h-13h lun-ven)

## Depuis/vers Morro Jable

### BUS

Le bus n°10 (8,20 €, 1 heure 30, 3/jour) relie la ville et l'aéroport, sur le chemin de Puerto del Rosario. En taxi, comptez environ 70-80 €.

Le bus n°1 dessert Puerto del Rosario (10 €, 2 heures, au moins 12/jour) entre 5h45 (en semaine) et 22h30. Le bus n°10 (9,70 €, 1 heure 45, 3-4/jour), plus rapide, passe par l'aéroport. Le bus n°5 (2,70 €, 40 min, fréquent) est à destination de Costa Calma.

### BATEAU

Puerto de Morro Jable se situe à 3 km du centre-ville. **Fred Olsen** (www.fredolsen.es ; Puerto de Morro Jable) assure une liaison avec Las Palmas de Gran Canaria (49 €, 2 heures, 2/jour). Les ferrys de **Naviera Armas** (☎ 928 54 21 13 ; www.navieraarmas.com ; Puerto de Morro Jable) se rendent chaque jour à Las Palmas de Gran Canaria (41 €, 3 heures) et Santa Cruz de Tenerife (70 €, 6 heures).

## Comment circuler

Un grand parking gratuit est aménagé à côté de l'office du tourisme (ci-dessus) dans le Centro Comercial Cosmo. Pour appeler un **taxi**, composez le ☎ 928 54 12 57.

# Environs de Morro Jable

### Phare de la Punta de Jandía — PHARE

(⏲ mar-sam 10h-18h). GRATUIT Au bout de la piste de terre partant de Morro Jable, la route est à nouveau goudronnée et vous pourrez rouler en douceur jusqu'à ce phare dominant les vagues impétueuses de l'Atlantique. Le cadre est impressionnant et le trajet procure incontestablement une bonne partie du plaisir. Un petit centre d'information, installé dans le phare, donne des renseignements sur la flore, la faune et la géologie du Parque Natural de Jandía. Les randonnées le long du littoral offrent aux visiteurs de merveilleux panoramas.

Juste avant le phare, on atteint Puerto de la Cruz, petit village de pêcheurs doté d'une éolienne, d'un camping et d'une plage. Ses 3 restaurants sont tous spécialisés dans le poisson frais. Ils ont des terrasses à ciel ouvert, mais seul **El Caletón** (plats 8-12 € ; ⏲ 9h-22h) profite de la vue sur l'océan. Le ragoût de poisson est la spécialité locale. Le site du phare est superbe au couchant.

Toutefois, mieux vaut s'empresser de rentrer sitôt le soleil disparu à l'horizon pour ne pas conduire sur des chemins de terre à la nuit tombée.

## Cofete

Sur la route reliant Morro Jable à la Punta de Jandía se trouve aussi la bifurcation pour Cofete, 8,2 km plus loin. La route serpente vers le nord-est, franchit un col et redescend jusqu'à Cofete, petit hameau marquant l'extrémité sud des plages de Barlovento de Jandía. Virages serrés, descentes en pente raide et aucun garde-fou : négocier la piste en terre qui vient jusqu'ici donne quelques frissons, mais en vaut la peine. Persévérez, et vous serez récompensé par l'une des plages les plus spectaculaires et les plus reculées de l'archipel (et la plus belle vue de Fuerteventura). Venez tôt et vous aurez peut-être la chance d'avoir la plage pour vous tout seul.

**♥ Playa de Cofete** PLAGE

C'est la plage principale de la localité isolée de Cofete, près de l'extrémité sud de l'île. Pour beaucoup, c'est aussi le principal atout de Fuerteventura. Elle est immense, assez belle et complètement sauvage, avec un sable d'une jolie couleur miel, d'incessants rouleaux écumeux et l'océan turquoise à perte de vue. Attention avant de piquer une tête : les vagues et les courants sont bien plus puissants que les eaux généralement plus calmes baignant l'autre côté de l'île. Si vous êtes sûr de votre technique et possédez le matériel nécessaire, c'est un bon spot pour faire du surf.

Notez les pancartes vous demandant de signaler toute preuve de la présence d'une tortue sur la plage (p. 113). Si vous voyez des traces ou des nids de tortues, ou même des tortues blessées, téléphonez au 112. Ne touchez ni les tortues ni leurs œufs (sauf si vous découvrez une tortue blessée : dans ce cas, il est conseillé de la déplacer à l'ombre).

Repérez le vieux **cimetière** (Cementerio del Cofete) envahi par le sable, près de la plage ; une image qui marque les esprits. Les tombes modestes sont signalées par de petites croix en bois et des tas de pierres ; le cimetière est ceint d'un petit mur également couvert de sable, tandis que la porte

À NE PAS MANQUER

### LA MYSTÉRIEUSE VILLA WINTER

En arrivant à Cofete, impossible de ne pas remarquer la belle demeure en surplomb de la côte. Une vision, de plus, tout à fait intrigante ! L'imposante demeure dotée de tourelles, comme un château, fut construite par l'ingénieur allemand Gustav Winter dans les années 1930. Les rumeurs selon lesquelles Winter aurait été lié au parti nazi n'ont jamais été confirmées, mais les théories du complot entourant la **Villa Winter** (Casa de los Winter ; Villa Winter Access) restent "virales". L'ingénieur aurait, paraît-il, voulu introduire l'agriculture dans la région, mais l'on n'a guère de preuves à ce sujet. En outre, à l'époque, il n'y avait probablement aucune route conduisant à l'étrange demeure. Pour certains, la villa aurait été construite pour servir de cachette à de hauts dignitaires nazis, dont Hitler lui-même. D'autres ont prétendu que Cofete cachait une base sous-marine secrète, que des tunnels traversaient la montagne, ou que la villa abritait une clinique de chirurgie plastique destinée aux généraux allemands souhaitant changer d'identité.

En voiture, vous pourrez rouler jusqu'à la propriété, puis marcher sur la dernière centaine de mètres. Un gardien vit sur place et peut faire visiter la demeure moyennant un petit pourboire. Mais, lors de notre passage, une boîte pour recueillir les dons était installée à l'entrée, avec une pancarte expliquant l'importance des contributions. Seule la cour du rez-de-chaussée était ouverte, et l'on pouvait entendre des grognements intimidants depuis l'une des pièces indiquées "Privée". Faites comme bon vous semble. Certains visiteurs affirment avoir vu le sous-sol qui recèlerait des chaînes, des cellules et des impacts de balle, mais, comme pour tout ce qui concerne la Villa Winter, impossible d'avoir une certitude absolue. Gustav Winter construisit aussi la piste d'atterrissage de Jandía, peut-être pour faire venir de hauts gradés allemands. Au pied de la colline, on peut voir une étendue ressemblant à un héliport.

De tout cela, une seule chose est sure : la Villa Winter est un lieu fascinant qui vous donnera envie d'en savoir davantage, ou même d'entendre d'autres légendes...

principale est enfouie sous une énorme dune (il faut donc franchir le mur). Le cimetière est indiqué.

Venez tôt le matin pour avoir la plage pour vous tout seul. Les couchers de soleil sont superbes, mais gardez à l'esprit que la route de montagne est très difficile voire dangereuse la nuit.

**Restaurante Cofete** CANARIEN **€€**
(☎928 17 42 43 ; plats 8-14 € ; ⏲10h-19h ; 🅿). L'électricité provient d'une éolienne et la décoration est en lien avec le football. Seul établissement du coin, il propose un menu un peu plus sophistiqué que ce que l'on pourrait attendre d'un restaurant situé tout au bout de la route. On y trouve notamment du poisson frais et de la *carne de cabra en salsa* (chèvre en sauce). Il y a une terrasse et beaucoup d'espace pour se garer.

## ℹ Depuis/vers Cofete

Pour venir en voiture, prenez la Carretera Punta de Jandía à partir de la FV-2 à Morro Jable, en direction du phare de la Punta de Jandía. La route est en grande partie en terre, mais un 4x4 ne devrait pas être nécessaire. Environ 10 km avant le phare, une autre piste de terre est signalée pour Cofete. Ce tronçon est entièrement carrossable avec une voiture classique, mais la plus grande prudence est de mise, surtout dans les virages serrés (il n'y a pas de glissière de sécurité).

Si vous ne conduisez pas, empruntez le sympathique petit bus 4x4 (2,70 €, 1 heure 30), qui effectue le trajet au départ de Morro Jable à 10h et 14h tous les jours (retour à 12h30 et 16h30). Le bus s'arrête également à Puerto de la Cruz et au phare de Punta de Jandía.

# Lanzarote

148 470 HABITANTS

**Dans ce chapitre ➡**



## Le top des restaurants

- La Cantina (p. 125)
- La Cabaña (p. 137)
- El Navarro (p. 123)
- Lilium (p. 121)
- Casa de la Playa (p. 130)
- El Fondeadero (p. 123)

## Le top des plages

- Isla Graciosa (p. 135)
- Playa del Papagayo (p. 143)
- Playa del Risco (p. 133)
- La Caleta de Famara (p. 133)
- Playas Caletones (p. 132)
- Playa de la Garita (p. 130)

## Pourquoi y aller

Indissociable de l'artiste et défenseur de la nature César Manrique, Lanzarote fascine par sa géologie, avec quelque 300 cônes volcaniques, d'étranges champs de lave noire et, çà et là, des vallées bucoliques plantées de palmiers.

Géoparc de l'Unesco depuis 2015, l'île a tout de la destination touristique : de belles plages (de sable blond et de roche noire), des sites captivants, des piscines naturelles et de belles possibilités de randonnée, de surf et de plongée, plus une multitude de restaurants et d'hébergements. Longtemps apparentée aux voyages organisés, Lanzarote attire aujourd'hui de plus en plus de voyageurs indépendants.

Au nord-est du littoral sud, bordé par les principaux *resorts*, s'élèvent les surréalistes bad-lands volcaniques du Parque Nacional de Timanfaya, région viticole de l'île. Dans les étendues septentrionales plus sauvages, le surf prospère à Famara, l'ancienne capitale Teguise réserve de belles surprises, Haría séduit par son histoire et, au-delà, l'Isla Graciosa (8e île des Canaries) lance son appel irrésistible.

## Quand partir

- Le Carnaval de Lanzarote, qui a lieu en février ou mars, est certes moins important que celui de Tenerife ou de la Grande Canarie, mais il est célébré avec beaucoup d'enthousiasme.
- Les périodes d'affluence sont Pâques, juillet, août (20-28°C), décembre et, dans une moindre mesure, janvier/février (20-24°C). Réservez bien à l'avance et attendez-vous à des tarifs hôteliers plus élevés, à des files d'attente dans les agences de location de voitures et à beaucoup de monde sur les principaux sites touristiques.
- Mars et mai sont plus calmes (sauf à Pâques). Fin septembre et octobre sont idéals, avec un temps chaud et peu de touristes.
- La randonnée est agréable toute l'année, sauf en juillet, août et septembre, trop chauds.

## À ne pas manquer

1 Les paysages surnaturels du **Parque Nacional de Timanfaya** (p. 128).

2 Une escapade sur les plages désertes de l'**Isla Graciosa** (p. 135).

3 Une dégustation des trésors issus des vignes volcaniques de la **région viticole** (p. 127).

4 La visite de la **Fundación César Manrique** (p. 120) pour découvrir l'artiste au milieu des champs de lave.

5 Surf ou bain de soleil sur le sable à **La Caleta de Famara** (p. 133).

6 La vue vertigineuse depuis le **Mirador del Río** (p. 132), au sommet d'une montagne.

7 Du farniente sur les plages de la côte sud à **Punta del Papagayo** (p. 143).

8 Le marché de **Haría** (p. 132), une oasis de verdure.

9 Une balade dans le centre historique de **Teguise** (p. 124).

10 Un festin de poisson et une baignade dans les piscines naturelles d'**Arrieta** (p. 129).

## Histoire

Les premiers habitants de Lanzarote, les Majos, seraient arrivés sur l'île en provenance d'Afrique du Nord vers 1 000 av. J.-C. Lanzarote fut la première des îles Canaries à tomber entre les mains de Jean de Béthencourt, en 1402, dans ce qui marqua le début de la conquête de l'archipel. De nombreux Majos furent vendus comme esclaves, alors que les autres durent subir les attaques de pirates originaires de la côte nord-ouest de l'Afrique. Des corsaires britanniques, comme Walter Raleigh, pillèrent également le territoire, au point qu'au milieu du XVII<sup>e</sup> siècle, Lanzarote ne comptait plus que 300 habitants.

Un malheur ne venant jamais seul, les éruptions volcaniques massives des années 1730 détruisirent au moins une dizaine de villes et certaines des meilleures terres arables. Mais le sol volcanique se révéla très fertile, notamment pour la culture de la vigne, qui redonna à l'île une certaine prospérité.

En 1852, la capitale fut transférée de Teguise à Arrecife. Aujourd'hui, près de 150 000 personnes vivent sur Lanzarote, profitant d'une industrie touristique florissante et d'un secteur agricole limité mais rentable. Cette population va jusqu'à doubler avec l'afflux des vacanciers. Heureusement, grâce à l'engagement du célèbre artiste vedette du XX<sup>e</sup> siècle, César Manrique (p. 120), le développement est, dans une certaine mesure, contrôlé.

## Depuis/vers Lanzarote

### AVION

L'aéroport César Manrique-Lanzarote (p. 289), à 6 km à l'ouest d'Arrecife, est bien relié à l'Europe. Binter Canarias (p. 292) assure des vols depuis/vers la Grande Canarie, Tenerife et La Palma ; Canary Fly (p. 292) dessert la Grande Canarie.

### BATEAU

Les ferrys au départ du Puerto de los Mármoles, à 4 km au nord d'Arrecife, relient Lanzarote à la Grande Canarie et, au-delà, à Tenerife et La Palma. De Playa Blanca, des ferries réguliers traversent jusqu'à Corralejo, sur Fuerteventura.

**Fred Olsen** (p. 292). Des ferrys relient Playa Blanca et Corralejo à Fuerteventura (28 €, 25 min, 4-7/jour), et Arrecife à Las Palmas de Gran Canaria (54 €, 3 heures 45, 1-2/jour).

**Naviera Armas** (carte ci-contre ; ☎ 928 82 49 30 ; www.navieraarmas.com ; Calle Manolo Millares 90 ; ⏲ 8h10-14h30 lun et ven, 8h10-14h30 et 16h30-18h30 mar-jeu, 8h30-10h30 sam). Propose des ferries entre Arrecife et Las Palmas de Gran Canaria (63 €, 5 heures 30, 1/jour) et entre Playa Blanca et Corralejo à Fuerteventura (27 €, 35 min, 7/jour).

**Trasmediterránea** (carte ci-contre ; ☎ 928 82 49 30 ; www.trasmediterranea.es ; Calle Manolo Millares 90 ; ⏲ 8h10-14h30 lun et ven, 8h10-14h30 et 16h30-18h30 mar-jeu, 8h30-10h30 sam). Ferries entre Arrecife et Las Palmas de Gran Canaria (33 €, 8 heures, 1/sem), ainsi que Santa Cruz de Tenerife (via Las Palmas de Gran Canaria ; 35 €, 17 heures, 1/sem).

## Comment circuler

### DEPUIS/VERS L'AÉROPORT

Les bus n[os] 22 et 23 circulent entre l'aéroport et Arrecife (1,40 €, 15 min, au moins toutes les 25 min). Le bus n°161 relie l'aéroport à Playa Blanca (3,30 €, 1 heure, 8-22/jour) en passant par Puerto del Carmen (1,70 €, 15 min).

En taxi, la course coûte 15 € pour Arrecife, 20 € pour Puerto del Carmen et 45 € pour Playa Blanca.

### BUS

**Intercity Bus Lanzarote** (☎ 928 81 15 22 ; www.arrecifebus.com) gère un réseau de bus assez complet sur l'île.

### VÉLO

C'est un moyen de locomotion de plus en plus prisé des visiteurs. On peut louer des vélos dans toutes les grandes villes, à partir d'environ 10 € par jour.

### VOITURE ET MOTO

La voiture est le meilleur moyen de découvrir Lanzarote. Vous trouverez de nombreuses agences de location à l'aéroport, à Arrecife et dans les principales stations touristiques.

**Cicar** (☎ 928 82 29 00 ; www.cicar.com ; Calle Dr Ruperto González Negrín 8, Arrecife ; ⏲ 8h-13h et 16h30-19h lun-ven, 8h-13h sam) est une entreprise de location locale fiable.

# CENTRE DE LANZAROTE

## Arrecife

45 630 HABITANTS

Petite ville agréable de la côte sud, la capitale de Lanzarote est dotée d'une belle promenade en bord de mer, d'une attrayante plage de sable baignée par les eaux scintillantes de l'Atlantique et d'un dédale de ruelles aux bâtiments blanchis par le soleil, bordées de

## Arrecife

boutiques grouillantes, de bars sans prétention et de restaurants de toutes sortes. Les choses à voir, peu nombreuses pour une capitale des Canaries mais dignes d'intérêt, comprennent deux châteaux, une jolie lagune d'eau salée, un important musée d'art et plusieurs créations de César Manrique. Les étroites ruelles autour de l'église et de la lagune dégagent le plus de charme historique. Surtout, Arrecife a l'avantage d'être une vraie ville qui ne vit pas exclusivement du tourisme.

## Histoire

Port depuis au moins le XVe siècle (ses deux châteaux datent de 1574 et 1799), la discrète Arrecife ne devint la capitale de l'île qu'en 1852, remplaçant Teguise, qui régnait jusqu'alors en maître. La région fut cependant habitée à partir du XVIe siècle – d'abord principalement par des pêcheurs et des marchands qui vivaient dans les grottes. Vers la fin du XVIIIe siècle, un semblant de ville avait commencé à prendre forme autour du port. La croissance commerciale et la fin de la piraterie au XIXe siècle permirent à Arrecife de prospérer. Les menaces ayant disparu, Lanzarote n'avait plus besoin d'une capitale protégée à l'intérieur des terres, d'où le changement de statut de la ville.

### Arrecife

**À voir**

| | | |
|---|---|---|
| 1 | Biblioteca Universitaria Municipal | C3 |
| 2 | Castillo de San Gabriel | D3 |
| 3 | Charco de San Ginés | D1 |
| 4 | Iglesia de San Ginés | D2 |
| 5 | Museo Arqueológico de Lanzarote | C1 |
| 6 | Playa del Reducto | A2 |

**Où se restaurer**

| | | |
|---|---|---|
| 7 | Bar Andalucía | D2 |
| 8 | Cala | D1 |
| 9 | Naia | D1 |
| 10 | Tabla | C2 |

## À voir et à faire

On peut se rendre à pied d'Arrecife à Puerto del Carmen (9 km, 2 heures) via Playa Honda en suivant le front de mer vers le sud-ouest.

**Museo Internacional de Arte Contemporáneo** MUSÉE

(MIAC ; www.cactlanzarote.com ; Castillo de San José, Carretera de Puerto Naos ; adulte/enfant 4/2 € ; 10h-20h ; P). Transformé en musée d'art en 1976, selon le souhait de César Manrique, le Castillo de San José (XVIIIe siècle), bien conservé, abrite l'une des grandes

À NE PAS MANQUER

## TAHICHE ET LA FUNDACIÓN CÉSAR MANRIQUE

Lors de son retour définitif à Lanzarote, César Manrique fit construire son spectaculaire Taro de Tahíche, maison et centre de création, dans les champs de lave juste en dehors de Tahiche, et y vécut de 1968 à 1988. C'est aujourd'hui la **Fundación César Manrique** (☎928 84 31 38 ; www.fcmanrique.org ; Calle Jorge Luis Borges 16, Tahiche ; adulte/enfant 8/1 €, billet combiné avec la Casa-Museo César Manrique 15 € ; ⏲10h-18h). Le lieu évoque un repaire à la *James Bond* avec ses murs chaulés, sa piscine encastrée, son foisonnement de bougainvilliers et de cactus, et ses canapés en cuir rouge et blanc aménagés dans de petites grottes. Les niveaux supérieurs s'inspirent de l'architecture traditionnelle de Lanzarote, et les pièces souterraines sont faites de 5 immenses bulles d'air laissées par la lave en fusion. Au-delà, on trouve une galerie entière consacrée à l'artiste, ainsi qu'un petit café verdoyant à côté d'une peinture murale colorée de 1992. Quelques œuvres mineures de contemporains de Manrique, dont Picasso, Chillida, Miró, Sempere et Tàpies, sont aussi exposées.

La Fundación est à 200 m à l'ouest du rond-point situé à l'extrémité sud du village, lui-même à 5 km au nord d'Arrecife. Les bus n^os^7, 9 et 10 (1,40 €, 15 min), entre autres, s'y arrêtent entre Arrecife et Teguise.

Du côté est de Tahiche, la première microbrasserie de Lanzarote, **Los Aljibes** (☎639 656007, 610 454294 ; Calle Bravo Murillo 6, Tahiche ; ⏲13h-22h mar-dim ; 📶), occupe une somptueuse terrasse parsemée de palmiers et, en contrebas, une maison blanchie à la chaux, à laquelle Manrique contribua. On y sert 5 bières artisanales brassées sur place, ainsi que des vins de l'île et une bonne cuisine mêlant saveurs canariennes et argentines (plats 14-19 €).



collections d'art contemporain des Canaries. Dans les salles soigneusement aménagées, on peut admirer, outre quelques œuvres de jeunesse de Manrique lui-même, des œuvres de grands artistes comme Miró, Millares, Tàpies et Pancho Lasso, originaire de Lanzarote. À 2 km au nord-ouest du centre d'Arrecife ; on peut y aller à pied.

Bâti pour lutter contre les pirates et fournir du travail aux habitants de l'île, le château compte aujourd'hui un **restaurant** (☎928 81 23 21 ; www.cactlanzarote.com ; plats 10-18 € ; ⏲12h-16h mar-jeu, 12h-16h et 19h-23h ven-sam).

### Museo Arqueológico de Lanzarote — MUSÉE

(carte p. 119 ; www.cactlanzarote.com ; Calle Fajardo 5 ; 3 € ; ⏲10h-18h mar-ven, 10h-14h sam). Inauguré en 2018, le musée archéologique de Lanzarote occupe l'ancienne demeure du médecin et architecte *lanzaroteño* Fermín Rodríguez Bethencourt et de son épouse Manuela García Parrilla. La longue histoire de l'île y est relatée à travers des objets légendés en plusieurs langues, dont des récipients en céramique du XVI^e^ siècle provenant de Séville, et d'excellentes installations multimédias, notamment une fouille archéologique en réalité augmentée.

### Iglesia de San Ginés — ÉGLISE

(carte p. 119 ; Plaza de San Ginés ; ⏲horaires variables). Cette église à trois nefs de 1665, dotée de colonnes de style toscan, d'une tour néoclassique et d'une statue du saint patron de l'île datant du XVII^e^ siècle, domine la plus jolie place d'Arrecife.

### Castillo de San Gabriel — MUSÉE

(carte p. 119 ; 3 € ; ⏲10h-17h lun-ven, 10h-14h sam). Ce château bâti au XVI^e^ siècle pour repousser les attaques des pirates trône sur un îlot au large du front de mer, accessible par le Puente de las Bolas, du XVIII^e^ siècle, ou un pont plus récent, construit sous Franco. Aujourd'hui, il héberge le **Museo de Historia de Arrecife**, sur la géologie, la faune et la flore de l'île, ainsi que l'époque préhispanique, la conquête espagnole et l'histoire de la capitale (informations en espagnol).

### Charco de San Ginés — LAGUNE

(carte p. 119). Juste à l'est du centre-ville, ce beau lac salé naturel bordé de logements et de restaurants, aux façades défraîchies pour certains et fraîchement blanchies à la chaux et rehaussées de bleu pour d'autres, est l'un des coins les plus visités d'Arrecife.

**Biblioteca Universitaria Municipal** BIBLIOTHÈQUE
(carte p. 119 ; www.unedlanzarote.es ; Calle Blas Cabrera Felipe ; 9h-13h et 17h-20h lun-ven). Sur le front de mer, dans l'ancien parador aux volets verts, cette bibliothèque universitaire recèle 4 magnifiques peintures murales des débuts de César Manrique, dont l'évocateur *El Viento*. Les visiteurs peuvent entrer (en silence) s'il n'y a pas cours.

**Playa del Reducto** PLAGE
(carte p. 119). La plage principale de la ville est idéale pour la baignade. Joli croissant de sable blanc planté de palmiers et bordé d'une promenade, elle est sûre pour les enfants, plutôt propre et étonnamment vide, avec seulement quelques chaises longues à louer.

## Fêtes et festivals

**Día de San Ginés** FÊTE RELIGIEUSE
(25 août). Le jour du saint patron de l'île est une fête majeure jusque dans le moindre village, montant crescendo jusqu'à deux semaines à l'avance. À Arrecife, les rues aux abords de l'Iglesia de San Ginés (ci-contre) accueillent les manifestations les plus festives.

**Carnaval** CARNAVAL
(fév-mars). Le carnaval a lieu sur toute Lanzarote, mais plus particulièrement à Arrecife. Les festivités démarrent la semaine précédant le mercredi des Cendres.

## Où se restaurer

Les restaurants de fruits de mer et de poisson ne manquent pas au Charco de San Ginés.

**Tabla** INTERNATIONAL €
(carte p. 119 ; 928 84 55 36 ; www.cantinateguise.com ; Calle Dr Ruperto González Negrín ; plats 7-12 € ; 12h-22h30 dim-jeu, 12h-23h30 ven-sam ; ). L'ambitieuse équipe britannique de La Cantina (p. 125), à Teguise, est aussi derrière cet élégant bar-restaurant contemporain avec lampes suspendues et tables au bord de la route. On y élabore des plats créatifs à partir de produits frais locaux, souvent bio : burgers, énormes salades croquantes et bols de style *Buddha bowls* (essayez le kimchi-tofu au riz complet).

**Bar Andalucía** TAPAS €
(carte p. 119 ; Calle Luis Martín 5 ; tapas 3-8 € ; 13h-16h et 19h30-tard mar-sam). Dans ce bar à tapas prospérant depuis 1960, dans une petite rue, saladiers remplis de tomates brillantes, *jamón*, carrelage andalou, plantes grimpantes et huiles d'olive artisanales mettent dans l'ambiance. Régalez-vous d'en-cas simples mais authentiquement sévillans tels que poivrons farcis, aloyau cuit dans le xérès, *tortilla de patatas* et croquettes jambon-fromage.

**Lilium** CANARIEN €€
(928 52 49 78 ; www.restaurantelilium.com ; Avenida Olof Palme, Marina Lanzarote ; plats 14-21 € ; 14h-16h et 20h-22h30 lun-sam). Dans la somptueuse marina d'Arrecife, ce restaurant minimaliste-chic impressionne avec ses plats innovants comme la cuisse de canard confite et sa sauce aux figues, ou les saint-jacques grillées à la banane, à la noix de coco et au citron vert, élaborés par le chef Orlando Ortega, formé à El Bulli. Les spécialités canariennes traditionnelles, revisitées, ne manquent pas à l'appel : *gofio* (céréales grillées), sirop de palme et *almogrote* (mélange épicé de fromage, de poivron et de tomate). Réservation recommandée.

**Naia** CANARIEN €€
(carte p. 119 ; 928 80 57 97 ; www.restaurante-naia.es ; Avenida César Manrique 33 ; plats 12-15 € ; 11h-minuit lun-mer, 11h-2h jeu-sam). Ce gastrobar décontracté, aux tables en terrasse donnant sur le Charco de San Ginés, associe une déco rustique-moderne rehaussée de vases de fleurs fraîches à des recettes originales enracinées dans la culture culinaire locale. Dans la cuisine semi-ouverte, le chef Mikel Otaegui prépare des délices tels que riz crémeux aux champignons et asperges, salade de fromage de chèvre arrosée de vinaigrette sucrée au curry, et tortilla pommes de terre-champignons assaisonnée à l'huile de truffe.

**Cala** PRODUITS DE LA MER, CANARIEN €€
(carte p. 119 ; 928 39 96 87 ; www.facebook.com/restaurantecala2017 ; Avenida César Manrique 18 ; plats 9-20 € ; 12h30-16h et 19h30-tard mer-lun). Dernière aventure du chef catalan primé Luis León, ce restaurant aux murs habillés de bois usé, à l'éclairage d'ambiance, aux miroirs circulaires et aux tables ornées de fleurs fraîches, donnant sur le Charco de San Ginés, insuffle une touche créative à la cuisine canarienne, avec des plats savamment exécutés allant du *queso fresco* baigné dans une marmelade de citrouille au saumon avec sa sauce au *cava*, en passant par de nombreuses viandes grillées.

## CÉSAR MANRIQUE

Le grand César Manrique, la personnalité originaire de l'île la plus connue, jouit d'un statut posthume proche de celui du héros mythique, et de nombreux *Lanzaroteños* en parlent comme si c'était un ami proche. On retrouve sa patte partout : qu'il s'agisse de ses sculptures mobiles ornant les ronds-points ou de l'absence de gratte-ciel ou de panneaux publicitaires.

Né le 24 avril 1919, Manrique est surtout connu pour son travail en tant qu'artiste contemporain. Influencé par Picasso et Matisse, il présente sa première exposition d'art abstrait en 1954. Mais ce n'est que 10 ans plus tard que sa carrière artistique atteint son apogée avec une exposition au musée Guggenheim de New York. Cependant, son lieu de naissance continue de hanter son imagination. Il rentre chez lui en 1966 avec une foule d'idées destinées à mettre en valeur la beauté de l'île, pour lui, incomparable.

Manrique s'emploie d'abord à promouvoir la protection des méthodes traditionnelles de construction et l'interdiction des panneaux publicitaires. Artiste aux multiples facettes, il se lance ensuite dans une série de projets, Lanzarote devenant son support de création. Il réalise en tout 7 grands projets – qu'il appelle *intervenciones* (interventions) – sur l'île, et de nombreux autres dans l'archipel et au-delà. À sa mort, à l'âge de 73 ans, dans un accident de voiture près de la Fundación César Manrique de Tahiche (p. 120) en 1992, plusieurs autres projets étaient en préparation.

C'est essentiellement sa campagne pour la protection de l'architecture typique et de l'environnement qui a obligé le gouvernement à promulguer des lois limitant l'urbanisation de l'île, entraînant la recherche d'un tourisme durable bien avant que l'idée ne soit en vogue. L'opposition acharnée de Manrique a une urbanisation incontrôlée a trouvé un écho chez nombre de Canariens et conduit à la création du groupe écologiste El Guincho. Ce dernier, dont l'artiste a été nommé président à titre posthume, a connu quelques succès dans la lutte contre les promoteurs.

En traversant les villages de Lanzarote, on constate que le style traditionnel – des maisons blanchies à la chaux avec des cheminées en forme d'oignon et portes et fenêtres peintes en bleu (sur la côte), ou vert (à l'intérieur) – demeure la norme, suivant fidèlement l'esprit de Manrique. Le centenaire de sa naissance a été célébré en fanfare durant toute l'année 2019.

## Où prendre un verre et faire la fête

Quelques clubs et bars sont rassemblés le long de la Calle Manolo Millares centrale. Ils ouvrent de 22h à 4h. Les bars et restaurants qui bordent le Charco de San Ginés sont très prisés, et une nouvelle zone de vie nocturne se développe autour de la Marina Lanzarote, juste à l'est du centre.

**Nao** MICROBRASSERIE

(☎928 84 93 16 ; www.naobeer.com ; Calle Foque 5, Puerto Naos ; ⏲12h-15h30 et 18h-22h jeu-ven). On trouve les très populaires bières artisanales Nao – Capitán (APA), Marine (blonde), Maresía (à base de *malvasía*) – dans toute l'île. Goûtez-les à la source dans cette petite brasserie aux portes bleues, nichée dans un atelier réaménagé près des quais d'Arrecife, à 500 m au nord-est du Charco de San Ginés. Renseignez-vous directement auprès de l'équipe sur les visites et dégustations d'une heure, ainsi que sur les événements spéciaux.

## Renseignements

**Oficina de Turismo** (carte p. 119 ; ☎928 81 80 28 ; www.turismolanzarote.com ; Calle La Marina ; ⏲9h30-17h lun-ven, 9h30-13h sam). Dans la belle Casa de la Cultura ; autre bureau à l'aéroport.

**Oficina de Turismo** (☎928 34 72 93 ; www.turismolanzarote.com ; Avenida Olof Palme, Marina Lanzarote ; ⏲8h-19h lun-ven, 8h-17h sam)

## Depuis/vers Arrecife

Intercity Bus Lanzarote (p. 118) dessert toutes les grandes villes et stations touristiques au départ de l'**Intercambiador de Guaguas** (Avenida Fred Olsen), à l'extrémité ouest de la ville, ou de l'**Estación de Guaguas** (Calle Rambla Medular), à 1 km au nord du centre. Parmi les lignes les plus fréquentées :

**Bus n°1** Costa Teguise (1,40 €, 20 min, toutes les 20 min à 1 heure)

**Bus n°2** Puerto del Carmen (1,70 €, 40 min, toutes les 30-60 min)

**Bus n°60** Playa Blanca (3,60 €, 1 heure, toutes les heures)

**Bus n°7** Teguise (1,40 €, 30 min, 6/jour)

**Bus n°9** Teguise (1,40 €, 30 min, 4-5/jour) et Órzola (3,60 €, 55 min, 4-5/jour)

## Comment circuler

Les bus n^os^22 et 23 circulent depuis/vers l'aéroport (1,40 €, 15 min, au moins toutes les 25 min). Des bus, dont les n^os^1 et 25, passent par Puerto de los Mármoles.

Il y a un parking gratuit du côté est du Charco de San Ginés et à l'extrémité ouest de la ville, près du *cabildo*. On peut aussi se garer dans le parking souterrain situé en face du Arrecife Gran Hotel & Spa (20 €/jour).

Les taxis se rassemblent devant le **Arrecife Gran Hotel & Spa** (carte p. 119 ; Avenida Fred Olsen) et en face du **Castillo de San Gabriel** (carte p. 119 ; Avenida Coll) ; comptez 15 € pour l'aéroport et 10 € pour Puerto de los Mármoles.

# Costa Teguise

8 300 HABITANTS

Frangée d'une jolie plage dorée, la **Playa de las Cucharas**, à 8 km au nord-est d'Arrecife, Costa Teguise est une destination très agréable. Créée dans les années 1970, la station balnéaire manque inévitablement de charme authentiquement canarien – ne vous attendez pas à des rues pavées et à des bâtiments délicieusement délabrés –, mais il réjouit les vacanciers avec ses centres commerciaux animés, ses plages adaptées aux familles, ses sports nautiques, sa profusion de bars et de restaurants (certains, certes, meilleurs que d'autres) et son *pueblo marinero*, place inspirée des villages de pêcheurs aménagée en collaboration avec César Manrique.

## Activités

Trois itinéraires pédestres balisés de 4,6 à 10 km sillonnent Costa Teguise et son littoral ; procurez-vous des cartes à l'office du tourisme (p. 124). On peut aussi randonner vers le sommet (232 m) de la Montaña Corona (5 km, 2 heures) ou le long de la côte depuis/vers Arrieta (20 km, 5 heures) via Los Cocoteros et le Charco del Palo (nombreuses montées et descentes).

**Olita Trek & Bike** RANDONNÉE

(☎ 928 59 21 48, 619 16 99 89 ; www.olita-treks.com ; Centro Comercial Las Maretas ; randonnée 40 €). Cette entreprise familiale établie de longue date organise d'excellentes randonnées dans les volcans, la région viticole, et l'extrémité nord, et à l'Isla Graciosa, des circuits à vélo d'une semaine à Lanzarote (680 €) et des randonnées plus longues à travers les Canaries.

**Windsurf Club Las Cucharas** PLANCHE À VOILE

(☎ 690 674093, 928 59 07 31 ; www.lanzarotewindsurf.com ; Calle del Marrajo, Centro Comercial Las Maretas ; cours débutant/intermédiaire à partir de 110/125 €). Fiable et multilingue, cette école de planche à voile appréciée loue tout le matériel (3 jours à partir de 140 €) et donne des cours de groupe et privés pour tous niveaux. Location de kayaks et paddles également.

**Calipso Diving** PLONGÉE

(☎ 928 59 08 79 ; www.calipso-diving.com ; Avenida Islas Canarias, Centro Comercial Calipso ; 1 plongée 32 € ; ⏲ 9h-18h lun-sam). Établi de longue date et tenu par des expatriés, Calipso propose des plongées et des stages (PADI Open Water ou BSAC Ocean Diver 415 €) de qualité. Possibilité pour les plongeurs expérimentés de louer du materiel (12 €).

## Où se restaurer et prendre un verre

**El Fondeadero** PRODUITS DE LA MER, CANARIEN €

(☎ 928 59 25 01 ; Avenida de los Corales 22, Las Caletas ; plats 6-13 € ; ⏲ 7h-minuit). Ignorez la façade quelconque : ce restaurant merveilleusement simple est une adresse prisée des Espagnols, qui y déjeunent de délices marins tels que *lenguado* (sole) grillé, paella pour deux, poisson frais du jour et ragoût de fruits de mer. Les tapas – tortilla, paella, *atún encebollado* (thon aux oignons) – sont inscrites à la craie derrière le bar, dans un décor nautique subtil. À 3 km au sud-ouest de Costa Teguise.

**El Navarro** CANARIEN €€

(☎ 928 59 21 45 ; www.facebook.com/elnavarrolanzarote ; Avenida del Mar 13 ; plats 13-18 € ; ⏲ 19h-22h30 lun-sam). Pour avoir une table dans ce petit restaurant élégamment habillé de bois et de blanc, extrêmement prisé et considéré comme l'un des meilleurs de l'île, la réservation est indispensable. Sous la direction du chef *tinerfeño* Jonay Morales, les plats d'inspiration canarienne à la légère touche créative sont soigneusement préparés à partir de produit frais locaux. Au menu : ragoût de crevettes, de moules et de calamars, raviolis aux épinards, épaule d'agneau mijotée, fromage de chèvre au four avec boudin noir de Lanzarote.

**Los Aljibes** BIÈRE ARTISANALE

(en retrait de l'Avenida Islas Canarias ; 16h30-0h30 mar-dim). On peut goûter APA, Märzen et d'autres bières signatures de la plus ancienne microbrasserie de Lanzarote (p. 122) dans ce bar inauguré en 2019, juste à côté de l'office du tourisme. Tables tonneaux, portes en bois peintes en vert et art local composent le cadre rustique-moderne, dans lequel déguster aussi vins de l'île et cuisine inspirée par la bière.



## Renseignements

**Oficina de Información Turística de Costa Teguise** (928 59 25 42 ; www.turismoteguise.com ; Avenida Islas Canarias ; 9h-16h lun-ven, 10h-14h sam-dim)

## Comment s'y rendre et circuler

Le bus n°1 (1,40 €, 20 min, toutes les 20-60 min) circule depuis/vers Arrecife entre environ 7h et minuit ; le bus n°3 depuis/vers Puerto del Carmen (2,95 €, 1 heure, toutes les heures) passe par Arrecife.

**Bike Station** (928 82 50 14 ; www.tribikestation.com ; Avenida Islas Canarias, Centro Comercial Las Maretas ; location de vélo à partir de 16 €/jour ; 9h-19h lun-ven, 10h-14h sam-dim)

# Teguise

1 770 HABITANTS

Teguise, l'ancienne capitale de Lanzarote et l'une des plus anciennes villes des Canaries, rappelle à la fois un *pueblo* espagnol et une médina nord-africaine. À 12 km au nord d'Arrecife, cette petite oasis au milieu des plaines centrales dénudées de Lanzarote est formée de constructions basses autour d'une place dominée par une église du XV^e^ siècle restaurée. Malgré l'affluence touristique, c'est un plaisir de visiter la vieille ville, avec ses bons restaurants, ses bars animés et ses monuments qui témoignent de la prédominance de Teguise jusqu'au changement de capitale en 1852. Le dimanche matin, un immense **marché** (www.mercadillodeteguise.com ; 9h-14h dim), touristique, s'empare de la ville.

## Histoire

En 1418, Maciot de Béthencourt (neveu de Jean de Béthencourt) s'installa dans cette ancienne cité guanche et épousa Teguise, fille du dernier chef local. S'ensuivirent la fondation de plusieurs couvents et une prospérité qui suscita bientôt la convoitise. Après maintes attaques de pirates, la violence atteignit son paroxysme en 1618, lorsqu'une armada de 5 000 Barbaresques ravagea la ville (ce n'est pas un hasard si l'une de ses rues se nomme Callejón de la Sangre (allée du Sang). La ville demeura la capitale de l'île jusqu'en 1852.

## À voir

Procurez-vous une carte des bâtiments historiques de la ville à l'office du tourisme.

**Iglesia de Nuestra Señora de Guadalupe** ÉGLISE

(Plaza de la Constitución ; 9h-13h30 lun-sam). L'église de Teguise se dresse au-dessus des palmiers de la place principale. Si sa construction remonte au XV^e^ siècle, elle fut restaurée au XX^e^ siècle après avoir subi une série d'attaques de pirates et un incendie.

**Casa del Timple** MUSÉE

(www.casadeltimple.org ; Plaza de la Constitución ; adulte/enfant 3 €/gratuit ; 9h-15h lun-sam, 9h-14h dim juil-sept, 9h-16h lun-sam, 9h-15h dim oct-mai). Entre les murs anciens de l'élégant Palacio Spínola (XVIII^e^ siècle), ce musée divertissant est consacré au *timple*, instrument à cordes traditionnel canarien semblable à l'ukulélé, et à son histoire (il est mentionné pour la première fois en 1792). Des *timple* de différentes époques sont exposés au côté d'instruments similaires du monde entier, comme le sitar indien. Explications uniquement en espagnol.

**Museo de la Piratería** MUSÉE

(Castillo de Santa Bárbara ; www.museodelapirateria.com ; adulte/enfant 3 €/gratuit ; 9h-15h30 lun-sam, 10h-15h30 dim ; P). Perché à 396 m sur la Montaña de Guanapay, à 1 km à l'est de la ville, offrant une vue panoramique sur les plaines, le **Castillo de Santa Bárbara** (XVI^e^ siècle) abrite ce fascinant musée de la piraterie (multilingue, il est très apprécié des enfants). Les expositions illustrent les nombreuses attaques menées sur Lanzarote par les pirates venus d'Europe et d'Afrique du XV^e^ au XVIII^e^ siècle, lorsque Teguise était sa capitale.

À NE PAS MANQUER

### LAGOMAR : UNE MAISON TROGLODYTE DE CÉLÉBRITÉS

Creusé dans la roche et agrémenté de cheminées fantasques, de dômes, de miradors et d'escaliers en colimaçon, **LagOmar** (☎672 461555 ; www.lag-o-mar.com ; Calle Los Loros 2, Nazaret ; adulte/enfant 6/2 € ; ⏱10h-18h ; Ⓟ), à la fois galerie, **restaurant** (☎928 84 56 65 ; menu 30 € ; ⏱12h-23h30 mar-dim) et **bar** (⏱18h-2h mar-dim) évoquant à la fois le Maroc et le Nouveau-Mexique, est entouré de mythes. Ce qui est sûr, c'est que le lieu fut dessiné par César Manrique et le grand architecte Jesús Soto, et habité brièvement par Omar Sharif (qui le perdit lors d'une malheureuse partie de bridge). À 2 km au sud de Teguise, le site est méconnu et délicieusement peu fréquenté. Il abrite un petit musée et des expositions régulières.

En vous y rendant le soir pour le dîner ou un cocktail, vous pourrez vous imaginer les folles soirées qui y étaient autrefois organisées en périphérie de la tranquille Nazaret. Quelques appartements originaux sont par ailleurs proposés (840 €/sem).

## Où se restaurer

**La Palmera** TAPAS €

(www.facebook.com/palmeritateguise ; Calle Garajonay 4 ; tapas 6-12 € ; ⏱10h-22h30). À une table en terrasse sous le soleil ou dans l'agréable salle aux murs rouges, offrez-vous des tapas délicieusement simples ou partagez des plateaux composés de fromages de l'île, de saumon d'Uga, de tortilla, de jambon ibérique et de *patatas arrugadas* (littéralement “pommes de terre ridées”). Le lieu est noir de monde le dimanche. Aussi parfait pour un café et un croustillant *bocadillo*, par exemple au fromage crémeux de Lanzarote. Concerts réguliers.

♥ **Cantína** TAPAS, FUSION €€

(☎928 84 55 36 ; www.cantinateguise.com ; Calle León y Castillo 8 ; plats 10-20 € ; ⏱10h-23h ; ). Murs blanchis à la chaux, poutres apparentes et plantes agrémentent les pièces de cette charmante maison 5 fois centenaire, repensée en sensationnel restaurant canarien-international par les propriétaires britanniques Benn et Zoe. Bières artisanales et vins de l'île accompagnent d'exquises créations inspirées de produits locaux, des tacos végétaliens aux *bowls* épicés au tofu, en passant par de succulents burgers. Ne manquez pas les *tablas* (des planches de différents mets) à partager, la spécialité.

**Restaurante Hespérides** MÉDITERRANÉEN, CANARIEN €€

(☎928 59 31 59 ; www.facebook.com/restaurantehesperides ; Calle León y Castillo 3 ; tapas 5-8 €, plats 17 € ; ⏱14h-22h mar-sam, 12h-16h dim ; ). Beau mariage des arts visuels et culinaires, ce restaurant décontracté et populaire régale ses clients de plats mêlant avec créativité saveurs canariennes et méditerranéennes, notamment falafels relevés, riz au tofu tandoori, fromage de chèvre de Lanzarote et saumon fumé d'Uga, le tout à arroser de vins bio locaux. Les tables sont réparties entre une cour fleurie et plusieurs salles élégantes.

## Renseignements

**Oficina de Información Turística**

(☎928 84 53 98 ; www.turismoteguise.com ; Plaza de la Constitución ; ⏱9h-16h lun-ven, 9h-14h sam-dim)

## Depuis/vers Teguise

De nombreux bus, dont les n^os^7 et 9 en provenance d'Arrecife (1,40 €, 30 min), s'arrêtent à Teguise sur le chemin du nord et des destinations telles Órzola et Haría. Des bus et des circuits organisés vous emmènent au marché du dimanche au départ de Costa Teguise, Puerto del Carmen et Playa Blanca.

# San Bartolomé

5 940 HABITANTS

Anciennement baptisée Ajei par les Guanches, San Bartolomé devint au XVIIIe siècle le fief du chef militaire Francisco Guerra Clavijo y Perdomo et de ses descendants. Aujourd'hui, c'est une ville tranquille avec une place plantée de palmiers et quelques bâtiments historiques et musées, à 7 km au nord-ouest d'Arrecife, en bordure de la région viticole de Lanzarote.

**Casa-Museo del Campesino** MUSÉE

(☎928 52 01 36 ; www.cactlanzarote.com ; angle LZ20 et LZ30 ; ⏱10h-18h ; Ⓟ). GRATUIT À seulement 2 km au nord-ouest de San Bartolomé se dresse la silhouette du **Monumento al Campesino** (monument au Paysan),

## LANZAROTE AVEC DES ENFANTS

Les grandes stations balnéaires – Costa Teguise, Playa Blanca et Puerto del Carmen – proposent de nombreuses activités pour les familles, des sorties en bateau à fond de verre, au snorkeling et aux safaris sous-marins. Le Museo de la Piratería, à Teguise, est apprécié des plus jeunes, et plusieurs sites de Manrique (p. 122) fascinent autant les enfants que leurs parents. Les plus grands peuvent profiter des excellents sites de surf, de kitesurf, de SUP et de plongée de Lanzarote, et l'Isla Graciosa (p. 135) a de quoi plaire à toute la famille. Les paysages lunaires du Parque Nacional de Timanfaya (p. 128) impressionnent petits et grands, et la promenade qui suit la côte sud-est entre Costa Teguise et Puerto del Carmen est idéale pour des balades.

sculpture contemporaine élevée en 1968 par César Manrique en hommage au travail agricole ingrat qu'endurèrent les insulaires pendant des décennies. À côté, la **Casa-Museo del Campesino**, aux murs blanchis à la chaux et aux boiseries peintes en vert, se compose d'ateliers (céramique, maroquinerie, savons, chapeaux, tissus naturels) où l'on peut voir des artisans à l'œuvre et même prendre un petit cours (3 €). La majorité des gens viennent ici pour le **restaurant canarien** (www.cactlanzarote.com ; angle LZ20 et LZ30 ; tapas 2-6 €, plats 10-17 € ; 12h-16h ; wifi).

**Museo del Tanit** MUSÉE

(www.museotanit.com ; Calle Constitución 1 ; adulte/enfant 6 €/gratuit ; 10h-14h lun-sam). Aménagée dans une botega du XVIII^e siècle (l'une des premières de la région de San Bartolomé), cette collection ethnographique privée aborde tous les aspects de la vie sur l'île, de la culture indigène Majo au XX^e siècle. Sont entre autres exposés des paniers, une robe traditionnelle, un pilon et un mortier préhispaniques et une chapelle construite à partir d'une ancienne écurie à dromadaires. Des brochures d'information sont disponibles en plusieurs langues.

**Caserío de Mozaga** CANARIEN €€

(☎605 076476 ; www.caseriodemozaga.com ; Calle Malva 8, Mozaga ; plats 16-19 € ; 18h-22h30 mer-lun ; ). Le restaurant canarien contemporain raffiné qui occupe les anciennes écuries du Caserío de Mozaga (p. 131), une maison de campagne du XVIII^e siècle restaurée avec goût, à 2,5 km au nord-ouest de San Bartolomé, est une merveille. Les produits locaux de saison y sont travaillés avec créativité. L'alléchante carte comprend par exemple côtelettes d'agneau de Lanzarote, poisson du jour grillé et pâtes maison aux champignons. Réservez.

### Depuis/vers San Bartolomé

Depuis/vers Arrecife, les bus n^os 16, 20 et 32, entre autres, traversent San Bartolomé (1,40 €, 20 min).

## Tiagua

330 HABITANTS

Ville blanchie à la chaux au bord de la LZ-20, à 8 km au nord-ouest de San Bartolomé, Tiagua possède un intéressant musée agricole, quelques hébergements confortables, une jolie église du XVII^e siècle, un ou deux bons restaurants et une vue qui s'étend jusqu'aux falaises de Famara.

**Museo Agrícola El Patio** MUSÉE

(www.alacenadigital.com ; Calle Echeyde 18 ; adulte/enfant 5 €/gratuit ; 10h-17h lun-ven, 10h-14h sam). Dans un bâtiment habité jusqu'au milieu du XX^e siècle, ce musée recrée en plein air une ferme du XIX^e siècle dotée d'une cave à vins, donnant un bon aperçu de la culture traditionnelle de l'île. On peut y voir du matériel agricole ancien, des poteries typiques, un jardin de cactus, une petite chapelle et, à l'occasion, un chameau, un âne ou une poule. La *finca* produit toujours des vins de *malvasía* (malvoisie), que l'on peut goûter gratuitement.

**El Tenique** CANARIEN €€

(☎928 52 98 56 ; Avenida Guanaterme 100 (LZ-20) ; plats 10-18 € ; 11h-23h lun-mer et ven-sam, 11h-17h dim). Dans ce restaurant de grillades rustique très apprécié, au bord de la route, on vous accueille avec un verre de vin blanc et un morceau de *queso fresco*. Aux côtés de plats comme l'aloyau au vin rouge, le chevreau rôti ou le succulent assortiment de *parrilladas*, sont proposés un ou deux plats du jour, ainsi que des en-cas de Lanzarote classiques tels le fromage de chèvre avec quelques gouttes de marmelade ou les poivrons farcis au *cherne* (sorte de morue).

### Depuis/vers Tiagua

Tiagua se situe sur la ligne du bus n°16 reliant Arrecife (1,40 €, 30 min, 5-8/jour) à La Santa. Le bus n°20 entre La Caleta de Famara (1,40 €, 25 min, 5/jour lun-ven) et Arrecife marque aussi l'arrêt.

## Région viticole de Lanzarote

Oubliez toute notion préconçue de l'apparence d'une région viticole. Sur Lanzarote, les coteaux ne sont pas striés par les rangées nettes de vignes. Ici, des murets de pierre en forme de croissant, disséminés dans un paysage volcanique surréaliste, abritent du vent des vignes basses. Les viticulteurs locaux ont découvert que le profond sol volcanique, enrichi par le passé sismique de Lanzarote, est idéal pour la viticulture. Toutefois, le rendement est faible et le travail important.

On produit ici principalement des malvoisies (*malvasías*) secs, mais aussi du muscat et d'autres cépages. Les deux zones viticoles principales de l'île (www.dolanzarote.com), côte à côte à l'est de Timanfaya, sont La Geria, bordant la LZ-30 au nord-est d'Uga, et la région de Tinajo-Masdache.

### À voir et à faire

Les visites de bodegas d'une journée (75 €) organisées par Eco Insider (p. 135), prestataire de bonne réputation, sont prisées.

**Bodega La Geria** DOMAINE VINICOLE

(☎928 17 31 78 ; www.lageria.com ; Carretera La Geria (LZ30), Km 5 ; dégustations 1,50-4 €/demi-verre ; 9h30-19h lun-sam, 10h-18h dim ; P). La Geria, établie à la fin du XIXe siècle, est la première bodega de l'île à avoir proposé des visites guidées et à avoir vendu du vin aux visiteurs. Vous pouvez vous y rendre sans réserver pour des dégustations au verre dans l'entrepôt rempli de tonneaux, à 4,5 km au nord-est d'Uga, ou réserver une visite guidée de 45 minutes (9 € ; lun-ven) ou une promenade de 3 heures dans les vignes (20 € ; 10h mar). Bon bar/café sur place (tapas 6-8 €). La bodega accueille aussi la populaire et estivale **Fiesta de la Vendimia** (mi-août).

**Bodega Rubicón** DOMAINE VITICOLE

(☎928 17 37 08 ; www.bodegasrubicon.com ; Carretera La Geria (LZ30), Km 5 ; dégustation 1-3 €/demi-verre ; 10h-20h ; P). Dans l'ombre d'un majestueux eucalyptus, le Rubicón est installé dans une ancienne ferme (*cortijo*) du XVIIe siècle, et comprend désormais un très bon restaurant canarien (plats 12-15 €). Parmi les vins que l'on peut déguster figure un sensationnel muscat primé. Des visites guidées (1 heure, 13,90 €), avec dégustation de deux vins, sont proposées du lundi au samedi ; réservez. À 4,5 km au nord-est d'Uga.

**El Grifo** DOMAINE VITICOLE

(☎928 52 40 36 ; www.elgrifo.com ; LZ-30, Km 11 ; entrée avec verre de vin 5 € ; 10h30-18h ; P). Fondé en 1775, El Grifo est le plus ancien domaine viticole des Canaries et l'un des plus anciens d'Espagne. Son logo caractéristique fut dessiné par Manrique lui-même. On peut goûter divers vins, dont des *malvasías* (3/6 vins avec fromage 8/14 €) dans la salle de dégustation pittoresque, avant de se promener au milieu des vignes et de visiter le musée au matériel viticole des XIXe et XXe siècles. Des visites (9-13 €) sont organisées toute la journée ; réservez. Juste après l'extrémité nord-est de Masdache.

**Bodega Los Bermejos** DOMAINE VITICOLE

(☎627 963654, 928 52 24 63 ; www.losbermejos.com ; Camino Los Bermejos 7 ; dégustation au verre 2,50-3 € ; 8h-15h lun-ven ; P). À 3 km au sud-ouest du Monumento al Campesino, cette bodega visionnaire produit d'excellents *malvasías* (dont un malvoisie sec bio, avec un minimum d'intervention), muscats et *listán*. Les visiteurs peuvent passer sans réservation pour une dégustation sur la terrasse, mais, pour la visite de 30 minutes (12 €) avec dégustation de deux vins, la réservation est requise.

**Bodegas Vega de Yuco** DOMAINE VITICOLE

(☎928 52 43 16, 609 217014 ; www.vegadeyuco.es ; Camino del Cabezo, Masdache ; 9h-15h lun-ven ; P). À environ 1,5 km au sud de Masdache sur la route de Tías, cette bodega à flanc de coteau soucieuse de l'environnement possède une jolie terrasse où admirer le paysage et s'approvisionner en vins comme le malvoisie à la bouteille bleue caractéristique. Renseignez-vous en ligne sur les visites sporadiques du vignoble (1 heure 30, 10 €), avec dégustation de 3 vins.

## Où se restaurer

**Bodega El Chupadero** CANARIEN €

(☎928 27 73 65 ; www.el-chupadero.com ; près de la LZ-30 ; tapas 5-11 € ; ⏲12h-22h mer-dim ; P). Ce bar-restaurant-bodega est une merveilleuse surprise au milieu des vignes volcaniques, juste à l'est des domaines Rubicón et La Geria. Accompagnez des tapas élégamment présentées, comme les crevettes à l'ail et les *papas arrugadas*, de malvoisies locaux (3-4 €), sur la superbe terrasse donnant sur les vignes ou dans l'agréable salle blanchie à la chaux, où des vases de bougainvillées ornent les tables.

## Depuis/vers la région viticole de Lanzarote

La LZ-30, qui relie Mozaga à Yaiza en passant par les principaux vignobles, est l'une des routes les plus agréables de l'île (p. 144). Si vous n'êtes pas motorisé, participez à une tournée des bodegas (p. 127).

# Parque Nacional de Timanfaya

Formées entre 1730 et 1736 par l'un des phénomènes volcaniques les plus impressionnants de l'histoire, les Montañas del Fuego (montagnes de Feu), au cœur des 51 km² du sombre et magnifique **Parque Nacional de Timanfaya** (☎928 84 00 57 ; www.miteco.gob.es ; adulte/enfant 10/5 € ; ⏲9h-17h45, dernier circuit en bus à 16h45), portent bien leur nom. Une fine terre couleur cuivre dévale les cônes volcaniques, arrêtée par des amas de lave solidifiée à la silhouette tourmentée. Quelques maigres végétaux particulièrement résistants, parmi lesquels 200 espèces de lichen, poussent çà et là sur ce paysage sans vie dont les formes fantastiques déclinent des nuances de noir, de gris, de brun et de rouge.

Le centre d'accueil principal du parc national – un restaurant/belvédère dessiné par Manrique sur un monticule nommé Islote de Hilario – se trouve à 2 km à l'ouest de la LZ-67, indiquée à 8 km au nord-est de Yaiza. Jusqu'à 10h, les files d'attente peuvent être longues pour accéder au parc ; arrivez tôt. Timanfaya est bordé au nord, à l'est et au sud par le Parque Natural de los Volcanes, de 102 km².

## Histoire

L'éruption qui débuta le 1er septembre 1730 et secoua l'extrémité sud de Lanzarote se traduisit chaque jour par la coulée de 48 millions de m³ de lave, tandis que des pluies de roches en fusion s'abattaient sur la campagne et la mer. Lorsqu'elle cessa enfin au bout de 6 longues années, plus de 200 km² de terres avaient été dévastés, 50 villages et hameaux détruits, laissant la place au paysage lunaire qui devint, en 1974, le Parque Nacional de Timanfaya.

## À voir et à faire

L'accès au parc national fait l'objet d'un contrôle rigoureux. À moins de réserver une randonnée guidée ou de parcourir la Ruta del Litoral, le seul moyen de visiter le parc est de participer à un circuit en bus Ruta de los Volcanes, au départ du centre d'accueil principal.

À l'Islote de Hilario, grattez la terre pour en extraire quelques cailloux et voyez combien de temps vous pouvez les garder dans la main. La température atteint déjà 300°C à 2 m de profondeur à peine et dépasse 600°C à 10 m de profondeur. Cette chaleur intense est provoquée par la chambre de magma qui bouillonne à 4 km de la surface. L'équipe du parc national présente ici une série de circuits amusants en lien avec les volcans.

**Ruta de los Volcanes** ÉCOTOURISME

(Islote de Hilario ; ⏲9h-17h45, dernier circuit 16h45). Seul moyen de visiter Timanfaya (à part les randonnées guidées), ce circuit en bus de 35 minutes (inclus dans le billet d'accès au parc) parcourt 14 km de paysages volcaniques exceptionnels. Les bus partent toutes les 20 à 30 minutes du centre d'accueil principal (à 2 km à l'ouest de la LZ-67) ; à moins d'arriver tôt, soyez prêt à attendre.

## Où se restaurer

**Las Malvas** TAPAS €

(☎928 84 04 75 ; Calle Chimanfaya 5, Mancha Blanca ; tapas 3-4 € ; ⏲9h-21h dim-jeu, 9h-23h ven-sam). Une adresse simple, parfaite pour manger un morceau près de Timanfaya. Sur la petite terrasse au bord de la route, sont servis d'excellentes tapas – paella, *papas arrugadas*, croquettes chorizo et œuf à la poêle, fromage de Lanzarote avec confiture de figues – ainsi que *bocadillos* et *platos combinados*. À 2 km au nord-est du centre d'accueil de la Mancha Blanca.

À NE PAS MANQUER

### RANDONNÉES VOLCANIQUES

Il est possible de marcher dans le parc national de Timanfaya, à condition de s'organiser à l'avance. Il n'y a que deux itinéraires de randonnée. En accès libre, l'éprouvante **Ruta del Litoral** (12 km, 4 heures aller) part d'El Golfo vers le nord pour gagner la Playa de la Madera. Au départ de Yaiza, la **randonnée guidée de Tremesana** (3,5 km, 2 heures ; gratuit ; en espagnol ou en anglais), en groupe de 8 personnes, est organisée deux à quatre fois par semaine. Vous devrez réserver en ligne un mois à l'avance (www.reservasparquesnacionales.com) ; sinon, appelez le Centro de Visitantes Mancha Blanca (ci-dessous) un ou deux jours avant pour demander s'il y a eu une annulation. Une version plus courte et guidée de la Ruta del Litoral (5,8 km, 3 heures 30 ; gratuit) est aussi organisée chaque mois ; les modalités de réservation sont les mêmes.

On peut également faire de belles balades au cœur des majestueux paysages volcaniques qui entourent le parc national, notamment dans le Parque Natural de los Volcanes.

Au départ du parking situé à 2 km à l'ouest du village de Mancha Blanca, l'exceptionnelle **randonnée de la Caldera Blanca**, une boucle de 9 km (3 heures 30), est l'un des meilleurs itinéraires de Lanzarote. Le sentier traverse les champs de lave, avant de monter en pente raide (dans le sens des aiguilles d'une montre) jusqu'au point culminant du rebord de la Caldera Blanca, d'où l'on peut voir le cratère s'étendre en contrebas et l'Isla Graciosa et Famara scintiller au loin.



### Renseignements

**Centre d'accueil de la Mancha Blanca** (928 11 80 42 ; www.miteco.gob.es ; LZ-67, Km 11,5 ; 9h-16h). Le centre d'accueil des visiteurs officiel du parc national, à 2,5 km au sud-ouest du village de Mancha Blanca, propose d'intéressants panneaux d'information et d'excellentes installations audiovisuelles sur l'histoire et la géologie de la région (en espagnol, anglais et allemand), notamment une simulation d'éruption volcanique. Il fournit aussi des informations sur les randonnées dans le parc.

**Punto de Información Echadero de Camellos** (www.miteco.gob.es ; LZ-67, Km 5,5 ; 8h30-15h30). À côté du camp des dromadaires, à 2,5 km au sud de l'embranchement pour le parc national, ce petit bureau donne des conseils sur les promenades dans le parc et accueille une exposition sur l'histoire des dromadaires de Lanzarote.

## NORD DE LANZAROTE

Le nord de Lanzarote, avec ses villes et villages préservés, sa beauté naturelle sauvage, ses plages isolées et ses points de vue spectaculaires, en particulier dans le Nord-Ouest, contraste agréablement avec le sud plus touristique de l'île. Grappes de constructions blanchies à la chaux, les paisibles localités – Arrieta, Haría, La Caleta de Famara, Órzola – sont cernées d'étendues de lichen et de champs de lave, et bordées d'un littoral atlantique où les piscines naturelles scintillent et les vagues se brisent.

Les œuvres crées par César Manrique et la nature, ainsi que les sites de surf de Famara sont les grands attraits de la région.

## Arrieta

940 HABITANTS

À 6 km à l'est de Haría, le discret petit village de pêcheurs d'Arrieta, ensemble de maisons et d'appartements blanchis à la chaux typiques donnant sur une populaire étendue de sable, est un bijou de Lanzarote facile à manquer. Peu fréquenté par les touristes, il est connu pour ses merveilleux restaurants de poisson et les piscines naturelles scintillantes de Punta Mujeres, juste au nord.

### À voir et à faire

Depuis Arrieta, il est possible de randonner le long du littoral vers le sud jusqu'à Costa Teguise (20 km, 5 heures).

**Piscinas de Punta Mujeres** PISCINES NATURELLES

(Punta Mujeres). Dans le tranquille village de pêcheurs blanchi à la chaux de Punta Mujeres, à 2 km au nord-est d'Arrieta, cet

À NE PAS MANQUER

**RANDONNÉES DANS LE NORD**

De fantastiques randonnées sont à faire dans cette région, notamment la descente abrupte de 4 km (1 heure) vers la sauvage Playa del Risco (p. 133), sur la côte nord-ouest, et la montée de 3 km (1 heure ; non balisée) jusqu'au bord du Volcán de la Corona, partant juste à l'est de l'église de Yé. De l'autre côté d'El Río, l'Isla Graciosa est sillonnée de sentiers sablonneux.

ensemble de piscines naturelles turquoise miroitantes qui émaille la côte est l'un des lieux de baignade les plus magiques de Lanzarote. Quelques échelles donnent accès aux piscines, dominées par des espaces où étendre sa serviette.



**Playa de la Garita** PLAGE

Cette petite plage de sable et de roche est l'attrait majeur d'Arrieta. On y trouve quelques restaurants animés où se détendre autour d'un verre, de tapas et de poisson frais, et regarder les surfeurs occasionnels.

**Jardín de Cactus** JARDIN

(☎ 928 52 93 97 ; www.cactlanzarote.com ; Guatiza ; adulte/enfant 5,80/2,90 € ; ⌚ 9h-17h45 juil à mi-sept, 10h-17h45 mi-sept à juin). Aménagé par César Manrique dans une ancienne carrière, juste au nord de la petite Guatiza (à 6 km au sud d'Arrieta), le Jardín de Cactus aurait été la création préférée de l'artiste. Inauguré en 1991, il fut aussi son dernier grand projet. Le lieu tient davantage de l'œuvre d'art géante que du jardin botanique, avec ses magnifiques terrasses plantées de près de 1 500 variétés de cactus du monde entier (du Mexique à Madagascar !), toutes étiquetées. L'élégant bar-restaurant sert des tapas et des vins de Lanzarote (4-6 €).

## Où se restaurer

**Bar La Piscina** TAPAS €

(Bar Pichón ; Calle Virgen del Pino, Punta Mujeres ; tapas 3-7 € ; ⌚ 8h-21h mer-lun). Donnant sur l'une des piscines naturelles de Punta Mujeres les plus appréciées, cette adresse accueillante et divinement simple est prisée pour ses excellentes tapas : tortilla, poivrons grillés, poulpes... Pour le déjeuner, le propriétaire fait griller du poisson frais.

**El Chiringuito** TAPAS €

(Playa de la Garita ; tapas 3-8 € ; ⌚ 10h30-20h). Tapas, salades, paellas, burgers et poisson frais grillé - tout est excellent - sont servis aux tables portant des logos et entourées de chaises en plastique rouge, sur une terrasse donnant sur la plage d'Arrieta. Extrêmement populaire, ce *chiringuito* (bar de plage) est noir de monde en été. Aussi *perfecto* pour un café, que pour une bière ou un mojito.

♥ **Casa de la Playa** PRODUITS DE LA MER €€

(☎ 629 525007, 928 17 33 39 ; Playa de la Garita ; plats 9-17 € ; ⌚ 10h-22h). *Lanzaroteños* comme visiteurs traversent l'île pour goûter les prises merveilleusement fraîches de ce restaurant simple, dont l'exquise terrasse donne sur la plage d'Arrieta. Énormes salades croquantes et superbe *queso frito* à la confiture de fraise ouvrent l'appétit pour les grosses crevettes grillées, le poisson du jour et les *parrilladas* (grillades) de poisson pour deux personnes.

## Depuis/vers Arrieta

Les bus nos 7 et 9 (2,65 €, 45 min, 5/jour chacun) d'Arrecife s'arrêtent à Arrieta en rejoignant Haría et Órzola.

# Malpaís de la Corona

La lave est l'élément emblématique de Lanzarote et les "bad-lands de la Couronne", à l'extrémité nord-est de l'île, témoignent des éruptions volcaniques qui secouèrent la région il y a plusieurs milliers d'années et que l'on doit au Volcán de la Corona (609 m de haut) aujourd'hui éteint. La flore reprend lentement et patiemment ses droits. C'est là que se cachent deux des grottes les plus connues de Lanzarote, là où une ancienne coulée se répandit dans la mer.

Les sites Cueva de los Verdes et Jameos del Agua, des cavités rocheuses, sont à 1 km à pied (facile) l'un de l'autre, de part et d'autre de la LZ-1, à environ 5 km au nord-est d'Arrieta.

♥ **Jameos del Agua** GROTTE

(☎ 928 84 80 20 ; www.cactlanzarote.com ; près de la LZ-1 ; adulte/enfant 9,50/4,75 € ; ⌚ 10h-18h30 ; Ⓟ). Quand la lave en fusion creusa cette caverne il y a quelque 5 000 ans, l'océan s'y infiltra pour former le saisissant lac azur qui

## CINQ HÔTELS FABULEUX À LANZAROTE

**Buenavista Lanzarote** (☎606 935753 ; www.buenavistalanzarote.es ; Carretera Conil-Tegoyo 22 ; ch avec petit-déj 150-220 € ; P Wi-Fi). Au milieu des vignes volcaniques, à 5 km au nord-ouest de Tías, cette retraite très originale, zéro plastique, s'inspire de la créativité et de l'éthique écologique de Manrique. Les propriétaires, Gonzalo et Mayca, ont brillamment réinventé un vieil entrepôt de bodega en 5 "suites champêtres" d'un chic exquis. Petits-déjeuners maison aux produits locaux.

**Finca Malvasía** (☎665 468538, 692 155981 ; www.fincamalvasia.com ; Camino El Oratorio 14 ; app/villa à partir de 120/315 € ; P Wi-Fi piscine). Sur un vaste domaine viticole au cœur de l'île, à 2 km au sud de Masdache, cette oasis à la Manrique, propriété d'un Britannique, comprend 7 beaux appartements indépendants et une maison de 3 chambres entourant une piscine. Le style est traditionnel, agrémenté d'une touche contemporaine. Yoga et massages proposés.

**Finca de Arrieta** (☎928 82 67 20 ; www.lanzaroteretreats.com ; près de la LZ-207 ; ch 85-300 € ; P Wi-Fi piscine). Que diriez-vous de dormir dans une yourte mongole… aux Canaries ? Alimentée en énergie éolienne et solaire, cette fabuleuse création d'un Britannique héberge les visiteurs dans d'élégantes yourtes aux intérieurs soyeux, des cottages en pierre, des cabanes en bois et une vieille ferme familiale, le tout aménagé autour d'une piscine inspirée par Manrique et chauffée à l'énergie solaire. Toutes sortes d'activités, du yoga à la dégustation de vin, sont proposées.

**Caserío de Mozaga** (☎928 52 00 60 ; www.caseriodemozaga.com ; Calle Malva 8, Mozaga ; ch avec petit-déj 83-130 € ; P Wi-Fi). À Mozaga, à 2,5 km au nord-ouest de San Bartolomé, cette maison familiale de la fin du XVIIIe siècle élégamment modernisée, aux murs blancs et aux bougainvillées roses, a gardé tout son charme champêtre sans compromettre le confort. Autour de jardins volcaniques, les 8 chambres hautes de plafond sont agrémentées d'objets anciens et d'œuvres d'art originales. Le restaurant (p. 126) a une excellente réputation.

**Hotel Palacio Ico** (☎928 59 49 42, 677 531609 ; www.hotelpalacioico.com ; Calle El Rayo 2 ; ch 130-190 € ; clim Wi-Fi). Ancienne demeure de l'artiste suisse Heidi Bucher, ce sublime palais du XVIIe siècle a été habilement transformé en élégant boutique-hôtel de 9 chambres et suites aménagées avec style, autour d'un patio orné de cactus et comprenant l'*aljibe* (citerne) d'origine.

scintille dans la grotte aux allures de basilique située au cœur des Jameos. Dans les années 1960, Manrique eut la brillante idée d'installer des bars et un **restaurant** (☎901 200300 ; plats 12-18 € ; 11h30-16h30 et 19h-23h) autour du lac, puis une piscine blanchie à la chaux et une salle de concerts de 600 places, à l'acoustique remarquable ; la première des *intervenciones* de l'artiste et l'un de ses plus grands chefs-d'œuvre.

De juillet à septembre, des concerts sont organisés les mardis, mercredis et samedis soir. L'accès à la grotte des personnes à mobilité réduite n'est pas vraiment possible vu le nombre de marches.

### ♥ Cueva de los Verdes — GROTTE

(☎928 17 32 20 ; www.cactlanzarote.com ; près de la LZ-1 ; adulte/enfant 9,50/4,75 € ; 10h-19h juil à mi-sept, 10h-18h mi-sept à juin ; P). Ce gouffre béant de 1 km de long est la partie la plus spectaculaire d'un tunnel de lave de plus de 7 km, généré par une éruption volcanique remontant à quelque 5 000 ans. En creusant un sillon vers la mer, les couches supérieures se refroidirent et formèrent une croûte sous laquelle le magna en fusion continua à couler jusqu'à la fin de l'éruption. Des circuits guidés de 50 minutes, en anglais et en espagnol, ont lieu toutes les 30 minutes, à travers 2 chambres superposées.

Si vous souffrez du dos ou de claustrophobie, sachez que certains passages étroits nécessitent de se courber, brièvement, à 90°. Comme il n'est pas possible de réserver, soyez prêt à faire la queue pour la visite ; plus calme à partir de 15h.

Des concerts sont programmés de novembre à février. Le site se trouve à 5 km au nord-est d'Arrieta.

HORS DES SENTIERS BATTUS

### LOIN DE TOUT

**Playa Quemada** (p. 136). Déjeunez de produits de la mer sur cette plage cachée, avant de randonner jusqu'au petit village de Femés.

**Arrière-pays** (p. 118). Abandonnez votre carte et roulez vers l'intérieur des terres à la découverte de hameaux préservés et de superbes panoramas.

**Randonnée hors des sentiers battus** (p. 123). Contemplez des paysages saisissants oubliés de la plupart des visiteurs.

**Playa del Risco** (p. 133). Une descente abrupte d'une heure mène à cette plage sauvage isolée.

**Órzola** (ci-dessous). Partez en quête des criques de sable blanc de la lointaine côte nord-est.

**Isla Graciosa** (p. 135). Aventurez-vous au-delà du port pour avoir des plages rien que pour vous.



### Depuis/vers Malpaís de la Corona

Le bus n°9 qui relie Arrecife à Órzola en passant par Arrieta s'arrête aux Jameos del Agua (3 €, 45 min, 2-3/jour).

## Órzola

300 HABITANTS

Bien que la plupart des visiteurs se contentent de le traverser pour gagner l'Isla Graciosa ou en revenir, le village de pêcheurs le plus septentrional de l'île mérite que l'on s'y attarde. Le littoral environnant, dominé par de majestueuses falaises volcaniques, est émaillé de superbes petites criques et de bandes de sable, et plusieurs excellents restaurants de poisson bordent le port d'Órzola.

**Playas Caletones** PLAGE

(P). Rarement bondées, ces criques abritées aux plages de fin sable blanc et aux lagunes peu profondes entourées de végétation, disséminées après la LZ-1, à l'est du village, dégagent une beauté sauvage.

**Playa de la Cantería** PLAGE

(P). Entourée de falaises, à 1 km à l'ouest d'Órzola, cette magnifique plage de sable brun et de pierres volcaniques préservée est prisée des surfeurs pour ses grandes vagues (la baignade n'est pas recommandée, même si on y voit parfois des baigneurs).

### Depuis/vers Órzola

Le bus n°9 relie Órzola à Arrecife (3,60 €, 55 min, 4-5/jour).

Biosfera Express (p. 136) et Líneas Romero (p. 136) assurent la traversée entre Órzola et Caleta de Sebo, sur l'Isla Graciosa (30 min, 16-19 ferrys aller-retour par jour).

## Mirador del Río

**Mirador del Río** POINT DE VUE

(☎ 928 17 35 36 ; www.cactlanzarote.com ; adulte/enfant 4,75/2,40 € ; 10h-18h45 juil à mi-sept, 10h-17h45 mi-sept à juin). À la fin du XIXe siècle, l'armée espagnole installa des batteries d'artillerie à environ 2 km au nord de Yé, sur un site dominant El Río (le détroit qui sépare Lanzarote de l'Isla Graciosa). En 1973, César Manrique marqua le lieu de sa patte, transformant ingénieusement l'emplacement des canons en un spectaculaire mirador évoquant une grotte, à 475 m de hauteur. Des installations en fer aux allures d'araignée ornent le plafond, blanchi à la chaux. Le panorama vertigineux embrasse les flots de lave qui coulèrent jusqu'à l'océan avant de se figer, tandis que l'Isla Graciosa scintille au loin.

## Haría

910 HABITANTS

Le célèbre auteur originaire des Canaries Alberto Vázquez-Figueroa a décrit Haría comme "le plus beau village du monde". Bien que l'assertion demeure subjective, le lieu tire avantage d'un charmant cadre bucolique, au milieu d'une vallée plantée de palmiers et ponctuée de bougainvillées et de poinsettias aux couleurs éclatantes. Aux XVIIe et XVIIIe siècles, les habitants plantaient traditionnellement un palmier pour célébrer la naissance d'un enfant (plus exactement, 2 pour un garçon et 1 pour une fille). Plus tard, cette oasis de style nord-africain devint une destination thermale prisée des Canariens fortunés. Ses rues sont bordées de balcons en bois, de murs en pierre et de volets vert vif.

L'avenue piétonnière centrale, la Plaza León y Castillo, s'étire à l'ombre des eucalyptus et accueille le samedi matin un superbe **marché de produits locaux et d'artisanat** (Plaza León y Castillo ; ⌚10h-14h30 sam).

**♥ Casa Museo César Manrique** MUSÉE
(☎ 928 84 31 38 ; www.fcmanrique.org ; Calle Elvira Sánchez ; adulte/enfant 10/1 € ; ⌚10h30-18h). Figée dans le temps, renfermant toujours les vêtements de Manrique dans le placard et sa collection d'art personnelle sur les murs, la dernière demeure bordée de palmiers de l'enfant chéri de l'île, est devenue l'une des principales attractions de celle-ci. L'artiste, qui transforma le bâtiment agricole d'origine pour en faire une réinterprétation contemporaine de l'architecture traditionnelle, y vécut de 1988 à 1992. L'atelier, l'attrait principal, est resté exactement tel qu'il était le jour de sa mort et ses travaux inachevés sont toujours en place.

**La Tegala** CANARIEN €
(Plaza León y Castillo ; tapas 4-9 € ; ⌚9h-tard jeu-mar). En face de l'église, sur le boulevard piétonnier de Haría, ce centre culturel et bar à tapas aux murs rouges et aux poutres apparentes est bondé les jours de marché. De fabuleux en-cas locaux tels que *patatas arrugadas*, croquettes de poisson, poulpe grillé, fromages des Canaries et soupe de potiron s'y accompagnent de vins de l'île dans une ambiance décontractée. Ouvert tôt, le lieu sert aussi café et *bocadillos*.

**La Puerta Verde** MÉDITERRANÉEN €€
(☎ 928 83 53 50 ; www.facebook.com/puertaverde-haria ; Calle Fajardo 24 ; plats 7-18 € ; ⌚13h-22h dim-ven, 12h-22h sam ; 📶). Le restaurant le plus haut de gamme de Haría, juste au nord du centre, est une adresse agréable pour un repas tranquille ou un café accompagné d'une tranche de gâteau maison. Les produits frais locaux alimentent la carte créative, qui marie les saveurs canariennes, espagnoles et italiennes dans de délicieux plats tels que moussaka au tofu, risotto aux fruits de mer et agneau braisé. Réservez, surtout pour le samedi, jour de marché.

HORS DES SENTIERS BATTUS

**PLAYA DEL RISCO**

Cette étendue de sable aux teintes or chaudes accrochée à l'extrémité nord-ouest de l'île, au pied du Risco de Famara et avec vue sur l'sla Graciosa de l'autre côté d'El Río, compte parmi les plages les plus sauvages et les moins fréquentées de Lanzarote. On y accède seulement par bateau ou après une randonnée d'une heure (environ 4 km) le long de l'escarpé Camino de los Gracioseros, qui part juste au nord de la Finca La Corona (à 1 km à l'ouest de Yé).

### Depuis/vers Haría

Le bus n°7 (3,15 €, 45 min, 6/jour) relie Haría à Arrecife via Tahiche, Teguise et Arrieta.

## La Caleta de Famara

900 HABITANTS

Bien avant de connaître la célébrité, Manrique passa nombre d'étés de son enfance sur la plage sauvage de La Caleta de Famara, au pied du Risco de Famara, spectaculaires falaises déchiquetées à 8 km au nord de Teguise. Destination de surf prisée, le discret village en bord de mer, aux romantiques bâtiments blanchis à la chaux et dotés de fenêtres bleu ciel, dégage une atmosphère jeune et bohème.

Famara offre l'une des plages les plus belles et les plus sauvages de Lanzarote, une piscine d'eau de mer naturelle et d'excellents breaks – parmi les meilleurs d'Europe –, tout comme **El Quemao** (ses vagues, extrêmement périlleuses, sont réservées aux surfeurs très expérimentés), à 12 km à l'ouest.

### À voir et à faire

Les écoles de surf, regroupées le long de l'Avenida El Marinero, proposent des cours en petits groupes (demi-journée/journée 35/55 €) et individuels. On peut aussi suivre des cours de kitesurf (cours collectifs d'une journée 100 € environ) et de yoga (15 €). Réservez la veille.

**♥ La Caleta de Famara** PLAGE
Cette étendue sauvage de sable et de roche est l'une des plages les plus magiques de Lanzarote. Les surfeurs viennent y affronter les vagues, parmi les meilleures des

## SAVEURS DE LANZAROTE

Bien que la cuisine de Lanzarote diffère peu de celle des îles voisines, on note quelques particularités. Les *papas arrugadas* (pommes de terre ridées) sont généralement accompagnées d'un des trois types de *mojo* (*sauce*) : *mojo verde* (au persil), *mojo de cilantro* (à la coriandre fraîche) et le classique *mojo picón* (au paprika très relevé). Les fromages de Lanzarote, de plus en plus populaires et reconnus (principalement des fromages de chèvre) sont sans doute parmi les meilleurs des Canaries.

Les influences latino-américaines se retrouvent aussi dans de nombreux plats. Les amateurs de viande apprécieront le bœuf argentin de premier choix ou encore la chèvre et le lapin. De même pour le classique *puchero*, traditionnellement à base de morceaux variés de viande, de légumes et pois chiches. Les soupes de légumes sont également prisées.

Les amateurs de poisson et fruits de mer opteront pour les prises locales, fraîches dans toute l'île. Essayez la *lapa*, une espèce de patelle endémique, traditionnellement grillée (ce qui libère la chair de la coquille) et accompagnée de *mojo verde*. Malgré leur aspect peu engageant, les *lapas* à chair noire se révèlent plus savoureuses que celles à chair orange.

Les vins volcaniques sont une autre spécialité de Lanzarote, en particulier le *malvasía* (malvoisie) blanc sec. En achetant du vin de Lanzarote, vous contribuez activement à la préservation d'une méthode de viticulture traditionnelle menacée.

Canaries, dominées par les majestueuses falaises volcaniques du Risco de Famara.

**Calima Surf** SURF
(☎626 913369 ; www.calimasurf.com ; Avenida El Marinero 13 ; cours de surf collectifs demi-journée/journée 35/55 € et privés 80 € ; ⊙8h30-14h et 16h30-18h). Prisée, cette école multilingue branchée propose chaque jour des cours de surf collectifs ou individuels. Elle organise aussi des cours de kitesurf (2 jours 180 €), de yoga (15 €) et de SUP (1 jour 60 €), et loue du matériel (planche de surf 15 €).

**Red Star Surf** SURF
(☎928 528 808, Whatsapp 648 745447 ; www.redstarsurf.com ; Avenida El Marinero 9 ; cours de surf collectif demi-journée/journée 35/55 € ; ⊙9h-19h). Une école de surf de bonne réputation, avec cours collectifs et individuels. Aussi cours de kitesurf (1 jour 100 €), yoga (15 €) et SUP (60 €), et location de matériel (planche de surf 15 €).

**Zoo Park Famara** SURF, KITESURF
(☎928 52 88 46, 634 884068 ; www.zooparkfamara.com ; Avenida El Marinero 5 ; cours de surf collectifs demi-journée/journée 35/55 € et individuels 100 € ; ⊙8h30-20h mi-juil à déc et Pâques, 8h30-15h30 jan-juil). Cette école de surf établie de longue date organise chaque jour des cours collectifs et individuels. Aussi cours de kitesurf (collectif/individuel 100/150 € par jour), de SUP (55 € la demi-journée) et de yoga (15 €), et location de matériel (planche de surf à partir de 15 € par jour).

**Lanzasurf** SURF, KITESURF
(☎928 52 85 71, 697 238115 ; www.lanzasurf.com ; Calle Chirimoya 15, Urbanización Famara ; cours de surf 55 € la journée ; ⊙10h-15h lun-sam). À **Bungalows Playa Famara**, sur la plage de Famara, cette adresse est prisée pour ses cours de surf (collectifs ou individuels), de yoga (10 €) et d'espagnol (23 €).

### Où se restaurer

**El Rincón de la Abuela** CANARIEN €
(☎692 338483 ; Avenida El Marinero 18 ; plats 9-13 € ; ⊙10h30-21h mer-lun). Les tables de ce restaurant de poisson et de tapas jalonnent la rue principale sablonneuse de Famara. Après de délicieuses tapas de tortilla ou de paella, dégustez la prise du jour (inscrite à la craie sur le tableau) ou une immense *parrillada* (grillade) de la mer pour deux, servie avec salade et *papas arrugadas*.

♥ **El Risco** CANARIEN €€
(☎928 52 85 50 ; www.restauranteelrisco.com ; Calle Montaña Clara 30 ; plats 12-20 € ; ⊙12h-22h lun-sam, 12h-17h dim). Le restaurant le plus chic de Famara, spécialisé en fruits de mer, jouit d'un superbe emplacement en bord de mer, la terrasse donnant sur l'eau et les falaises. L'intérieur bleu et blanc au thème nautique fut conçu par Manrique. Parmi les plats élégamment présentés : poulpe grillé avec sauce à la coriandre, crevettes de La Santa salées, poisson frais à l'huile aillée, paella de la mer et risotto aux légumes saupoudré de fromage de l'île. Réservez !

**Restaurante Sol** PRODUITS DE LA MER €€
(☎928 52 87 88 ; www.restaurantesolfamara.com ; Calle Montaña Clara 48 ; plats 12-18 € ; ⏲12h-22h). Prenez place sur la terrasse bien exposée donnant sur l'océan et admirez les surfeurs et les falaises tout en savourant du poisson grillé, du fromage de chèvre artisanal, des moules à la vapeur ou une *parrillada* de crustacés. Le week-end, le lieu devient particulièrement bruyant car envahi d'habitants et de familles de passage. Aussi excellent pour un café et une grosse tranche de gâteau maison.

### Depuis/vers La Caleta de la Famara

Le bus n°20 (2,20 €, 45 min, 5/jour) relie Arrecife à La Caleta de Famara via Tiagua en semaine.

## ISLA GRACIOSA

730 HABITANTS

Seule île habitée de l'archipel de Chinijo, la superbe Isla Graciosa fut officiellement nommée huitième île des Canaries en 2018. Située juste au nord de Lanzarote et toujours administrée par celle-ci, elle semble néanmoins à des années-lumière, avec ses sublimes plages blanc et or, ses paysages volcaniques arides et ses excellents spots de surf. On peut aussi y pratiquer la randonnée et les sports nautiques.

Les sept premières familles s'installèrent sur l'île en 1867. Aujourd'hui, pratiquement tous les habitants vivent dans le paisible village portuaire de Caleta de Sebo, où les bateaux d'Órzola accostent, les restaurants de poisson se regroupent et les rues se couvrent de sable doré soyeux. Au-delà s'étendent 28 km² de maquis, interrompus par 5 petits pics volcaniques et émaillés de plages complètement sauvages. L'endroit ne possède aucune route goudronnée et le vélo, la marche et des Land Rover bringuebalantes constituent les seuls modes de transport.

### À voir et à faire

Avec les falaises de Famara, sur Lanzarote, les 5 îles de l'archipel de Chinijo (et les eaux adjacentes) forment une réserve naturelle. La région est inaccessible au-delà de l'Isla Graciosa. Les quatre autres îles – Montaña Clara, Alegranza, Roque del Este et Roque del Oeste – sont connues pour leur avifaune et n'accueillent que des chercheurs, mais vous pouvez les admirer de près lors d'excursions en bateau organisées par l'**Eco Insider** (☎650 819069 ; www.eco-insider.com ; randonnée 42 € la demi-journée).

**Playa del Salado** PLAGE
Donnant sur le Risco de Famara, la jolie bande blonde de 2 km juste au sud-ouest de Caleta de Sebo est la plage la plus facile d'accès d'Isla Graciosa ; elle est donc fréquentée par les excursionnistes.

**Playa Francesa** PLAGE
Les vagues turquoise de l'Atlantique lèchent cette belle petite plage blanc et or, à 3 km (30 min à pied) au sud-ouest de Caleta de Sebo.

**Playa de las Conchas** PLAGE
À l'extrémité nord-ouest de l'Isla Graciosa, à 5,5 km au nord de Caleta de Sebo, cette charmante étendue sauvage de sable doré est la plage la plus appréciée de l'île, mais il est dangereux de s'y baigner.

**Playa Lambra** PLAGE
Lovée sur la côte nord de La Graciosa, à 8 km au nord de Caleta de Sebo, cette plage de sable crème est délicieusement isolée.

**Buceo La Graciosa** PLONGÉE
(☎928 84 22 13 ; www.buceolagraciosa.com ; Avenida Virgen del Mar 119B, Caleta de Sebo ; plongée 60 €). Faune et flore marines abondent dans les eaux de l'archipel de Chinijo. Ce club propose des plongées dans la réserve marine, notamment au large de La Graciosa et d'Alegranza, ainsi que des baptêmes de plongée (65 €), des stages PADI (Open Water 399 €) et des forfaits plongées-hébergement.

### Où se restaurer

**El Veril** PRODUITS DE LA MER €
(Playa del Puerto, Caleta de Sebo ; raciones 9-15 € ; ⏲10h-22h). Dans ce restaurant animé, déjeunez les orteils dans le sable sous des parasols blancs, sur la plage de Caleta de Sebo, qui donne sur le port et le Risco de Famara. Les plateaux de la mer, avec par exemple brème et thon, sont servis avec *papas arrugadas*, *mojo*, salade et un filet de jus de citron, suivis de *raciones* de fromage des Canaries et de croquettes d'épinards. L'emplacement est le grand atout du lieu.

**Casa Margucha** PRODUITS DE LA MER €€
(Restaurante Girasol ; ☎610 768221, 928 84 21 39 ; Avenida Virgen del Mar 99, Caleta de Sebo ; plats

8-15 € ; ⏲8h30-23h). Les restaurants de La Graciosa se distinguent peu les uns des autres, mais celui-ci, établi de longue date, a une terrasse donnant sur l'océan et un bon choix de poissons frais, de plats de viande canariens, de salades simples et d'en-cas classiques comme les *papas arrugadas* et le *queso frito*.

### Depuis/vers l'Isla Graciosa

**Biosfera Express** (☎928 84 25 85 ; www.biosferaexpress.com ; aller-retour adulte/enfant 26/13 €) et **Líneas Romero** (☎928 59 61 07, 638 513702 ; www.lineasromero.com ; aller-retour adulte/enfant 26/13 €) relient Órzola à Caleta de Sebo (30 min), avec 16 à 19 ferrys aller-retour quotidiens.

### Comment circuler

Le vélo et la marche sont les meilleurs moyens d'explorer l'île. Regroupés dans le port de Caleta de Sebo, les loueurs de vélos (standard/électrique 10/30 €) sont ouverts de 10h à 18h (dernière location à 14h).

Les taxis (4x4) se rassemblent dans le port de Caleta de Sebo. Le tour de l'île (1 heure 15) coûte 50 € pour 4 personnes maximum ; l'aller simple jusqu'à la Playa Francesa ou de las Conchas revient à 20 € pour 1 à 3 personnes.

# SUD DE LANZAROTE

C'est dans le sud de Lanzarote que se trouvent les stations balnéaires les plus fréquentées, Playa Blanca et Puerto del Carmen, qui attirent des familles et des groupes de vacanciers britanniques rêvant de farniente au soleil. La côte sud-ouest, en revanche, est un tout autre monde, composé de falaises frappées par les vagues et de paisibles villages blanchis à la chaux. À la pointe sud-est de l'île, la superbe réserve naturelle Punta del Papagayo synthétise toute la beauté de Lanzarote.

## Puerto del Carmen

10 930 HABITANTS

Avec quatre rangées de parasols à seulement 10 minutes de route au sud-ouest de l'aéroport, la plus ancienne station balnéaire spécialement aménagée, qui s'adresse surtout à une clientèle britannique, comprend bars, restaurants, clubs, Jet-Skis, écoles de plongée, bateaux bananes, écrans diffusant du sport, hôtels et appartements moyens, et d'innombrables boutiques. Le lieu n'est certes pas du goût de tout le monde, mais demeure la station balnéaire la plus populaire de Lanzarote, s'étendant désormais sur 7 km sur la côte centre-sud de l'île.

El Varadero, à l'extrémité ouest de la localité, a gardé une once d'authenticité, et vaguement son côté village de pêcheurs. Son artère principale, la clinquante Avenida de las Playas, longe la plage.

### À voir et à faire

La plongée jouit d'une popularité méritée, le yoga est proposé un peu partout, une piste est dédiée aux cyclistes sur le front de mer, et on peut gagner l'eau en yacht, en bateau banane ou à Jet-Ski. On peut aussi marcher le long de la côte vers l'ouest jusqu'à la Playa Quemada (8 km, 2 heures) via Puerto Calero et une promenade au sommet d'une falaise, ou vers l'est sur la promenade menant à Arrecife (9,5 km, 2 heures).

**Playa Grande** PLAGE

Bien qu'elle soit bondée et couverte de chaises longues et de parasols, cette plage dorée de 1 200 m de long reste agréable et idéale pour les familles, avec ses eaux peu profondes et ses bons équipements.

**Playa Quemada** PLAGE

À 12 km au sud-ouest de Puerto del Carmen, cette plage de roche volcanique noire délicieusement isolée et préservée est bordée de bâtiments bas et blancs et de superbes restaurants de poisson.

Plusieurs sentiers de randonnée serpentent vers les collines, notamment celui qui grimpe au village de Femés (8 km, 3 heures).

**Surf School 3S** SURF

(☎630 483158, 928 51 40 34 ; www.school3s.es ; Calle Bajamar 26, Local 4 ; ⏲10h-13h et 17h-20h lun-ven, 10h-14h sam). Une école appréciée qui organise des cours de surf (40 €), SUP (30 €), yoga (15 €) et SUP yoga (30 €).

**Lanzarote a Caballo** ÉQUITATION

(☎626 593737 ; www.lanzaroteacaballo.com ; LZ-2, Km 17 ; ⏲9h-18h30 ven-mer). Cette équipe professionnelle organise des excursions de différents niveaux dans certains des plus beaux lieux de l'île, de la balade facile à travers champs jusqu'à Puerto Calero (40 €) aux excursions de 2 heures vers Famara (70 €). Sont aussi proposés des cours de 45 minutes (45 €).

HORS DES SENTIERS BATTUS

## LA PITTORESQUE ROUTE LZ-702

Lanzarote compte de superbes routes (p. 144), notamment celles qui serpentent dans la région des vins. La LZ-702, que l'on peut rejoindre juste à l'est d'Uga en venant de l'ouest (Arrecife, Puerto del Carmen, etc.), est peu connue.

Traversez le hameau de Las Casitas de Femés (2 km), puis continuez vers **Femés** (encore 3,5 km). Cherchez le panneau indiquant **Quesería Rubicón** (www.facebook.com/queseriarubicon ; Plaza San Marcial 3 ; 10h-19h lun-ven, 10h-15h sam-dim), l'une des meilleures adresses pour goûter le fromage de chèvre local et en faire le plein. Ensuite, gagnez **Balcón de Femés** (620 008874, 928 11 36 18 ; Calle San Marcial Rubicón 3 ; plats 7-15 € ; 10h-19h mer-dim, 10h-16h lun) de l'autre côté de la rue pour un café accompagné d'une magnifique vue, avant de flâner sur la place plantée de palmiers et bordée par une église blanchie à la chaux. Un sentier pittoresque relie la grand'place de Femés à Playa Quemada (ci-contre). Comptez 3 heures dans les deux directions.

Reprenez la route vers le sud-ouest jusqu'à Playa Blanca (p. 141) – encore 8,5 km – pour voir le paysage marin s'offrir à vous. Si vous en avez envie, vous pouvez continuer jusqu'à la spectaculaire Punta del Papagayo (p. 143).

**Manta Diving** PLONGÉE
(928 51 68 15 ; www.manta-diving-lanzarote.com ; Calle Juan Carlos I 6, Local 5 ; 1 plongée 45 € ; 8h30-17h lun-sam). L'un des centres de plongées les plus anciens de Puerto del Carmen, proposant stage PADI (Open Water, 420 €), sorties de snorkeling d'une demi-journée (30 €) et excursions de 2 plongées au Museo Atlántico (p. 142) de Playa Blanca (125 €).

**CID Lanzarote** PLONGÉE
(639 056797 ; www.cidlanzarote.com ; Calle Alemania 1 ; 1 plongée 45 € ; 8h30-17h30 lun-sam). Baptêmes de plongée (95 €), initiations pour enfants (60 €), plongées nocturnes (à partir de 55 €), stage PADI (Open Water, 420 €) plongées au Museo Atlántico (p. 142 ; 83 €) et plus encore, avec un prestataire bien établi.

### Où se restaurer et prendre un verre

Les restaurants servant une cuisine plus traditionnellement espagnole sont rassemblés autour du vieux port.

La vie nocturne de Puerto del Carmen est concentrée sur l'avenue en front de mer Avenida de las Playas, qui réunit de nombreux pubs britanniques et irlandais, bars à karaoké et clubs, et quelques inévitables adresses louches.

**Vino+ Lanzarote** TAPAS €€
(928 51 69 59 ; www.facebook.com/vinomas-lanzarote ; angle Calle Roque del Este et Calle Cenobio, Centro Comercial Barracuda ; tapas 3-15 € ; 13h-minuit ; ). Combinant produits locaux et andalous authentiques, la carte élégante de ce bar à tapas caché vers l'extrémité est de la ville, propriété d'un *Cordobés* (Cordouan), comprend plateaux de jambon ibérique et fromages espagnols, assiettes originales comme le couscous aux grosses crevettes et savoureux en-cas végétariens tels que la tarte au fromage de chèvre et aux épinards avec un filet de miel de palme. Excellents vins. Concert le jeudi.

**Taberna de Nino** ESPAGNOL €€
(928 51 06 58 ; Calle Nuestra Señora del Carmen ; tapas 6-11 €, plats 15-19 € ; 12h-minuit ; ). Des piles d'appétissants *pintxos* (tapas basques) – croquettes de poisson, pommes de terre avec sauce au fromage Cabrales et en-cas végétaliens tels que falafels, tofu au curry vert et tempura de champignons – se dressent sur le bar de cette adresse ancienne et décontractée, à la vaste terrasse donnant sur le port de pêche. Grillades et autres plats plus consistants sont aussi proposés. Excellent pour un verre au coucher du soleil avec une ou deux assiettes de tapas.

**La Cabaña** MÉDITERRANÉEN €€€
(650 685662 ; www.lacabanamacher.com ; LZ-2, Mácher ; plats 16-23 € ; 19h-tard mar-sam ; ). Dans le village de Mácher, à 4,5 km au nord-ouest de Playa del Carmen, cette adresse chic appartenant à un Britannique est l'un des meilleurs restaurants de l'île, réputé pour sa cuisine fusion méditerranéenne innovante. La carte, régulièrement renouvelée, met à l'honneur des plats raffinés tels que le curry de légumes épicé à la

# SÉJOUR DÉTENTE À LANZAROTE

*La beauté des plages de Lanzarote – des sombres criques volcaniques lovées sur la côte aux plages de sable blond ouvertes sur l'Atlantique –, fait l'unanimité ; le plus difficile est de faire son choix.*

1

## PLAGES SUBLIMES

Les plages de Lanzarote varient considérablement d'un bout à l'autre de l'île. Celles des grandes stations balnéaires sont généralement de jolies bandes de sable adaptées aux familles, avec chaises longues, parasols et services. Les criques plus accidentées qui émaillent le littoral nord et la Punta del Papagayo (p. 143), de même que les plages de l'Isla Graciosa (p. 135), sont délicieusement plus sauvages. Il peut y avoir de forts courants à certains endroits ; tenez compte des avertissements. Les vagues attirent surfeurs, kitesurfeurs et véliplanchistes, surtout à La Caleta de Famara (p. 133), et on peut aussi pratiquer le snorkeling, le paddle (SUP) et la plongée.

2

## PISCINES ÉTINCELANTES

Les plages ne sont pas le seul attrait. Si vous savez où chercher, vous profiterez aussi des superbes piscines naturelles d'eau salée creusées dans le rivage, parfaites pour prendre le soleil et se rafraîchir. Ne manquez pas les charmants bassins d'eau turquoise de Punta Mujeres (p. 129) et de Famara (p. 133).

3

## PLAISIRS DE LA TABLE

À Lanzarote, les plages ensoleillées sont synonymes de déjeuners riches en poisson et fruits de mer. Attardez-vous autour d'une paella, de la prise du jour ou d'un plateau de fromage de chèvre local, installé à une table en plastique donnant sur la plage.

UNDERWORLD/SHUTTERSTOCK ©

FREEARTIST/GETTY IMAGES ©

1. Caleta de Sebo, Isla Graciosa (p. 135) 2. Patelles grillées avec *mojo* 3. Piscines naturelles, Punta Mujeres (p. 129) 4. Surf, La Caleta de Famara (p. 133) 5. Punta del Papagayo (p. 143)

JOSE A. BERNAT BACETE/GETTY IMAGES ©

malaisienne, le risotto au potiron, le poisson frais du jour, les soupes consistantes et le carré d'agneau grillé.

**Los Aljibes** BIÈRE ARTISANALE

(Avenida de las Playas 57 ; 9h30-23h30). Sur une terrasse animée à l'extrémité est de la promenade en front de mer, savourez la Märzen ou l'APA (3-4 €) de la première microbrasserie de l'île, accompagnée d'un burger maison (plats 8-12 €).

## Comment s'y rendre et circuler

### VÉLO

**Bike Sensations** (680 424665 ; www.bikesensations.com ; Avenida de las Playas 49 ; à partir de 12 €/jour ; 9h-19h)

**Renner Bikes** (928 51 06 12 ; www.mountainbike-lanzarote.com ; Avenida de las Playas 47 ; à partir de 10 €/jour ; 9h-18h lun-sam, 10h-14h dim)

### BUS

Les bus circulent sur toute la longueur de l'Avenida de las Playas et partent régulièrement pour Arrecife (1,70 €, 24h/24), notamment le n°2. Le n°3, le plus utile, continue jusqu'à Costa Teguise (2,95 €, 1 heure).

Le n°161 depuis/vers l'aéroport (1,70 €, 8-22/jour, 15 min) continue jusqu'à Playa Blanca (2,75 €, 40 min).

### VOITURE ET MOTO

Le stationnement est un cauchemar, surtout l'été. Essayez les ruelles adjacentes ou le parking payant du centre commercial Biosfera (Calle Juan Carlos I).

# Yaiza

900 HABITANTS

Juste au sud du Parque Nacional de Timanfaya, Yaiza a miraculeusement survécu aux éruptions volcaniques. C'est une sorte de carrefour : vous y passerez probablement si vous voyagez dans le sud de l'île. Cette ville blanchie à la chaux, construite autour d'une **église** (Plaza Nuestra Señora de los Remedios ; lever-coucher du soleil), du XVIII^e siècle, a remporté de nombreux prix pour sa propreté. Ses rues parées de bougainvillées sont bordées de bons hôtels et restaurants.

**Bar Stop** TAPAS €

(Plaza Nuestra Señora de los Remedios 6 ; tapas 3 € ; 5h-23h). En face de l'église de Yaiza, cette adresse toute simple, en activité depuis 1890 et ouverte toute la journée, est prisée des cyclistes et des *Lanzaroteños* pour le déjeuner. On y prépare des tapas délicieusement simples de tortilla, de paella, de patates à la canarienne et autres classiques. Installez-vous au soleil, sur les tabourets en bord de route.

**La Bodega de Santiago** CANARIEN €€

(928 83 62 04 ; www.labodegadesantiago.es ; Calle Montañas del Fuego 27 ; plats 17-22 € ; 12h45-22h30 mar-jeu, 12h45-23h ven-sam, 12h45-18h dim). À l'extrémité nord de la ville, cette belle demeure du XIX^e siècle aux poutres en bois, devant laquelle un magnifique ficus déploie ses branches, justifie à elle seule une halte à Yaiza. Dans les salles intimes, les repas s'accompagnent de musique classique. La carte canarienne moderne est tentante avec ses soupes copieuses, ses salades inventives, ses plats de viande et ses desserts divins (essayez le "volcan" en chocolat avec glace à la mangue). Réservation recommandée.

**Bodega de Uga** CANARIEN €€

(928 83 01 47 ; www.facebook.com/bodegadeuga ; Carretera Yaiza-Uga (LZ-2) 6, Uga ; plats 8-15 € ; 12h30-15h30 et 19h-22h mar-sam, 12h30-16h dim). La terrasse colorée et ornée de plantes de cette élégante bodega, au bord de la route, à Uga (à 2 km à l'est de Yaiza), donne sur une salle rustique. Différente chaque jour, la carte dépend entièrement des produits locaux disponibles. Fromages, salade d'avocats, légumes grillés et calamars des Canaries peuvent par exemple précéder les spécialités de viande et de poisson.

## Depuis/vers Yaiza

Le bus n°60, entre autres, relie Yaiza à Arrecife (2,20 €, 30 min, 9-15/jour) et à Playa Blanca (1,40 €, 30 min, 9-15/jour).

# El Golfo

200 HABITANTS

Sur la côte sud-ouest de Lanzarote, avec le Parque Nacional de Timanfaya qui s'étend vers le nord, cet ancien village de pêcheurs tranquille est connu pour ses restaurants de poisson et de fruits de mer au bord de l'eau. Les bars, restaurants et bâtiments traditionnels qui dominent la mer agitée en font un endroit fabuleux au coucher du soleil.

Partant d'El Golfo vers le sud, la LZ-703 est l'une des routes les plus pittoresques (p. 144) de l'île.

## À voir et à faire

Depuis El Golfo, la difficile Ruta del Litoral, seul itinéraire de randonnée gratuit (p. 128) dans le Parque Nacional de Timanfaya, parcourt 12 km (4 heures aller) vers le nord jusqu'à la Playa de la Madera, plage de sable noire isolée.

**Charco de los Clicos** PISCINE NATURELLE
Ce petit bassin vert émeraude, un peu en retrait de la plage au-delà de l'extrémité sud d'El Golfo, servit de toile de fond pour l'affiche du film *Un million d'années avant J.-C.*, sur laquelle Raquel Welch s'expose dans un bikini en fourrure. La couleur vient de l'algue qui s'y trouve, et est rehaussée par les roches volcaniques environnantes. La baignade est risquée.

**Los Hervideros** CURIOSITÉ NATURELLE
(LZ-703). À environ 5 km au sud d'El Golfo, au bord de la LZ-703, la mer écumeuse qui s'insinue dans ces deux grottes offre un spectacle fascinant. Arrivez tôt pour devancer les cars de touristes.

**Playa de Janubio** PLAGE
(LZ-703). Cette longue plage volcanique battue par les vagues, à 8 km au sud d'El Golfo, est un lieu de promenade pittoresque, mais les forts courants rendent la baignade dangereuse. Elle sépare la mer des scintillantes **Salinas de Janubio** (LZ-703), salines du XIXe siècle.

## Où se restaurer

**Restaurante Bogavante** PRODUITS DE LA MER €€
(928 17 35 05 ; Avenida Marítima 39 ; plats 10-25 € ; 11h-20h). Sans doute le restaurant le plus populaire d'El Golfo. Des parasols ombragent les tables éparpillées sur le sable, donnant sur des piscines rocheuses et la mer au-delà. Les spécialités locales comme le *vieja* (poisson-perroquet) et le *cherne* (sorte de morue) sont à l'honneur sur la carte, qui comprend aussi ragoûts et *parrilladas* de la mer et savoureuses paellas. Le lieu est magique au coucher du soleil.

**Casa Rafa** PRODUITS DE LA MER €€
(625 104330 ; Avenida Marítima 10 ; plats 7-16 € ; 12h-20h mar-sam, 12h-18h dim). En face de la plage, à l'extrémité sud de la ville, ce "*restaurante de mar*" élégant et accueillant régale de spécialités des Canaries et de prises fraîches : paella fraîchement préparée, *cherne* grillé, *morena* (anguille) frite, poulpe avec *mojo*... Souvent ouvert jusqu'à 22h de juin à septembre.

**El Caletón** PRODUITS DE LA MER €€
(650 064693 ; www.facebook.com/restaurante-caleton ; Avenida Marítima 5 ; plats 8-16 € ; 11h-21h). Les tables d'El Caletón, un peu plus au nord que le groupe principal de restaurants, débordent de la salle verte et de la terrasse au bord de la route sur les rochers du front de mer. Immenses plateaux de prises du jour servis avec du citron, de la salade et des *patatas arrugadas*. Au menu également : paellas de la mer, poulpe grillé et vins de Lanzarote.

# Playa Blanca

2 580 HABITANTS

À l'origine simple village de pêcheurs sablonneux, Playa Blanca, sur la côte sud, avec vue sur Fuerteventura, est presque méconnaissable après une décennie de développement. Si elle est toujours plus petite et plus calme que sa cousine Puerto del Carmen, la station balnéaire la plus au sud (et la plus ensoleillée) de Lanzarote s'étend aujourd'hui presque jusqu'à la pointe de la réserve naturelle de Papagayo. On y trouve quantité d'écoles de plongée, de cafés, de restaurants, d'hôtels et de résidences. L'atmosphère est plutôt chic, en particulier dans la Marina Rubicón, à l'extrémité est de la ville, et la promenade en front de mer est agréable, de même que la **Playa Blanca** elle-même, au sable blond clair. Mais ils sont nombreux à penser que l'ensemble manque d'âme.

## Activités

Au départ de Playa Blanca, on peut faire de belles randonnées, notamment vers l'est jusqu'à la Punta del Papagayo en passant par la Playa Mujeres (6 km, 1 heure 30), vers le nord jusqu'aux Salinas de Janubio

VAUT LE DÉTOUR

### MARCHÉS DE LANZAROTE

- Mercadillo de Haría (p. 132)
- Mercadillo de Teguise (p. 124)
- Mercado Agrícola de Costa Teguise (p. 123)
- Mercadillo Marina Rubicón (www.marinarubicon.com ; Marina Rubicón ; 9h-14h mer et sam)

(14 km, 3-4 heures), dans les collines autour de Femés, à 8,5 km au nord-est de Playa Blanca, ou sur le GR131 au nord-est de Yaiza (14 km, 4 heures).

**Kaboti Surf** SURF
(☎696 85 67 89 ; www.kabotisurf.com ; Calle Don Jaime Quesada El Maestro 12 ; cours de surf 1/3 jours 59/160 € ; ⊙11h-14h et 16h30-19h30). Cette dynamique école multilingue propose des cours de surf sur la plage de Famara (avec yoga sur demande), ainsi que des cours de kitesurf (90 €/jour) et des excursions de 3 heures à la réserve naturelle de Papagayo (60 €). Location de matériel également.

**Rubicón Diving** PLONGÉE
(☎928 34 93 46 ; www.rubicondiving.com ; Marina Rubicón, Local 77B ; 1 plongée 55 € ; ⊙8h-17h30). Ce centre SSI bien établi et professionnel organise des plongées au large de Playa Blanca et de Puerto del Carmen, des stages Open Water (475 €) et de plongée en apnée, ainsi que des excursions de snorkeling (40 €) et de plongée jusqu'au Museo Atlántico.

**Museo Atlántico** SITE DE PLONGÉE
(www.underwatermuseumlanzarote.com ; Calle Castillo del Águila 33 ; 12 €). On doit le premier "musée" de sculptures sous-marin d'Europe, lancé en 2016 au large de la Playa Blanca entre 12 et 15 m de profondeur, à l'artiste britannique Jason deCaires Taylor. Le site de 2 500 m², comprenant 300 sculptures grandeur nature au pH neutre, aborde des problèmes majeurs comme le changement climatique, et évolue en récif artificiel riche en vie marine.

Le musée n'est accessible que dans le cadre des excursions de plongée (60 €) et de snorkeling (40 €) organisées par les centres locaux ; l'"entrée", de 12 €, est en supplément. Bureau d'information à 500 m à l'est de la Marina Rubicón.

## Où se restaurer

On trouve quelques restaurants de style canarien corrects dans les environs de l'église et une offre plus internationale dans la Marina Rubicón. Il y a de meilleures adresses en dehors de la ville, notamment à Yaiza, Uga et Punta Papagayo.

**La Chalanita** CANARIEN €€
(☎928 51 70 22 ; Avenida Marítima 73 ; plats 10-19 € ; ⊙13h-23h ; ✎). L'accueillante équipe de ce restaurant de viande et de poisson, dans une agréable salle donnant sur la promenade en front de mer depuis le 1er étage, est aux petits soins avec les clients (locaux et de passage). Les plats élégamment présentés comprennent saumon d'Uga fumé, paella de la mer, poisson frais du jour, viandes flambées à table et bons plats végétariens. Excellente carte des vins, avec notamment des crus de Lanzarote.

**El Horno de la Abuela** ESPAGNOL €€
(☎928 51 78 25 ; Calle La Tegala ; plats 8-16 € ; ⊙13h-16h et 18h-23h). Ce restaurant de style rustique établi de longue date se cache près de l'église de Playa Blanca. On y sert de copieuses assiettes espagnoles, notamment de la viande – chèvre et cochon de lait entre autres – servie avec de grosses frites, le tout à accompagner de vins de l'île.

**Romántica** INTERNATIONAL €€
(☎928 51 71 66 ; Avenida Papagayo 10 ; plats 11-17 € ; ⊙18-22h30 lun-sam ; ✎). Avec une vue sur l'océan, un accueil chaleureux et une carte plus imaginative que dans la plupart des restaurants alentour, La Romántica est toujours appréciée des voyageurs. On y prépare un peu de tout : riz et nouilles sautés, salades originales, gros steaks, bar grillé avec vinaigrette à la tomate et aux pignons... Plats végétariens et sans gluten sur demande préalable.

## Renseignements

**Oficina de Turismo** (☎928 51 81 50 ; www.turismolanzarote.com ; Calle Don Jaime Quesada El Maestro ; ⊙9h-19h)

## Comment s'y rendre et circuler

### BATEAU

Líneas Romero (p. 136) propose des "bateaux-bus" depuis/vers la Playa del Papagayo (aller-retour adulte/enfant 15/8 €, 30 min, 4-5/jour) via la Marina Rubicón, ainsi qu'un bateau pour Corralejo, sur la côte nord de Fuerteventura (aller adulte/enfant 15/9 €, 45 min, 4/jour).

Les ferrys de Fred Olsen (p. 292) circulent aussi depuis/vers Corralejo (aller 28 €, 25 min, 4-7/jour), de même que ceux de Naviera Armas (p. 118 ; 27 €, 35 min, 7/jour).

### BUS

Le bus n°60 relie environ toutes les heures Playa Blanca à Arrecife (3,60 €, 1 heure). Le bus n°161 circule entre l'aéroport et Playa Blanca (3,30 €, 1 heure, 8-22/jour) via Puerto del Carmen (2,75 €). La **gare routière** (Avenida de las Canarias) est juste au nord du centre.

**VÉLO**

**Papagayo Bike** (606 109765 ; www.papagayobike.com ; Calle La Tegala 13 ; à partir de 12 €/jour ; 9h-17h) loue des vélos de ville, de route et tout-terrain.

# Punta del Papagayo

Promontoire au milieu des paysages volcaniques arides du **Monumento Natural Los Ajaches**, zone protégée de 30 km², la Punta del Papagayo est l'un des plus beaux sites naturels de Lanzarote (et même des Canaries). Le littoral entre Playa Blanca et la Punta del Papagayo est parsemé de charmantes plages et criques de sable doré préservées, baignées par de douces vagues turquoise, et en arrière-plan, des pics volcaniques aux nuances rouille s'élèvent jusqu'à 560 m. Papagayo est très populaire et, malheureusement, il semble que le nombre de voitures autorisées quotidiennement dans la réserve soit illimité. Arrivez tôt pour espérer avoir la plage pour vous un moment et flâner tranquillement. La route d'accès n'est pas goudronnée mais praticable avec la plupart des voitures ; vous passerez un péage (3 €/véhicule).

## À voir et à faire

On peut faire plusieurs belles randonnées dans la réserve naturelle, notamment entre Playa Blanca et la Punta del Papagayo via la Playa Mujeres (6 km, 1 heure 30). L'office du tourisme de Playa Blanca fournit des cartes de randonnée.

**Playa del Papagayo** PLAGE

(P). Dominée par les falaises à pic de la *punta*, la Playa del Papagayo, protégée et délicieusement sauvage, est l'une des plus belles plages de Lanzarote, avec son sable or pâle et ses eaux turquoise. Elle est prisée ; allez-y tôt pour en profiter en paix.

**Playa Mujeres** PLAGE

(P). Appréciée des snorkeleurs et des surfeurs, cette jolie plage au sable fin blond pâle et aux dunes sauvages s'étend sur 90 m à 1,5 km à l'ouest de la *punta*.

## Où se restaurer

**Be Papagayo** CANARIEN €€

(928 17 38 33 ; playapapagayo@gmail.com ; Playa del Papagayo ; plats 12-17 € ; 10h30-19h). Ce *chiringuito* (bar de plage) décontracté apporte l'ambiance chic d'Ibiza dans les falaises volcaniques qui dominent la Playa del Papagayo. On y sirote limonades, milk-shakes et mojitos sous des parasols et au milieu d'un décor blanc et turquoise. L'appétissante carte contemporaine et créative comprend *papas arrugadas*, *huevos rotos*, poisson grillé et de bons plats macaronésiens. Pendant les mois d'été, on y sert à boire jusque tard.

## Depuis/vers Punta del Papagayo

Si vous n'avez pas de véhicule, le "bateau-bus" Líneas Romero (p. 136) circule entre Playa Blanca et la Playa del Papagayo 4 à 5 fois par jour (aller-retour adulte/enfant 15/8 €, 30 min), via la Marina Rubicón. La marche est un moyen prisé de se déplacer, notamment depuis/vers Playa Blanca (6 km, 1 heure 30).

# CÔTE SUD-OUEST ET RÉGION VITICOLE

*Cet itinéraire pittoresque, de la côte sud-ouest bordée de falaises à Teguise, en passant par les terres noires volcaniques de la région viticole, traverse des paysages extrêmement variés. Mieux vaut partir tôt.*

### 1 Salinas de Janubio

Partez du point de vue sur les miroitantes Salinas de Janubio (p. 141), à 6 km au sud-ouest de Yaiza, et dirigez-vous vers le nord via l'étroite LZ-703, longeant la côte.

### 2 Playa de Janubio

Il est agréable de faire une halte sur cette plage de roche noire.

### 3 Los Hervideros

À environ 2 km au nord de la plage, vous atteindrez Los Hervideros, où la mer s'engouffre dans deux grottes côtières ; le site est très impressionnant tôt le matin.

### 4 Charco de los Clicos

De là, la LZ-703 continue vers le nord parallèle à la côte, des cônes volcaniques aux

**Départ** Salinas de Janubio
**Arrivée** Teguise
**Distance** 50 km
**Durée** 1 ou 2 jours

tons rouille parsemés de lichens commençant à pointer à l'horizon. À 3 km au nord de Los Hervideros, une piste bifurque vers le Charco de los Clicos, une piscine vert émeraude bordant la plage. La route d'accès est fermée aux véhicules, mais on peut la parcourir à pied ; trouvez à vous garer. Sinon, une terrasse d'observation est accessible depuis un parking, 2 km plus au nord.

### 5 El Golfo

Le charmant village de pêcheurs d'El Golfo est connu pour ses restaurants de poisson, où l'on se régale de paella ou de poisson frais. Le long du rivage, de belles maisons blanchies à la chaux font face aux vagues.

### 6 Yaiza

Rebroussez chemin sur 2 km sur la LZ-703 pour prendre la LZ-704 vers l'est (vers l'intérieur des terres) jusqu'à Yaiza, à 6 km au sud-est d'El Golfo. L'église blanchie à la chaux du XVIIIe siècle vaut le détour.

### 7 Bodegas

Roulez sur 3 km vers le sud-est le long de la LZ-2 jusqu'à Uga, avant de vous engager sur la LZ-30 vers le nord-est ; l'une des plus belles routes de l'île. Plusieurs bodegas proposent des visites (souvent sur réservation) et des dégustations de fantastiques *malvasías.*

### 8 El Grifo

De retour sur la LZ-30, parcourez 8 km vers le nord-est jusqu'à El Grifo, l'un des plus anciens vignobles du pays. Visitez le musée et les vignes, puis reprenez la LZ-30 sur 3,5 km, en passant par le village de La Florida.

### 9 Casa-Museo del Campesino

Tournez à la Casa-Museo del Campesino, où le Monumento al Campesino (1968) de César Manrique se dresse au-dessus d'un rond-point. Le "musée" se compose de boutiques d'artisanat traditionnel, où l'on peut suivre des séances d'initiation et voir des artisans à l'œuvre.

### 10 Caserío de Mozaga

Si vous avez passé assez de temps derrière le volant pour la journée, parcourez encore 1 km vers le nord le long de la LZ-20 jusqu'à la maison de campagne Caserío de Mozaga du XVIIIe siècle, où vous pourrez – si vous avez réservé – passer la nuit et dîner dans un superbe restaurant.

### 11 Teguise

Que vous vous soyez arrêté pour la nuit ou non, poursuivez vers le nord-est jusqu'à Teguise (capitale de l'île jusqu'en 1852), à 7,5 km de Mozaga. Marchez dans ses rues historiques pour admirer ses majestueuses maisons anciennes et manger à La Cantina, l'un des meilleurs restaurants de l'île.

# Tenerife

890 000 HABITANTS

**Dans ce chapitre** ➡



## Le top des restaurants

- Guaydil (p. 160)
- Kazan (p. 155)
- Guannabi (p. 155)
- Tito's Bodeguita (p. 166)
- Tas-k (p. 178)

## Le top des plages

- Playa de las Teresitas (p. 161)
- Porís de Abona (p. 187)
- El Médano (p. 186)
- Los Cristianos, Playa de las Américas et Costa Adeje (p. 179)
- Los Gigantes (p. 177)
- Puerto de la Cruz (p. 162)

## Pourquoi y aller

Tenerife est la grande dame de l'archipel. Attirant plus de 6 millions de visiteurs chaque année, les stations balnéaires du sud de l'île offrent des festivités et night-clubs à l'ambiance essentiellement britannique, des plages de sable blanc et des hôtels-clubs. Il suffit pourtant de s'éloigner des lieux touristiques pour découvrir une île d'une grande beauté et d'une extraordinaire diversité, émaillée de villages isolés dans les montagnes, de petits ports et de bourgs authentiques.

Parmi les multiples expériences figurent aussi les promenades dans la forêt tropicale, l'exploration des boutiques de créateur, les sombres paysages des champs de lave, un carnaval presque aussi sexy et sensuel que celui de Rio, des musées et des temples dédiés à l'art moderne. Avant tout, Tenerife est une île spectaculaire et rien n'est plus imposant que le Pico del Teide coiffé de neige, point culminant d'Espagne et site de fabuleuses randonnées.

## Quand partir

- De décembre à février, le climat est agréablement doux, sauf sur El Teide où des chutes de neige barrent l'accès à la montagne au cœur de l'hiver.
- Le printemps (mars-avril) est la saison de la randonnée et des fleurs sauvages. Les surfeurs profiteront des plus belles vagues en mars.
- De mai à septembre, le soleil brille 11 heures par jour et la température moyenne atteint 28°C en août ; elle est un peu plus fraîche durant les mois précédents et suivants.
- En automne (octobre-novembre), la température est d'environ 21°C. Les touristes sont moins nombreux et certains hôtels baissent un peu leurs prix.

## Histoire

Appelés Guanches et vivant dans des grottes, les premiers habitants de Tenerife seraient arrivés d'Afrique du Nord vers 200 av. J.-C. Dernière à tomber lors de la conquête espagnole (en 1496), l'île devint ensuite une importante escale commerciale. Cela lui valut des incursions des pirates, puis l'invasion des Britanniques en 1797 lors de la bataille de Santa Cruz, au cours de laquelle l'amiral Nelson perdit un bras.

En 1821, Madrid déclara Santa Cruz de Tenerife la capitale de l'archipel, au grand dam des élites de Las Palmas, sur la Grande Canarie. Il fallut attendre 1927 pour que Madrid partage l'archipel en deux provinces, Santa Cruz devenant la capitale provinciale de Tenerife, La Palma, La Gomera et El Hierro. À mesure que se renforçaient les liens économiques entre les Canaries et les Amériques, nombre d'insulaires traversèrent l'océan pour s'installer notamment au Venezuela et à Cuba. Ces dernières années, des émigrants et Latino-Américains aisés ont inversé le mouvement, apportant des influences évidentes dans la cuisine et la musique de Tenerife.

## ℹ Depuis/vers Tenerife

### AVION

Deux aéroports desservent l'île. L'aéroport de Tenerife Sur (p. 289), à 20 km à l'est de Playa de las Américas, accueille les vols internationaux. La plupart des vols inter-îles, (plus quelques vols internationaux et vers l'Espagne) utilisent celui de Tenerife Norte (p. 289), plus ancien, et proche de Santa Cruz, au nord de l'île. Les compagnies Binter Canarias (p. 292), CanaryFly (p. 292) et Air Europa (p. 56) relient l'île au reste de l'archipel.

### BATEAU

#### Ferrys depuis Santa Cruz

Les agences de voyages et le principal bâtiment de l'Estación Marítima Muelle Ribera à Santa Cruz de Tenerife (d'où partent les bateaux Fred Olsen) vendent des billets pour toutes les compagnies. Le siège de Naviera Armas se situe plus loin, au sud de la gare maritime.

Un ferry hebdomadaire **Trasmediterránea** (à Madrid ☎ 902 45 46 45 ; www.trasmediterranea.com ; 39 Calle la Marina) part le vendredi à 23h59 de Santa Cruz et fait les escales suivantes :

- Las Palmas de Gran Canaria (à partir de 27 €, 8 heures 30)
- Puerto del Rosario, Fuerteventura (à partir de 32 €, 20 heures 30)
- Arrecife, Lanzarote (à partir de 35 €, 24 heures)

**Naviera Armas** (☎ 902 45 65 00 ; www.navieraarmas.com) gère un important service de ferry dans l'archipel au départ de Santa Cruz de Tenerife :

- Las Palmas de Gran Canaria, Grande Canarie (à partir de 38 €, 2 heures 30, 21/sem)
- Morro Jable, Fuerteventura (à partir de 70 €, 6 heures 30, 1/jour)
- Puerto del Rosario, Fuerteventura (à partir de 83 €, 11 heures 30, 1/jour)
- Arrecife, Lanzarote (à partir de 94 €, 11 heures, 1/jour lun-ven)

Fred Olsen (p. 292) propose de 3 à 6 ferrys par jour de Santa Cruz à Agaete, dans le nord-ouest de la Grande Canarie (42 €, 1 heure 15), où vous pouvez prendre son bus gratuit jusqu'à Las Palmas (35 min).

#### Ferrys depuis Los Cristianos

Les destinations desservies par Naviera Armas au départ de Los Cristianos comprennent les suivantes :

- San Sebastián de La Gomera, La Gomera (32 €, 1 heure, 3/jour lun-ven, 1 sam, 2 dim)
- Santa Cruz de La Palma, La Palma (46 €, 3 heures 30, 1/jour dim-ven)
- Valverde, El Hierro (50 €, 3 heures 45, 1/jour dim-ven)

De Los Cristianos, Fred Olsen dessert notamment :

- San Sebastián de La Gomera (34 €, 50 min, 3/jour lun-ven, 2/jour sam-dim)
- Santa Cruz de La Palma (à partir de 48 €, 2 heures, 1/jour dim-ven)

## ℹ Comment circuler

TITSA (p. 293) exploite un réseau de bus efficace qui dessert toute l'île. La ligne n°343 (9,70 €) relie l'aéroport de Tenerife Norte à l'aéroport de Tenerife Sur. Les agences de location de voitures sont nombreuses. Les taxis coûtent cher.

# SANTA CRUZ DE TENERIFE

204 000 HABITANTS

Quel que soit votre itinéraire, ne négligez pas le port de Santa Cruz, la capitale animée, dans votre hâte de rejoindre les plages de Tenerife. Adossée à de superbes collines ondoyantes, cette ville authentiquement espagnole possède des bâtiments attrayants,

## À ne pas manquer

1 L'exploration des versants verdoyants des **monts Anaga** (p. 161), la région géologique la plus ancienne de l'île.

2 Une randonnée dans les fabuleux paysages lunaires du **Parque Nacional del Teide** (p. 172), le parc national le plus populaire d'Espagne.

3 La magnifique architecture et les expositions d'art du **Tenerife Espacio de las Artes (TEA)** (p. 152), espace contemporain à Santa Cruz de Tenerife.

4 La visite de **La Laguna** (p. 158) et du quartier historique le mieux préservé de l'île.

5 La découverte du minuscule village de **Masca** (p. 176) et de son extraordinaire environnement, dans les montagnes.

6 La charmante station balnéaire historique de **Puerto de la Cruz** (p. 162), balayée par les embruns.

7 Les beaux couchers de soleil depuis les promenades de la station balnéaire de **Los Gigantes et Puerto de Santiago** (p. 177).

Santa Cruz de la Palma
Almáciga
Punta del Hidalgo
Playa de los Troches
Playa de San Roque
Benijo
Chamorga
Tafada
Taganana
Bajamar
Afur
Tejina
Cruz del Carmen
Tegueste
TF12
1 Monts Anaga
Igueste
El Socorro
Playa de las Teresitas
Aéroport de Tenerife Norte
4 La Laguna
San Andrés
Tacoronte
El Sauzal
Museo de la Ciencia y el Cosmos
3 Santa Cruz de Tenerife
TF5
La Matanza de Acentejo
La Esperanza
Jardín Botánico
Puerto de la Cruz 6
La Victoria
TF1
Las Palmas de Gran Canaria
TF24
La Orotava
Valle de la Orotava
Aguamansa
Candelaria
TF21
Güímar
El Portillo
Montaña Blanca (2 750 m)
Observatorio del Teide
Puertito
El Escobonal
Parque Nacional del Teide
Fasnia
Roques de Fasnia
Icor
TF28
Arico Viejo
Arico Nuevo
Porís de Abona
Grandilla de Abona
Playa de El Cabezo
Aéroport de Tenerife Sur
OCÉAN ATLANTIQUE
El Médano
Playa La Tejita

## Santa Cruz de Tenerife

## Santa Cruz de Tenerife

**Les incontournables**
1 Auditorio de Tenerife ............ C7
2 Biblioteca Municipal Central de Santa Cruz de Tenerife ............ C4
3 Iglesia de Nuestra Señora de la Concepción ............ C4
4 Mercado de Nuestra Señora de África ............ B5
5 Museo de la Naturaleza y el Hombre ............ C4
6 Tenerife Espacio de las Artes (TEA) ..... C4

**À voir**
7 Castillo de San Cristóbal ............ D3
8 Castillo de San Juan ............ B7
9 Iglesia de San Francisco ............ C3
10 Museo de Bellas Artes ............ C3
11 Parque García Sanabria ............ B2
12 Plaza España ............ D3
13 Teatro Guimerá ............ C4

**Activités**
14 Canarias Cultural ............ B5
15 Parque Marítimo César Manrique ......... B7

**Où se loger**
16 El Jostel ............ B2
17 Hotel Taburiente ............ B1
18 Iberostar Grand Mencey ............ B1

**Où se restaurer**
19 Bodeguita Canaria ............ C4
20 Café Palmelita ............ C3
21 El Aguarde ............ A2
22 El Lateral 27 ............ C3
23 Gom ............ B1
24 Guannabi ............ C4
25 Kazan ............ C3
26 La Hierbita ............ C4
27 La Tasca ............ B1

**Où prendre un verre et faire la fête**
Cafetería del TEA ............ (voir 6)
28 Kiosco Príncipe ............ C3
29 La Casita ............ B3
30 Mojos y Mojitos ............ C4

**Où sortir**
Auditorio de Tenerife ............ (voir 1)

**Achats**
Canary Wine ............ (voir 4)
31 Dolores Promesas ............ C3
32 La Tienda de Aloe Vera ............ B3
Mi Mundo Gourmet ............ (voir 4)

peints de couleurs vives, une magnifique architecture ancienne, des boutiques originales ou sophistiquées, des galeries d'art et des musées fascinants, un auditorium époustouflant, des œuvres audacieuses de street art et une oasis tropicale de chants d'oiseaux, de fontaines et de verdure dans le parc municipal. Par ailleurs, l'accueil chaleureux des habitants, les nombreux restaurants de qualité et un excellent réseau de bus et de trams font de Santa Cruz une base intéressante et pratique pour découvrir les paysages sublimes du nord-est de l'île.

### Histoire

Alonso Fernández de Lugo débarqua à Tenerife en 1494 pour entamer la conquête de la dernière et plus rétive île de l'archipel. La Laguna, à quelques kilomètres dans les terres, prospéra en tant que première capitale de l'île. Santa Cruz de Santiago (ancien nom de Santa Cruz de Tenerife) stagna jusqu'à l'essor de son port aux XVIIIe et XIXe siècles. Il fallut attendre 1803 pour qu'un décret royal "libère" Santa Cruz du contrôle municipal de La Laguna. Elle ne devint officiellement une ville qu'en 1859.

## À voir et à faire

**Plaza España** PLACE

La majorité des sites et musées de Santa Cruz se rejoignent aisément à pied depuis la Plaza España, sur le front de mer. Rénovée, la place comporte un immense bassin circulaire avec une fontaine qui crache de l'eau quatre fois par jour (marquant les marées hautes et basses). Celui-ci attire les photographes au petit matin ou en fin d'après-midi, les édifices se reflétant alors dans l'eau.

**Museo de la Naturaleza y el Hombre** MUSÉE

(www.museosdetenerife.org ; Calle Fuente Morales ; 5 € ; 9h-20h mar-sam, 10h-17h dim-lun). Consacré aux sciences naturelles et à l'archéologie, cet excellent musée (malgré un aménagement un peu confus) occupe un ancien hôpital civil. Les momies et crânes guanches constituent indéniablement le clou des collections. Des expositions instructives présentent la faune, la flore et la géologie ; la vidéo de l'éruption d'El Teide au rez-de-chaussée est très impressionnante.

Le deuxième étage abrite une section fascinante dédiée aux objets mis au jour lors de fouilles archéologiques sur chacune des îles et une salle où sont exposées des céramiques berbères. Les enfants apprécieront les expositions interactives avec boutons qui clignotent et grands écrans. La plupart des légendes sont uniquement en espagnol, mais la plupart des salles disposent de panneaux avec explications en anglais et un très bienvenu circuit audio en français est disponible. Le musée compte également un café et une boutique de cadeaux.

### Tenerife Espacio de las Artes (TEA) — CENTRE D'ART

(www.teatenerife.es ; Avenida de San Sebastián 10 ; adulte/enfant 7 €/gratuit, film 4 € ; 10h-20h mar-dim). Ce spectaculaire édifice se distingue par son architecture moderne, ses 3 grandes galeries et son impressionnante bibliothèque, au rez-de-chaussée. Les galeries présentent des expositions temporaires d'art, de photos et d'installations, notamment des travaux créatifs d'artistes espagnols prometteurs reflétant des thèmes contemporains d'avant-garde. Le bâtiment a été conçu par les architectes suisses Jacques Herzog et Pierre de Meuron, réputés pour leurs constructions innovantes et leurs créations prestigieuses, comme le Tate Modern Museum à Londres ou l'extension du musée Unterlinden à Colmar, en Alsace.

Le cinéma (4 €), dédié aux films et documentaires indépendants, expérimentaux ou d'art et d'essai, programme des œuvres qui sont rarement projetées au grand public. Tous les films (séances à 19h et 21h30 ven-dim) sont en VO, sous-titrés en espagnol. Les visites guidées du centre coûtent 15 €.

**HORS DES SENTIERS BATTUS**

## METTEZ-VOUS AU VERT

**Monts Anaga** (p. 161). Des forêts denses à la vie sauvage abondante et sillonnées de sentiers de randonnée peu empruntés.

**Parque Nacional del Teide** (p. 172). Malgré une forte fréquentation de visiteurs, il n'est pas difficile de se retrouver seul au monde dans ce parc immense.

**Punta de Teno** (p. 176). L'extrémité nord-ouest de l'île demeure une région sauvage attrayante.

### Biblioteca Municipal Central de Santa Cruz de Tenerife — BIBLIOTHÈQUE

(www.bibliotecaspublicas.es/santacruztenerife/informacion.htm ; Tenerife Espacio de las Artes ; 24h/24). Au rez-de-chaussée du TEA, cette bibliothèque, composée d'une grande salle ouverte baignée de lumière naturelle et éclairée par des globes accrochés au plafond, arbore un style épuré et contemporain. Des espaces calmes (et des canapés à l'extérieur), parfaits pour lire ou s'assoupir, ainsi que des livres et des magazines à feuilleter raviront les visiteurs en quête d'un peu de repos. Vous trouverez la librairie pour enfant au sous-sol et un **café** (Auditorio de Tenerife, Avenida Constitucíon ; en-cas 3,50-6 € ; 9h-19h30 dim-jeu, 9h-minuit ven-sam ; wifi) très apprécié juste à côté.

### Mercado de Nuestra Señora de África — MARCHÉ

(Avenida de San Sebastián ; 9h-14h ; P). Datant de 1944, ce marché fascinant occupe un beau bâtiment qui combine une atmosphère latino-américaine à des patios et des arcades de style mauresque. Une haute tour de l'horloge vous aidera à repérer l'endroit, mais vous pouvez aussi suivre les habitants portant un panier ! Le *mercado*, qui vend des produits frais à des prix compétitifs, est le fournisseur de choix de la population locale, y compris des restaurateurs. Les étals sont installés sur deux niveaux, jalonnés de vendeurs de fleurs, de comptoirs proposant des churros et d'une dense végétation tropicale.

### Iglesia de Nuestra Señora de la Concepción — ÉGLISE

(Plaza de la Iglesia ; 9h-21h dim, messes 9h et 19h30). Difficile de ne pas remarquer l'impressionnant clocher de la plus vieille église de la ville, qui possède des plafonds de style mudéjar. L'église actuelle date des XVII^e^ et XVIII^e^ siècles, mais le bâtiment d'origine fut édifié en 1498, juste après la conquête de Tenerife. Au cœur de l'autel en argent étincelant, la *Santa Cruz de la Conquista* (Sainte Croix de la conquête) date de 1494 et a donné son nom à la ville.

Jetez un coup d'œil à l'antichambre de la sacristie. Le retable de la chapelle qui la jouxte fut sculpté dans du cèdre sur ordre de Don Matías Carta, un personnage puissant qui mourut avant son achèvement. Il est enterré en dessous et son portrait blafard sur le mur fut réalisé après sa mort. La

À NE PAS MANQUER

## INCONTOURNABLE : LE CARNAVAL DE SANTA CRUZ

Caractérisé par une exubérance et une animation typiquement carnavalesques, le **carnaval** (www.carnavaltenerife.com) de Santa Cruz est une fête ininterrompue 24h/24. Les festivités commencent généralement début février et durent environ 3 semaines. Défilés et concours de costumes ont lieu sur le *Recinto Ferial* (champ de foire), et des fêtes bon enfant occupent les rues du crépuscule jusqu'à l'aube, particulièrement autour de la Plaza España.

Ne croyez pourtant pas que le carnaval soit juste une excuse pour se déguiser et s'amuser ; l'événement comporte un message politique implicite. Pendant la dictature de Franco, le carnaval était interdit, mais la population était parvenue à perpétuer discrètement les festivités sous le nom de "Festival d'hiver". La complicité de l'Église catholique avec les fascistes constituait une autre source de frustration, et, quand le carnaval a été pleinement relancé après la mort de Franco, les habitants de Santa Cruz en ont profité pour dénoncer et ridiculiser l'hypocrisie morale et sexuelle des deux pouvoirs. Aujourd'hui encore, nombre de participants se déguisent en religieuses aguichantes et en prêtres pervers, et les drag-queens sont légion. Réservez votre hébergement longtemps à l'avance !

chapelle abrite aussi une belle toile de Juan de Miranda, *La Adoración de los Pastores* (L'Adoration des bergers).

**Museo de Bellas Artes** MUSÉE
(922 60 94 46 ; www.santacruzdetenerife.es ; Plaza Príncipe de Asturias ; 10h-20h mar-ven, 10h-15h sam-dim oct-juin, 10h-20h mar-ven, 10h-14h sam-dim juil-sept). GRATUIT Établi en 1900, cet excellent musée faisait autrefois partie de l'église adjacente (remarquez le fabuleux vitrail). Il possède une collection éclectique de peintures d'artistes principalement espagnols, canariens et flamands, dont Ribera, Sorolla et Brueghel. Il présente aussi des sculptures, dont un Rodin, et des expositions temporaires. Les immenses scènes de bataille du peintre espagnol Manuel Villegas Brieva sont particulièrement émouvantes. Sachez que les galeries sont accessibles via plusieurs volées de marches, et qu'il n'y a pas d'ascenseur.

**Teatro Guimerá** ÉDIFICE REMARQUABLE
(www.teatroguimera.es ; Plaza Isla Madera ; 11h-13h et 18h-20h mar-ven). L'un des joyaux architecturaux de la ville, ce théâtre rectangulaire du XIX^e siècle possède un intérieur somptueux, qui rappelle le Teatro Real de Madrid, avec des balcons semi-circulaires et d'abondantes dorures.

♥ **Auditorio de Tenerife** ÉDIFICE REMARQUABLE
(922 56 86 25, 922 56 86 00 ; www.auditoriodetenerife.com ; Avenida Constitución ; visite guidée 10h, 12h, 14h, 16h et 18h ; P). GRATUIT Cet auditorium en forme de magnifique vague blanche a été conçu par l'architecte espagnol de renommée internationale Santiago Calatrava ; aussi emblématique que l'Opéra de Sydney, il possède une excellente acoustique. Des visites guidées de 45 minutes dans plusieurs langues (7,50 € ; réservez par téléphone) font découvrir les coulisses de ce splendide édifice.

**Palmetum** JARDIN
(www.palmetumtenerife.es ; Avenida Constitución ; adulte/enfant 6/2,80 €, avec Parque Marítimo César Manrique 7,30/3,30 € ; 11h-13h et 16h-20h mar-dim ; P). Créé avec soin sur une ancienne décharge, ce fantastique jardin botanique de 12 ha possède la collection de palmiers la plus diverse d'Europe, avec des arbres provenant du monde entier. Une brochure détaillée, avec carte, aide à les identifier, de même que les fiches signalétiques. Ce jardin paisible invite à flâner et dispose de bancs bien placés pour contempler la mer.

**Parque Marítimo César Manrique** PARC AQUATIQUE
(657 65 11 27 ; www.parquemaritimosantacruz.es ; Avenida Constitución ; adulte/enfant 2,50/1,50 €, avec Palmetum 7,30/3,30 € ; 10h-19h été, 10h-18h hiver). Juste à côté de la principale *avenida* de la ville, ce parc compte de superbes piscines design et des transats où profiter du soleil en appréciant une vue splendide et une boisson fraîche. Adapté à tous les âges, il est parfait pour les enfants. Gratuit pour les moins de 3 ans.

# Promenade à pied
## Un avant-goût du Santa Cruz traditionnel

**DÉPART :** PLAZA PRÍNCIPE DE ASTURIAS
**ARRIVÉE :** LA TASCA
**DISTANCE :** 2 KM ; **DURÉE :** 1 HEURE 30

Le 1 **Kiosco Príncipe** (p. 156), situé dans le parc tropical de la Plaza Príncipe de Asturias, date du milieu du XIXe siècle. C'est un endroit parfait pour s'asseoir en profitant de la sculpture, de la fontaine, des arbres et de l'animation de la foule.

Au cœur de la ville, la 2 **Plaza España** (p. 151) est emblématique de la ville. Prenez le temps de vous recueillir devant le monument aux habitants morts durant la guerre d'Espagne, trempez vos pieds dans le bassin, puis descendez sous la place, au petit 3 **Castillo de San Cristóbal** (☎922 28 56 05 ; Plaza España ; ⏲10h-18h lun-sam) GRATUIT pour voir les vestiges du château qui se dressait ici autrefois.

Remontez par les petites rues jusqu'au restaurant 4 **La Hierbita** (☎922 24 46 17 ; www.lahierbita.es ; Calle Clavel 19 ; plats 9-14 € ; ⏲12h-22h30), qui fut le premier de la ville à obtenir une licence d'alcool, en 1893, quand la Calle Clavel était le cœur du quartier chaud. Une partie de l'établissement était d'ailleurs une maison close. Aujourd'hui, il propose une excellente cuisine canarienne contemporaine. Le ravissant 5 **Café Palmelita** (p. 155) arbore un extérieur ancien dont la thématique se poursuit à l'intérieur. L'ambiance est à la gourmandise.

Principale artère piétonne de la ville, la 6 **Calle Castillo** est longée de boutiques que fréquente une clientèle principalement locale le week-end. C'est l'endroit où il faut être vu. Toutes les enseignes nationales sont présentes, mais il y a également des boutiques indépendantes.

L'ensemble des rues au nord de la Calle Castillo est baptisé Soho. On y trouve certains des cafés, bars à tapas et magasins les plus branchés de la ville. Pour finir, direction 7 **La Tasca** (ci-contre), l'une des adresses les plus authentiques de la ville. Le décor est simple, la file d'attente est longue et la carte composée de classiques canariens délicieux et roboratifs servis généreusement.

## Cours

**Canarias Cultural** LANGUE
(☎922 21 21 86 ; www.canariascultural.es ; Avenida de Buenos Aires 54 ; cours intensif d'une sem 150 €). Grand choix de cours d'espagnol à plein temps ou à temps partiel. Stage intensif de 20 heures par semaine, en groupe de 3 à 8 étudiants.

## Fêtes et festivals

Outre le carnaval, en février, Santa Cruz accueille plusieurs autres fêtes :

**Festival Internacional de Música de Canarias** MUSIQUE
(www.festivaldecanarias.com ; ⏲jan et fév). Principal événement pour les mélomanes, le Festival international de musique des Canaries a lieu tous les ans à Santa Cruz de Tenerife et à Las Palmas de Gran Canaria (Grande Canarie).

**Día de la Cruz** FÊTE RELIGIEUSE
(⏲3 mai). Cette journée est célébrée dans tout Tenerife, mais surtout à Santa Cruz (et à Puerto de la Cruz), où croix et chapelles sont décorées de fleurs en l'honneur de la fondation de la ville.

## Où se restaurer

♥ **Café Palmelita** CAFÉ €
(☎922 88 89 04 ; www.palmelita.es ; Calle Castillo 9 ; gâteaux 2,50-4 € ; ⏲9h-21h30 lun-ven, 9h30-21h30 sam-dim). Fondé à la fin des années 1960 par des Allemands, ce ravissant café possède un extérieur désuet, thème repris à l'intérieur. Le plaisir est ici le maître mot : chocolat chaud à la crème épaisse, chocolat froid accompagné de glace à la vanille, cafés frappés mousseux, pâtisseries au beurre et gâteaux allemands traditionnels. Également parfait pour le petit-déjeuner.

♥ **Bodeguita Canaria** CANARIEN €
(☎922 29 32 16 ; www.bodeguitacanaria.com ; Calle Imeldo Serís 18 ; plats 8-10 €, menu 19-25 € ; ⏲13h-16h et 20h-23h30 lun-sam). Prisée des habitants, cette merveilleuse bodega possède une ambiance rustique avec des meubles massifs en bois sombre et un charmant cadre daté. Essayez des plats locaux comme la *ropa vieja* (littéralement "vieux vêtements"), un savoureux ragoût de viande avec pois chiches, légumes et pommes de terre, ou les *huevos rotos con chorizo* (œufs brouillés au chorizo). Les desserts, tout aussi roboratifs, comprennent des *torrijas*, la version espagnole du pain perdu.

**La Tasca** CANARIEN €
(☎922 28 07 64 ; Calle Dr Guigou 18 ; plats 7-13 € ; menú del día 7 € ; ⏲12h-15h45 et 20h-23h45 lun-sam sept-juil). Aux antipodes culturel et gastronomique des stations balnéaires du sud de Tenerife, cette institution de quartier ne fait aucune concession aux étrangers. Le menu du déjeuner est si peu cher que la clientèle locale fait souvent la queue pour se régaler d'énormes portions de plats canariens classiques.

♥ **Guannabi** ESPAGNOL €€
(☎922 87 53 75 ; Calle Antonio Domínguez Alfonso 34 ; plats 13-26 € ; ⏲13h-23h dim-jeu, 13h-23h45 ven-sam). L'excellence de ce restaurant ne se manifeste pas uniquement par son ambiance et son service irréprochable, mais aussi par sa carte exceptionnelle. Le Guannabi ne laisse rien au hasard : il fait la part belle aux plats de riz, tous parfaitement préparés. L'entrée aux aubergines fondantes est une explosion de saveurs.

**El Lateral 27** CANARIEN €€
(Calle Bethencourt Alfonso 27 ; plats 10-15 € ; ⏲7h-minuit lun-sam ; 🖉). Le personnel cordial, les clients heureux et une carte de plats locaux appréciés continuent de faire d'El Lateral une adresse favorite de Santa Cruz. Des plats comme le ragoût de queue de bœuf (ou de chèvre), l'épaule d'agneau et la tourte aux fruits de mer combleront tous les appétits, et les végétariens ne sont dorénavant plus oubliés.

**Gom** CANARIEN €€
(☎922 27 60 58 ; Calle Dr Guigou 27 ; plats 10-15 € ; ⏲13h-16h et 20h-23h ; 📶). Restaurant de l'**Hotel Taburiente** (www.hoteltaburiente.com) adjacent, cette adresse sophistiquée et attrayante propose une carte moderne de plats classiques canariens et espagnols, revus de manière créative. L'un des plus huppés du centre-ville, il accueille au déjeuner une élégante clientèle d'affaires.

♥ **Kazan** JAPONAIS €€€
(☎922 24 55 98 ; www.restaurantekazan.com ; Paseo Milicias de Garachico 1 ; menu dégustation 75 € ; ⏲13h30-15h30 lun-sam et 8h30-23h mar-sam). Son étoile au Michelin a assuré à ce restaurant une vaste clientèle fidèle,

venant parfois de loin. Les bois vernis et les chaises recouvertes de tissu beige offre un cadre discret et élégant. Les plats, à base de produits de première fraîcheur, sont cuisinés avec talent et joliment présentés. Si vous hésitez, optez pour les suggestions du jour. Le nom Kazan et le kanji 火山 affiché sur la porte signifient "Volcan". Réservation indispensable.

**El Aguarde** CANARIEN €€€
(☎922 28 91 42 ; www.restauranteelaguardetenerife.es ; Calle Costa y Grijalba 21 ; plats 15-25 € ; ⏲13h-16h lun, 13h-16h et 21h-23h mar-sam ; wifi). On ne tarit pas d'éloges sur ce restaurant à l'élégance minimaliste et sur sa cuisine raffinée. La carte change selon la saison, mais comprend toujours une bonne sélection de plats de viande et de poisson (calamar au riz noir, croquettes d'écrevisse), et au moins un plat végétarien. Les desserts sont exquis ; goûtez la mousse de citron avec cava et menthe.

## Où prendre un verre et faire la fête

Les cafés, restaurants et bars pittoresques de la Calle Antonio Domínguez Alfonso (plus communément appelée La Noria), l'une des plus anciennes rues de la ville, constituent le centre de la scène nocturne sophistiquée de Santa Cruz. D'autres bars sont concentrés le long de l'Avenida Francisco la Roche, en face du port.

♥ **La Casita** CAFÉ
(☎922 24 78 51 ; Calle Jesús Nazareno 14 ; ⏲10h-minuit mar-sam ; wifi). Dirigé par une jeune équipe branchée et décoré d'horloges à coucou et d'objets anciens lui donnant un petit air de vieille maison de campagne, ce café compte plusieurs salles cosy (carrelages d'origine) et une terrasse à l'étage, où siroter une bière. Il sert également des plats simples comme des salades, burgers et croquettes, ainsi que de succulents gâteaux et tartes.

♥ **Cafetería del TEA** CAFÉ
(Tenerife Espacio de las Artes (TEA) ; ⏲8h-21h lun-ven, 10h-21h sam-dim ; wifi). Éclairée par des suspensions en forme de globe, cette élégante cafétéria du Tenerife Espacio de las Artes (p. 152) se distingue par le design moderne et épuré de son mobilier en métal. Un excellent choix pour savourer un café accompagné de pâtisseries dans un cadre minimaliste. Ouvert jusqu'à 21h, l'endroit est parfait en soirée.

♥ **Kiosco Príncipe** CAFÉ
(Plaza Príncipe de Asturias ; ⏲8h-19h lun-ven, 8h-15h sam). Prenez un café à ce petit kiosque situé dans le parc tropical de la Plaza Príncipe de Asturias, qui date du milieu du XIXe siècle. Ne manquez pas d'admirer le groupe de sculptures en terre cuite d'Hanneke Beaumont (*Le Courage*, récompensé par le Centre international d'art contemporain Château Beychevelle), le kiosque à musique traditionnel, la fontaine et les immenses arbres qui étendent leur ombre sur la place, notamment des ficus importés de Cuba. Le lieu enchante de nombreux promeneurs, qui s'installent aussi sur les bancs pour profiter d'un moment de détente.

**Mojos y Mojitos** BAR, CLUB
(Calle Antonio Domínguez Alfonso 38 ; ⏲12h-minuit lun-jeu, 12h-3h30 ven-sam, 13h-23h45 dim ; wifi). Un bar détendu et fréquenté sur La Noria, qui sert une cuisine correcte dans la journée et se transforme en soirée en bar à cocktails cool et night-club animé, avec DJ et parfois musique live. Les mojitos sont délicieux, avec ou sans alcool.

## Où sortir

Les bars et night-clubs font souvent office de salles de concerts occasionnelles, notamment autour de La Noria (la Calle Antonio Domínguez Alfonso).

♥ **Auditorio de Tenerife** CONCERTS
(billetterie ☎902 31 73 27 ; www.auditoriodetenerife.com ; Avenida Constitución ; wifi). Très prisé par les photographes, le principal espace culturel de Tenerife se distingue par ses coquilles de béton blanc arrondies, surmontées d'un toit évoquant la crête d'une vague prête à s'abattre. L'auditorium occupe et embellit considérablement un site de 2 ha face à l'océan. Il accueille, entre autres, des opéras, des ballets et des concerts de musique classique de renommée internationale. Superbe café dans le hall.

## Achats

La Calle Castillo, piétonne, et les rues alentour constituent le principal secteur commerçant.

**Canary Wine** VIN
(☎645 16 32 59 ; Patio Naciente, Mercado de Nuestra Señora de África ; ⏲7h30-15h). Charmant et serviable, le propriétaire de cette boutique vous aidera à faire votre choix parmi tous les

vins de la région, y compris les vins écologiques et le vin de banane (au prix modique de 8 € la bouteille). Le *viña norte*, un rosé de style Lambrusco, est un autre vin très apprécié. Le propriétaire peut vous improviser une dégustation, mais mieux vaut réserver lorsque l'on est en groupe.

**Mi Mundo Gourmet** ALIMENTATION
(922 09 80 57 ; Patio Naciente, Mercado de Nuestra Señora de África ; 9h-14h mar-dim). Une épicerie fine très fréquentée, qui vend des produits traditionnels comme les bocaux de *mojo* (sauce) au piment, de marmelade de cactus, de miel local, d'huile d'olive, d'herbes aromatiques et d'épices.

**Dolores Promesas** MODE ET ACCESSOIRES
(922 28 97 46 ; www.dolorespromesas.com ; Calle Pilar 4 ; 10h30-14h et 17h30-20h30 lun-ven, 10h30-14h sam). La célèbre créatrice de mode espagnole, Dolores Promesas, puise son inspiration dans son enfance. La modeste mercerie de son grand-père, à Cadix, recélait une myriade de tissus, boutons et rubans. Des créations destinées à tous les âges et tous les styles, allant des T-shirts imprimés décontractés aux robes vaporeuses en soie légère.

## Renseignements

**Office du tourisme** (922 23 95 92 ; www.todotenerife.es ; Plaza España ; 9h-17h lun-ven, 9h30-14h sam-dim). Un tour de ville à pied d'une heure (inclus dans le ticket de bus City View) part de l'office du tourisme à midi.

## Depuis/vers Santa Cruz de Tenerife

### BATEAU

Les ferrys partent de l'Estación Marítima Muelle Ribera (p. 147).

Un ferry Trasmediterránea (p. 147) part tous les vendredis à 23h59 de Santa Cruz à destination de Las Palmas de Gran Canaria (à partir de 27 €, 8 heures 30), Puerto del Rosario, Fuerteventura (à partir de 32 €, 20 heures 30) et Arrecife, Lanzarote (à partir de 35 €, 24 heures).

Naviera Armas (p. 147) gère un important service de ferrys dans l'archipel au départ de Santa Cruz, et dessert Las Palmas de Gran Canaria (à partir de 38 €, 2 heures 30, 21/sem), Morro Jable, Fuerteventura (à partir de 70 €, 6 heures 30, 1/jour), Puerto del Rosario, Fuerteventura (à partir de 83 €, 11 heures 30, 1/jour) et Arrecife, Lanzarote (à partir de 94 €, 11 heures, 1/jour lun-ven).

**Fred Olsen** (902 10 01 07 ; www.fredolsen.es) propose 3 à 6 ferrys par jour de Santa Cruz à Agaete, dans le nord-ouest de la Grande Canarie (42 €, 1 heure 15), où vous pouvez prendre son bus gratuit jusqu'à Las Palmas (35 min).

### BUS

Les bus TITSA partent de la **gare routière** (www.titsa.com ; Avenida Tres de Mayo), à côté de l'Avenida Constitución. Principales lignes :

**Bus n$^{os}$014 et 015** La Laguna (1,45 €, 20 min, toutes les 10 min)

**Bus n°102** Puerto de la Cruz via La Laguna et l'aéroport de Tenerife Norte (5,25 €, 55 min, toutes les 30 min)

**Bus n°103** Puerto de la Cruz (5,25 €, 40 min, plus de 15/jour)

**Bus n°110** Los Cristianos et Playa de las Américas (9 €, 1 heure, toutes les 30 min)

### TRAMWAY

Une ligne de tramway (www.metrotenerife.com) relie le centre de Santa Cruz et La Laguna. Le billet coûte 1,35 € et le trajet dure 40 minutes.

### VOITURE ET MOTO

Les agences de location de voitures sont nombreuses. Pour celles de scooters, essayez **Cooltra** (663 76 81 16 ; www.cooltra.com ; Paseo Milicias de Garachico 2 ; 9h-14h et 16h-19h lun-ven, 9h-15h sam).

## Comment circuler

### DEPUIS/VERS L'AÉROPORT

De l'**aéroport de Tenerife Norte**, le bus TITSA n°20 (2,65 €, 20 min) rallie Santa Cruz, tout comme les bus n$^{os}$102, 107 et 108, qui desservent tous la gare routière principale Intercambiador, dans le centre. Un taxi coûte environ 20 € de Tenerife Norte à Santa Cruz.

### BUS

TITSA gère les bus urbains autour de Santa Cruz. De la gare routière, plusieurs bus passent régulièrement par le centre (Plaza General Weyler et Plaza España), dont les n$^{os}$910 et 914. Les bus n$^{os}$920 et 921 suivent des itinéraires circulaires. Un trajet coûte 1,25 €.

### TAXI

Les principales stations de taxis de Santa Cruz incluent une **station** sur la Plaza España et une autre à la gare routière.

### VOITURE ET MOTO

Se garer dans les rues est difficile en centre-ville, mais des parkings payants sont installés sous la Plaza España et dans le Mercado de Nuestra Señora de África, près de l'Avenida de San Sebastián.

## NORD-EST DE L'ÎLE

Péninsule en grande partie verdoyante et sauvage qui se jette dans les eaux déchaînées de l'Atlantique, le nord-est de Tenerife possède des paysages superbes. La région, qui se distingue par les reliefs des monts Anaga, est émaillée de sentiers de randonnée, de routes bordant les falaises et de villages isolés. Cette réserve de biosphère abrite l'une des dernières forêts de l'ère tertiaire de la planète, appelée *laurisilva* (laurisylve). C'est aussi un fantastique terrain de jeu pour les trekkeurs et les explorateurs.

# La Laguna

153 000 HABITANTS

La Laguna est largement considérée comme la plus belle ville de Tenerife. Facile à visiter dans la journée depuis Santa Cruz ou Puerto de la Cruz, son centre historique est un joyau, avec des rues étroites bordées de demeures aux tons pastel, des bars attrayants et des boutiques typiques.

Le plan de la ville a servi de modèle à nombre de villes coloniales d'Amérique latine et, en 1999, La Laguna a été classée au patrimoine mondial de l'Unesco. Ville universitaire, elle se distingue par le dynamisme de sa jeunesse et une *marcha* (vie nocturne) particulièrement animée.



## À voir

Les principaux sites se regroupent dans le centre historique. Ne redoutez pas de vous perdre : tout le *barrio* ressemble à un musée d'architecture à ciel ouvert.

### ♥ Calle San Agustín — RUE

Flânez dans la Calle San Agustín (ci-contre) pour admirer de splendides maisons collées les unes aux autres. N'oubliez pas de lire, sur les majestueuses façades, les plaques de métal qui donnent des explications historiques fascinantes sur ces édifices (en espagnol et en anglais). Plusieurs d'entre eux ont été reconvertis en bureaux (généralement aménagés autour d'une grande cour centrale), auxquels vous pourrez peut-être jeter un coup d'œil.

### ♥ Museo de la Historia de Tenerife — MUSÉE

(Casa Lercaro ; www.museosdetenerife.org ; Calle San Agustín 22 ; adulte/- 8 ans 5 €/gratuit ; 9h-20h mar-sam, 10h-17h dim et lun). Si les documents, cartes, armes et outils d'époque de ce musée sont intéressants, la Casa Lercaro, demeure du XVIe siècle qui l'abrite, est remarquable, avec ses parquets anciens, sa galerie en bois finement sculptée et son patio. Ne manquez pas les deux magnifiques calèches des XVIIIe et XIXe siècles exposées dans un espace distinct, à l'arrière du musée (ouvert de 12h à 15h). Ce dernier est gratuit les vendredis et samedis à partir de 16h.

### Iglesia de Nuestra Señora de la Concepción — ÉGLISE

(Plaza Concepción ; tour 2 € ; billetterie 10h-14h lun, 10h-17h mar-ven). Construite en 1502, cette église, l'une des premières de l'île, a été remaniée à maintes reprises. Elle conserve des éléments gothiques et plateresques ; les plafonds en bois sculpté de style mudéjar sont superbes. Remarquez les fonts baptismaux où étaient traditionnellement baptisés les Guanches (ceux qui n'avaient pas été exterminés), puis grimpez les 5 étages de la tour pour une vue époustouflante sur la ville et au-delà (achetez votre billet avant d'entrer dans l'église).

### ♥ Catedral — CATHÉDRALE

(www.lalagunacatedral.com ; Plaza Catedral ; 5 € ; 8h-18h lun-sam, 8h-14h dim). Les travaux de reconstruction de cette magnifique cathédrale furent achevés en 1915. Dans la chapelle, un joli retable baroque du XVIe siècle est dédié à la Virgen de los Remedios. Ne manquez pas les impressionnantes peintures de Cristóbal Hernández de Quintana, l'un des meilleurs artistes de l'archipel au XVIIIe siècle, et la splendide chaire en marbre de Carrare sculptée par le Génois Pasquale Bocciardo en 1762. Un audioguide est inclus dans le prix d'entrée.

### ♥ Convento de Santa Clara — COUVENT, MUSÉE

(angle Calle Anchieta et Calle Viana ; adulte/enfant 3 €/gratuit ; 10h-17h mar-ven, 10h-14h lun). Ce couvent, le plus intéressant de tous ceux de La Laguna, est réputé pour son superbe balcon en bois treillissé et son cloître. Le musée occupe 9 salles et contient des œuvres d'art et des artefacts parmi les plus précieux de la collection du couvent, dont un magnifique autel en argent du XVIIIe siècle. Une présentation audiovisuelle de 10 minutes (en espagnol et en anglais) explique la fascinante histoire du couvent depuis sa fondation en 1547 par 10 religieuses franciscaines.

À NE PAS MANQUER

## LES DEMEURES CANARIENNES DE LA LAGUNA

Belles façades aux doubles portes en bois, balcons sculptés et ornements en pierre grise caractérisent les demeures du XVIe au XVIIIe siècle de La Laguna, superbement préservées ; d'élégantes fenêtres aux persiennes en bois cachent de frais patios ombragés, entourés de vérandas, soutenues par des colonnes en bois élancées.

La Calle San Agustín et les rues alentour sont bordées de jolies maisons anciennes. Admirez la superbe façade de la **Casa del Montañés** (Calle San Agustín 16 ; ⌚10h-19h lun-ven) avec ses cadres de fenêtres sculptés. Détruite par un incendie en 2006, la **Casa Salazar** (Calle San Agustín 28 ; ⌚10h-19h lun-ven) possède une belle et austère façade baroque et deux ravissants patios. L'imposante **Casa de los Capitanes Generales** (Calle Obispo Rey Redondo 5 ; ⌚9h-20h lun-ven, 9h-14h sam-dim ; ⌚spectacles uniquement), à côté de l'*ayuntamiento* (mairie), accueille l'office du tourisme. L'ancienne demeure du peintre surréaliste Óscar Dominguez, **Calle Carrera 66**, se distingue par sa façade bleue.

Une exubérante opulence caractérise la façade et l'intérieur du **Teatro Leal** (Théâtre royal ; www.teatroleal.es ; Calle Obispo Rey Redondo 54), du XIXe siècle, ouvert au public uniquement pour les représentations.

Chaque fois que vous voyez une porte ouverte, jetez un coup d'œil à l'intérieur – avec un peu de chance, le patio sera également ouvert, mais n'oubliez pas qu'il s'agit souvent d'habitations privées ou de bureaux. Afin de découvrir la beauté que cache La Laguna derrière ses lourdes portes et ses murs épais, n'hésitez pas à rejoindre l'une des visites guidées organisées par l'office du tourisme (p. 161).



**Fundación Cristino de Vera** GALERIE D'ART
(www.fundacioncristinodevera.com ; Calle San Agustín 18 ; adulte/enfant 3 €/gratuit ; ⌚11h-14h et 17h-20h lun-ven, 10h-14h sam). La principale galerie d'art de la ville accueille à la fois d'excellentes expositions temporaires et une collection permanente d'œuvres du fameux artiste contemporain Cristino de Vera, né à Santa Cruz de Tenerife en 1931. Elle propose aussi une présentation audiovisuelle de l'artiste et de son œuvre (sous-titrée en anglais).

**Santuario del Cristo** ÉGLISE
(Santuario del Santísimo Cristo de La Laguna ; Plaza San Francisco ; ⌚8h-13h et 16h-20h45 lun-jeu et sam, jusqu'à 21h ven et dim). Au nord du vieux quartier, cette église abrite un christ en bois noirci, le crucifix le plus vénéré de l'île. Soyez discret, car la plupart des personnes présentes sont des fidèles venus prier.

**Iglesia y ex-convento de San Agustín** ÉGLISE
(Calle San Agustín ; ⌚10h-20h mar-ven, 10h-15h sam-dim). Suite à un incendie en 1964, l'église a perdu son toit. Aujourd'hui en ruine, elle est inaccessible, mais une brèche dans le mur permet de voir ce qu'il en reste et les plantes qui envahissent la structure. Les cloîtres, remplis de plantes et de fleurs tropicales, sont sans doute les plus beaux de la ville et ouverts au public. Les salles qui les entourent contiennent une galerie d'art avec des expositions fréquemment renouvelées d'œuvres locales.

**Museo de la Ciencia y el Cosmos** MUSÉE
(☎922 31 52 65 ; www.museosdetenerife.org ; Avenida de los Menceyes 70 ; tarif plein/enfant/étudiant 5 €/gratuit/3,50 €, planétarium 1 € ; ⌚9h-20h mar-sam, 10h-17h dim et lun ; P). Si vous aimez pousser des boutons et méditer sur les forces de la nature, vous apprécierez ce musée qui traite de concepts scientifiques clés de manière amusante et pédagogique. À 1,5 km au sud de la Plaza Adelantado, et facilement accessible par le tramway vers Santa Cruz (qui s'arrête devant), il compte aussi un *planetario* (planétarium) où observer les étoiles en plein jour.

### Fêtes

**Corpus Christi** FÊTE RELIGIEUSE
La Fête-Dieu est célébrée avec faste à La Laguna et à La Orotava. D'immenses tapis floraux composés de tonnes de poussière volcanique, de pétales, de feuilles et de branches reproduisent des scènes bibliques élaborées dans les rues et sur les places. La date change chaque année, mais c'est toujours en juin.

**Romería de San Benito Abad** FÊTE RELIGIEUSE
(1er dim de juil). Cette fête, l'une des plus importantes de La Laguna, a lieu en l'honneur du saint patron des paysans et des récoltes.

## Où se restaurer et prendre un verre

La Laguna possède un excellent éventail de restaurants. Les rues autour de la cathédrale offrent le meilleur choix.

La plupart des bars se concentrent dans El Cuadrilátero, un petit rectangle au nord-est de l'université. Au cœur de ce dernier, la Plaza Zurita piétonne se résume à deux rangées parallèles de bars et de pubs.

**Tasca 61** ESPAGNOL €
(Calle Viana 61 ; plats 7-10 € ; 12h30-15h30 et 19h30-22h30 mer-ven, 19h30-22h30 sam-dim). Des produits bio locaux, la philosophie slow food et des fromages *artesanal* constituent les caractéristiques de ce petit restaurant, qui propose une sélection limitée de délicieux plats du jour. Même la bière provient de l'unique éco-brasserie de Tenerife, Tierra de Perros.

**La Casa de Oscar** CANARIEN €
(922 26 52 14 ; Calle Herradores 66 ; plats 8-10 €, pintxos 1,80 € ; 8h-minuit). Cette adresse fait toujours salle comble, en particulier le week-end, quand les habitants affluent en famille pour se régaler de plats, comme le thon grillé et sauce à la coriandre, les omelettes aux saucisses épicées ou les viandes grillées au *mojo* (sauce épicée). Les moins affamés pourront s'installer à une table-tonneau et grignoter quelques *pintxos* (tapas) à la galicienne, présentés sur le bar.

**Guaydil** CANARIEN €€
(922 26 68 43 ; www.restauranteguaydil.com ; Calle Deán Palahí 26 ; plats 10-16 € ; 13h30-16h40 et 20h-23h30 lun-jeu, 13h30-16h30 et 20h30-23h30 ven-sam ; ). Rien ne déçoit dans ce restaurant délicieusement contemporain au cadre rigolo. Les plats sont habilement préparés, joliment présentés et à des prix raisonnables. Un conseil si vous commandez une salade : demandez une demi-portion car les portions sont énormes et le personnel n'y verra pas d'objection. Couscous, crêpes aux crevettes, curry de poulet et sorbet cubain au mojito font partie des spécialités.



### SAVEURS DE TENERIFE

La scène culinaire de Tenerife a énormément évolué et, désormais, l'île compte 5 restaurants qui se partagent 6 étoiles au guide Michelin.

Ne confondez pas la cuisine traditionnelle de Tenerife avec celle de l'Espagne continentale ; les différences sont réelles, même si les tapas espagnoles sont omniprésentes. Les plats locaux reflètent des influences arabes et latino-américaines, avec plus d'épices, dont le cumin, le paprika et les piments séchés.

Comme dans le reste de l'archipel, le produit de base par excellence est le *gofio*, des céréales grillées qui remplacent le pain et peuvent être mélangées à des amandes et des figues pour confectionner des pâtisseries. La *cabra* (chèvre) et le *cabrito* (chevreau) constituent les principales sources de protéines animales. Le *conejo en salmorejo* (lapin mariné dans un mélange de feuilles de laurier, d'ail et de vin) est courant, tout comme les ragoûts (*potaje, rancho canario* ou *puchero*). Les poissons sont aussi rois, tels les fameux chinchards (*chicharros*) de Santa Cruz de Tenerife, qui ont valu aux habitants leur surnom de *chicharreros*.

Également recommandé, le *sancocho canario*, un plat de poisson salé accompagné de *mojo* (sauce relevée à base d'ail et de piments rouges). Le *mojo* accompagne habituellement les *papas arrugadas* (pommes de terre ridées), des petites pommes de terre nouvelles bouillies avec leur peau et salées.

Le vin de Tenerife commence à se forger un nom. Le plus réputé et le premier à obtenir une DO (*Denominación de Origen*) est le rouge Tacoronte Acentejo. Les vins produits à Icod de los Vinos et à Güimar méritent aussi l'attention. Parmi les autres boissons locales figurent La Dorada, une bière de style lager brassée à Santa Cruz de Tenerife. Première éco-brasserie artisanale de l'archipel, Tierra de Perros (www.facebook.com/CervezaArtesanalTierraDePerros), basée à Los Realejos, produit bières blondes et brunes.

**NUB** FUSION €€€

(☎922 07 76 06 ; www.nubrestaurante.com ; Calle de la Nava y Grimon 18 ; menu 75-95 € ; ⏰19h-21h30 mer-jeu, 13h30-14h30 et 20h-22h ven-sam, 13h-14h30 dim). Récemment primé par une étoile Michelin, le NUB, dans le Laguna Gran Hotel, fait des merveilles culinaires sous la houlette du couple (marié) de chefs Andrea Bernadi et Fernanda Fuentes Cárdenas. Ils marient avec brio des saveurs canariennes, italiennes et chiliennes, créant un ensemble de menus dégustation superbement présentés et servis dans un cadre très élégant.

**Casa Viña** BAR

(☎922 63 37 29 ; www.bodegasinsulares.es ; Plaza Concepción ; ⏰11h-minuit lun-jeu, 11h-15h ven-sam ; 📶). L'une des meilleures options pour un verre en terrasse en observant le spectacle de la rue. À quelques pas de la magnifique Iglesia de Nuestra Señora de la Concepción, cette *vinoteca* appartient à la très respectée cave Viña Norte, basée à Tacorante. Dégustez un verre de leur vin pour quelques euros. Propose également de bonnes tapas.

## Achats

**Pisaverde** CHAUSSURES

(☎922 31 41 28 ; www.pisaverdestore.com ; Calle Juan de Vera 7 ; ⏰10h-20h30 lun-ven, 11h-14h30 sam). Les chaussures de Pisaverde valent le coup d'œil : faits à la main, mélangeant cuir et autres matériaux (dont certains recyclés, comme des pneus de voiture), les modèles ont un design unique, ainsi que des couleurs vives et audacieuses. Si vous désirez vous démarquer avec des chaussures inimitables, cette boutique est pour vous. Prenez le temps d'admirer les impressionnantes bottes de drag-queen.

## Renseignements

**Office du tourisme** (☎922 63 11 94 ; www.webtenerife.com ; Calle Obispo Rey Redondo 7 ; ⏰9h-16h30 lun-ven). Demandez la brochure *San Cristóbal de La Laguna, World Heritage Site*, et renseignez-vous sur les visites gratuites des sites historiques de La Laguna, qui ont lieu du lundi au vendredi à 11h30 (mieux vaut réserver).

## Depuis/vers La Laguna

De nombreux bus circulent entre la **gare routière Intercambiador Laguna** (Avenida Ángel Guimerá Jorge) de La Laguna et Santa Cruz. Le n°015 (1,45 €, 25 min) est le plus pratique, car il rejoint directement la Plaza España. Les bus n^os^101, 102 et 103 rallient aussi régulièrement Puerto de la Cruz (4,10 €, 1 heure). Pour La Orotava (3,15 €, 1 heure 30), prenez le bus n°62.

Le très pratique tramway relie aussi La Laguna au centre-ville de Santa Cruz (1,35 €, 40 min).

# San Andrés

Le village de San Andrés, composé de rues étroites et ombragées que bordent des maisons de pêcheurs aux couleurs vives, se situe à 6 courts kilomètres au nord-est de Santa Cruz. Il mérite une visite pour sa tour ronde du XVIIIe siècle aujourd'hui en ruine, le **Castillo de San Andrés** (qui joua un rôle dans la bataille de Santa Cruz de Tenerife, en 1797, durant laquelle Horatio Nelson y perdit son bras droit), ses quelques bons restaurants de poisson et la **Playa de las Teresitas**, une superbe plage située au nord du village. La route en provenance de Santa Cruz longe le flanc sud des impressionnants monts Anaga.

## Depuis/vers San Andrés

Le bus n°910 (1,25 €, 20 min), qui relie fréquemment Santa Cruz et San Andrés, continue jusqu'à Playa de las Teresitas.

# Monts Anaga

Les monts Anaga, qui s'étendent à travers la pointe nord-est de Tenerife, offrent des paysages déchiquetés et des chemins de randonnée parmi les plus spectaculaires de l'île. Si la marche ne vous tente pas, vous pouvez découvrir ces montagnes accidentées en parcourant en voiture les nombreux lacets de la TF-12, la route qui relie La Laguna et San Andrés. Faites aussi le court détour escarpé jusqu'à Taganana par la TF-134.

De petites routes relient les villages aux hameaux éparpillés entre les sommets et les vallées de cette région montagneuse. Le meilleur moyen de l'explorer est de louer une voiture et de consacrer un jour ou deux à Afur, Chamorga, Benijo et autres bourgades du coin, puis, à l'instar de la majorité des voyageurs, de faire une randonnée sur les sentiers qui sillonnent les alentours de Cruz del Carmen.

### LES "GUACHINCHES" : FESTOYER COMME UN CANARIEN

Abri de jardin, salon familial, garage vide, ce ne sont que quelques-uns des endroits typiques où trouver des *guachinches*, des gargotes sans prétention qui servent des repas maison traditionnels à moins de 10 €. Particulièrement répandus dans le Nord et très courus le week-end, les *guachinches* sont difficiles à dénicher quand on n'est pas du coin. Pour obtenir des informations, téléchargez l'application Android ou Apple guachapp, ou consultez la page Facebook *Guachinches de Tenerife*, régulièrement actualisée.

### À voir et à faire

Si la bourgade de Taganana n'offre guère d'intérêt, il suffit de continuer sur quelques kilomètres au nord pour rejoindre la côte et Roque de las Bodegas, qui compte plusieurs petits restaurants et bars. Les surfeurs locaux apprécient sa plage et plus encore le rivage rocheux d'Almáciga, à 1,25 km à l'est.

#### Randonnée

Pour explorer les sommets enveloppés de brume, vous devez quitter la route et continuer à pied. Le principal centre des visiteurs est le **Centro de Visitantes** (922 63 35 76 ; www.gaprural.com ; 9h30-16h), à la Cruz del Carmen, à peu près à mi-chemin entre La Laguna et Taganana sur la TF-12. Peuplée d'oiseaux qu'on entend gazouiller sans les voir, la forêt de lauriers qui entoure le centre des visiteurs est une jungle d'arbres noueux couverts de mousses. Plusieurs chemins bien balisés sillonnent cette forêt, dont un de 5 minutes accessible aux fauteuils roulants et aux poussettes. Une autre marche facile (1,8 km ; 30 min aller-retour) conduit au **Llano de los Loros**, un superbe point de vue. Le centre des visiteurs vous renseignera sur ces chemins et d'autres plus exigeants.

### Où se restaurer

**La Ola** INTERNATIONAL €
(922 59 03 06 ; Caserío Roque de las Bodegas 12 ; plats 9-12 € ; 11h-17h30 mar-dim). Situé à l'écart des lieux touristiques du bord de mer, ce restaurant vous fera découvrir l'île sous un autre jour. Consciencieux et prévenant, le propriétaire propose une courte carte de plats savoureux à base d'ingrédients locaux de première fraîcheur, notamment du porc rôti canarien, des crevettes à l'ail, des hamburgers maison, des cannellonis au cabillaud, du riz noir et quelques options végétariennes.

### Depuis/vers les monts Anaga

Les bus n°s 76, 77, 273 et 275 (1,45 € chacun) vont de La Laguna au Centro de Visitantes de Cruz del Carmen. Le bus n°76 continue jusqu'à Afur (1,45 €). De Santa Cruz, le bus n°946 (1,25 €) rallie Taganana, puis Almáciga, après Roque de las Bodegas. Pour Chamorga, prenez le bus n°947 (1,25 €) au départ de Santa Cruz.

## CÔTE NORD DE L'ÎLE

La côte nord de Tenerife présente un visage complètement différent, d'un point de vue géographique, culturel et climatique, de celui de la côte sud, baignée de soleil et ponctuée de stations balnéaires. Il y règne une atmosphère plus civilisée et les paysages présentent une diversité plus grande. Le climat y est plus frais et plus imprévisible, avec des précipitations un peu plus importantes, même si le soleil fait de nombreuses apparitions. Chaque ville possède son microclimat : il peut pleuvoir dans une localité, tandis que le soleil brille toujours dans le village voisin.

## Puerto de la Cruz

29 500 HABITANTS

S'étirant sur les côtes nord de Tenerife, Puerto de la Cruz est la doyenne du tourisme à Tenerife, accueillant des visiteurs étrangers depuis le XIXe siècle, quand elle était une villégiature prisée des ladies victoriennes. La ville, à l'ambiance nonchalante, est aujourd'hui une destination agréable avec un cachet certain et une histoire riche. Elle possède d'élégantes promenades en planches, des plages sûres pour la baignade, des restaurants traditionnels, une place centrale ombragée et de jolis parcs, jardins et églises.

### Histoire

Avant d'accéder au statut de ville indépendante au début du XXe siècle, Puerto de la

Cruz n'était que le port de la riche région de La Orotava, exportant bananes, vin, sucre et cochenilles (insectes produisant une teinture rouge), et favorisant le développement d'une bourgeoisie prospère au XVIIIe siècle. Les Anglais arrivèrent au XIXe siècle, d'abord des marchands, puis des visiteurs en quête de soleil, marquant le début de la vocation touristique de la ville.

## À voir

La **Plaza Europa**, esplanade moderne construite en 1992, s'intègre bien au cadre historique alentour et constitue un bon point de départ pour visiter la ville. La **Casa de la Aduana** (Calle Lonjas ; 9h-20h lun-ven, 9h-17h sam-dim), l'ancien hôtel des douanes (1620), non loin du front de mer, abrite aussi l'office du tourisme. À l'est se dresse l'**Ayuntamiento** (mairie), ainsi que plusieurs églises et demeures canariennes.

**Museo de Arte Contemporáneo** MUSÉE
(Casa de la Aduana, Calle Lonjas ; adulte/enfant 1,50 €/gratuit ; 10h-14h lun-sam). Premier musée d'art contemporain ouvert en Espagne (en 1953), il possède une collection bien présentée d'œuvres de grands artistes étrangers, espagnols et canariens tels que Will Faber, Óscar Domínguez et César Manrique. Le cadre, l'ancien hôtel des douanes, est presque aussi attrayant que les œuvres d'art.

**Museo Arqueológico** MUSÉE
(www.museosdetenerife.org ; Calle Lomo 9 ; adulte/enfant 1 €/gratuit ; 10h-13h et 17h-21h mar-sam, 10h-13h dim). Ce petit musée bien agencé offre un aperçu du mode de vie guanche avec des reproductions d'un habitat troglodytique typique et d'une grotte funéraire, où des pots et des ornements en argile attestent la croyance des Guanches en une vie après la mort. La pièce la plus intéressante est une petite idole en argile, l'une des rares jamais découvertes.

**Plaza del Charco** PLACE
Centrale, la magnifique "place de la Flaque" doit son nom au fait qu'elle était inondée par la mer à chaque tempête. Ombragée de ficus et de palmiers des Canaries et bordée de bars et de restaurants, elle constitue le principal lieu de rendez-vous de la ville, avec des kiosques, des bancs et une aire de jeux pour les enfants.

**Iglesia de Nuestra Señora de la Peña de Francia** ÉGLISE
(Calle Quintana ; 8h-18h). Cette jolie église du XVIIe siècle comporte trois nefs, un plafond de bois mudéjar et une effigie en bois sculpté du Gran Poder de Dios, un des saints les plus vénérés de la ville, datant de 1706. Parmi les chapelles latérales, l'une est dédiée à la Virgen del Carmen. Un luxuriant jardin paysager, agrémenté de fleurs, de palmiers et de *dragos* (dragonniers), entoure le parvis.

**Ermita de San Juan** MONASTÈRE
(Calle San Juan 7). Construit entre 1599 et 1608, l'Ermita de San Juan, qui jouxte l'**Iglesia de San Francisco** (10h-21h30), est l'édifice le plus ancien de la ville.

**Castillo de San Felipe** CHÂTEAU
(922 37 30 39 ; Paseo Luis Lavagi 12 ; 10h-13h et 17h-20h mar-sam). Ce modeste mais imposant château, à côté de la Playa Jardín, accueille, sur deux niveaux, diverses expositions d'art temporaires, et offre un programme régulier de théâtre et de danse. Au rez-de-chaussée trône un piano à queue sur lequel vous pourrez exécuter quelques arpèges.

**Jardín Botánico** JARDIN
(922 92 29 81 ; Calle Retama 2 ; adulte/enfant 3 €/gratuit ; 9h-18h ; P). Créé en 1788, ce superbe jardin botanique contient des milliers de plantes provenant du monde entier. Aux vastes collections d'espèces tropicales et tropicales s'ajoutent une grande variété de palmiers, un jardin d'herbes aromatiques et un gigantesque figuier australien de la baie de Moreton vieux de 200 ans. Un endroit charmant pour flâner l'après-midi parmi la végétation. Le jardin est bien indiqué si vous venez en voiture. La plupart des bus interurbains s'arrêtent à proximité en sortant de la ville. En taxi, comptez environ 8 €.

**Jardins aquatiques Risco Belle** JARDINS
(Parque Taoro ; adulte/enfant 4 €/gratuit ; 9h30-18h ; P). Il ne s'agit pas d'un quelconque jardin ancien : passez l'entrée et vous arrivez sur une vaste pelouse émaillée de tables et de chaises, de plantes tropicales (oiseaux de paradis et poinsettias) et d'arbres à agrumes. Dans l'ancienne maison principale, un café sert boissons et en-cas. Moyennant un droit d'entrée modique, vous pourrez aussi visiter les splendides jardins aquatiques peuplés de hérons et de libellules, et dotés de bancs et d'une fausse tour d'observation.

# Puerto de la Cruz

## Puerto de la Cruz

**Les incontournables**
1 Jardins aquatiques Risco Belle............. F4

**À voir**
2 Ayuntamiento ......................................... E2
Casa de la Aduana..........................(voir 7)
3 Castillo de San Felipe...........................A3
4 Ermita de San Juan ................................ E2
5 Iglesia de Nuestra Señora de la Peña de Francia.......................... E2
6 Museo Arqueológico ...............................C2
7 Museo de Arte Contemporáneo...........D2
8 Plaza Charco ..........................................D2
9 Jardin Sitio Litre .................................. G4

**Activités**
10 Don Quijote............................................ G1
11 Lago Martiánez.........................................G1

**Où se restaurer**
12 Bodega Julian .......................................... C2
13 La Cofradía de Pescadores.................... E1
14 Malaika ..................................................... C2
15 Regulo....................................................... D2
16 Restaurante Mil Sabores ........................ D2
17 Rosa Negra ................................................F2
18 Tapas Arcón.............................................. D3

**Où prendre un verre et faire la fête**
19 Agora ......................................................... C2
20 Ebano Café............................................... E2

**Où sortir**
21 Blanco Bar.................................................. D3

Oasis de verdure remplie de chants d'oiseaux, ces jardins semblent à mille lieues du tohu-bohu de la côte. À ne pas manquer !

**Playa Martiánez** PLAGE
(Avenida Colón). Cette longue plage de sable se situe à l'extrémité est de la ville, où une grande jetée transforme les grosses houles de l'Atlantique en vagues plus douces, idéales pour apprendre à surfer. À l'instar des autres plages de la ville, elle est couverte de sable noir volcanique, composé de minuscules particules de basalte.

**Jardin Sitio Litre** JARDIN
(www.jardindeorquideas.com ; Camino Robado ; adulte/enfant 4,75 €/gratuit ; 9h30-17h). Ce ravissant jardin comporte des allées, des fontaines, des plantes et fleurs tropicales et tropicales, ainsi que le plus ancien *drago* (dragonnier) de la ville. L'attraction majeure est la promenade dans la serre remplie d'orchidées, joliment présentées et accompagnées de légendes. Le jardin abrite un attrayant café en terrasse et une boutique de souvenirs (étonnamment kitsch). Une brochure gratuite explique l'histoire du jardin, liée aux Britanniques.

### Activités

**Lago Martiánez** NATATION
(922 37 05 72 ; Avenida Colón ; adulte/enfant 3,50/1,20 € ; 10h-crépuscule). Conçu par le Canarien César Manrique, ce parc aquatique comprend 4 piscines d'eau de mer et un grand "lac" central. Il peut être aussi bondé que les petites plages volcaniques alentour. Venez nager, bronzer et manger dans l'un des nombreux restaurants et bars.

**Hotel Botánico Spa** SPA
(922 38 14 00 ; www.hotelbotanico.com ; Avenida Richard J Yeoward 1, Puerto de la Cruz). Cet hôtel haut de gamme possède un spa pour des soins de bien-être, une pagode thaïlandaise dans un jardin luxuriant pour des massages thaïlandais traditionnels, et un hammam.

### Cours

**Don Quijote** LANGUE
(922 36 88 07 ; www.donquijote.org ; Avenida Colón 14 ; stage intensif 1 sem 185 €, inscription 55 €, livret 35 €). Organisation nationale qui offre des cours d'espagnol individuels ou en groupe, y compris des cours pour les plus de 50 ans (avec des activités adaptées le week-end).

### Fêtes et festivals

**Carnaval** FÊTE CULTURELLE
Ne se laissant pas dépasser par Santa Cruz, Puerto de la Cruz offre des festivités tout aussi débridées pour le carnaval, en février.

**San Juan** FÊTE RELIGIEUSE
(23 juin). La veille de la Saint-Jean, des feux de bois éclairent le ciel et, souvenir de l'époque guanche, des chèvres (et d'autres animaux) sont traînées dans la mer au large de Playa Jardín pour un bain rituel (certains voyageurs pourront trouver ce rite choquant).

**Fiesta de los Cacharros** FÊTE CULTURELLE
(29 nov). Lors de cette fête insolite, célébrée à Taganana, à Icod de los Vinos et à Puerto de la Cruz, les enfants courent dans les rues en traînant derrière eux vieilles casseroles,

poêles, bouilloires, pièces de voiture, boîtes de conserve ou tout ce qui peut faire un bruit infernal, le tout en l'honneur de saint André (San Andrés).

## Où se restaurer

Puerto de la Cruz est une importante destination gastronomique. **La Ranilla**, l'ancien quartier des pêcheurs à quelques rues au nord de la Plaza del Charco, abrite les restaurants les plus novateurs de la ville.

**Tapas Arcón** TAPAS €

(Calle Blanco 8 ; tapas 3-4,50 € ; 12h-15h30 et 18h-23h mer-lun). Cette adresse est un véritable enchantement. La totalité de la carte est fantastique, mais les *papas arrugadas* (pommes de terre ridées) avec *mojo* (sauce épicée) et les sauces spéciales Arcón (amande et piment doux, ou persil et coriandre) sont incontournables.

**Rosa Negra** TAPAS €

(822 10 74 08 ; Calle la Hoya 30 ; tapas à partir de 4,50 € ; 11h30-22h lun-ven). Un petit bar à tapas couru sous les palmiers de la Calle la Hoya, où l'on peut s'installer à l'abri d'un parasol en terrasse pour observer le théâtre de la rue tout en savourant de bonnes tapas peu onéreuses. Au menu : *papas arrugadas* (pommes de terre ridées), *chistorra* (saucisse canarienne), *calamares a la Romana* (calamar frit), *pimientos de padrón* (piments Padrón), etc.

**Bodega Julian** CANARIEN €

(686 556315 ; Calle Mequínez 20 ; plats 4,50-10 € ; 18h-23h lun-sam). La courte carte de cette bodega est une agréable alternative aux menus à rallonge multilingues d'autres établissements. Parmi les spécialités de la maison, qui ont su fidéliser la clientèle, citons le succulent rôti d'agneau (10 €) et la musique *live* (les propriétaires, mari et femme, sont guitariste et chanteuse). Réservation conseillée.

**Malaika** VEGAN €

(922 19 57 14 ; Calle Mequínez 49 ; plats 4-10 € ; 10h-17h mer-dim ; ). Ce nouvel établissement lumineux aux lignes pures, avec tables en bois brut et coussins verts, offre un service souriant et une cuisine végane saine. Les mets sont peu nombreux, mais délicieux, et incluent des hamburgers végétaliens, une soupe de lentilles corail au curry et des lasagnes véganes.

**Tito's Bodeguita** CANARIEN €€

(922 08 94 36 ; www.titosbodeguita.com ; Camino de Duraznol ; plats 10-16 € ; 12h30-23h lun-sam). Si l'emplacement manque de charme près d'un rond-point fréquenté à quelques kilomètres au sud du centre-ville, les patios, le jardin fleuri et l'intérieur plein de cachet de cette demeure campagnarde du XVIII^e siècle sont enchanteurs. Les plats, inspirés de la cuisine canarienne traditionnelle, comportent une touche novatrice ; les portions sont énormes et se partagent facilement. Réservez, car l'endroit est très couru.

**Regulo** CANARIEN €€

(922 38 45 06 ; Calle de Pérez Zamora 16 ; plats 14-19 € ; 12h30-15h et 18h-22h30 mar-sam). Le cadre de ce restaurant est féerique : il occupe un bâtiment vieux de 200 ans, avec des sols irréguliers et qui craquent, des meubles rustiques et de petites salles à manger installées sur 3 niveaux et qui entourent une cour centrale arborée. La cuisine canarienne, qui attire autant les habitants que les touristes, est raffinée, mais ne cherche pas l'ultra-sophistication : saumon au champagne, filet de bœuf garni au camembert, sauce au poivre et poisson en croûte de sel figurent à la carte.

**Restaurante Mil Sabores** MÉDITERRANÉEN €€

(922 36 81 72 ; Calle Cruz Verde 5 ; plats 9-16 € ; 12h-23h tlj sauf jeu). Temple autoproclamé de la cuisine méditerranéenne moderne, ce beau restaurant à la façade bleue se distingue tout autant par sa décoration que par sa cuisine. La carte affiche des quiches maison avec légumes rôtis, de l'avocat aux crevettes tigrées ou des boulettes au jambon ibérique et un plat mariant à la perfection porc, pommes et bacon. L'endroit est assez chic, sans être guindé. Réservation recommandée.

**La Cofradía de Pescadores** POISSON €€

(922 38 34 09 ; Calle Lonjas 5 ; plats 12-20 € ; 12h-15h). Venez ici savourer les prises du jour, ou les acheter sur le stand voisin pour les cuisiner vous-même. Faites attention aux prix, car certains plats de poisson sont vendus au poids. La terrasse à l'arrière bénéficie de la vue sur le port de pêche.

## Où prendre un verre et sortir

Puerto de la Cruz possède une scène latina effervescente, concentrée dans les bars et night-clubs de la Calle Obispo Pérez Cacéres.

### Ebano Café
CAFÉ

(922 38 86 32 ; Calle la Hoya 2 ; 9h-23h30 ; ). Ce café est installé dans un superbe bâtiment qui s'est patiné avec le temps et arbore nombre d'éléments d'origine. Idéal pour siroter un cocktail ou un bon capuccino en surfant sur Internet. Installez-vous en terrasse dans l'un des confortables fauteuils en osier (rapidement pris, ne tardez pas) avec vue sur l'église. Sert aussi des tapas.

### Agora
BAR À COCKTAILS

(Plazoleta de Benito Pérez Galdós 6 ; 10h-12h30 mar-dim, 15h-23h lun ; ). Ce café et bar à cocktails est toujours bondé. Expositions d'art, livres à emprunter, magazines à feuilleter et tables donnant sur l'une des plus jolies places de la ville. C'est un lieu très agréable où l'on profite du soleil le matin en se relaxant sur une chaise en bambou. On y sert des tapas et, en soirée, des cocktails à partir de 4 €.

### Abaco
SALLE DE CONCERT

(922 37 01 07 ; www.abacotenerife.com ; Casa Grande, El Durazno ; 13h-14h et 18h30-23h). Cette sublime demeure historique, à 1,5 km au sud-est du centre-ville, accueille des concerts de musique classique le dimanche soir et de musique folklorique canarienne le mercredi. Avec ses meubles d'époque, ses œuvres d'art originales et ses ornementations, l'intérieur est ravissant. Le bar (avec sport à la TV) est attrayant, mais les boissons vous coûteront sans doute plus cher que la course en taxi pour revenir en ville.

Le musée (10 €) peut être visité avec un guide de 10h à 13h30 (tlj sauf mar et dim).

### Blanco Bar
MUSIQUE LIVE

(620 95 51 97 ; www.blancobar.com ; Calle Blanco 12 ; 20h-3h dim-jeu, 21h-5h30 ven-sam ; ). Outre des concerts, le programme comprend des pièces comiques, réservées aux hispanophones (consultez le site Internet au préalable). L'ambiance est excellente avec des boissons à prix raisonnables et l'entrée gratuite pour la plupart des concerts. Accueille aussi des expositions d'art.

## Renseignements

**Office du tourisme** (922 38 60 00 ; www.todotenerife.es ; Casa de la Aduana, Calle Lonjas 5 ; 9h-20h lun-ven, 9h-17h sam-dim)

## Depuis/vers Puerto de la Cruz

Les bus partent de la Calle Hermanos Fernández Perdigón (au sud de l'ancienne gare routière, aujourd'hui abandonnée). Des bus fréquents desservent Santa Cruz (5,25 €, 55 min) ; le n°103 est direct, tandis que le n°102 passe par l'aéroport de Tenerife Norte et La Laguna. Le bus n°30 (30 min) dessert également l'aéroport de Tenerife Norte.

## Comment circuler

Les bus longue distance qui partent de Puerto de la Cruz ou passent par la ville font souvent office de bus urbains. Alternativement, les taxis sont largement disponibles (un trajet de 15 min coûte environ 5 €).

**Bike Spirit** (822 04 42 58 ; www.bikespirit.es ; Calle Mequínez 49 ; vélo à partir de 20 €/jour ; 9h30-14h et 17h-20h lun-sam) loue des vélos de ville et des VTT, et propose des circuits.

# La Orotava

41 720 HABITANTS

Avec La Laguna, La Orotava est l'une des plus jolies villes de Tenerife, et l'une des plus authentiquement canariennes de l'archipel : rues pavées, places fleuries et plus de demeures castillanes que le reste de l'île. La vallée luxuriante qui entoure la ville a été l'une des régions les plus prospères des Canaries depuis le XVI$^{e}$ siècle. La plupart des églises et manoirs furent édifiés au XVII$^{e}$ siècle (certains datant du XVI$^{e}$ siècle). Plantée de bananiers, de châtaigniers et de vignes, la région est aussi excellente pour la randonnée, avec un réseau de chemins qui traversent les forêts de pins des Canaries et surplombent à 1 200 m la plaine côtière. L'office du tourisme peut vous conseiller sur les itinéraires.

## À voir

Les demeures traditionnelles aux balcons en bois ouvragés, semblables à des galions de pirates, sont entourées de jardins soignés. La **Plaza Constitución**, vaste et ombragée, est un bon endroit d'où démarrer. Sur le côté nord-est de la place se dresse l'**Iglesia de San Agustín** (horaires variables), une église modeste avec un plafond en bois sculpté.

### Casa de los Balcones
ÉDIFICE HISTORIQUE

(www.casa-balcones.com ; Casa Fonesca, Calle San Francisco 3 ; cour et musée 5 € ; 8h30-18h30). Cette demeure ornementée de 1632, avec

## La Orotava

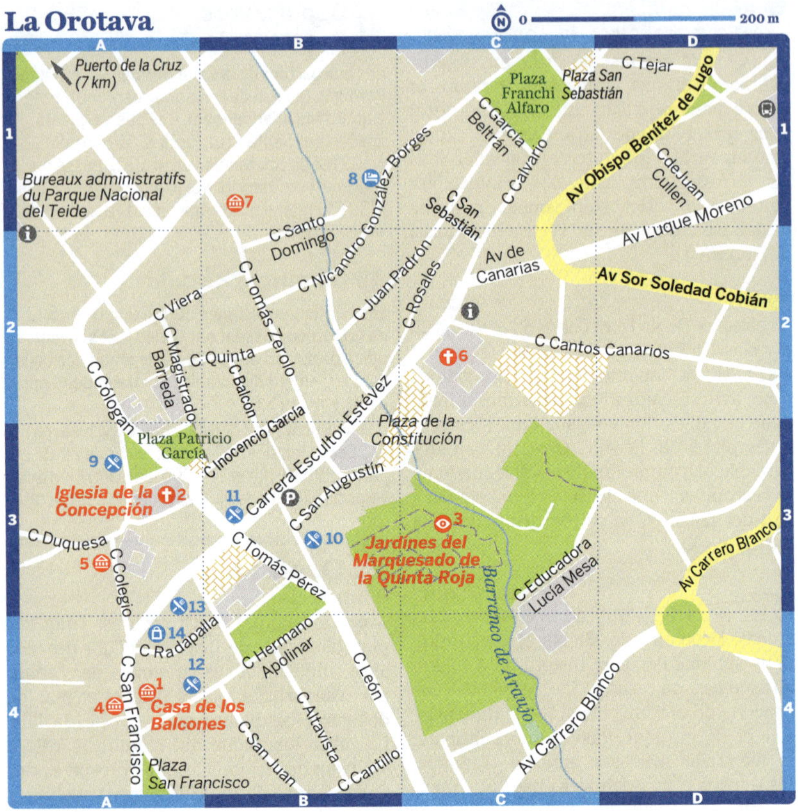


## La Orotava

**Les incontournables**
1 Casa de los Balcones ........ A4
2 Iglesia de la Concepción ........ A3
3 Jardínes del Marquesado de la Quinta Roja ........ C3

**À voir**
4 Casa del Turista ........ A4
5 Casa Lercaro ........ A3
6 Iglesia de San Agustín ........ C2
7 Museo de Artesanía Iberoamericana ........ B1

**Où se loger**
8 Hotel Alhambra ........ B1

**Où se restaurer**
9 Bar la Duquesa ........ A3
10 Casa Egon ........ B3
11 Relieve Restaurant ........ B3
12 Restaurante Victoria ........ A4
13 Sabor Canario ........ A3

**Achats**
14 Canarias Concept ........ A4
MAIT ........ (voir 7)

des balcons qui agrémentent sa façade et d'autres qui entourent un patio central, jouit d'un cadre sublime. À l'étage, un musée présente des objets anciens, des photos et des souvenirs qui donnent une idée de la vie que l'on y menait. Négligez les importations chinoises et admirez les superbes dentelles locales ; vous verrez peut-être une démonstration.

**Jardínes del Marquesado de la Quinta Roja** JARDINS
(Plaza de la Constitución ; 9h-20h lun-ven, 9h30-20h30 sam-dim). GRATUIT Ces jardins à la française datant du XVIIIe siècle – également

appelés Jardín Victoria – dévalent en terrasses à flanc de colline. Ils sont couronnés d'un petit mausolée en marbre destiné au Marqués de la Quinta Roja. Toutefois, l'épouse et la mère du marquis se disputèrent à sa mort sur le lieu de sépulture et la crypte ne fut pas utilisée pour sa dépouille ; on ne sait pas ce qu'elle recèle.

**Iglesia de la Concepción** ÉGLISE
(www.concepcionorotava.info ; Plaza Patricia García ; 9h-20h). Au centre de la ville, cette splendide église fut construite en 1516, détruite par les séismes de 1704 et 1705, et reconstruite en 1768. Aujourd'hui, avec sa façade à 3 pans et ses 3 clochers de 24 m de hauteur, elle est considérée comme l'un des plus beaux exemples d'architecture baroque de l'archipel. L'intérieur est époustouflant, avec ses sculptures en bois et en pierre, ainsi que ses superbes vitraux.

**Casa Lercaro** ÉDIFICE HISTORIQUE
(922 33 06 29 ; www.casalercaro.com ; Calle del Colegio 5-7 ; restaurant 9h-19h lun-jeu, 9h-18h30 ven, 10h-minuit sam). Cette demeure du XVIe siècle est largement considérée comme l'édifice le plus représentatif du style traditionnel des îles Canaries. Les boiseries finement sculptées de motifs baroques, y compris les magnifiques balcons traditionnels, méritent toute votre attention. La cour intérieure, agrémentée de palmiers et de plantes, fait dorénavant office de restaurant ; on y trouve aussi une boutique d'objets décoratifs et un café.

**Casa del Turista** ÉDIFICE HISTORIQUE
(Calle San Francisco 4 ; 9h-18h30). Cet ancien couvent du XVIe siècle accueille aujourd'hui une galerie d'art, une boutique de perles de Tenerife et une autre d'art et d'artisanat qui expose en permanence un tapis en sable volcanique, semblable à ceux réalisés pour la Fête-Dieu.

**Museo de Artesania Iberoamericana** MUSÉE
(musée d'Artisanat ibéro-américain ; Calle Tomás Zerolo 34 ; adulte/enfant 2 €/gratuit ; 9h-18h lun-ven, 9h30-14h sam). Installé dans l'ancien Convento de Santo Domingo, ce musée est consacré aux relations culturelles entre les Canaries et les Amériques. La collection comprend une très grande variété d'instruments de musique, des céramiques et divers objets anciens, dont beaucoup en provenance d'Amérique latine. Excellente boutique de souvenirs proposant un vaste choix.

## Fête

**Corpus Christi** FÊTE RELIGIEUSE
Célébrée avec faste à La Orotava, la Fête-Dieu a lieu en juin (la date change tous les ans). Des tapis floraux composés de pétales, de feuilles et de branches couvrent les rues. Sur la Plaza del Ayuntamiento, des scènes bibliques sont créées avec des sables colorés d'El Teide.

## Où se restaurer

Prisés des touristes, les nombreux restaurants de La Orotava se regroupent principalement autour de la Plaza de la Constitución et près de la Casa de losBalcones.

**Bar la Duquesa** CANARIEN €
(Plaza Patricio García 6 ; plats 6,50-8,50 € ; 7h-16h lun-ven, 8h-15h sam). Ouvert depuis 1942, cet établissement familial et prisé est décoré de vieilles photos, de gourdes décoratives et d'ustensiles agricoles. La carte comprend de roboratives spécialités locales comme la soupe de poulet, le ragoût de lentilles, la paella, les poivrons farcis, le porc grillé et la salade de saumon. Des tables sont disposées sur les pavés, à l'ombre de l'église.

**Relieve Restaurant** BOULANGERIE €
(www.boutiquerelieve.com ; Calle Carrera Escultor ; gâteaux 0,80-2 € ; 7h-21h30). Avec des délices comme la tarte aux myrtilles, les brownies aux deux chocolats, les macarons, les pâtisseries et un grand choix de pains, ce petit café-boulangerie est la meilleure adresse de la ville pour un en-cas sucré. Goûtez à la spécialité de la maison, la *patchanga,* un beignet onctueux à la crème. Vitrine de glaces donnant sur la rue. Bon choix de thés.

**Casa Egon** PÂTISSERIE €
(Calle León 5 ; gâteaux 0,80-1 € ; pâtisserie 10h-20h30 mer-dim, 10h-16h mar, restaurant 12h-20h30 mer-dim). Fondée en 1916, la plus ancienne *pasteleria* (pâtisserie) des Canaries conserve une ambiance d'antan avec ses peintures jaune pâle, d'antiques balances, un carrelage et des boiseries d'origine, comme une grande partie de la décoration. Parmi les gâteaux figurent les classiques locaux, tels les *roscos* à l'*anís* et le *cabello de angel* aux pommes. Restaurant traditionnel sans prétention à l'arrière.

## QUATRE MERVEILLEUX HÔTELS À TENERIFE

**Hotel Alhambra** (922 32 04 34 ; www.alhambra-orotava.com ; Calle Nicandro González Borges 19 ; avec petit-déj s 76-92 €, d 94-120 €, ste 136-150 € ; ). Dans le manoir La Orotava, belle demeure du XVIIIe siècle, parée de mobilier d'époque et de splendides œuvres d'art.

**El Jostel** (672 400922 ; www.eljostel.com ; Calle Santa Rosalia 73 ; dort/d 22/45 € ; ). Cette adorable auberge de 4 chambres arbore de beaux éléments d'époque, tels que les volets d'origine dans les dortoirs.

**Hotel La Quinta Roja** (922 13 33 77 ; www.quintaroja.com ; Glorieta de San Francisco ; s/d avec petit-déj 88/122 € ; ). Avec sa splendide façade ocre en face de la place principale de Garachico, cette demeure restaurée du XVIe siècle est merveilleusement centrale.

**Iberostar Grand Mencey** (922 60 99 00 ; www.iberostar.com ; Calle Dr José Naveiras 38 ; d/ste avec petit-déj à partir de 147/215 € ; P). Le seul cinq-étoiles de Santa Cruz est un excellent choix pour qui en a les moyens. Les chambres avec vue sur le jardin méritent que l'on paie le supplément.

**Restaurante Victoria** INTERNATIONAL €€
(922 33 16 83 ; www.hotelruralvictoria.com ; Calle Hermano Apolinar 8 ; plats 9-16 € ; menu 11 € ; 13h-15h30 et 19h30-21h30 ; ). Un superbe restaurant installé dans l'élégant atrium de l'Hotel Rural Victoria. Les plats, comme le confit de canard au safran et la spécialité canarienne, le lapin au *salmorejo* (marinade de feuilles de laurier, ail et vin) aux pommes de terre *mojo*, ou encore la *mus de gofio con almendras* (mousse de *gofio* aux amandes), sont présentés avec raffinement.

**Sabor Canario** CANARIEN €€
(www.hotelruralorotava.es ; Hotel Rural Orotava, Calle Carrera Escultor 17 ; plats 10-15 € ; 12h-15h30 et 18h-22h mar-sam ; ). Ce fabuleux restaurant, installé dans le patio verdoyant de l'Hotel Rural Orotava, sert une succulente cuisine traditionnelle. L'édifice, une splendide vieille maison canarienne remplie de souvenirs, ne gâte rien à votre repas. Un menu est destiné aux végétariens (15-17 €).

## Achats

**Canarias Concept** ART ET ARTISANAT
(www.canariasconcept.com ; Calle Carrera Escultor 23 ; 10h-19h lun-sam). Cette boutique ne vend que des articles et objets artisanaux fabriqués aux Canaries. La grande salle présente quantité de bijoux, poteries, œuvres d'art, jouets faits main, décorations, céramiques, savons, foulards et T-shirts. On y vend aussi des aliments, comme du miel de palmier, des pâtes à tartiner au cactus, des *tortas de almendras* (biscuits aux amandes) et des vins locaux.

**MAIT** ART ET ARTISANAT
(Museo de Artesania Iberoamericana ; 922 32 81 60 ; www.artenerife.com ; Calle Tomás Zerolo 34 ; 9h-18h lun-ven, 9h30-14h sam). Dans un couvent du XVIIe siècle, cette boutique de musée vend une belle sélection d'art et d'artisanat, principalement d'Amérique centrale et du Sud. Décorations et T-shirts du Mexique, tricots et santons du Pérou, tapis d'Argentine, paniers tressés de Colombie, ainsi que des jeux, des bijoux et des textiles aux couleurs vives sont présentés dans une pièce spacieuse et bien organisée.

## Renseignements

**Bureaux administratifs du Parque Nacional del Teide** (922 92 23 71 ; www.reservasparquesnacionales.es ; Calle Sixto Perera González 25 ; 9h-14h et 15h30-18h mar-dim). Enregistrez-vous ici pour l'ascension d'El Teide.

**Office du tourisme** (922 32 30 41 ; www.todotenerife.es ; Calle Calvario 4 ; 9h-17h lun-ven). Un itinéraire touristique bien signalé des principaux monuments de la ville part de là.

## Depuis/vers La Orotava

Se garer à La Orotava est un cauchemar. Si vous ne logez pas sur place, mieux vaut venir en bus de Puerto de la Cruz, à 9 km seulement. Le bus n°345 (1,45 €, 20 min) part environ toutes les demi-heures de 5h55 à 22h10 pour la gare routière à l'est de la ville. La marche est une option, La Orotava n'étant qu'à une heure de Puerto de la Cruz.

# Garachico

6 800 HABITANTS

Charmante bourgade dans une vallée profonde flanquée de versants boisés et d'une côte rocheuse, Garachico a réussi à conserver son identité (et à en tirer profit). Elle ne compte pas de grands hôtels, peut-être en raison de l'absence de vraie plage, bien que la baignade dans les criques rocheuses de la côte soit un plaisir rare. Ancienne ville pleine de cachet, Garachico tient son nom de l'îlot rocheux proche du littoral (*gara* signifie "île" en guanche, et *chico* "petit" en espagnol).

Jadis important port de commerce, Garachico subit une série de calamités : tempêtes, inondations, incendies, épidémies et, en 1706, une éruption volcanique qui détruisit le port et engloutit la moitié de la cité sous la lave. À la sortie de la ville, des chemins de randonnée suivent le tracé de la désastreuse coulée de lave.

## À voir

**Plaza Libertad** PLACE

L'âme de Garachico est la Plaza Libertad, avec ses grands palmiers, ses bâtiments anciens, ses terrasses de café et son animation.

**Iglesia de Santa Ana** ÉGLISE

(Calle Julio Rosquet Garcia ; église et musée 1 €, plus clocher 2 € ; 10h30-16h lun-ven). Près de la Plaza Libertad, la belle Iglesia de Santa Ana possède un grand clocher blanc, des portes du XVIe siècle, un ravissant plafond en bois et un musée. Il est possible de grimper au sommet du clocher moyennant 2 €.

**Parque de la Puerta de Tierra** PARC

(Calle Juan González de la Torre). Dans ce joli parc entretenu avec soin, près de la Plaza Juan González (ou Plaza Pila), la **Puerta de Tierra** (porte de la Terre) est le seul vestige de l'activité volcanique et de l'ancien port prospère de Garachico. Autrefois en bord de mer, la porte s'est retrouvée au centre de la ville après l'éruption.

**Castillo de San Miguel** CHÂTEAU

(Avenida Tomé Cano ; adulte/enfant 2 €/gratuit ; 10h-16h). Cette massive forteresse côtière en pierre, du XVIe siècle, abrite des photos et des explications sur la flore et la faune de la région, ainsi qu'une histoire chronologique de Garachico. Grimpez au sommet de la tour pour la très belle vue sur la ville et la côte.

## Fête

**Romería de San Roque** FÊTE RELIGIEUSE

(16 août). Lors de la plus grande fête annuelle de Garachico, pèlerins (et fêtards) affluent de tout Tenerife pour rendre hommage à San Roque (saint Roch), le saint-patron de la ville qui l'aurait sauvée de la "mort noire" (peste) en 1601.

## Où se restaurer

**Mirador de Garachico** CANARIEN €€

(922 83 11 98 ; www.miradordegarachico.com ; Calle Francisco Martínez de Fuentes ; plats 12-19 € ; 12h30-16h30 et 18h30-22h30 ven-mar ; ). À la fois bar-restaurant contemporain et jolie boutique d'art et d'artisanat, le Mirador sert des combinaisons inventives comme le gibier en sauce chocolat et poivre, ou les croquettes de poisson fumé avec épinards et

### TENERIFE POUR LES ENFANTS

Avec de nombreux sites et activités permettant de distraire les enfants (dans tous les sens du terme), Tenerife est une destination prisée des familles. En outre, la culture locale fait que les enfants sont bien accueillis où que vous alliez, y compris dans les restaurants et les bars.

Les plages des stations balnéaires du Sud (ainsi que Puerto de la Cruz) sont splendides, avec un sable parfait pour les châteaux et des eaux peu profondes. Les enfants plus âgés pourront aussi apprécier les sports aquatiques comme le surf ou la plongée : beaucoup d'écoles proposent des cours d'initiation et sont habituées à s'occuper des enfants. Surtout, n'oubliez pas de programmer une excursion en mer à la rencontre des baleines ou des dauphins. C'est une expérience qu'ils risquent de ne jamais oublier. Les enfants plus âgés apprécieront aussi probablement l'ascension du mont Teide avec ses paysages volcaniques fascinants.

Si la plage devient lassante, rejoignez les parcs à thème de Los Cristianos et de Playa de las Américas, tel le Siam Park (p. 179).

banane. Terminez le repas par un délicieux verre de liqueur de fruits de la passion.

### Renseignements

**Office du tourisme** (922 13 34 61 ; www.todotenerife.es ; Avenida República de Venezuela ; 10h-17h). Près du parking, dans le quartier du port. Plan de la ville (1 €).

### Depuis/vers Garachico

Le bus n°107 relie la ville à Santa Cruz (8,15 €, 2 heures), La Laguna, La Orotava et Icod de los Vinos ; le bus n°363 circule depuis/vers Puerto de la Cruz (3,75 €, 1 heure, jusqu'à 20/jour).

# CENTRE DE L'ÎLE

## Parque Nacional del Teide

Dominant Tenerife telle une sentinelle, le spectaculaire Pico del Teide (El Teide ; 3 718 m) n'est pas seulement le point culminant des Canaries, mais aussi le plus haut sommet d'Espagne, et le point d'orgue de toute visite de Tenerife. Le Parque Nacional del Teide, qui couvre 189,90 km² et englobe le volcan et l'arrière-pays alentour, est un site classé au patrimoine mondial de l'Unesco et le parc national le plus fréquenté d'Espagne, avec quelque 4 millions de visiteurs chaque année. Le coin est extraordinaire et englobe un paysage lunaire ensorcelant composé de formations rocheuses surnaturelles, de grottes fabuleuses et de sommets déchiquetés.

El Teide domine la pointe nord du parc. Si la pénible ascension de 5 heures (aller) ne vous tente pas, prenez le téléphérique.

Le secteur fut déclaré parc national en 1954 afin de protéger le paysage, qui compte 14 plantes endémiques à l'île. Fascinant sur le plan géologique, le parc contient des exemples de plus de 80% des types de formations volcaniques répertoriées dans le monde.

Le parc protège près d'un millier de sites archéologiques guanches, pour beaucoup inexplorés et tous non signalés afin d'éviter que des visiteurs curieux emportent des "souvenirs". Le pic est entouré de *cañadas*, des dépressions plates sans doute causées par un glissement de terrain massif il y a 180 000 ans.

Le parc est spectaculaire quelle que soit la saison. La plupart des grimpeurs tentent l'ascension d'El Teide en été – quand les conditions climatiques sont les plus stables –, mais le début du printemps est idéal pour découvrir le parc dans toute sa splendeur, quand les pentes inférieures commencent à se couvrir de fleurs et que le sommet, si vous avez de la chance, peut être encore coiffé de neige. Ceux qui viennent en voiture des chaudes plaines côtières sont surpris par la froidure dans le parc. En plein hiver, il arrive que la neige bloque les routes qui le traversent, et l'accès au sommet peut être fermé pendant des semaines.

### À voir

**Pico del Teide** MONTAGNE

(922 01 04 40 ; www.volcanoteide.com ; Carretera TF21 ; téléphérique adulte/enfant 27/13,50 € ; 9h-17h, 9h-19h juil-sept, 9h-18h oct ; P). Le téléphérique constitue le moyen le plus simple de grimper au sommet d'El Teide. La vue est splendide, sauf si un gros nuage couvre

**CARTES ET LIVRES**

Les cartes d'Editorial Everest comptent parmi les meilleures. Il existe plusieurs bons guides de randonnée à Tenerife, de plus en plus remplacés par des versions en ligne. Seul ouvrage traduit en français, *Tenerife – Les 70 plus belles randonnées entre mer et montagne* de Klaus et Annette Wolsperger (édité par Rother Walking Guides), indique les coordonnées GPS et a été actualisé en mai 2015.

Parmi les guides les plus intéressants en anglais, citons : *Walk! Tenerife* (3e édition, 2017, avec coordonnées GPS) et la carte jointe *Tenerife Hiking Map*, de David Brawn, publiés par Discovery Walking Guides ; *Walk this Way Tenerife*, d'Andrea et Jack Montgomery, utile et bien écrit ; *Tenerife Landscapes*, de Noel Rochford, publié par Sunflower (qui édite aussi *Southern Tenerife Landscapes* et *La Gomera Landscapes*) ; *Tenerife Car Tours and Walks*, également écrit par Noel Rochford et publié par Sunflower ; et enfin, *Tenerife: The Finest Walks on the Coast and in the Mountains* (édité par Rother Walking Guides).

### EL TEIDE : LES FORMALITÉS POUR GRIMPER AU SOMMET

Pour des raisons de sécurité et de protection de l'environnement, un système de permis restreint à 200 par jour le nombre de visiteurs autorisés à grimper. Vous pouvez réserver en ligne sur le site www.reservasparquesnacionales.es (suivez les liens jusqu'à celui du Parque Nacional del Teide), jusqu'à 14h la veille de l'ascension (dans la mesure des places disponibles). Mieux vaut s'y prendre très tôt, car les places sont souvent prises plusieurs mois à l'avance.

Vous pouvez choisir entre plusieurs créneaux de 2 heures pour l'ascension finale jusqu'au sommet. Outre le permis, prenez votre passeport ou votre carte d'identité (plus une photocopie), qu'on vous demandera certainement. Si vous manquez votre créneau, vous ne serez pas autorisé à franchir la barrière. Les permis pour le créneau 15h-17h doivent être utilisés avant 16h30 pour rester valables. On limite à 50 personnes le nombre de visiteurs sur le sentier en même temps. De la gare supérieure du téléphérique, une heure de marche conduit au sommet.

Sachez que de mauvaises conditions climatiques entraînent parfois la fermeture du sommet pendant des semaines. Le site Internet fournit des informations sur les fermetures et les réouvertures prévues pour les randonneurs.

le sommet. Par temps clair, la vallée volcanique s'étend majestueusement en contrebas, et vous pouvez voir les îles de La Gomera, La Palma et El Hierro émergeant de l'Atlantique. Le téléphérique parcourt 1 200 m en 8 minutes.

Les cabines du téléphérique transportent chacune 35 passagers et partent toutes les 10 minutes, mais venez tôt (avant 12h), car en période de pointe vous pourrez attendre 2 heures si vous n'avez pas réservé. Prendre votre billet sur Internet vous évitera bien des complications : pour payer, vous devrez choisir un créneau horaire (si vous êtes motorisé, préférez une visite le plus tôt possible pour pouvoir vous garer sur le parking ; sinon, prévoyez un laps de temps supplémentaire pour trouver une place).

Quelques mots d'avertissement : l'ascension est déconseillée à ceux qui souffrent de problèmes cardiaques ou respiratoires ; l'oxygène est rare dans les nuages. Il fait froid, aussi, quel que soit le temps en bas ; prévoyez un vêtement chaud. Sachez que les conditions climatiques obligent souvent à l'arrêt plus tôt que prévu du téléphérique ; des vents forts peuvent se lever soudainement et le téléphérique cesse de circuler presque aussitôt. Normalement, cela ne pose pas de gros problème aux visiteurs qui l'ont pris pour monter, car un gardien du parc dans la station au sommet les prévient de l'arrêt imminent. En revanche, ceux qui sont montés à pied et souhaitaient redescendre en téléphérique peuvent se retrouver bloqués.

**Roques de García** SITE NATUREL

(TF-21 ; P). À quelques kilomètres au sud du sommet d'El Teide, en face du Parador Nacional, une curiosité géologique se compose de colonnes de lave tordues, aux noms évocateurs comme le Doigt de Dieu ou la Cathédrale. Ce sont là les résultats de divers phénomènes : vieilles coulées de lave, érosion ou coulées verticales de magma. La plus curieuse est le **Roque Cinchado**, tandis que vers l'ouest s'étendent les étranges plaines désolées du **Llano de Ucanca**.

Le Roque Cinchado s'érode plus vite à la base qu'au sommet et finira par s'écrouler.

C'est par ailleurs l'endroit le plus populaire du parc, qui attire près de 90% des visiteurs, et le parking est toujours bondé.

Le chemin qui fait le tour des formations (1 heure 30) est aussi très emprunté, mais il offre des vues magnifiques et la randonnée est excellente, avec une portion en pente raide à la fin.

**Pico Viejo** SITE D'INTÉRÊT

Appeler cette montagne le "Vieux Pic" est quelque peu inapproprié, car il s'agit du dernier des volcans de Tenerife à avoir connu une éruption majeure. En 1798, son flanc sud-ouest s'est ouvert, laissant une entaille de 700 m. Aujourd'hui, on voit parfaitement où sont retombés les fragments de magma propulsés à 1 km dans les airs, tandis que des torrents de lave s'écoulaient d'une ouverture secondaire plus basse pour se figer sur les pentes.

Jusqu'à aujourd'hui, aucune herbe ni lichen n'est apparu sur le versant aride.

### LE JOUR OÙ EL TEIDE AVALA LE SOLEIL

Aujourd'hui, les scientifiques peuvent expliquer avec précision une éruption volcanique : le magma provenant de l'intérieur de la terre finit par percer la croûte terrestre et propulse cendres, roches, gaz et lave fondue. Les Guanches, qui vivaient à Tenerife avant la conquête espagnole, avaient une version plus romantique du phénomène. Selon leur légende, l'éruption du XIIIe siècle se produisit quand El Teide avala le soleil. Les Guanches croyaient que Guyota, le diable, vivait dans El Cheide (ancien nom d'El Teide). Un jour, quittant sa tanière souterraine, il vit le soleil. Jaloux de sa lumière, il s'en empara et le cacha dans son antre, provoquant la mort, la destruction et l'obscurité sur l'île. Les Guanches prièrent alors Chaman, le dieu du ciel, de les aider, et celui-ci combattit Guyota dans le volcan. Les Guanches surent que Chaman avait gagné quand ils virent un matin le soleil de nouveau dans le ciel et le volcan fermé par des rochers, enfermant le démon à jamais.

Cette légende coïncide parfaitement avec ce qui se produisit après l'éruption médiévale. Un nuage de cendres cacha le soleil, et la seule lumière que virent les Guanches venait de la bouche du volcan en activité, ce qui les amena à croire que le soleil y était enfermé. Les cendres toxiques durent tuer quantité de plantes et d'animaux, et les grondements qui suivirent l'éruption furent assimilés au "combat" qui se déroulait dans le volcan. Le "couvercle" qui enfermait Guyota dans El Cheide était composé de nouvelles roches volcaniques.

L'ascension de ce sommet est négligée par le plus grand nombre au profit du point culminant de l'Espagne, mais les connaisseurs l'estiment souvent plus impressionnante que celle du Teide, et certainement moins courue (vous pourriez vous retrouver seul). Le Pico Viejo a aussi l'avantage de ne pas nécessiter un permis spécial.

**Observatorio del Teide** OBSERVATOIRE
(www.iac.es ; Ⓟ). L'un des meilleurs endroits de l'hémisphère Nord pour observer des étoiles, l'Observatorio del Teide se tient près de la nationale TF24, entre La Laguna et le centre des visiteurs d'El Portillo. Des scientifiques viennent du monde entier à cet observatoire et à celui de La Palma pour étudier le ciel. Pour une visite gratuite de décembre à mars, et ajouter votre nom à ceux qui ont regardé à travers les télescopes géants, vous devez prendre rendez-vous (consultez le site Internet pour plus d'informations).

**Volcano Teide Experience** (☎922 01 04 44 ; www.volcanoteide.com ; visite 30 €) propose des visites de l'observatoire, ainsi qu'un certain nombre de soirées d'observation des étoiles et de promenades sous la pleine lune (en espagnol, anglais ou allemand).

## Activités

Les visiteurs viennent pour la plupart en bus ou en voiture et s'éloignent très peu de la nationale qui serpente à travers le centre du parc, laissant aux autres davantage d'espace pour l'explorer. De nombreux chemins traversent le terrain volcanique, longent des formations rocheuses uniques et grimpent jusqu'au sommet d'El Teide.

Pour une petite promenade en famille autour des Roques de García, vous n'aurez besoin que de chaussures confortables et de vêtements chauds. Toute autre randonnée plus ambitieuse nécessite de vraies chaussures et bâtons de marche, des vêtements chauds, des provisions d'eau et de nourriture, une carte et une boussole.

Si vous prévoyez l'ascension du Teide ou du Pico Viejo en hiver, sachez qu'ils sont souvent couverts d'un épais manteau neigeux. Vous aurez besoin d'un équipement d'hiver complet (polaires épais, blouson imperméable, gants, chapeau et lunettes de soleil). Les bâtons de marche sont indispensables et, sur certains itinéraires, les crampons sont nécessaires.

Des règles strictes définissent les zones accessibles du parc ; vous ne devez pas quitter les chemins balisés, bien que le tracé de certains sentiers en haute altitude soit très flou. Ne sous-estimez pas la difficulté de gravir le Teide : si ce n'est pas l'Himalaya, c'est une ascension difficile (surtout l'hiver) et la proximité de l'océan provoque de rapides changements de temps entraînant parfois la fermeture inopinée du téléphérique (bloquant ceux qui sont montés à pied et prévoyaient de redescendre en téléphérique).

**Randonnées en indépendant**

Le guide général du parc répertorie 21 itinéraires, de 600 m à 17,60 km, dont certains balisés. Chacun est noté selon son niveau de difficulté, de faible à extrême. Il est interdit de s'éloigner des chemins balisés, restriction compréhensible dans un environnement où le plus petit brin d'herbe doit se battre pour survivre.

La montée du niveau de la route jusqu'à **La Rambleta** en haut du téléphérique, puis la descente en cabine, ne représentent pas un effort considérable. Toutefois, ceux qui n'ont pas l'habitude de la randonnée trouveront cette marche épuisante.

Descendez du bus (demandez au chauffeur de s'arrêter) ou laissez votre voiture au petit parking en bord de route (signalé "Montaña Blanca" et "Refugio de Altavista"), à 8 km au sud du centre des visiteurs d'El Portillo et suivez la piste de 4x4 qui monte. En chemin, vous pouvez faire un court détour (30 minutes au plus), pratiquement plat, jusqu'au sommet arrondi de la **Montaña Blanca** (2 750 m), d'où la vue sur Las Cañadas et la sierra au-delà est superbe. Comptez 5 heures (aller) pour l'ascension jusqu'à La Rambleta. Si vous envisagez la descente en téléphérique, il est indispensable de prévoir suffisamment de temps (et de provisions) pour revenir à pied en cas de fermeture imprévue du téléphérique. Grimper au sommet de la Montaña Blanca et revenir constitue une randonnée moins exigeante (environ 2 heures 30 aller-retour).

Autre itinéraire, long mais relativement facile, **Las Siete Cañadas** (16 km), entre les deux centres des visiteurs, se parcourt en 4 à 5 heures selon votre rythme ; vous devrez prévoir un transport qui vous attendra à la fin de la randonnée.

La marche la plus spectaculaire et la plus difficile du parc grimpe au sommet du **Pico Viejo**, puis suit la crête qui le relie au Teide et monte jusqu'au sommet du Teide. Comptez au moins 9 heures (aller) et soyez prêt à descendre à pied si le téléphérique est fermé. Mieux vaut en fait marcher le premier jour jusqu'au Refugio de Altavista (3 270 m), y passer la nuit et continuer l'ascension jusqu'au sommet du Teide le lendemain matin ; cela vous laissera la majeure partie du deuxième jour pour descendre du Teide à pied si nécessaire.

## Renseignements

**Centre des visiteurs d'El Portillo** (☎922 92 37 71 ; www.reservasparquesnacionales.es ; Carretera La Orotava-Granadilla ; ⏲9h-16h ; Wi-Fi)

**Musée ethnographique Juan Évora** (☎922 92 23 71 ; TF-21 ; ⏲9h-15h45)

**Bureaux administratifs du Parque Nacional del Teide** (p. 170). À La Orotava.

## Depuis/vers le Parque Nacional del Teide

Seulement deux bus publics desservent le parc chaque jour : le n°348 en provenance de Puerto de la Cruz (6,20 €, 1 heure, 9h30) via La Orotava, et le bus n°342 depuis Los Cristianos (7 €, 1 heure 30, 9h30, 9h15 depuis Costa Adeje) ; tous deux arrivent au Parador Nacional et repartent à 16h.

Disposer de son propre véhicule est le meilleur moyen de visiter le parc. Quatre routes bien indiquées y conduisent. La TF-24 depuis La Laguna et la TF-21 depuis La Orotava (et Puerto de la Cruz) sont les plus jolies. La TF-21 est la seule route qui traverse le parc ; elle passe près du Parador Nacional, du téléphérique et des centres des visiteurs. Pour voir autre chose, vous devrez marcher. La TF-21 continue jusqu'à Vilaflor, tandis que la nationale TF-38 relie le parc à Chío et à Los Gigantes.

# Vilaflor

1 650 HABITANTS

La jolie bourgade de Vilaflor, sur les versants sud ensoleillés du mont Teide, est la plus haute localité de Tenerife et constitue une base superbe pour explorer le parc national. Sur la place principale se concentrent tous les sites d'intérêt, notamment les boutiques qui vendent des dentelles locales et des bars et restaurants traditionnels. Faites un tour dans l'église paroissiale du XVIe siècle, qui rend hommage à San Pedro, l'unique saint de Tenerife. À la périphérie de Vilaflor, le **Pino Gordo** (TF21 ; P) est un fabuleux pin des Canaries (*Pinus canariensis*) vieux de 800 ans, qui mesure 45 m de hauteur pour un tronc de 9,8 m de circonférence (p. 231).

Établissement douillet tenu par un couple, **El Rincón de Roberto** (☎922 70 90 35 ; Avenida Hermano Pedro 27 ; plats 7,50-19 € ; ⏲12h-18h lun, 12h-22h mer-sam, 12h-21h dim ; ✍) sert des plats typiquement canariens, comme le lapin en sauce *salmorejo*, de la viande de chèvre ou des travers de porc.

VAUT LE DÉTOUR

**ABAMA KABUKI**

Mêlant saveurs occidentales, canariennes et japonaises, le restaurant étoilé **Abama Kabuki** (☎902 10 56 00 ; Carretera General TF47, Guía de Isora ; plats 20-48 € ; ⌚restaurant 19h-22h45 mer-lun, terrasse 16h30-1h mer-lun ; ✎), à l'intérieur du Ritz-Carlton Abama, a été un tsunami dans le paysage culinaire de Tenerife (et a pu surprendre quelques personnes avec ses prix). Partagé entre sushi bar, restaurant et terrasse, il propose de véritables merveilles gustatives, comme les tranches de longe de bœuf de Galice à la sauce aux agrumes. Le menu dégustation (107 €) est sublime.

### ℹ Depuis/vers Vilaflor

Le bus n°482 (3,05 €, 40 min, 3/jour) relie Los Cristianos à Vilaflor. Le bus n°342 (3,50 €, 50 min) part tous les jours à 9h15 de Costa Adeje pour Vilaflor via Los Cristianos.

# NORD-OUEST DE L'ÎLE

## Punta de Teno

Si Platon confondit les Canaries avec l'Atlantide, ce fut sans doute en raison de lieux comme Punta de Teno. Cet endroit splendide, s'avançant dans l'Atlantique à l'extrémité nord-ouest de l'île, n'est plus un secret, mais conserve un charme sauvage que les visiteurs ne peuvent détruire. Ici, les vagues s'écrasent sur une plage volcanique noire, les montagnes solitaires s'élèvent tels des géants en arrière-plan et les couchers de soleil sont renversants. Vous pourrez pêcher depuis la pointe, vous baigner le long de la côte rocheuse ou simplement contempler le paysage.

Évitez de vous y rendre après de fortes pluies, car les glissements de terrain et les chutes de pierres sont fréquents.

De Garachico, prenez la nationale TF445 en direction de Buenavista del Norte et suivez les panneaux jusqu'à la Punta, à environ 7 km. Attention : la voie d'accès est fermée aux voitures les week-ends et jours fériés. Ces jours-là, il faut prendre le bus au départ de Buenavista del Norte. Le bus n°369 (1 €, 25 min) rallie Punta de Teno toutes les heures entre 10h10 et 18h05 les jeudis, vendredis, samedis et dimanches au départ de la gare routière de Buenavista del Norte.

## Santiago del Teide

10 750 HABITANTS

Cette petite ville, juste au nord-ouest de la lisière du parc national, sur la route de Los Gigantes et Garachico, constitue une excellente base pour qui veut visiter ces endroits et pour les randonneurs. De beaux chemins sillonnent les alentours et offrent une palette de couleurs étendue au printemps, quand fleurissent les cerisiers. Renseignez-vous auprès de l'**office du tourisme** (☎922 86 03 48 ; www.todotenerife.es ; Avenida de la Iglesia ; ⌚9h-16h mar-sam) pour plus de détails. Le bus n°460 (2,45 €, 35 min, 8/jour) circule entre Icod de los Vinos et Santiago del Teide.

## Masca

Masca est sans doute le village le plus spectaculaire de Tenerife. Accroché en équilibre précaire au bord d'une crête, il semble qu'un souffle de vent suffirait à le faire basculer dans le vide, au fond de la vallée. La route qui mène au village, et joue aux montagnes russes, est l'un des itinéraires routiers les plus incroyables de Tenerife (arrivez tôt pour éviter la foule).

### Activités

**Barranco de Masca** RANDONNÉE

Une randonnée populaire et exigeante descend le Barranco de Masca jusqu'à la mer. Comptez 6 heures de marche aller-retour, ou prenez le bus n°355 de Santiago del Teide à Masca à 10h35, descendez la gorge à pied, puis empruntez le ferry d'**Excursions Marítimas** (☎922 86 19 18 ; 15 €) pour revenir à Los Gigantes. Le *barranco* était fermé pour entretien lors de notre passage, mais il était prévu de le rouvrir avant la fin 2019. Renseignez-vous sur place.

**Parque Rural de Teno** RANDONNÉE

Le Parque Rural de Teno, accidenté et superbe, est prisé pour la randonnée ; si vous ne souhaitez pas marcher seul, El Cardón propose des guides qui partent

HORS DES SENTIERS BATTUS

### À LA POINTE DE TENERIFE

La pointe nord-ouest de Tenerife offre un paysage spectaculaire et préservé. De Garachico, suivez la nationale TF-42 vers l'ouest après Buenavista del Norte, puis la TF-445 jusqu'à Punta de Teno, sauvage et isolée (la route est fermée les week-ends et jours fériés).

Vous devez revenir à Buenavista pour prendre la nationale TF-436 qui passe par la montagne pour rejoindre Santiago del Teide. Virages et lacets obligent à ralentir et permettent d'admirer la vue. Des vallées en terrasses apparaissent derrière les montagnes escarpées et Masca est une halte idéale. En arrivant à Santiago, vous pouvez suivre la TF-82 au nord pour le retour vers Garachico ou au sud vers Los Gigantes, où des panneaux indiquent Playa de la Arena, une plage presque aussi jolie que Punta de Teno, mais plus construite.

les mercredis et samedis de Garachico, Los Silos ou Buenavista del Norte.

**El Cardón** RANDONNÉE
(922 12 79 38 ; www.elcardon.com). Ce prestataire très professionnel et établi de longue date organise des randonnées guidées dans le nord-ouest de Tenerife, autour de Masca et jusqu'à Pico del Teide. Propose aussi des sorties en kayak de mer et d'observation des baleines. Location de vélos.

## Fête

**Fiesta de la Consolación** CULTURE
La première semaine de décembre, les villageois en costume traditionnel apportent des *timples* (sorte de ukulélés) et autres instruments pour une soirée de musique canarienne.

## Depuis/vers Masca

Le bus n°355 (1,45 €, 30 min) circule 4 fois par jour depuis/vers Santiago del Teide.

# Los Gigantes et Puerto de Santiago

5 750 HABITANTS

Ces deux localités bordant le littoral se sont fondues en une seule, et l'ensemble s'intègre assez élégamment aux courbes du paysage. Les édifices bas et discrets de Los Gigantes et Puerto de Santiago vous plongent dans un monde complètement différent de celui de Los Cristianos et de Las Américas, au sud, par le charme des rues traditionnelles et les vues majestueuses depuis le littoral rocheux ponctué de criques. C'est l'une des régions balnéaires les plus attrayantes de Tenerife, où vos journées de farniente sur la plage ou d'exploration se termineront dans la lumière dorée des couchers de soleil.

Juste au nord de Los Gigantes se dresse la silhouette spectaculaire des Acantilados de los Gigantes (falaises des Géants). La base sous-marine de ces falaises est un paradis pour la vie marine, et l'un des plus beaux sites de plongée de l'île.

## À voir

Si vous recherchez plus d'espace pour un bain de soleil, rejoignez la **Playa de la Arena** (Avenida Marítima), une plage volcanique prisée des familles, un peu plus au sud. Les localités d'Alcalá et de Playa de San Juan se trouvent encore plus au sud, sur la côte. Les chemins vallonnés qui partent du littoral, entre les deux villages, sont également agréables et permettent de découvrir le rythme de vie plus traditionnel de la région.

**Acantilados de los Gigantes** SITE NATUREL
(falaises des Géants). Ces impressionnantes et sombres parois rocheuses, hautes de 600 m et jaillissant de l'océan, offrent un spectacle géologique naturel magnifique. À l'heure du coucher du soleil, la vue est encore plus spectaculaire. Les plus belles vues sur les falaises se découvrent de la mer (de nombreuses compagnies offrent de courtes croisières) et de la Playa de los Gigantes. Au bout de la Calle Tabaiba, vous pourrez suivre le chemin qui mène jusqu'à un point de vue naturel d'où se déploie un beau panorama.

## Activités

L'abondante vie marine en fait la meilleure zone de l'île pour la plongée, ainsi que pour l'observation des baleines et des dauphins.

**Los Gigantes Diving Centre** PLONGÉE
(☎922 86 04 31 ; www.divingtenerife.co.uk ; port de Los Gigantes ; plongée avec location équipement 53 €, plongée d'initiation 75 € ; ⌚9h30-17h lun-sam). Cet immense centre de plongée est l'un des meilleurs de Tenerife. Divers stages PADI sont proposés, jusqu'au niveau Divemaster, ainsi que des stages BSAC (British Sub-Aqua Club). Propose aussi du snorkeling (25 €). Réduction de 10 € si le paiement est en espèces.

**Katrin Whale & Dolphin Tours** BATEAU
(☎922 86 03 32 ; www.dolphinwhalewatch.com ; Calle Poblado Marinero, Los Gigantes ; safari 1 heure 30 20 € ; ⌚11h-16h30). Un tour-opérateur réputé qui n'emmène que 12 passagers ou des groupes avec des besoins particuliers. Le *Katrin* ne navigue plus, mais les propriétaires ont un nouveau bateau, un peu plus grand, baptisé *Carolin Sophie* (avec assez d'espace pour bronzer). Trois départs par jour, à 11h, 13h15 et 16h30. Bâteau également disponible à la location.

## Où se restaurer

**Tas-k** TAPAS €
(☎922 86 23 28 ; Calle Los Guíos 16, Los Gigantes ; tapas 2,50-8 € ; ⌚11h-23h mar-sam). La réservation est indispensable pour se restaurer dans cet établissement niché dans une ruelle près du port. La carte compte 27 tapas, du tartare de saumon frais au cabillaud ibérique en passant par les croûtons aux anchois et la simple bruschetta à la tomate. Les plats du jour sont inscrits sur le tableau noir.

**El Mesón** CANARIEN €€
(☎922 86 04 76 ; www.mesondomingo.com ; Calle La Vigilia, Puerto de Santiago ; plats 10-14 € ; ⌚7h-22h30 lun-sam ; wifi). Ne soyez pas dubitatif en découvrant le menu traduit en 9 langues : les habitants considèrent ce restaurant comme l'un des meilleurs de la ville. Le propriétaire, un personnage, est volubile. La carte propose un excellent choix de poissons et de fruits de mer, ainsi que des plats de viande canariens et espagnols, dont un succulent ragoût de lapin, une délicieuse épaule d'agneau et un cochon de lait rôti (à commander la veille).

**El Rincón de Juan Carlos** CANARIEN €€€
(☎922 86 80 40 ; www.elrincondejuancarlos.es ; Pasaje de Jacaranda 2, Los Gigantes ; plats 15-25 €, menus à partir de 29 € ; ⌚19h-22h lun-sam). Ce superbe restaurant, l'un des meilleurs de l'île et étoilé au Michelin, est proche de la grand-place à Los Gigantes. Il fait la part belle aux produits de la mer : essayez le somptueux grand *menú* (à partir de 60 € avec vins assortis), ou optez pour les huîtres Gillardeau n°3 aux pommes, les langoustines sauce sriracha, ou le thon sauce bordelaise. Réservation indispensable.

## Renseignements

**Office du tourisme** (☎922 86 03 48 ; www.todotenerife.es ; Avenida Marítima, Playa de la Arena ; ⌚9h30-16h30 lun-ven, 9h30-12h30 sam). Dans un petit centre commercial, en face de Playa de la Arena.

**Office du tourisme** (www.santiagodelteide.org ; Avenida José González Forte 10 ; ⌚8h-14h lun-ven). Kiosque très petit, mais pratique, au cœur de Los Gigantes.

## Depuis/vers Los Gigantes et Puerto de Santiago

Le bus n°473 circule depuis/vers Los Cristianos pour Puerto de Santiago (4,45 €, 1 heure 15) et Los Gigantes (4,65 €, 1 heure 15), et le bus n°325 (7,10 €, 1 heure 45, 6/jour) depuis/vers Puerto de la Cruz pour Los Gigantes.

Le trajet de 40 km depuis Los Cristianos est bien indiqué. Les bus n$^{os}$477 et 473 circulent régulièrement entre Los Gigantes, Puerto de Santiago, Playa de la Arena, Alcalá et Playa de San Juan.

# CÔTE SUD DE L'ÎLE

Cœur de la région touristique et destination de prédilection pour la majorité des vacanciers amoureux des plages, la côte sud de Tenerife est une impressionnante étendue de *resorts* avec piscines, de sable importé et d'édifices en béton. C'est un royaume scintillant prisés des retraités en T-shirts et lunettes de soleil, où se côtoient parcs à thème, petits déjeuners continentaux complets, pubs irlandais, scooters pour personnes à mobilité réduite, centres commerciaux, concerts et bars animés... mais qui n'a pas grand-chose à voir avec les Canaries. Si vous êtes là pour le soleil, c'est une base idéale, où l'on peut pratiquer des sports nautiques, se baigner, bronzer et se détendre sous un parasol.

# Los Cristianos, Playa de las Américas et Costa Adeje

ENVIRON 150 000 HABITANTS

À la pointe sud-ouest de Tenerife, le soleil est aveuglant et le sable étincelant. C'est aussi le royaume des enseignes au néon. Les grands hôtels-clubs avec buffets à volonté ont transformé cette région de pêche somnolente en un secteur balnéaire méga-lucratif. Les longues plages de sable comptent parmi les plus animées et les mieux adaptées aux enfants de l'île, d'où leur popularité auprès des familles. La vie nocturne comblera les noctambules et les restaurants sont légion.

La vieille ville de Los Cristianos conserve encore (de justesse) l'ambiance d'un village de pêcheurs, tandis que, juste après, Playa de las Américas, avec ses grands hôtels, ses centres commerciaux clinquants, ses fausses statues romaines et ses pyramides, évoque le kitsch de Las Vegas. De là, la Costa Adeje s'étend au nord sans interruption, bordée d'hôtels de luxe, de restaurants et de night-clubs sophistiqués et de plages superbes.

## À voir

**Puerto de Los Cristianos** PORT

(Los Cristianos). La superbe étendue de sable doré qu'est la Playa de Los Cristianos est flanquée à l'ouest par le Puerto de Los Cristianos, un port où mouillent des yachts privés, des bateaux de pêche et ceux destinés aux touristes proposant toutes sortes d'activités, des petites croisières (parfois avec concert) aux sorties de pêche.

**La Caleta** SECTEUR

Sur la Costa Adeje, cette station balnéaire située au nord de la Playa del Duque, est centrée autour de plusieurs hôtels, dont le Sheraton La Caleta Resort and Spa. La plage principale est la Playa de la Enramada (p. 183), une longue étendue de sable volcanique. Vous y découvrirez aussi la Mirador Stone Pebble Beach, où les visiteurs ont construit des centaines de pyramides de galets, excellent sujet photographique au soleil couchant.

**Siam Park** PARC DE LOISIRS

(☎902 06 00 00 ; www.siampark.net ; Autopista del Sur sortie 28 ; adulte/enfant 37/25 € ; ⌚10h-18h mai-oct, 10h-17h nov-avr ; P). Plus grand parc à thème du sud de Tenerife, l'impressionnant Siam Park offre la possibilité de dévaler un toboggan vertical haut de 28 m, de surfer dans une piscine, de glisser dans les entrailles d'un dragon et d'acheter des bibelots sur un marché flottant de Bangkok. L'accès est gratuit pour les jeunes pousses de moins de 3 ans.

## Activités

### Randonnée

**Barranco del Infierno** RANDONNÉE

(☎922 78 00 78 ; www.barrancodelinfierno.es ; Calle de los Molinos ; adulte/enfant 8,50/4,25 € ; ⌚horaires d'entrée 8h-14h30). Cette excellente randonnée (environ 3 heures 30 aller-retour) démarre non loin du Restaurant Otelo (Costa Adeje), au nord du village de Fañabé, et suit un sentier sur 6,5 km à travers le ravin. Attention : seules 300 personnes par jour peuvent effectuer le *barranco* – réservez votre billet et votre place en ligne, et arrivez à temps pour ne pas rater votre créneau.

### Plongée

La côte volcanique et les eaux calmes sont excellentes pour la plongée. Comptez à partir de 35 € pour une plongée standard.

**Ola Diving Center** PLONGÉE

(☎822 66 48 76 ; www.ola-aventura.com ; Avenida de Colón, Costa Adeje ; ⌚9h-17h). Ola Diving Center propose sans doute le plus grand choix de sorties en plongée (loisirs, techniques, spéléologie, etc.) de la région. Il organise aussi des stages de plongée et des cours pour tous niveaux. Les plongées d'initiation pour débutants coûtent 65 €.

### Circuits en bateau et observation des baleines

Au bout de Playa de los Cristianos, près du port, et à Puerto Colón à Costa Adeje, des compagnies proposent des croisières de 2, 3 et 5 heures pour observer les baleines et les dauphins. Les prix (à partir de 18€ la croisière de 2 heures) incluent généralement repas, boisson et une courte baignade. L'office du tourisme de Los Cristianos fournit une liste des compagnies maritimes.

Privatiser un bateau est aussi une option populaire, notamment pour les groupes ; contactez **Tenerife Sailing Charters** (☎627 069912 ; www.tenerifesailingcharters.com ; Calle Colón, Puerto Colón ; adulte/enfant à partir de 59/38 € par pers), basé à Costa Adeje.

## Playa de las Américas

**Travelin' Lady** BATEAU
(☎640 531122 ; www.travelinladytenerife.com ; Puerto de Los Cristianos ; adulte/enfant 25/10 € ; ⏲9h30-17h lun-sam). Organise des croisières d'observation des baleines de 2 heures ; les hélices des bateaux sont protégées par une coque afin de ne pas blesser les animaux. Location également disponible.

**Neptuno** BATEAU
(☎922 79 80 44 ; www.barcostenerife.com ; Calle Colón, Puerto Colón ; croisière 3 heures adulte/enfant 39/19,50 € ; ⏲9h-21h). Ce prestataire réputé organise plusieurs croisières, dont une excursion de 5 heures sur un navire traditionnel en teck appelé *Shogun* (qui appartenait autrefois à un cheikh), durant laquelle vous aurez de grandes chances d'apercevoir dauphins et baleines. Elle offre aussi la possibilité de se baigner dans la baie de Masca et de déjeuner d'une paella. Navette gratuite disponible jusqu'à votre hôtel.

### Équitation

Plusieurs centres équestres proposent des promenades, mais ils ne sont pas tous accrédités et fiables.

## Playa de las Américas

**À voir**


**Activités**


**Où se restaurer**


**Où prendre un verre et faire la fête**


**Achats**


**La Caldera del Rey** PROMENADES À CHEVAL
(☎648 650441 ; Avenida Francia, Costa Adeje ; promenade 2 heures 50 € ; 9h-20h30 ; ). Basée dans une ferme canarienne traditionnelle de San Eugenio Alto, cet excellent centre équestre possède aussi une ferme pour enfants, un coin barbecue, un mur d'escalade et un parcours aventure pour les petits.

### Surf

Le spot de surf le plus connu de la ville, La Izquierda (la "gauche" en espagnol), se situe juste à l'ouest de Playa de Troyo. Cette longue gauche facile, entrecoupée de creux, est l'un des spots d'Europe les mieux gardés par la population locale.

**K-16 Surf** SURF
(☎922 78 87 79 ; k16surf.com ; Calle México 22, Playa de las Américas ; cours à partir de 35 €, location planche à partir de 15 €/jour ; ). Location de planches et cours de surf bon marché. Les débutants ont accès à des cours d'initiation en groupe de 2 heures (35 €) et à des stages de 5 cours (150 €). Les cours particuliers commencent à 70 € les 2 heures. Les enfants et les personnes à mobilité réduite ne sont pas oubliés. K-16 Surf vend des skates et possède deux autres boutiques de surf non loin.

## Où se restaurer

La variété et la qualité des restaurants se sont améliorées ces dernières années. Sur le front de mer, dans le quartier du port de Los Cristianos, plusieurs kiosques installés dans une allée, dont la **Pescadería Dominga** (poisson 5-9 € ; 12h-19h lun-ven, 12h-15h sam) vendent la pêche du jour.

**El Cine** POISSON €
(☎609 107758 ; www.grupoelcine.com/restaurante-el-cine ; Calle Juan Bariajo 8, Los Cristianos ; plats 7,50-13 € ; 11h30-23h). Ce restaurant mérite une médaille pour ses produits de la mer à prix doux et préparés avec simplicité. Sa carte reste brève et le poisson du jour constitue toujours un bon choix. Installé depuis les années 1980, il est peu fréquenté par les touristes, ce qui ajoute au charme de l'ambiance sans prétention. Niché dans un coude de la promenade, il est à l'écart de la foule.

**Sopa** INTERNATIONAL €
(☎822 04 37 69 ; Calle Montaña Chica 2, Los Cristianos ; salades et soupes 4-7 € ; 8h-20h lun-sam, 8h30-17h dim ; ). Une salle agréable avec canapés, fauteuils confortables, étagères avec livres et magazines, et une carte (principalement végétarienne) de soupes, salades et burgers (aux épinards). Les gâteaux sont délicieux, notamment celui aux cerises et pâte d'amandes. Pour un en-cas, le jus d'orange, le café et la tartine aux tomates (3 €) sont une bonne affaire.

**Mercado La Pepa** MARCHÉ €
(☎922 79 48 85 ; Centro Comercial La Pasarela, Los Cristianos ; en-cas 2,50-5 € ; 10h-23h lun-jeu, 10h-minuit ven-dim ; ). Ce marché alimentaire pour gourmets compte parmi ses étals des traiteurs haut de gamme, un comptoir de poisson et fruits de mer, un stand de sushis, un autre de crêpes et de gaufres, un bar à vins et un stand d'en-cas végétariens. Il comprend une vaste terrasse avec vue sur les toits jusqu'à la mer, et une aire de jeux pour les enfants.

**Il Gelato del Mercado** GLACES €
(Calle Dulce María Loinaz 1, Los Cristianos ; glaces 1-3 € ; 13h-22h lun-jeu, 12h-23h ven-sam, 12h-22h dim). Ce minuscule glacier propose des pots et des cornets de glaces savoureuses, réalisées avec des ingrédients naturels et d'origine locale, de quoi vous rafraîchir. Quatre tailles disponibles : *mini, piccolo, medio* et *grande*.

**La Tapa** TAPAS €
(Calle Dulce María Loinaz, Los Cristianos ; tapas 3,50 € ; 12h-minuit mer-lun). Très apprécié de

la population locale, cette adresse animée porte bien son nom, avec 22 sortes de tapas, y compris des spécialités traditionnelles comme les tripes aux pois chiches et la soupe de poulet, ainsi que les produits de la mer frits, crevettes à l'ail, boulettes de viande, pommes de terres à l'aïoli et bien d'autres mets…

**Thai Botanico** THAÏLANDAIS €€

(☎922 79 77 59 ; www.thaibotanicotenerife.com ; Commercial Centre Safari, 1er ét., Avenida Américas, Playa de las Américas ; plats 7,50-17 € ; ⏲13h30-23h30 lun-sam, 18h30-23h dim ; 📶). Cet établissement enchanteur présente un magnifique décor et sert un vaste choix de plats thaïlandais cuisinés. Currys, légumes

## Los Cristianos

## Los Cristianos

**Les incontournables**
1 Puerto de Los Cristianos ........A3

**À voir**
2 Playa de Los Cristianos ........B3

**Activités**
3 Travelin' Lady ........A3

**Où se restaurer**
4 El Cine ........A3
5 Il Gelato del Mercado ........A3
6 La Tapa ........A3
7 Pescadería Dominga ........A3
8 Sopa ........C1

**Où sortir**
9 Centro Cultural ........D1

**Achats**
10 Jamón y Mojo ........A2
11 La Alpizpa ........B2
12 Librería Barbara ........B2

## LES PLAGES DE LA CÔTE SUD

Les plages de la côte sud de Tenerife comptent des bars de plage servant des mojitos et des restaurants chics. Pour une ambiance plus paisible, rejoignez celles des villes voisines de **Las Galletas** (p. 186) et d'**El Médano** (p. 186).

**Playa de los Cristianos** Ce ruban de sable, long de 1 km, est la principale plage de la ville, et prisée des familles.

**Playa de las Vistas** Une sublime plage de sable doré (importé du Sahara !) de 1,5 km, parfaite pour la baignade, qui relie Los Cristianos à Playa de las Américas.

**Playa de Troya** L'une des plages qui se fondent sans interruption dans la Playa centrale, avec un fin sable brun et d'excellentes infrastructures.

**Playa del Duque** La "plage du Duc" est une belle étendue de sable doré, longue de 600 m, bordée de restaurants.

**Playa de la Enramada** Une plage volcanique de sable noir avec un excellent bar et du parapente.

frits, salades, rouleaux de printemps, plats sauce satay et nouilles *pad thaï*... tous les classiques thaïlandais, présentés avec soin et délicatement rehaussés d'épices et d'herbes aromatiques. Réservation vivement conseillée.

**La Torre del Mirador** CANARIEN €€

(☎922 71 22 09 ; www.latorredelmirador.com ; Playa del Duque, Costa Adeje ; plats 12-16 € ; ⏲12h30-23h30 tlj sauf mar). Cet élégant bar-restaurant possède une charmante terrasse avec fleurs, palmiers et vue sur la mer. La carte comporte plusieurs bons plats de poisson et fruits de mer, comme les gambas à l'ail ou le thon cuit à l'oignon. Vous pourrez aussi partager une assiette de *pimientos de padrón* (petits piments doux sautés), l'accompagnement parfait d'une *cerveza* fraîche après une promenade.

**Mesón Las Lanzas** ESPAGNOL €€

(☎922 79 11 72 ; www.mesonlaslanzas.com ; Avenida Noelia Alfonso Cabrera 8, Playa de las Américas ; plats 7,50-18 € ; ⏲13h-16h et 19h-minuit). Ici, pas de photos jaunies de plats "internationaux" servis avec des frites, affichées sur le trottoir. On vient pour les mets espagnols traditionnels, comme les *tigres* (moules frites), le poisson du jour, l'épaule d'agneau rôtie ou le lapin au *salmorejo* (crème élaborée à partir de mie de pain, ail et tomates). La recette gagnante est simple : ingrédients de première fraîcheur et cuisine maison.

### Où prendre un verre et sortir

Après minuit, l'animation de Los Cristianos est concentrée dans le Centro Comercial San Telmo, derrière Playa de las Vistas. Pour une ambiance plus élégante, cherchez ailleurs. La plupart des bars qui longent la rue principale de Playa de las Américas proposent des concerts le week-end.

♥ **Papagayo** BAR, NIGHT-CLUB

(www.papagayobeachclub.com ; Avenida Rafael Puig Lluvina, Playa de las Américas ; ⏲10h-tard ; 📶). Sophistication et bon goût caractérisent l'établissement le plus cool de la rue, qui fait restaurant, bar et night-club. Le blanc prédomine, sur les auvents et rideaux, et les fauteuils et canapés faisant face au coucher du soleil. Sur la carte, choisissez des plats légers comme les sushis. Le soir, l'endroit se transforme en un night-club tendance, avec DJ professionnels.

♥ **Bar el Pincho** BAR

(☎922 79 77 19 ; Playa de las Vistas, Playa de las Américas ; ⏲10h30-21h lun-sam). Le Bar el Pincho, d'un blanc lumineux, est réputé pour ses cocktails (6 €) et son gin-tonic (6 €) servis au soleil couchant. Les daiquiris à la mangue accompagnent idéalement la vue sur la mer dont l'on jouit depuis la terrasse qui surplombe la promenade en planches. Bonne musique. Bonne adresse en journée pour des tapas, un café ou un banana-split (6 €).

**Chiringuito Coqueluche** BAR

(Playa La Enramada, Costa Adeje ; ⏲10h-23h). Flânez sur la promenade, passez devant les jardins des hôtels luxueux et contournez un petit cap jusqu'à la jolie plage de galets de La Enramada. Là, vous pourrez siroter un verre les pieds dans le sable au sympathique

## Costa Adeje

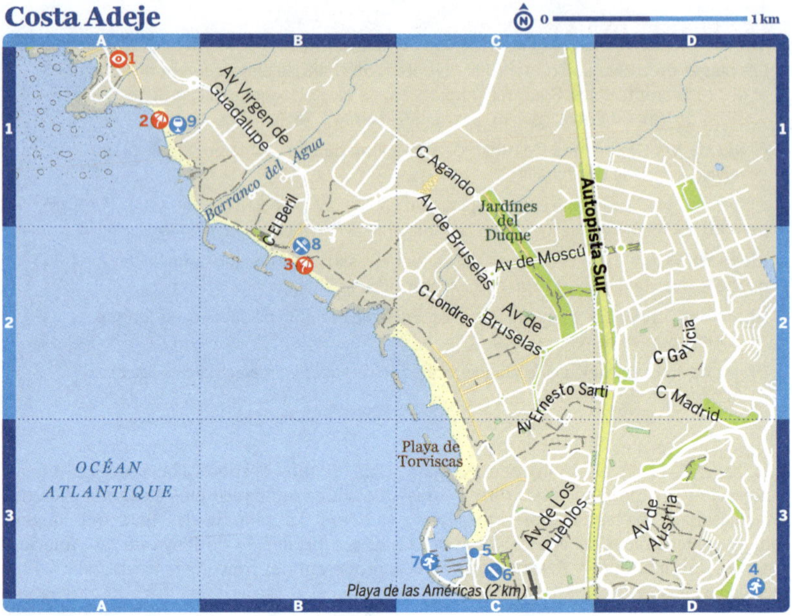


### Costa Adeje

**À voir**

1 La Caleta ... A1
2 Playa de la Enramada ... A1
3 Playa del Duque ... B2

**Activités**

4 La Caldera del Rey ... D3
5 Neptuno ... C3
6 Ola Diving Center ... C3
7 Tenerife Sailing Charters ... C3

**Où se restaurer**

8 La Torre del Mirador ... B2

**Où prendre un verre et faire la fête**

9 Chiringuito Coqueluche ... A1

bar de plage local, tout en observant les parapentistes.

**Hard Rock Cafe** BAR

(☎922 05 50 22 ; www.hardrock.com ; Avenida Américas, Playa de las Américas ; ⏲12h-0h30 ; 📶). Cette enseigne de la chaîne internationale de restauration offre une ambiance animée, un décor sur le thème de la musique et un superbe toit-terrasse avec vue sur la mer et les palmiers. Accueille régulièrement concerts et DJ. Consultez le calendrier sur le site Internet.

**Kiosco San Telmo** BAR

(Playa de las Vistas, Playa de las Américas ; ⏲9h-18h). À l'opposé des bars déjantés que l'on peut encore trouver dans cette partie de Tenerife, ce kiosque en bois sans prétention installé sur la plage prépare un mojito d'enfer.

**Centro Cultural** THÉÂTRE

(www.centroculturalcristiano.org ; Plaza Pescador 1, Los Cristianos ). Divers événements culturels, tel le Cine de Verano, un festival d'été de films en plein air (en espagnol) tous les soirs sauf le mercredi. Un auditorium sert de salle de concerts.

## Achats

**Librería Barbara** LIVRES

(☎922 79 23 01 ; Calle Pablo Abril 6, Los Cristianos ; ⏲10h-13h30 et 17h-20h lun-ven, 10h-13h30 sam). Institution de Los Cristianos, cette librairie fondée en 1984 vend des livres neufs et d'occasion en plusieurs langues, ainsi que des magazines et des livres pour enfants.

**Jamón y Mojo** ALIMENTATION

(☎674 736901 ; Avenida Suecia 35, Los Cristianos ; ⏲10h-23h). Tenu par un jeune couple enthousiaste, cette épicerie propose un grand choix de produits gastronomiques choisis avec soin, en particulier des délices espagnols, comme du *manchego* affiné, ainsi que du chorizo et du *jamón serrano* à différents niveaux d'affinage. Également de délicieux sandwichs à base de pain spécial et une vaste sélection de vins.

**La Alpizpa** ART ET ARTISANAT
(Avenida Juan Alfonso Batista, Los Cristianos ; ⏲10h25-20h15 mar, jeu, ven-sam, 11h-20h15 mer, 11h-16h dim-lun). Sur le front de mer, cette boutique, qui se tient à l'écart des autres commerces, vend une gamme impressionnante d'art et d'artisanat de qualité réalisés par des personnes handicapées, ainsi que des produits locaux, comme des sauces *mojo* épicées et des liqueurs des Canaries.

**Artenerife** ART ET ARTISANAT
(www.artenerife.com ; Avenida Rafael Puig Lluvina, Playa de las Américas ; ⏲10h-17h mar-ven, 10h-13h sam, 10h-18h lun). Établissement d'une chaîne de Tenerife qui contrôle sérieusement la qualité, Artenerife propose une superbe sélection d'objets artisanaux des Canaries, dont des poteries, bijoux et œuvres d'art qui feront d'excellents présents.

## Renseignements

On trouve des offices du tourisme à **Playa de las Vistas** (☎922 78 70 11 ; ⏲9h-16h30), **Playa de las Américas** (☎922 79 76 68 ; Avenida Rafael Puig Lluvina 15 ; ⏲9h-16h30 lun-sam) et **Costa Adeje** (☎922 71 65 39 ; www.costa-adeje.es ; Calle Rafael Puig Lluvina 1 ; ⏲8h30-18h). L'office du tourisme de Costa Adeje se tient près du Barranco del Rey.

**Orange Badge** (p. 284). Location de fauteuils roulants et de scooters pour personnes à mobilité réduite dans le bureau du rez-de-chaussée.

## Depuis/vers les stations balnéaires du Sud

### BATEAU

Les ferrys gérés par Fred Olsen partent du **terminal des ferrys** (p. 147) pour San Sebastián de la Gomera, Playa Santiago et Valle Gran Rey, sur l'île voisine de La Gomera. Naviera Armas dessert aussi La Gomera et assure la liaison avec Valverde sur El Hierro et Santa Cruz de la Palma sur La Palma.

### BUS

De nombreux bus verts TITSA sillonnent la région. Le bus n°110 (direct, 9,45 €, 1 heure, toutes les 30 min) fait halte à Los Cristianos et à Playa de las Américas, tandis que le n°111 (omnibus, 9,45 €) circule depuis/vers Santa Cruz, via l'aéroport de Tenerife Sur (9,35 €). Le bus n°343 dessert l'aéroport de Tenerife Sur (3,70 €, 45 min), également depuis Costa Adeje, puis continue jusqu'à celui de Tenerife Norte (12,40 €). Nombre d'autres bus traversent les deux stations balnéaires en rejoignant des destinations comme Arona (bus n°480), Los Gigantes (bus n°473), Puerto de la Cruz (bus n°343), El Médano (bus n°470) et Las Galletas (bus n°467).

La gare routière de Playa de las Américas se situe entre le centre de Las Américas, San Eugenio et l'*autovía* (autoroute). À Los Cristianos, les bus s'arrêtent dans l'Avenida Juan Carlos I, juste après le carrefour avec l'Avenida Amsterdam, en face du centre commercial Valdes. Pour des informations sur les bus, appelez le 922 53 13 00 (24h/24).

## Comment circuler

La plupart des bus longue distance servent aussi de bus locaux et font halte dans les principales avenues de Los Cristianos et de Playa de las Américas avant de quitter ces villes. Des stations de taxis sont installées devant la plupart des centres commerciaux. Traverser la ville coûte entre 6 et 8 €.

### ACTIVITÉS SPORTIVES À TENERIFE

Aucune autre île de l'archipel ne semble offrir autant de possibilités de se dépenser que Tenerife. Planche à voile, kitesurf, surf, plongée, randonnée, pêche, golf et cyclotourisme sont autant d'activités quasi incontournables. Pour les sports nautiques, la plupart des infrastructures sont concentrées dans les stations balnéaires du Sud-Ouest et aux alentours ; la côte nord offre de nombreux spots de surf.

Tenerife est traversée par de nombreux sentiers de randonnée, dont certains sont des chemins historiques qui étaient utilisés avant l'apparition des voitures et des routes goudronnées. Si vous aimez marcher, mieux vaut éviter les mois de juillet et août, qui sont particulièrement chauds. Les randonnées les plus intéressantes sont :

- La Orotava (p. 167)
- Garachico (p. 171)
- El Teide (p. 172)
- Barranco de Masca (p. 176)
- Barranco del Infierno (p. 179)
- Monts Anaga (p. 161)

# Las Galletas

La petite station balnéaire de Las Galletas se situe à quelques kilomètres au sud de Las Américas et, en comparaison, semble aussi calme qu'une bibliothèque, ce qui pour beaucoup est un atout. À un pâté de maisons de la promenade en planches, la verdoyante Rambla Dionisio González, agrémentée de bancs et d'aires de jeux, mène à l'office du tourisme et à la mer. Pour trouver de simples bars à tapas fréquentés par les habitants, explorez les petites rues qui partent de la Rambla Dionisio González centrale.

**Playa Las Galletas** PLAGE

Apportez serviette et parasol sur cette jolie plage volcanique de sable et de galets. Elle est bordée d'une charmante promenade, jalonnée de bars et d'excellents restaurants de poisson.

**Buceo Tenerife Diving Center** PLONGÉE

(922 73 10 15 ; www.buceotenerife.com ; Calle María del Carmen García 22 ; plongée avec location de l'équipement 36 € ; 9h-18h). Cette école de plongée bien établie offre des réductions pour plusieurs plongées, en plus de proposer un bon choix de cours de plongée pour débutants jusqu'aux plus expérimentés.

**La Gaviota** POISSON €€

(922 78 59 44 ; Calle La Marina 9 ; plats 10-15 € ; 12h-22h jeu-mar). Continuez vers l'est le long de la promenade et au-delà pour rejoindre ce plaisant restaurant de poisson, situé sur la plage. Installez-vous sur la terrasse, sous l'auvent, et régalez-vous de *zarzuela* (ragoût de produits de la mer ; 24 € pour 2 pers). Le vendredi, à 18h, un chanteur et guitariste canarien accompagne le repas.

**Varadero Viejo** PRODUITS DE LA MER €€

(822 14 46 52 ; www.restaurantevaraderoviejo.es ; Calle el Varadero 26 ; plats à partir de 13 € ; 12h-22h30 ; ). Ce restaurant, en angle et doté d'une terrasse, est un bon choix pour déguster des produits de la mer préparés de toutes les façons possibles : grillés, frits, au four... Les spaghettis à la sauce *marinara*, la paella et le ragoût de poissons sont de bonnes options et s'accompagnent bien d'un vin de Tenerife.

### CARTE TEN+

Si vous prenez beaucoup les transports en commun, il peut être intéressant d'investir dans une carte Ten+ (www.titsa.com), qui est valable sur toutes les lignes de bus (hormis Teide et Teno) et permet d'obtenir une réduction de 30% sur le prix du trajet. La carte coûte 2 € et permet de charger un minimum de 5 € et un maximum de 100 €. Elle est en vente aux guichets automatiques des gares routières et des stations de tramway, ainsi qu'auprès de certains marchands de journaux. Il suffit de la scanner en montant dans le bus et en descendant (ne pas oublier de la scanner en sortant, sinon l'itinéraire complet vous sera facturé). Une même carte peut être utilisée par plusieurs voyageurs.

## Renseignements

**Office du tourisme** (922 73 01 33 ; www.todotenerife.es ; Rambla Dionisio Gonzalez 1 ; 8h30-15h30 lun-ven, 9h-16h sam-dim)

## Depuis/vers Las Galletas

Las Galletas se situe à quelques kilomètres de la sortie 26 de la TF-1. Le bus n$^{os}$467 relie toutes les heures la ville à Los Cristianos (1,50 €, 30 min).

# El Médano

1 250 HABITANTS

Pas encore écrasé par le rouleau compresseur du développement, El Médano est un spot de niveau international pour les kitesurfeurs. L'ambiance détendue qu'apportent les sportifs donne à l'endroit un côté bohème et le rend bien plus plaisant que Las Américas, tout proche.

## À voir et à faire

Les ailes des kitesurfeurs ponctuent l'horizon. Plusieurs centres proposent des cours et louent l'équipement ; les débutants doivent savoir que les vents sont très forts et difficiles même pour les professionnels.

**Playa El Médano** PLAGE

El Médano possède la plus longue plage de Tenerife (2 km), que borde une promenade en planches, idéale pour une balade en soirée. Le vent qui fait le bonheur des kitesurfeurs rend la plage moins agréable pour un bain de soleil.

### Playa La Tejita

PLAGE

S'étirant sur 1 km environ, cette jolie plage préservée compte un simple bar à toit de chaume qui sert en-cas et boissons. De là, les photos du soleil qui se lève sur la Montaña Roja (montagne Rouge), à l'est, sont splendides. Vous la trouverez juste à l'est de la Playa El Médano ; le premier tronçon est réservé aux nudistes.

### Azul Kite School

KITESURF

(☎922 17 83 14 ; www.azulkiteboarding.com ; Paseo Mercedes Roja 26 ; cours 3 heures 145 € ; ⏲11h-20h mar-sam). Une école bien établie qui offre divers cours pour débutants, ainsi que pour des kitesurfeurs plus expérimentés. Un cours particulier d'une heure coûte 50 €.

### 30 Nudos Kite School

KITESURF

(☎922 17 89 05 ; www.30nudos.com ; Paseo Nuestra Señora Mercedes de Roja 24 ; cours 3 heures 150 € ; ⏲10h-20h lun-sam). École très sympathique à l'excellente réputation qui emploie des instructeurs professionnels.

## Où se restaurer

### Imperio del Pintxo

TAPAS €

(☎922 17 63 04 ; www.imperiodelpintxo.com ; 2 Paseo Marcial Garcia ; raciónes 7-9,50 € ; ⏲10h-minuit). Tenu par une jeune équipe dynamique, ce bar à tapas bénéficie de la vue sur la plage et les kitesurfeurs. Venez vous régaler de savoureuses tapas et *raciónes* à partager, comme les tempura de légumes, les feuilletés au fromage de chèvre et les crevettes nappées de sauce *mojo* épicée.

### ♥ Le Penon

FRANÇAIS €€

(☎922 17 97 77 ; Calle Tarajal 8 ; plats 10,50-22 € ; ⏲13h-15h et 19h-22h30 ven-dim, 12h30-15h30 et 19h-22h30 mer, 19h-22h30 mar et jeu ; 📶). Un excellent choix pour savourer des recettes françaises superbement préparées. Au menu : poissons et fruits de mer, plats de viande et tapas. Certains mets, comme les cannellonis au calamar, le magret de canard à l'orange ou le plateau de fromages français et basques sont à tomber, mais ne passez pas à côté des succulents *postres* (desserts). Les végétariens se régaleront du risotto au potiron.

## Renseignements

**Office du tourisme** (☎922 17 60 02 ; www.webtenerife.com ; Plaza del Médano ; ⏲9h-15h lun-ven, 9h-13h sam). Fournit des cartes décrivant 4 randonnées locales.

HORS DES SENTIERS BATTUS

### EXPLORER LA CÔTE EST

Après la visite des pyramides de Güímar, continuez au-delà d'El Escobonal, jusqu'à Fasnia et la petite **Ermita de la Virgen de los Dolores**, une chapelle perchée sur une colline à la lisière de la ville (près de la nationale TF-620). Elle est habituellement fermée, mais justifie le court trajet pour la vue sur le paysage âpre et aride. Restez sur la TF-620 pour rejoindre **Roques de Fasnia**, une bourgade creusée dans la falaise volcanique ; elle possède une paisible plage de sable noir. Un peu plus au sud, **Porís de Abona** est un charmant petit village de pêcheurs, entouré de nouvelles constructions. Il comprend une jolie crique avec des bateaux de pêche et une plage de sable noir où se baigner avant d'aller déguster des tapas au **Café al Mar** (☎636 943820 ; Calle Martin Rodriguez 14 ; tapas à partir de 2,50 € ; ⏲11h-22h lun, mar et jeu-sam, 10h-22h dim).

## Depuis/vers El Médano

El Médano se situe juste à l'est de l'aéroport de Tenerife Sur, près de la sortie 22 de la TF-1. Le bus n°470 part toutes les heures pour Los Cristianos (3,60 €, 1 heure 35).

# CÔTE EST DE L'ÎLE

La région est parsemée de petits villages pittoresques qui animent son atmosphère austère. La côte est de Tenerife semble oubliée, ce qui ne surprend guère au premier coup d'œil, car le paysage est aride et poussiéreux. Si vous avez le temps, n'hésitez pas à explorer cette région et ses stations balnéaires discrètes pour découvrir une ambiance bien plus authentique que celle qui règne dans les stations de la côte sud.

## Candelaria

16 000 HABITANTS

À 18 km au sud de Santa Cruz, Candelaria est un charmant petit port de pêche renommée pour la Basílica de Nuestra Señora de Candelaria, qui abrite une statue en bois de

## LA VIERGE DE CANDELARIA

En 1392, un siècle avant la conquête de Tenerife, une statue de la Vierge tenant une *candela* (chandelle) s'échoua sur le rivage près de l'actuelle Candelaria. Les bergers guanches qui la trouvèrent l'apportèrent à leur roi et, selon la légende, la population la vénéra. Quand les Espagnols conquirent l'île un siècle plus tard, ils déclarèrent la statue miraculeuse et, en 1526, le commandant Pedro Fernández de Lugo ordonna la construction d'un sanctuaire.

Selon l'explication logique du "miracle", il s'agissait de la figure de proue d'un navire naufragé ou d'une Vierge apportée par des marins français ou portugais, venus sur l'île avant la conquête espagnole. Quoi qu'il en soit, elle fut emportée par une violente tempête en 1826 et jamais retrouvée. La statue actuelle, qui trône somptueusement vêtue dans la Basílica de Nuestra Señora de Candelaria, fut sculptée peu après par l'artiste local Fernando Estévenez. Le 15 août, anniversaire du jour où elle aurait été trouvée par les Guanches, la Vierge est honorée par des processions, des messes et un spectacle kitsch de "Guanches" costumés rejouant leur adoration.



la Vierge de Candelaria (la sainte patronne de l'archipel), appelée aussi la Madone noire. La ville doit son nom à l'effigie de la Vierge tenant un chandelier qui fut trouvé sur une plage par deux bergers guanches en 1392 (voici-dessus). L'endroit mérite amplement la visite, en particulier le dimanche quand les habitants se pressent à l'église pour assister à la messe dans une atmosphère de pèlerinage, et que les échoppes alentour vendent objets religieux, fleurs et souvenirs. Ignorez Las Caletillas, la morne station balnéaire adjacente, dont le seul attrait est une plage de galets noirs.

## À voir et à faire

**Basílica de Nuestra Señora de Candelaria** ÉGLISE

(7h30-19h30 mar-dim, 15h-19h30 lun ; P). Cette église imposante, coiffée d'un dôme, date de 1959 et se dresse à la lisière du centre-ville, surplombant une plage rocheuse et flanquée d'une place où 9 grandes statues de guerriers guanches montent la garde. L'édifice possède un intérieur magnifique, entièrement voué à l'adoration de la Vierge de Candelaria. Avec ses décorations très détaillées, l'intérieur du dôme est la pièce maîtresse architecturale de la basilique. Le 15 août, durant la Fiesta de la Candelaria, la place se remplit de pèlerins et de fêtards venus de toutes les Canaries. Si vous la visitez pendant une messe, vous devrez sans doute rester debout faute de place.

**Centro Alfarero de Candelaria** MUSÉE

(Calle Isla de la Gomera 17 ; 11h-17h mar-sam). GRATUIT Juste après la basilique, des marches montent, sur la droite, au Centro Alfarero de Candelaria, un petit musée de la poterie très informatif, où les créations sont encore réalisées à la main, sans tour, comme le faisaient très probablement les Guanches.

**Apnea Canarias** PLONGÉE

(6075635 45, 671 845553 ; www.apneacanarias.com ; Puerto Deportivo de Radazul, Radazul ; cours 1 pers 80 €, 2 pers 65 €/pers). Située près de la marina de Radazul, cette école de plongée très réputée est spécialisée dans la plongée en apnée, et les cours sont donnés par des apnéistes chevronnés. L'équipe propose aussi des cours "From Zero to Hero" pour devenir moniteur et s'adresse aux plongeurs expérimentés qui veulent s'aventurer plus en profondeur. Les plongées se font dans les eaux claires de la baie de Radazul.

## Où se restaurer

**El Muelle** POISSONS €

(Avenida Constitución 9 ; plats 4-16 € ; 11h-minuit). Ce restaurant de poissons et fruits de mer très couru est doté d'une grande terrasse à l'arrière qui jouit d'une vue sur le port. On y sert des tempura de crevettes, du poulpe en vinaigrette, des couteaux à l'ail, des poissons du jour et du thon à la sauce *mojo*.

## Achats

**La Casa de las Imágenes** CADEAUX ET SOUVENIRS

(www.facebook.com/LaCasadelasImagenes ; Calle Obispo Pérez Cáceres 17 ; 9h30-20h mar-dim, 9h30-13h30 lun). Statues religieuses, saintes Rita sous cellophane, photographies, plaques, cierges, hologrammes de la Vierge

Marie ou d'autres saints... Cette boutique étonnante offre le plus grand choix d'images religieuses d'Espagne. Un moyen idéal de se mettre dans l'ambiance de Candelaria.

### Renseignements

Un petit **office du tourisme** (☎ 922 03 22 30 ; www.candelaria.es ; Avenida de la Constitución ; ⏲ 9h-14h lun-ven) se tient près du parking du port.

### Depuis/vers Candelaria

En voiture, prenez la sortie 9 sur l'autoroute TF-1. Les bus nos 111, 112, 115, 116, 122, 123, 124 et 131 relient Candelaria et Santa Cruz (2,35 €, 30 min).

## Güímar

16 000 HABITANTS

Güímar est une bourgade rurale de la côte dotée d'un centre-ville coquet et d'une belle vue sur l'océan. La plupart des visiteurs viennent pour découvrir les 6 mystérieuses **Pirámides de Güímar** (☎ 922 51 45 10 ; www.piramidesdeguimar.net ; Calle Chacona ; adulte/enfant 11,90/5,50 € ; ⏲ 9h30-18h ; P), en pierre de lave, qui soulèvent une question intéressante : les Canariens auraient-ils eu des contacts avec des habitants de l'Amérique avant le fameux voyage de Christophe Colomb ? Vous pourrez y réfléchir en dégustant l'excellent menu canarien, souvent changeant, du charmant **Hotel Rural Finca Salamanca** (☎ 922 51 45 30 ; www.hotel-fincasalamanca.com ; menu 14 € ; ⏲ 13h30-16h et 19h-22h30 lun-jeu et dim, 19h-23h ven-sam), au charme campagnard.

### Depuis/vers Güímar

Les bus nos 120 et 121 partent environ toutes les heures de Santa Cruz (3,40 €, 50 min) et font halte à la gare routière de Güímar, à quelques rues des pyramides.

1

2

4

KEVIN WELLS PHOTOGRAPHY/SHUTTERSTOCK ©

LEOKS/SHUTTERSTOCK ©

ALEKSANDAR TODOROVIC/SHUTTERSTOCK ©

**1. Jardínes del Marquesado de la Quinta Roja (p. 168)**
Jardins du XVIIIe siècle aux influences françaises couronnés par un petit mausolée en marbre.

**2. Randonnée dans les monts Anaga (p. 161)**
Plusieurs sentiers bien balisés traversent les laurisylves.

**3. Auditorio de Tenerife (p. 153)**
Bénéficiant d'une excellente acoustique, ce magnifique auditorium a été conçu par l'architecte espagnol Santiago Calatrava.

**4. Playa de las Teresitas (p. 161)**
Une superbe plage au nord de San Andrés.

# La Gomera

20 720 HABITANTS

**Dans ce chapitre ➡**



## Le top des restaurants

- Casa Efigenia (p. 205)
- Junonia (p. 205)
- El Faro (p. 201)
- La Salsa (p. 208)
- Las Chácaras (p. 201)
- Abisinia (p. 208)

## Le top des randonnées

- Alto de Garajonay-Hermigua (p. 210)
- Raso de la Bruma-Risquillos de Corgo-Las Creces (p. 211)
- Mirador Roque de Agando-Playa Santiago (p. 204)
- Pared de Agulo (p. 202)

## Pourquoi y aller

De loin, La Gomera ressemble à une forteresse imprenable, entourée de hautes parois rocheuses. Des routes étroites serpentent le long des falaises et des ravins, tandis que les maisons, tels des confettis blancs, semblent construites sur des surplombs inaccessibles. De près, ce paysage révèle des vallées verdoyantes, de splendides falaises, des plages de galets noirs scintillants et de remarquables formations rocheuses sculptées par l'activité volcanique et l'érosion.

Dépourvue des plages dorées et de la vie nocturne trépidante des stations balnéaires classiques, La Gomera dégage une ambiance bohème ; nombre d'étrangers s'installèrent dans les années 1960 à l'époque du *Flower Power*. La capitale, San Sebastián, de couleurs pastel, joue la discrétion, tandis que les stations balnéaires décontractées du Sud attirent les fans de bronzette. L'île est difficilement accessible, et, à l'exception de ceux qui viennent en excursion à la journée depuis Tenerife, la plupart des visiteurs sont des marcheurs attirés par les sentiers sillonnant ce territoire spectaculaire, qui s'étend autour de l'ancestrale *laurisilva* (laurisylve) de Garajonay.

## Quand partir

- Mars et avril sont les mois les plus propices à la randonnée, avec des températures idéales et l'éclosion des fleurs tropicales sur les collines. À la fin de l'automne, la météo est parfaite pour la randonnée.

- Pendant les mois d'été, et particulièrement en août, le thermomètre peut grimper à 30°C, quand le plus grand nombre d'excursionnistes viennent pour la journée de Los Cristianos à Tenerife. Juin et septembre sont des mois un peu plus frais et festifs, avec la San Juan (Saint-Jean) et les Fiestas Columbinas, qui durent une semaine.

- En hiver, attendez-vous à de la pluie en décembre, en janvier, et, dans une moindre mesure en février, avec une température moyenne de 17°C. En février, cherchez les champignons sauvages sur les menus locaux.

# À ne pas manquer

1 Une balade dans la *laurisilva* digne d'un conte de fées dans le **Parque Nacional de Garajonay** (p. 198), au cœur de La Gomera, et l'ascension de son plus haut sommet.

2 L'exploration des ruelles colorées de **San Sebastián de la Gomera** (p. 195), et la découverte de l'histoire de l'île dans sa minuscule capitale.

3 L'observation de la faune tropicale de la luxuriante vallée entourant **Vallehermoso** (p. 203).

4 Un festin de fruits de mer, une randonnée et du farniente à **Playa Santiago** (p. 204).

5 La découverte des vallées abruptes et des terrasses constellées de palmiers de **Valle Gran Rey** (p. 206).

6 Se détendre à **Playa de la Caleta** (p. 201), une belle plage de galets noirs.

7 Une randonnée jusqu'à **El Cedro** (p. 202), un hameau posé dans une gorge joliment boisée.

8 Une sortie en bateau pour admirer **Los Órganos** (p. 204), une formation rocheuse évoquant un orgue.

## Histoire

Dès le début du XVe siècle, les Espagnols tentèrent en vain de conquérir La Gomera. Lorsqu'ils parvinrent finalement à s'établir sur l'île, au milieu du siècle, ce fut grâce à la pénétration lente et essentiellement pacifique du christianisme et de la culture européenne. Si les indigènes furent d'abord autorisés à conserver en grande partie leurs coutumes et leur autonomie, les choses changèrent lorsque Hernán Peraza le Jeune devint gouverneur. Sa brutalité provoqua la rébellion des Gomeros, qui fut sauvagement réprimée et coûta la vie à des centaines d'insulaires (voir p. 208).

Après l'activité des premières années et l'effervescence que provoquèrent les escales de Christophe Colomb sur l'île (p. 196), La Gomora connut une longue période d'isolement. Autosuffisante, elle eut peu de contacts avec le monde extérieur jusqu'aux années 1950, quand la construction d'un petit embarcadère à San Sebastián ouvrit la voie aux liaisons maritimes et au commerce.

Il restait cependant difficile de vivre de la terre sur les pentes escarpées de La Gomora et nombre d'habitants émigrèrent à Tenerife ou en Amérique du Sud. Aujourd'hui, l'île est la plus prisée de l'archipel pour la randonnée, ce qui apporte un développement appréciable de son économie.

## ℹ Depuis/vers La Gomera

### AVION

L'**aéroport de La Gomera** (www.aena.es), à 3 km à l'ouest de Playa Santiago, prend chaque jour en charge plusieurs vols depuis/vers Tenerife Norte avec Binter Canarias (p. 292).

### BATEAU

Les ferrys accostent dans le port affairé de San Sebastián, au pied de la ville.

**Fred Olsen** (p. 292). Ces bateaux circulent depuis/vers Los Cristianos (Tenerife ; 34,50 €, 50 min, 3 fois/jour) et Santa Cruz de La Palma (43 €, 2 heures, 1/jour).

**Naviera Armas** (p. 292). Navigue depuis/vers Los Cristianos (40 €, 1 heure) 2-3 fois/jour et Santa Cruz de La Palma (32 €, 2 heures 45, 1-2/jour).

## ℹ Comment circuler

### DEPUIS/VERS L'AÉROPORT

Le bus n°7 circule entre San Sebastián et l'aéroport (4 €, 1 heure 15) via Playa Santiago ; les horaires sont alignés sur les vols. Un taxi depuis/vers San Sebastián coûte 40 €.

### BATEAU

Alternative plus rapide pour éviter les routes de La Gomera, le bateau-taxi Benchi Express de **Fred Olsen** relie San Sebastián à Valle

### TROIS JOURS À LA GOMERA

#### Jour 1

Cette journée idéale commence par l'exploration des rues colorées de San Sebastián, avant de gagner La Laguna Grande (p. 200) pour des conseils et des cartes de randonnée. Ensuite, marchez à travers la magnifique forêt de lauriers nimbée de brume jusqu'au point culminant de l'île, Alto de Garajonay (p. 199). Prenez un repas à la très appréciée Casa Efigenia (p. 205) à Las Hayas et, si vous avez le temps, visitez les ateliers de poterie d'El Cercado (p. 206).

#### Jour 2

Cap sur le nord de La Gomera, l'un des secteurs les plus fertiles des Canaries. Débutez au milieu des bananeraies de Hermigua (p. 200), visitez son monastère et son musée d'ethnographie avant de prendre la route côtière GM1 pour atteindre le joli Agulo (p. 202) ; au-dessus, le Mirador de Abrante (p. 202) offre un panorama spectaculaire jusqu'à Tenerife. Continuez vers le beau village de Vallehermoso (p. 203) et la plage, puis regagnez Hermigua pour dîner à El Faro (p. 201). Autre possibilité : consacrez la journée à descendre (p. 210) ou à remonter à pied la vallée de Hermigua via El Cedro.

#### Jour 3

Beaucoup considèrent que Valle Gran Rey (p. 206) est le plus beau site de La Gomera. Commencez par un savoureux petit-déjeuner en bord de plage, par exemple à La Ñamera (p. 208), puis embarquez pour une sortie d'observation des baleines et des dauphins (p. 207). Accordez-vous une sieste sur la plage, puis terminez par un dîner à La Salsa (p. 208).

## LA GOMERA AVEC DES ENFANTS

La Gomera n'a pas les parcs à thème, toboggans aquatiques et autres activités pour les familles qui plaisent tant aux enfants sur les plus grandes îles des Canaries, mais les trésors naturels ne manquent pas pour réjouir les petits voyageurs.

La première étape pour les familles est généralement la **plage**, avec de bonnes options, souvent paisibles, à Valle Gran Rey, Alojera, Playa Santiago et San Sebastián. Pour ceux qui ne nagent pas encore très bien, les piscines comme celles de Vallehermoso (p. 203) ou des hôtels sont un meilleur choix.

Les courtes **promenades en mer** illumineront votre journée. Les excursions vers la spectaculaire formation naturelle de Los Órganos (p. 204) partent de Valle Gran Rey, tout comme les croisières d'une demi-journée pour observer les baleines et les dauphins (p. 207), lesquelles partent aussi de Playa Santiago. Les plus grands pourront aussi pratiquer le kayak, le vélo, le snorkeling, le paddle (SUP) et même la plongée.

Les enfants de tous âges apprécieront aussi le Parque Nacional de Garajonay (p. 198), qui comptent quelques parcours plats, courts et faciles à travers des forêts dignes d'un conte de fées.

Gran Rey (8 €, 40 min) via Playa Santiago (8 €, 30 min), 3 fois par jour dans chaque direction.

### BUS

**Guagua Gomera** (☎ 922 14 11 01 ; www.guaguagomera.com ; Estación de Guaguas, Avenida Vía de Ronda, San Sebastián) gère un réseau complet de lignes dans l'île.

### VOITURE ET MOTO

Conduire est de loin le moyen le plus simple pour explorer l'île, mais La Gomera compte assez peu d'agences de location donc réservez bien à l'avance.

**Cicar** (☎ 928 82 29 00 ; www.cicar.com ; Estación Marítima, Avenida Fred Olsen, San Sebastián de la Gomera)

**Oasis Rent a Car** (☎ 922 87 28 98 ; www.oasisrentacar.com ; Estación Marítima, Avenida Fred Olsen, San Sebastián de la Gomera ; ⌚ 9h-13h et 16h-19h)

**Rent-a-Car La Rueda** (☎ 922 87 07 09 ; www.autoslarueda.es ; Calle Real 19, San Sebastián de la Gomera ; ⌚ 8h30-13h et 16h-19h30 lun-sam, 9h-13h dim)

# SAN SEBASTIÁN DE LA GOMERA

8 950 HABITANTS

Capitale économique, administrative et historique de La Gomera, la ville côtière de San Sebastián est organisée autour d'un centre historique, avec des places ombragées, des bâtiments aux tons pastel éclaircis par le soleil et des rues agréables pour les piétons et émaillées de boutiques, de cafés et de restaurants. Christophe Colomb y séjourna sur la route du Nouveau Monde et la moindre trace du navigateur (réelle ou non) dans la ville est expliquée aux visiteurs. Si vous arrivez de Los Cristianos (Tenerife), ralentissez le pas ; le rythme nonchalant de San Sebastián diffère complètement de celui de sa voisine, de l'autre côté de l'eau.

## Histoire

Lors de l'escale de Christophe Colomb en 1492, San Sebastián venait juste d'être fondée. Quatre ans auparavant, en 1488, un terrible massacre avait réprimé un soulèvement contre le gouverneur de l'île, Hernán Peraza (voir p. 208). Après les événements, l'ancienne Villa de las Palmas, sur un site appelé Hipalán par les Guanches, fut renommée San Sebastián.

L'essor du commerce transatlantique qui suivit les voyages de Colomb contribua à la prospérité de la ville ; située dans une baie protégée, elle comptait parmi les meilleurs ports des Canaries. Néanmoins, sa population ne dépassa les 1 000 habitants qu'au début du XIX$^{e}$ siècle. La période faste apporta aussi des dangers et, comme les autres capitales des Canaries, San Sebastián fut régulièrement attaquée par des corsaires anglais, français et portugais, et son déclin débuta à la fin du XVI$^{e}$ siècle. La ville s'enrichit au XIX$^{e}$ siècle grâce au boom de la cochenille (un insecte qui produit un colorant carmin), puis cette industrie périclita lors de l'apparition des teintures synthétiques. De nombreux Gomeros émigrèrent aux Amériques ou ailleurs aux Canaries durant les XIX$^{e}$ et XX$^{e}$ siècles.

### L'ESCALE DE COLOMB À LA GOMERA

Marin génois de condition modeste, Christophe Colomb (Cristoforo Colombo en italien) est né en 1451. Fasciné par les voyages de Marco Polo, il a l'idée en 1484 de passer par l'Atlantique (l'ouest) pour rejoindre les Indes orientales. Après avoir essuyé des refus pendant plusieurs années, il obtient en 1492 le soutien des Rois Catholiques d'Espagne, Fernando et Isabel.

Le 3 août 1492, à la tête de trois navires – deux caravelles, la *Pinta* et la *Niña*, et une caraque, la *Santa María* – et quelque 90 membres d'équipage, Christophe Colomb lève l'ancre à Palos de la Frontera, à Huelva, en Andalousie. Avant de traverser l'Atlantique, il fait escale à La Gomera pour un dernier ravitaillement, donnant ainsi à l'île son principal titre de gloire.

Colomb en repart le 6 septembre, un jour célébré à San Sebastián par les Fiestas Colombinas (ci-contre). Les navires ne touchent terre que le 12 octobre, alors que les provisions et la patience des marins touchent à leur fin. L'expédition "découvre" plusieurs îles des Caraïbes et sera de retour en Espagne en mars 1493.

Christophe Colomb effectua trois autres voyages et mourut seul à Valladolid en 1506, toujours convaincu d'avoir trouvé une nouvelle route vers l'Orient.

## À voir et à faire

À San Sebastián, les rues colorées, le centre-ville compact, les anciennes maisons de la noblesse et d'autres sites disséminés un peu partout offrent un voyage captivant à travers l'histoire de l'île. La plupart des lieux sont d'une manière ou d'une autre reliés à Christophe Colomb (de manière réelle ou artificielle). Commencez par la **Plaza de las Américas**, avec ses terrasses animées et sa statue de Christophe Colomb installée en 2018, puis traversez la **Plaza de la Constitución**, ombragée par d'énormes lauriers d'Inde, avant de vous balader dans la **Calle Real**. L'office du tourisme (p. 198) distribue des fascicules pour des circuits à pied autoguidés.

**Iglesia de la Virgen de la Asunción** ÉGLISE
(Calle Real ; ⏲8h-18h30 lun-sam, 11h-20h dim). Christophe Colomb et son équipage seraient venus prier dans cette église très ancienne avant d'embarquer pour le Nouveau Monde. Les premiers travaux de la chapelle, en 1450, furent anéantis par un incendie ; parmi les éléments d'origine, on remarque l'arc en ogive entre l'autel et la nef, tandis que la façade est un parfait exemple d'architecture gothique atlantique (style influencé par le manuélin portugais). L'église actuelle du XVIIIe siècle, aux trois nefs, mêle des styles mudéjar, gothique et baroque. L'entrée aux motifs floraux sculptés dans le bois est impressionnante.

**Casa de Colón** MUSÉE, ARCHITECTURE
(museos.lagomera.es/casa-de-colon ; Calle Real 56 ; ⏲9h30-13h30 et 15h-17h30 lun-ven). GRATUIT Dans le style de l'édifice qui l'a précédé au XVIIe siècle, ce bâtiment modeste, couleur crème, avec de superbes sols et galeries en bois, est construit à l'emplacement où Christophe Colomb aurait séjourné quand il se trouvait sur l'île. Il abrite aujourd'hui un petit musée. Son principal attrait est la salle consacrée aux splendides poteries des tribus chimú d'Amérique du Sud, qui vivaient dans la région entre l'Équateur et Lima du XIe au XVe siècle.

**Museo Arqueológico de La Gomera** MUSÉE
(☎922 24 25 86 ; museos.lagomera.es/museo-arqueologico ; Calle Torres Padilla 8 ; adulte/enfant 2,50 €/gratuit ; ⏲9h-14h et 15h-17h lun-ven). Occupant une partie de la Casa de los Echeverría (vous remarquerez les armoiries de la famille sur la façade), datant du milieu du XVIIIe siècle, cet intéressant musée explore à la fois le passé guanche et la culture actuelle de l'île. Des expositions révèlent la vie quotidienne des Guanches, ainsi que leurs structures sociales, politiques et religieuses. Légendes en espagnol et en anglais.

**Casa de la Aduana** ÉDIFICE HISTORIQUE
(Pozo de la Aguada ; museos.lagomera.es/casa-de-la-aduana-pozo-de-la-aguada ; Plaza de la Constitución). GRATUIT À côté de la Plaza Constitución, cet édifice du XVIe siècle aux murs jaunes a accueilli les douanes et la résidence du comte de San Sebastián. Selon le folklore local, Colomb aurait "baptisé l'Amérique" avec l'eau du puits situé dans le patio central. Malheureusement, on doit désormais se contenter d'admirer l'extérieur de l'édifice.

**Playa San Sebastián** PLAGE
La plage de sable volcanique de la ville est agréable pour se détendre et se baigner, et ses eaux presque toujours calmes la rendent idéale pour les enfants.

**Torre del Conde** TOUR
(Torre de los Peraza ; museos.lagomera.es/torre-del-conde-o-de-los-peraza ; Parque Torre del Conde). Se dressant dans un parc subtropical, cette tour singulière en pierre chaulée date de 1477 ; elle est considérée comme le principal exemple d'architecture militaire aux Canaries. C'est ici que Beatriz de Bobadilla, l'épouse du cruel gouverneur de l'île Hernán Peraza (voir p. 208), dut se barricader en 1488 en attendant les secours.

**Ermita de San Sebastián** ÉGLISE
(Calle Real ; ⌚aube-crépuscule). Édifiée au XVe siècle, mais reconstruite en 1850, cette belle chapelle chaulée conserve quelques éléments d'origine, malgré les dégâts provoqués par les attaques de pirates et les intempéries au fil des siècles.

**Randonnée de la Dehesa de Majona** RANDONNÉE
Au nord de la ville, au Km 7,1 sur la GM1 (en face d'un belvédère), un chemin de 24 km mène au Parque Natural de Majona, une zone de pâturage peu habitée. Prenez le sentier balisé (et non la piste carrossable) sur la gauche à 100 m de la GM1 ; vous finirez par rejoindre le chemin de grande randonnée GR132, puis vous finirez sur des routes goudronnées près de Hermigua. Prévoyez 5 à 6 heures (aller).

## Fêtes et festivals

**Día de San Juan** RELIGIEUX, FIESTA
(⌚23-24 juin). Le jour de la Saint-Jean (et la veille), la **Playa de la Cueva** accueille des feux de joie, des spectacles musicaux et des DJ pour célébrer le solstice d'été.

**Fiestas Columbinas** FÊTES DE RUE
(⌚déb sept). Une semaine de fêtes de rue, de musique et d'événements culturels célèbre le premier voyage de Christophe Colomb vers l'Amérique.

**Bajada de la Virgen de Guadelupe** FÊTE RELIGIEUSE
(⌚oct). Tous les 5 ans (2023, 2028, etc.), l'île célèbre sa sainte patronne avec une flottille de bateaux escortant une statue de la Vierge Marie depuis la chapelle de Puntallana jusqu'à l'Iglesia de la Virgen de la Asunción (ci-contre), à San Sebastián. Au programme, musique, percussions, castagnettes et danse. La Vierge poursuit ensuite sa route sur La Gomera.

## Où se restaurer et prendre un verre

La plupart des restaurants sont dispersés autour de Plaza de las Américas, de Plaza de la Constitución et de Calle Real, et servent des spécialités canariennes traditionnelles.

**Las Carabelas** CANARIEN €
(☎922 87 07 00 ; Plaza de la Constitución ; en-cas 2-6 € ; ⌚8h-23h30). Installé de longue date sur l'une des plus jolies places de San Sebastián, sous de beaux lauriers d'Inde, ce café-bar modeste est pratique pour le petit-déjeuner. Il propose du café, du jus d'orange frais, des *bocadillos* au fromage de chèvre de La Gomera et des tapas sans prétention comme les *patatas bravas* et la tortilla.

**La Tasca** CANARIEN €€
(☎922 14 15 98 ; Calle Ruiz de Padrón 57 ; plats 5-14 € ; ⌚12h30-15h30 et 19h30-23h30 lun-sam). Occupant deux cottages traditionnels avec quatre salles à manger et gérée par la famille du champion de *trail* (course à pied) Cristofer Clemente (dont les trophées sont accrochés sur tous les murs), cette taverne à l'ambiance intimiste est très appréciée des Gomeros comme des visiteurs. La carte est étoffée et sans esbroufe : pizzas, risottos, pâtes, tapas de style continental et plats canariens comme le *potaje de berros* et le fromage grillé au miel de palmier.

**Tasca La Salamandra** PUB GASTRONOMIQUE €€
(www.facebook.com/tascalasalamandra ; Calle Real 16 ; plats 10-16 € ; ⌚19h30-23h lun, 12h30-16h et 19h30-23h mar-sam). Les recettes les plus créatives de San Sebastián sont joliment dressées et servies dans une salle à manger de style rustique-chic. Goûtez la salade façon canarienne (avocat, artichaut et jambon *ibérico*), les bouchées de "chocolat" au fromage de chèvre et l'aloyau de bœuf sauce porto.

**Restaurante La Hila** CANARIEN €€
(Calle Virgen de Guadalupe 2 ; plats 9-15 € ; ⌚12h-23h). Vous pouvez choisir un poisson frais du jour *a la plancha*, l'arroser de jus de citron, et ajouter des frites et de la salade, ou déguster des croquettes maison, du fromage grillé arrosé de *mojo* ou des surprises comme les crevettes sauce roquefort. Tables en terrasse.

**Parador de La Gomera** CANARIEN €€€

(☎ 922 87 11 00 ; www.parador.es ; Calle Lomo de la Horca ; plats 19-22 € ; ⏰ 7h30-10h30, 13h30-15h30 et 19h-22h ; P 📶). Plafond avec poutres apparentes, tables couvertes de nappes blanches et beaux jardins tropicaux, le restaurant du Parador (p. 201) est la table la plus raffinée de San Sebastián. Il est spécialisé dans la réinterprétation créative de spécialités canariennes – du fromage de chèvre fumé au mérou aux *patatas arrugadas*. Pas forcément à la hauteur des prix pratiqués, l'adresse mérite néanmoins le détour.

## Achats

**Mercado Municipal** MARCHÉ

(Avenida de Colón ; ⏰ 7h30-14h lun-sam). À côté de la gare routière, le marché de San Sebastián propose fruits et légumes, ainsi que des spécialités locales comme le miel (considéré comme le meilleur d'Espagne), le *miel de palma* (miel de palmier, confectionné à partir de sève de palmier), l'*almogrote* (pâte épicée à base de fromage doux, poivrons et tomates, généralement étalée sur du pain) et le *queso gomero* (fromage de chèvre doux de La Gomera).

## Renseignements

**Oficina de Turismo** (☎ 922 14 15 12 ; www.lagomera.travel ; Calle Real 34 ; ⏰ 9h-13h et 15h30-18h lun-sam, 10h-13h dim). Installé dans la Casa Bencomo du XIXe siècle, cet office du tourisme efficace propose cartes de randonnée, conseils et brochures pour des circuits autoguidés sur le thème de Christophe Colomb. Également une exposition consacrée au relief montagneux de l'île.

### CARTES ET GUIDES

Les centres d'accueil des visiteurs de Juego de Bolas et de La Laguna Grande distribuent des cartes de randonnée correctes présentant les principales possibilités. La carte de randonnée *La Gomera Tour and Trail* (Discovery Walking Guides) au 1/35 000 est une bonne option, avec 34 itinéraires couvrant toute l'île, décrits dans le guide correspondant. Parmi les autres bonnes cartes figurent *Gomera* au 1/35 000, éditée par Freytag & Berndt. Les cartes et guides de randonnée sont généralement disponibles dans les librairies de San Sebastián et Valle Gran Rey.

## Depuis/vers San Sebastián

### BATEAU

Le bateau-taxi Benchi Express de Fred Olsen (p. 194) relie San Sebastián à Valle Gran Rey (8 €, 40 min) via Playa Santiago (8 €, 30 min), 3 fois par jour dans chaque sens.

### BUS

De l'**Estación de Guaguas** (Avenida Vía de Ronda), du côté ouest de la ville, le bus n°1 de Guagua Gomera (p. 195) se rend à Valle Gran Rey (5 €, 1 heure 45, 2 à 5/jour), le bus n°2 va à Vallehermoso (4,50 €, 1 heures 30, 2 à 5/jour), le n°3 à Playa Santiago (4 €, 1 heure, 2 à 6/jour) et le n°7 à l'aéroport (4 €, 1 heures 15, horaires alignés sur les vols).

### TAXI

Les **taxis** (☎ 922 87 05 24 ; taxisssgomera@gmail.com ; Avenida de los Descubridores) facturent 25 € pour Hermigua, 35 € pour Playa Santiago, 40 € pour l'aéroport, 28 € pour Pajarito (pour le Parque Nacional de Garajonay) et 55 € pour Valle Gran Rey.

## Comment circuler

**Bike Hire Marina La Gomera** (☎ 922 14 17 69 ; Puerto Deportivo Marina La Gomera, Avenida Fred Olsen ; location vélo 10 €/jour ; ⏰ 8h30-13h30 et 16h-18h lun-ven, 9h-13h sam-dim)

# PARQUE NACIONAL DE GARAJONAY

Jungle enchanteresse composée d'une *laurisilva* (laurisylve) ancestrale et quasi impénétrable, le **Parque Nacional de Garajonay** (☎ 922 80 09 92 ; www.miteco.gob.es) constitue le principal atout de La Gomera. Couvrant 40 km², soit 10% de l'île, il réserve les plus belles possibilités de randonnées pédestres et cyclistes de La Gomera. À cet endroit, sur les hauteurs de l'île, les alizés de l'Atlantique rencontrent des vents plus chauds, créant dans l'épaisse forêt dense et moite un flux et reflux constant de brume, un phénomène appelé "pluie horizontale". La dernière période glaciaire a épargné les Canaries, si bien que le milieu naturel est similaire à celui du pourtour méditerranéen il y a des millions d'années.

Garajonay a été déclaré parc national en 1981 et classé au patrimoine mondial de l'Unesco en 1986. En 2012, un gigantesque incendie a détruit 750 ha de *laurisilva* ancestrale. Le feu a laissé de grandes

À NE PAS MANQUER

## RANDONNÉE À GARAJONAY

Nombre des chemins qui sillonnent le parc national de Garajonay sont utilisés par les Gomeros depuis des siècles. Les marcheurs expérimentés trouveront en général la randonnée dans le parc national de Garajonay assez facile (mais gratifiante), quoique certains itinéraires soient plus difficiles que d'autres.

Si plusieurs compagnies de guides organisent des randonnées, transports compris, dans le parc national et alentour, le nombre et la variété des points d'accès facilitent grandement une randonnée en indépendant, et la plupart des itinéraires sont assez bien indiqués. Les randonnées décrites sur les cartes rudimentaires fournies par les centres d'accueil des visiteurs de Juego de Bolas et de La Laguna Grande correspondent au balisage du parc.

Plusieurs randonnées populaires commencent à La Laguna Grande, à **El Contadero** (un parking à 3 km au sud-est de La Laguna Grande), à **Pajarito** (l'intersection GM2-CV13/arrêt de bus, à 4 km au sud-est de La Laguna Grande) et à différents endroits le long de la GM2.

Expérience inoubliable, l'ascension de l'**Alto de Garajonay** (point culminant de l'île, à 1 487 m) peut se faire depuis Pajarito (1 km, environ 30 minutes aller), El Contadero (2 km, environ 30 minutes aller) ou La Laguna Grande (5,5 km, 2 heures aller), même si ce dernier sentier traverse des secteurs très abîmés par les incendies. Par temps clair, depuis l'Alto, la vue panoramique embrasse toute l'île et l'on aperçoit parfois au loin Tenerife, La Palma et El Hierro. Vous pourrez emprunter n'importe lequel des 3 chemins pour descendre, dont celui pour La Laguna Grande via El Contadero (pour ne pas revenir sur vos pas).

Depuis El Contadero, un chemin balisé part vers le nord-est et descend une belle vallée boisée jusqu'au hameau d'El Cedro (p. 202) – 5,6 km, 2 heures 15 – via l'Ermita de Nuestra Señora de Lourdes (p. 202). D'El Cedro, il est possible de continuer la descente jusqu'à Hermigua (3 km, 2 heures) ou de retourner à Pajarito via le Mirador de Tajaqué (environ 7 km, 3 heures). La boucle Pajarito-Alto de Garajonay-El Cedro-Pajarito (16 km, environ 6 heures) est appelée **Gran Ruta Circular Garajonay** (Route 18) ; préparez-vous pour un dénivelé négatif d'environ 680 m, suivi d'un dénivelé positif de 600 m. Une partie du parcours emprunte une route forestière goudronnée.

L'une des plus belles randonnées de La Gomera (p. 210) combine l'ascension de l'Alto de Garajonay depuis Pajarito avec la descente jusqu'à Hermigua via El Contadero et El Cedro. Il s'agit d'une marche éprouvante de 10,5 km (4 à 5 heures), également prisée dans le sens de la montée.

Les parties les plus anciennes de la *laurisilva* se situe à l'extrémité ouest du parc, où sont aménagées plusieurs beaux itinéraires, dont le parcours de Raso de la Bruma (p. 211), de 2,2 km et une heure aller-retour, qui serpente à travers des bois brumeux et festonnés de mousse. Il peut être relié à d'autres itinéraires.

Enfin, le GR131, qui traverse l'île de San Sebastián à Vallehermoso, passe par les secteurs sud et ouest du parc. L'administration du parc propose des **randonnées guidées** gratuites de 3 heures, en espagnol, le vendredi toute l'année et le mercredi de juillet à septembre ; départ de La Laguna Grande. Réservez en ligne.

étendues de troncs noircis qui, selon les estimations, mettront 30 ans à se régénérer. Mais il reste heureusement beaucoup de végétation.

Tout un univers d'organismes s'est bâti une existence dans cette forêt sombre. Cet enchevêtrement d'arbres est vital pour la santé de l'île : les arbres agissent comme des éponges, capturant l'humidité sur leurs feuilles, puis la laissant goutter sur les sols, s'y infiltrer et alimenter les sources locales. Relativement peu de lumière traverse la canopée, favorisant le développement des mousses et des lichens. La forêt sombre abrite quelque 400 espèces végétales, dont des saules des Canaries (*Salix canariensis*) et du houx des Açores (*Ilex canariensis*), et près de 1 000 espèces d'invertébrés. Les vertébrés sont principalement des oiseaux et des lézards.

Il est interdit d'allumer un feu – sauf aux quelques endroits indiqués –, et de faire du camping sauvage. Prévoyez de bonnes chaussures de marche, et des vêtements chauds et imperméables.

## Renseignements

**Centre d'accueil des visiteurs de Juego de Bolas** (922 80 09 92 ; www.miteco.gob.es ; Carretera La Palmita-Agulo ; 9h30-15h et 15h20-16h30). Bien en dehors du parc national, à 7,5 km au sud-ouest d'Agulo dans le nord de l'île, ce centre fournit des cartes de randonnée sommaires. Également un petit musée sur la géologie et le climat du parc.

**La Laguna Grande** (www.miteco.gob.es ; GM2 ; 8h30-14h et 14h20-16h30). À environ 4 km au nord-ouest de l'embranchement pour Pajarito sur la GM2, ce centre d'accueil des visiteurs est pratique pour récupérer des renseignements sur les randonnées. Il présente aussi une petite exposition sur les oiseaux du parc.

## Depuis/vers le Parque Nacional de Garajonay

Le bus n°1 circulant entre San Sebastián (2 €, 30 min, 2 à 5/jour) et Valle Gran Rey (4 €, 1 heure 15, 2 à 5/jour) via El Cercado et Las Hayas s'arrête à l'embranchement pour Pajarito, au cœur du parc national, à 4 km au sud-est du centre d'accueil des visiteurs de La Laguna Grande.

La GM2 traverse le parc d'est en ouest et croise la GM1 à l'extrémité ouest de celui-ci. Une petite route goudronnée relie le centre des visiteurs de Juegos de Bolas dans le nord de l'île et Laguna Grande.



# NORD DE L'ÎLE

Dans le nord verdoyant de La Gomera, les denses plantations de bananiers et les palmiers oscillants tapissent les vallées profondes, les terrasses cultivées transforment les versants de collines en œuvres d'art, et les maisons chaulées confèrent un charme désuet aux villages éparpillés. La principale bourgade est la localité bananière de Hermigua, après laquelle la sinueuse GM1 traverse le village coloré d'Agulo, puis atteint le bourg agricole de Vallehermoso, au nord-ouest.

## Hermigua

340 HABITANTS

Base populaire pour les marcheurs, la paisible bourgade agricole de Hermigua, à 20 km au nord-ouest de San Sebastián, s'étend longuement à travers une vallée verdoyante, plantée d'épaisses bananeraies et d'autres plantes tropicales, jusqu'à atteindre une plage volcanique qui semble oubliée de tous. C'est l'une des parties les plus humides de l'île – et elle n'en est que plus belle. Hermigua prospéra grâce à la production de canne à sucre au XVIe siècle, et vous remarquerez quelques élégantes demeures de style baroque ayant appartenu à des marchands. Désormais, le tourisme et le commerce de la banane sont les principales ressources économiques.

### À voir et à faire

Une splendide randonnée de 10,5 km (4-5 heures, p. 210) serpente le long de la belle vallée escarpée entre Hermigua et l'Alto de Garajonay, via El Cedro (4,6 km) ; repérez les pancartes en face de la Plaza Victoriano Darias Montesinos.

**Museo Etnográfico de la Gomera** MUSÉE

(922 88 19 60 ; www.museoslagomera.es/museo-etnografico ; Carretera General (GM1) 99, Las Hoyetas ; adulte/enfant 2,50 €/gratuit ; 10h-18h lun-ven, 10h-14h sam-dim). Aménagé dans un bel édifice du XXe siècle souligné d'un galon bordeaux, ce musée ethnographique sur deux niveaux explore les ressources naturelles et les écosystèmes de l'île à travers des thèmes comme la pêche, l'exploitation forestière, l'agriculture et l'architecture (explications en anglais et en espagnol). Des sections sont consacrées entre autres à la poterie, au tissage et à la vannerie. Également des expositions sur la viticulture, le *silbo* (p. 202) et l'extraction du *guarapo* (miel de palmier).

**Parque Etnográfico Los Telares** MUSÉE

(www.lostelaresgomera.com ; Carretera General (GM1) ; adulte/enfant 4,50 €/gratuit ; 9h30-16h30 lun-sam ; P). Cette réplique d'un moulin à *gofio* (céréales grillées, spécialité des Canaries) du XIXe siècle se dresse au cœur de ce centre ethnographique aux multiples facettes, qui comporte aussi un verger traditionnel autonome et une galerie présentant des informations sur la vie rurale locale, l'artisanat traditionnel, le *silbo gomero* (p. 202) et l'histoire de l'île. Audioguides multilingues. Boutique de souvenirs et **café** (en-cas 3-6 € ; 9h30-17h30 lun-sam ; wifi) douillet.

**Convento de Santo Domingo** ÉGLISE
(Plaza de Armas ; aube-crépuscule). Au cœur du village originel de Hermigua, juste à côté de la Plaza Victoriano Darias Montesinos, cette église (et couvent) du XVIe siècle est coiffée d'un clocher en pierre et abrite un plafond sculpté sophistiqué, de style mudéjar.

**Playa de la Caleta** PLAGE
(P). À 5 km au nord-est de la ville, la Playa de la Caleta est la plus belle plage du secteur, et l'une des plus jolies plages de galets noirs du nord de La Gomera. Encadrée de promontoires rocheux, elle offre une vue fabuleuse sur le mont Teide de Tenerife. Aire de pique-nique, minuscule chapelle, bar de plage ouvert en saison et colonie de chats sympathiques. Indiquée depuis le front de mer, à Hermigua.

## Où se restaurer

**El Faro** PRODUITS DE LA MER €€
(922 88 00 62 ; Carretera Playa de Santa Catalina 15 ; plats 7-16 € ; 13h-22h ; ). Perché au-dessus des bananeraies près de la plage, avec des tables installées sur un toit-terrasse caressé par la brise et d'autres dans une élégante salle à manger chaulée, ce chaleureux restaurant mise sur des classiques canariens, des pâtes goûteuses, des salades croquantes et certains des meilleurs plats marins d'Hermigua. Choisissez un des *pescados del día,* goûtez les savoureuses pâtes végétariennes ou la salade au fromage de chèvre, ou commandez à l'avance une paella pour deux (44 €).

**Las Chácaras** CANARIEN €€
(922 88 10 39 ; www.laschacaras.com ; Calle El Cabo 2 ; plats 8-13 € ; 12h30-15h30 et 18h30-21h30 lun-sam). Les plats traditionnels mitonnés avec soin, comme la soupe de *berros* (cresson), le thon au *mojo* et le fromage grillé arrosé de miel de palmier, assurent à cet élégant restaurant aux murs jaunes un succès durable. Des photos de l'Hermigua d'antan sont accrochées aux murs, les tables sont agrémentées de bougies et de fleurs et les propriétaires sont très fiers de leurs desserts maison, dont le *quesillo* (flan crémeux). Bar ouvert de 9h à 1h.

### CINQ HÔTELS FABULEUX À LA GOMERA

**Parador de La Gomera** (922 87 11 00 ; www.parador.es ; Calle Lomo de la Horca ; ch 120-225 € ; P). Haut perché au-dessus de la ville tel un majestueux manoir canarien du XVe siècle, le somptueux Parador de San Sebastián est peut-être le plus bel hôtel de l'île. Les chambres combinent mobilier élégant et ambiance traditionnelle ; la plupart donnent sur des jardins tropicaux et sur une piscine avec vue sur l'Atlantique. Restaurant de cuisine canarienne élégant et moderne (p. 198).

**Hotel Jardín Tecina** (922 24 51 01 ; www.jardin-tecina.com ; Lomada de Tecina ; s/d avec petit-déj 97/150 € ; P). Aménagé le long d'une falaise surplombant Playa Santiago, le seul véritable *resort* de La Gomera est un adorable méli-mélo de bungalows chaulés et de sublimes jardins tropicaux, comptant 5 restaurants (les ingrédients proviennent du potager bio) et un club de plage.

**Los Telares** (922 88 07 81 ; www.lagomera.apartments ; Carretera General (GM1), El Convento ; app 46-70 € ; ). Respectueux de l'environnement et superbement équipés, les appartements modernes-rustiques de Los Telares présentent un excellent rapport qualité/prix : sol en pierre, mobilier coloré, murs en pierre, kitchenettes et balcons ou fenêtres donnant sur les bananeraies de Hermigua.

**Apartamentos Tapahuga** (922 89 51 59 ; www.tapahuga.es ; Avenida Marítima ; app 80-100 € ; ). Face au port de Playa Santiago, l'élégant escalier en marbre et les couloirs couverts de céramique mènent à une piscine sur le toit-terrasse et à des appartements spacieux et inondés de lumière, avec jolis balcons en bois, cuisines bien équipées et couleurs apaisantes dans des tons crème, beige ou gris.

**Playa Calera** (922 80 57 79 ; www.hotelplayacalera.com ; Calle Punta Calera 2, La Playa ; ch avec petit-déj 114-132 € ; P). Style contemporain épuré, murs crème, bois clair et photos de La Gomera composent le décor de cette élégante résidence hôtelière de Valle Gran Rey. Piscine à débordement sur le toit-terrasse et chambres spacieuses, avec espace salon, kitchenette et balcon.

**Tasca Telémaco** CANARIEN €€
(☎922 88 08 12 ; www.tascatelemaco.com ; Plaza de la Encarnación 2 ; plats 9-16 € ; ⏲13h-16h et 18h-23h ; 📶). Des chaises dépareillées, des lampes marocaines, une fresque de musiciens et une immense terrasse créent un cadre stylé pour déguster un verre de vin de Lanzarote ou de La Gomera et des plats canariens sans chichis, parfois mâtinés de saveurs asiatiques. Aubergines au miel de palmier, gambas grillées et fromage de chèvre chaud côtoient les légumes sautés, les omelettes d'inspiration thaïlandaise et l'aloyau de porc aux dattes et bacon.

## Renseignements

**Oficina de Turismo** (☎922 88 09 90 ; www.hermigua.es ; Carretera General (GM1) ; ⏲9h-21h lun-ven, 9h-19h sam). Face au centre de santé. Cartes de randonnée sommaires.

## Depuis/vers Hermigua

Le bus n°2 circule entre San Sebastián et Vallehermoso, et fait halte à Hermigua (3 €, 45 min, 2-5/jour).

# El Cedro

17 HABITANTS

Le hameau bucolique d'El Cedro est niché entre des terrasses cultivées et des bosquets de lauriers, à 14 km au sud-ouest de Hermigua, en montant dans les collines, à la frontière nord-est du Parque Nacional de Garajonay. La Boca del Chorro (ou Boca del Cedro) est un ravin traversant le village du nord au sud et débouchant dans la vallée de Hermigua en formant une cascade. El Cedro ne compte guère plus d'une poignée de maisons, un camping et une chapelle, mais plusieurs randonnées fabuleuses passent par là.

Un parcours escarpé mais très apprécié (p. 210) relie El Cedro à Hermigua (4,6 km, 2 heures), avec la possibilité de commencer tout en haut (au sud-ouest) à l'Alto de Garajonay (à 6 km d'El Cedro, 2 à 3 heures) et de descendre via El Contadero et le Barranco d'El Cedro. L'itinéraire est aussi gratifiant dans l'autre sens, de Hermigua à El Cedro puis l'Alto. La boucle de la Gran Ruta Circular Garajonay (p. 199) traverse aussi El Cedro.

**Ermita de Nuestra Señora de Lourdes** ÉGLISE
À 1,7 km à pied (chemin balisé) au sud-ouest d'El Cedro, le long de la route officielle du parc national (Route 2), cette petite chapelle blanche fut fondée en pleine forêt, en 1935, par l'Anglaise Florence Stephen Parry.

**Bar La Vista** CANARIEN €
(plats 3,50-10 € ; ⏲9h-19h). Avec des tables et des bancs dominant le bassin verdoyant d'El Cedro, ce bar-restaurant traditionnel est apprécié pour ses spécialités locales réconfortantes, comme les *papas arrugadas* (patates à l'eau), le *mojo* rouge bien relevé, les *bocadillos* au fromage de chèvre et le célèbre *potaje de berros* (soupe de cresson), servi dans des bols en bois, accompagné de *gofio* (céréales grillées).

# Agulo

625 HABITANTS

Joli enchevêtrement de ruelles pavées et d'édifices blancs et pastel restaurés avec soin, Agulo fut fondé au début du XVIIe siècle sur un plateau bas à 5 km au nord de Hermigua. En arrière-plan se dresse l'arrière-pays escarpé et austère, qui s'étend jusqu'au Parque Nacional de Garajonay.

**Mirador de Abrante** BELVÉDÈRE
(www.fredolsen.es ; ⏲11h-19h juin-sept, 10h-18h oct-mai ; Ⓟ). GRATUIT Sur les hauteurs au-dessus du petit Agulo, avec un panorama portant jusqu'à Tenerife au-delà de l'océan, ce belvédère appartenant à la société Fred Olsen est agencé autour d'une cabine vitrée avançant dans le vide. Café-restaurant canarien (menu 14,50 €) sur place ; des démonstrations de *silbo* ont lieu chaque jour entre 12h30 et 15h. À 10 km au sud-ouest d'Agulo, via Las Rosas ; beaucoup de touristes y font une pause.

**Randonnée de la Pared de Agulo** RANDONNÉE
Commençant à la pancarte "Mirador de Abrante" sur la GM1, à côté de la pharmacie d'Agulo, ce chemin éprouvant et vertigineux gravit le mur abrupt derrière Agulo, passant sous le Mirador de Abrante pour atteindre le Centro de Visitantes de Juego de Bolas (p. 200), appartenant au parc national. De là, redescendez à Agulo via Hermigua (12,5 km, 4 heures) ou Las Rosas (10 km, 3 heures).

**La Vieja Escuela** CANARIEN €
(☎922 14 60 04 ; www.restaurantelaviejaescuela.es ; Calle Trujillo Armas 2 ; plats 7-12 € ; ⏲11h-21h lun-sam). Situé sur une crête dans le *barrio* (quartier) de Las Casas, cet

### LE SILBO : LE LANGAGE SIFFLÉ DE LA GOMERA

Tour à tour gai, mélodieux et strident, le *silbo gomero*, ce langage sifflé ancestral de plus de 4 000 mots, autrefois sur le point de disparaître mais aujourd'hui ressuscité, peut s'entendre à des kilomètres.

Dans La Gomera pré-hispanique, le *silbo* s'est développé pour transmettre des messages à travers le relief accidenté de l'île. Dans des conditions idéales, il permettait de communiquer jusqu'à 4 km de distance. Au départ, il fut sans doute utilisé pour donner l'alerte en cas d'urgence, puis il évolua pour devenir un langage à part entière. D'autres formes de langage sifflé ont existé dans des régions de Grèce, de Turquie, de Chine et du Mexique, mais aucune n'a été aussi élaborée. Ses sons remplacent la langue espagnole avec 2 voyelles sifflées et 3 consonnes ; ils étaient traditionnellement enseignés dans l'environnement familial, d'où l'existence de plusieurs accents selon les secteurs.

La technologie moderne et l'émigration ont failli avoir raison de ce language ancestral, mais, ces dernières années, il est devenu le principal atout culturel de La Gomera. Le *silbo* est une matière obligatoire dans les écoles de l'île depuis 1999, et il a été inscrit sur la Liste du patrimoine culturel immatériel de l'Humanité en 2009. Cette inscription encourage fortement les *silbadores*, même si certains craignent que le *silbo* ne devienne un cliché touristique.

établissement géré par un couple fut une école jusqu'en 1968. Installez-vous sur un banc rouge devant une table posée dans la rue, et régalez-vous du poisson du jour, de *tortilla de patatas* ou d'un plat carné comme la *carne fiesta* (viandes grillées, poivrons et pommes de terre). Le service peut être lent.

### ℹ Depuis/vers Agulo

Le bus n°2 circulant entre San Sebastián (3 €, 55 min, 2 à 5/jour) et Vallehermoso (2,50 €, 30 min) via Hermigua s'arrête à Agulo.

## Vallehermoso

800 HABITANTS

Fidèle à son nom de "belle vallée", la bourgade agricole assoupie de Vallehermoso constitue une base parfaite pour explorer le nord-ouest sauvage de l'île. Des collines s'élèvent de chaque côté de la profonde gorge qui traverse le village jusqu'à une plage volcanique. Admirez les terrasses verdoyantes plantées de palmiers, à l'ombre de l'iconique monolithe volcanique du Roque Cano (650 m).

Le centre névralgique de la ville est la **Plaza de la Constitución**, où vous trouverez la plupart des bars, restaurants et services.

**Playa de Vallehermoso** PLAGE

(🅿). Flanquée de hautes falaises, cette belle plage de galets noirs sur laquelle déferlent les vagues se trouve à 3 km au nord-est de la ville. En été, deux **piscines** (🕒11h-19h mar-dim environ juin-sept) et un **restaurant** (☎922 80 15 61 ; plats 7-9 € ; 🕒12h-16h mar-dim mai-sept ; 🅿) de produits de la mer sont installés sur le rivage.

### ℹ Depuis/vers Vallehermoso

Le bus n°2 roule depuis/vers San Sebastián (4,50 €, 1 heure 30, 2 à 5/jour).

## Alojera

390 HABITANTS

La paisible petite Alojera se trouve juste en retrait d'une plage volcanique noir de jais, sur la côte nord-ouest de La Gomera, au milieu d'une vallée fertile constellée de palmiers : on croirait une oasis de verdure dans une mer de collines arides. On y parvient après une interminable série de virages en épingle à cheveux qui part de la GM1 à Epina. L'endroit est particulièrement apprécié des voyageurs qui cherchent à séjourner dans un cadre rural, au calme.

**Playa de Alojera** PLAGE

Les falaises dentelées, les formations rocheuses et les piscines naturelles au large donnent un caractère très impressionnant à l'immense plage noire limoneuse d'Alojera, rarement bondée, à 1,5 km à l'ouest de la ville. Bien qu'elle soit connue, elle est parfaite pour la baignade par mer calme ; en cas de forte houle, restez loin de l'eau. La plage est bordée de quelques maisons et appartements blancs.

### Depuis/vers Alojera

Le bus n°5 circule entre Vallehermoso et Alojera (4 €, 1 heure, 2/jour lun-ven).

## Los Órganos

Tel un imposant orgue d'église sculpté dans le basalte et s'élevant des profondeurs de l'océan, l'extraordinaire falaise de Los Órganos est accrochée au rivage le plus septentrional de La Gomera. C'est la puissante houle de l'Atlantique qui lui a donné sa forme actuelle. Le site se trouve à quelques kilomètres seulement au nord de Vallehermoso, mais pour l'admirer vous devrez prendre un bateau dans le cadre d'un circuit organisé, avec par exemple la compagnie Tina (p. 207), depuis Valle Gran Rey ou Playa Santiago dans le sud de l'île.

# SUD DE L'ÎLE

Partie la plus ensoleillée de La Gomera, le Sud offre de multiples paysages, des montagnes brûlées par le soleil aux luxuriantes vallées plantées de bananiers et des austères côtes rocheuses aux plages de sable noir. C'est ici que sont installées les deux stations balnéaires de l'île – la modeste Playa Santiago et l'immense Valle Gran Rey, chacune dominant l'Atlantique à l'embouchure d'une luxuriante vallée plongeante. Dans les terres, les terrasses à flanc de colline sont émaillées de villages paisibles comme Alajeró, Imada, El Cercado et Las Hayas.



## Playa Santiago

1 140 HABITANTS

Lovée sur la côte sud-est ensoleillée de La Gomera, Playa Santiago est une modeste station balnéaire dotée d'un petit village tranquille et d'une promenade de bord de mer qui cède la place à quelques bananeraies et à une longue **plage** de galets baignée d'une eau calme.

Jusqu'aux années 1960, ce secteur était le plus affairé de l'île, avec des usines, un chantier naval et un port qui exportait les bananes et les tomates locales. Puis, la crise agricole le frappa durement, et, dans les années 1970, toutes ces activités avaient disparu, poussant les habitants à partir à Tenerife ou en Amérique du Sud. Ces dernières années, le tourisme a apporté un renouveau à Playa Santiago, avec en particulier l'apparition du gigantesque et luxueux Hotel Jardín Tecina (p. 201), propriété de Fred Olsen, et de plusieurs excellents restaurants.

### À voir et à faire

Plusieurs itinéraires plaisants sillonnent les collines au nord de Playa Santiago, autour des villages d'Alajeró (p. 205), Imada et Benchijigua. Très raide, la Route 23 relie le **Mirador Roque de Agando** (GM2, Km 18,4) à Playa Santiago (12,4 km, environ 4 heures) via le minuscule village de Benchijigua. La Route 24 forme une boucle entre Playa Santiago, Benchijigua et le hameau d'Imada, via le Barranco de Santiago (15 km, 5 heures).

Le chemin de grande randonnée GR132 traverse Playa Santiago ; vous pourrez le suivre depuis/vers San Sebastián (20 km, environ 6 heures, avec quelques montées et descentes ardues) via le hameau d'El Cabrito, ou direction nord-ouest depuis/vers Alajeró (10,5 km, 2 heures 30).

**Playa de Tapahuga, Playa del Medio et Playa de Chinguarime** PLAGES

Ce trio de plages isolées à l'ambiance hippie et dotées de sable volcanique étincelant entre les galets, s'étend sur 1 à 3 km au nord-est de l'emblématique Hotel Jardín Tecina (suivez les pancartes). Le lieu est prisé des naturistes.

**Splash Gomera** SPORTS AQUATIQUES

(☎626 658901, 922 14 58 87 ; www.splashgomera.es ; Club Laurel, Hotel Jardín Tecina ; ⏲10h-11h et 16h-17h). Ce spécialiste des sports aquatiques loue kayaks et paddles (15 €/heure) et organise des sorties plongée (plongée simple 39 €), des stages PADI (Open Water, 460 €), des sorties snorkeling (35 €) et des sorties kayak (2 heures, 30 €).

**Gomera Cycling & Walking** VÉLO, RANDONNÉE

(☎922 89 51 45, 636 897512 ; www.gomeracycling.com ; Avenida Marítima ; ⏲9h-20h). Bien organisé, ce loueur de vélos (VTT/route 20/30 € par jour) propose aussi des circuits guidés sur mesure (à partir de 40 €) ou des randonnées autoguidées, avec transfert jusqu'au départ et à l'arrivée.

### Où se restaurer

Le luxueux Hotel Jardín Tecina (p. 201) possède plusieurs excellents restaurants.

**La Chalana** POISSON €

(☎922 89 59 69 ; Barranco Colón ; plats 6-9 € ; ⏲12h-16h et 19h-tard jeu-mar). À l'extrémité est de la ville, cette cabane bleu délavé très fréquentée est à la fois un bar de plage décontracté et un restaurant chaleureux mettant à l'honneur les produits de la mer, qui scintille en toile de fond. À vous les salades croquantes, la prise du jour et le *queso frito* (fromage frit) nappé de *mojo*. Pour une paella, téléphonez à l'avance.

♥ **Junonia** INTERNATIONAL €€

(☎922 89 57 61 ; www.facebook.com/resjunonia ; Avenida Marítima 58 ; plats 12-17 € ; ⏲12h30-15h et 18h30-22h ven-dim, 18h30-22h lun, mer et jeu). Prisé localement, ce restaurant surplombant le port possède une salle élégante, décorée d'œuvres d'art contemporaines. Formé à l'étranger, le chef Fran Mora apporte sa créativité ambitieuse à la cuisine classique de La Gomera. Sur la carte figurent notamment des plats italiens sophistiqués, comme les pâtes noires au saumon avec une sauce de homard, vodka et crevettes, ainsi que des plats de poisson délicieusement préparés, telle la *dorada* grillée. Réservez.

**La Cuevita** POISSON €€

(☎922 89 55 68, 619 765969 ; www.facebook.com/lacuevitaplayasantiago ; Avenida Marítima ; plats 10-14 € ; ⏲12h-16h et 18h30-22h30 lun-sam). Aménagé dans une grotte naturelle à côté d'une petite chapelle à l'extrémité ouest de la ville, dans un décor de plantes luxuriantes, lumière tamisée et nappes couleur brique, ce restaurant bien établi propose des vins canariens accordés aux délicieux produits de la mer locaux – thon, *vieja* (poisson-perroquet), *chocos* (seiche) – et viandes grillées, toujours accompagnés de *patatas arrugadas* et de *mojo* rouge au goût prononcé.

## Renseignements

**Oficina de Turismo** (☎922 89 56 50 ; www.lagomera.travel ; Avenida Marítima, Edificio Las Vistas ; ⏲9h-13h30 et 15h30-17h30 lun-mer, 9h-15h jeu-ven, 9h-12h30 sam)

## Depuis/vers Playa Santiago

Le bateau-taxi Benchi Express de Fred Olsen (p. 194) circule entre Valle Gran Rey et San Sebastián (8 €, 40 min) via Playa Santiago (8 €, 30 min), trois fois par jour dans les deux sens.

Le bus n°3 relie Playa Santiago à San Sebastián (4 €, 1 heure, 2-6/jour) et Alajeró (2 €, 30 min, 2-6/jour).

**À NE PAS MANQUER**

### CASA EFIGENIA

À la frontière sud du Parque Nacional de Garajonay, la **Casa Efigenia** (La Montaña ; ☎922 80 42 48, 659 807458 ; www.efigenialagomera.com ; Carretera General, Las Hayas ; menu 10 € ; ⏲8h-20h ; ✎) est l'adresse incontournable de l'île pour goûter la cuisine de La Gomera dans toute sa délicieuse simplicité. Doña Efigenia, la charmante hôtesse, a commencé à cuisiner pour les ingénieurs des routes de la région en 1960. Les tables communes et le menu végétarien familial sont fidèles au poste : on se régale de *puchero gofio* (ragoût à base de légumes), salade mixte, *almogrote* et flan aux amandes, plus des gâteaux, jus et limonade maison.

Efigenia met un point d'honneur à échanger quelques mots avec tous ses hôtes. Désormais, sa famille travaille à ses côtés, d'où l'expansion de l'établissement qui comprend une bodega et un **hébergement** (ch 45-65 €, app 75-80 € ; P ❄ 📶 🐾).

# Alajeró et ses environs

500 HABITANTS

À 12 km au nord-ouest de Playa Santiago, cette paisible oasis haut perchée sur une crête surplombant l'océan et organisée autour d'une église du XVIe siècle est le point de départ de plusieurs belles randonnées. Le hameau d'Imada, à 4 km au nord d'Alajeró, constitue une base ou une halte plaisante pour les randonneurs.

## À voir et à faire

Le GR132 passe par Alajeró, reliant la bourgade à Playa Santiago (10,5 km, 2 heures 30 à 3 heures). Vous pourrez aussi marcher vers le nord jusqu'au Drago de Agalán le long de la Route 21 (2,4 km, 45 min) et jusqu'à Imada le long de plusieurs chemins, dont la Route 20 (4,7 km, 1 heure 30 à 2 heures) ; repérez les indications dans le parking principal en face de l'église. D'autres sentiers relient Alajeró, Imada, Playa Santiago et le Barranco de Santiago.

**Drago de Agalán** ÉLÉMENT NATUREL

Le plus vieux *drago* (dragonnier) de l'île se dresse dans une vallée constellée de palmiers, à 2 km au nord d'Alajeró. Prenez la route indiquée à 300 m à l'ouest (en descendant) à partir de l'embranchement d'Imada sur la CV13, qui continue jusqu'à une vieille ferme ; de là, un chemin balisé descend à pic pendant environ 10 minutes pour atteindre un point de vue donnant sur le *drago,* 5 à 10 minutes de marche plus bas. Pour les randonneurs, depuis l'intersection d'Imada, un chemin de pierres balisé mène directement au dragonnier (0,9 km).

**Iglesia del Salvador** ÉGLISE
(Calle Fagundo ; ⏲aube-crépuscule). Datant du XVIe siècle, la modeste église d'Alajeró abrite un beau christ en bois sculpté (fin XVIe siècle ou début XVIIe siècle).

## Où se restaurer

**Mesón de Clemente** CANARIEN €€
(☎922 89 57 21 ; Carretera General Las Cruces 6 ; plats 8-17 € ; ⏲12h-22h jeu-mar). La terrasse ensoleillée bénéficie d'un fabuleux emplacement à flanc de colline avec vue sur la mer. Les viandes grillées et rôties sont divines. Les spécialités sont le *cochinillo* (cochon de lait) et le *cordero* (agneau à la broche).

## Depuis/vers Alajeró

Le bus n°3 circule entre Alajeró et San Sebastián (4 €, 1 heure 30, 2-6/jour), via Playa Santiago.

# El Cercado

190 HABITANTS

Accroché à des versants verdoyants parmi les terrasses ordonnées et les maisons en pierre, en bordure sud du Parque Nacional de Garajonay, le village d'El Cercado est le dernier bastion de la poterie ancestrale de La Gomera, connue pour ses pièces robustes et sa couleur ocre caractéristique. Quelques artisans font perdurer des techniques vieilles de plusieurs siècles. Dans la rue principale, 3 *talleres* (ateliers) – María, María del Mar et Rufina – sont généralement ouverts aux visiteurs tous les jours d'environ 10h à 18h.

**Centro de Interpretación Las Loceras** MUSÉE
(☎922 80 41 04 ; CV18 ; ⏲11h-15h mar-dim). GRATUIT Petit mais passionnant, le musée de la poterie d'El Cercado explore l'histoire de cette tradition grâce à des panneaux multilingues et des objets locaux. Les pièces étaient traditionnellement réalisées par les femmes à partir d'argile, de sable et d'eau, en ajoutant de l'*almagre* (ocre rouge) lors des dernières étapes pour produire la couleur rouge-brun caractéristique.

## Depuis/vers El Cercado

Le bus n°1 circulant entre San Sebastián (3 €, 50 min, 2 à 5/jour) et Valle Gran Rey (3 €, 50 min, 2 à 5/jour) passe par El Cercado.

> HORS DES SENTIERS BATTUS
>
> **ERMITA DE GUARÁ**
>
> Dédiée à la sainte patronne de l'île, la Virgen de Guadalupe, l'**Ermita de Guará** est une minuscule chapelle blanche des années 1960, perchée sur un rocher spectaculaire à 6 km au sud-ouest d'El Cercado. Elle offe un panorama époustouflant sur le Barranco de Argaga, jusqu'à l'océan et l'île d'El Hierro au loin. Un sentier facile mène jusqu'ici depuis El Cercado (environ 1 heure 30).

# Valle Gran Rey

4 480 HABITANTS

Profonde gorge d'un vert brillant descendant jusqu'aux plages les plus prisées de l'île, le spectaculaire Valle Gran Rey (Vallée du Grand Roi) est l'épicentre touristique de La Gomera. Les impressionnantes falaises de roche nue bordant la vallée et le littoral composent un paysage splendide. Quand le reste de l'île est sous le crachin, le Valle Gran Rey continue bien souvent de peaufiner son bronzage. La plupart des services s'adressent aux nombreux visiteurs allemands en quête de soleil et de nature (de belles randonnées sont possibles), dont beaucoup font de longs séjours. Au coucher du soleil, on se rassemble le long du front de mer pour assister aux spectacles de danse avec le feu et autres performances.

Valle Gran Rey à proprement parler est le secteur balnéaire décontracté le long de la plage, avec les *barrios* de La Playa et Vueltas aux extrémités nord et sud (respectivement) et La Puntilla entre les deux. Toutefois, le district de Valle Gran Rey remonte plus haut dans la vallée.

## À voir

Les plages comptent parmi les plus jolies de La Gomera, avec une mer calme et de douces vagues. Valle Gran Rey est toutefois souvent très venteux.

**La Playa** PLAGE

Vers l'extrémité nord de la ville, cette longue étendue de sable volcanique est bordée de bars et d'une promenade. On s'y rassemble le soir pour voir le soleil disparaître dans l'océan.

**Charco del Conde** PISCINE NATURELLE

(La Puntilla). Une piscine naturelle d'eau salée, bordée d'une plage de sable gris, niché au cœur du front de mer de Valle Gran Rey.

**Playa de Vueltas** PLAGE

(Vueltas). Juste à côté du port et de ses bars décontractés, la bande de sable fin et noir de Vueltas est la plus abritée du vent parmi les plages de la ville. Les familles, yogis et adeptes de bronzage y viennent souvent en nombre. L'eau y est aussi calme que celle d'un étang.

**Ermita del Santo** ÉGLISE

(Arure). En haut de la vallée, dans le village d'Arure, cette minuscule chapelle de pierre est construite dans la paroi rocheuse et entourée d'un belvédère permettant d'admirer le paysage côté sud. Elle est indiquée depuis la Calle del Santo.

## Activités

### Observation des dauphins et des baleines

Des prestataires locaux proposent des circuits d'observation des baleines et des dauphins, durant lesquels on peut apercevoir quelques-unes des 23 espèces de cétacés – dont le tursiops, le globicéphale, le cachalot et le dauphin à bec étroit –, ainsi que des excursions à Los Órganos (p. 204) sur la côte nord. La période la plus propice à l'observation va de mars à juin, mais les chances sont élevées toute l'année.

**Oceano** OBSERVATION DE LA FAUNE

(922 80 57 17 ; www.whalewatching-gomera.com ; Calle Quema 7, Vueltas ; adulte/enfant 40/26 € ; 9h30-13h et 17h-19h lun-ven, 9h-13h sam). Oceano, l'un des prestataires les plus respectueux de l'environnement sur l'île, organise chaque jour (sauf le dimanche) deux circuits de 3 à 4 heures. Il s'investit dans la recherche et travaille en lien avec des associations écologiques et dédiées au bien-être animal.

**Tina** CROISIÈRES, OBSERVATION DE LA FAUNE

(922 80 58 85, 629 990643 ; www.excursiones-tina.com ; Camino Lagarto Gigante 16, Vueltas ; adulte 35-43 €, enfant 23 € ; 9h30-13h30 et 17h-19h). Ce prestataire multilingue installé de longue date propose des sorties à Los Órganos (p. 204), ainsi que des excursions d'une demi-journée pour observer dauphins et baleines. Dans tous les cas, vous profiterez aussi de tapas, de sangría et/ou d'une baignade, depuis Valle Gran Rey ou Playa Santiago.

**Excursiones Pura Vida** BATEAU, OBSERVATION DE LA FAUNE

(686 023194, 661 703491 ; www.lagomerapura-vida.com ; Puerto de Vueltas ; adulte/enfant 43/26 €). Deux fois par jour, des excursions de 3 à 4 heures à bord d'un bateau traditionnel pour 10 personnes. L'équipe dynamique vous servira des en-cas locaux et vous aurez de bonnes chances de voir des baleines, des dauphins et même des tortues.

### Randonnée

Valle Gran Rey est le point de départ d'innombrables randonnées, mais la plupart sont assez difficiles. Le GR132 traverse la ville, reliant Valle Gran Rey à Arure (7 km, 3 heures) et Alojera (15 km, 6 heures), tandis que l'itinéraire officiel et prisé de la **Route 14** (3,5 km, 1 heure 30) mène au Barranco de Arure et à plusieurs cascades. Il y a aussi de beaux itinéraires en remontant/

### LA CUISINE DE LA GOMERA

La cuisine de La Gomera est une version classique et sobre de la cuisine canarienne. Elle comporte des produits de la mer, des plats carnés, des ragoûts généreux comme le *potaje de berros* (ragoût de cresson) et, bien sûr, des *patatas arrugadas* (patates à l'eau) arrosées de *mojo* (sauce épicée à base de coriandre, basilic ou piment rouge). La communauté internationale a introduit d'autres saveurs, en particulier à Valle Gran Rey, qui possède de bons restaurants fusion et végétariens.

## MASSACRE À LA GOMERA

Le gouverneur Hernán Peraza le Jeune fut longtemps haï pour sa cruauté envers les insulaires. Quand en 1488 il rompit un pacte d'amitié avec l'une des tribus de La Gomera et, trompant ouvertement son épouse, commença à courtiser Yballa, une beauté locale fiancée à l'un des hommes les plus puissants de l'île, les Gomeros se révoltèrent. Ils surprirent Peraza au cours d'une de ses rencontres clandestines avec Yballa et le tuèrent d'une flèche, communiquant la nouvelle au moyen du *silbo* (langage sifflé) dans toute l'île. Ils attaquèrent ensuite les Espagnols à Villa de las Palmas, l'actuelle San Sebastián, et l'épouse trompée de Peraza, la belle Beatriz de Bobadilla, se barricada dans la Torre del Conde jusqu'à l'arrivée des renforts.

Malheureusement, l'histoire ne s'arrêta pas là. Celui qui vint à la rescousse fut Pedro de Vera, le gouverneur de la Grande Canarie et l'une des personnages les plus impitoyables de l'histoire de l'archipel. Sa cruauté glaçait le sang. Selon un récit, il ordonna l'exécution de tous les hommes gomeros âgés de plus de 15 ans, qui furent pendus, empalés, décapités ou noyés dans un déferlement de violence aveugle. Certains eurent auparavant les mains et les pieds tranchés pour faire bonne mesure. Les femmes furent réparties entre les miliciens et de nombreux enfants furent vendus comme esclaves. Pour compléter le massacre, de Vera fit également occire quelque 300 Gomeros qui vivaient sur la Grande Canarie.

descendant la vallée jusqu'à Las Hayas (7,5 km, 2-3 heures) et El Cercado (7,5 km, 2-3 heures).

**Timah** RANDONNÉE
(☎922 80 70 84, 616 472250 ; www.timah.net ; La Puntilla ; 30 €/pers ; ⏲10h-13h et 17h-20h lun-ven, 18h-20h dim). Cette agence multilingue et expérimentée organise des randonnées à la journée au départ de Valle Gran Rey et Playa Santiago, et des treks de plusieurs jours.

### Yoga et méditation

Des cours de yoga (5 €), méditation (3 €) et Pilates (5 €) sans réservation sont proposés à la **Finca Argayall** (☎922 69 70 08 ; www.argayall.com ; Playa de Argaga), à 1 km à l'est du port de Valle Gran Rey. Consultez les horaires en ligne.

### Autres activités

**Bike Station Gomera** CYCLOTOURISME
(☎922 80 50 82 ; www.bike-station-gomera.com ; La Puntilla 7 ; ⏲9h-13h et 17h-20h lun-sam). Circuits à vélo dans toute l'île. Location de vélos de route et VTT (à partir de 12 €/jour).

**Gomeractiva** SPORTS AQUATIQUES
(☎638 239854 ; www.gomeractiva.com ; Calle Las Vueltas 3, Vueltas ; ⏲10h-17h lun et mer-sam, 10h-14h dim). Sorties en kayak et paddle (SUP), location de matériel (12 €/heure) et circuits en vélo électrique (60 €/pers).

## Où se restaurer et prendre un verre

Certains des plats les plus créatifs de La Gomera sont servis à Valle Gran Rey, où l'on trouve un éventail de cuisines reflétant l'internationalité de la communauté présente ici. Les restaurants sont concentrés à Vueltas et La Playa.

Au coucher du soleil, des musiciens et des artistes jonglant avec le feu investissent la plage.

**Abisinia** CANARIEN €
(☎922 80 58 93 ; Cuesta de Abisinia 7, Vueltas ; plats 8-12 € ; ⏲18h-23h lun-sam). Si vous n'avez pas réservé, vous devrez faire la queue pour obtenir une table dans cet établissement traditionnel douillet doté de poutres apparentes. Les vins de Tenerife et de La Gomera subliment la cuisine insulaire classique : *potaje de berros*, croquettes de poisson maison, salade au fromage de chèvre, spaghettis aux fruits de mer et aloyau de porc dans toutes les versions imaginables.

**La Ñamera** INTERNATIONAL €
(☎922 80 58 84 ; Paseo Las Palmeras 8, La Playa ; en-cas 3-8 € ; ⏲9h-18h30 ; 📶). Propriété d'un Allemand, ce chaleureux café toujours bondé est décoré en jaune et bleu et fait partie de la série de bars et restaurants animés de La Playa. Délicieux pains et gâteaux maison, savoureux petits-déjeuners (bols de yaourt et fruits, *bocadillos*, œufs et bacon), jus de fruits frais et tapas.

**La Salsa** FUSION €€
(☎922 80 52 32 ; Calle Telémaco, Vueltas ; plats 9-17 € ; ⏲18h-22h lun-sam ; ✎). L'une des adresses les plus cotées de Valle Gran Rey, avec ses murs orange vif décorés d'art abstrait. Le menu percutant et inspiré annonce des créations fusion alléchantes comme les tempura végétariens, les rouleaux courgettes-carottes à tremper dans une sauce au yaourt et les pâtes épinards-ricotta accompagnées d'une sauce aux champignons. Large choix végétarien/végan. Excellente carte des vins avec plusieurs crus canariens. Réservez bien à l'avance.

**Colorado** INTERNATIONAL €€
(☎922 80 62 17 ; Calle Punta de la Calera, La Playa ; plats 13-17 € ; ⏲18h-21h30 jeu-mar). Au bout d'une petite allée juste en retrait de la plage, ce restaurant à l'élégance douillette et aux murs couleur pêche a plus d'un atout pour vous séduire, en particulier des couvertures pour les tables en terrasse et un menu espagnol-canarien subtilement créatif. Parmi les tapas présentées avec brio figurent les *bombones* (chocolats) au fromage de chèvre, les *patatas bravas* et les dattes enrobées de bacon. Pour les plats, citons la *dorada* au vin blanc ou les tagliatelles à l'huile de truffe et fromage de chèvre.

**El Puerto** POISSON €€
(☎922 80 52 24 ; Puerto de Vueltas, Vueltas ; plats 8-15 € ; ⏲13h-23h). Ce bar-restaurant traditionnel, à côté du port, est l'un des meilleurs endroits pour se régaler de *peto* et de *medregal* (deux poissons locaux) frais et grillés, ainsi que de paellas et plats de viandes. L'ambiance est amicale et détendue. Il faudra peut-être attendre pour une table le week-end.

**Tuyo** ASIATIQUE €€
(☎922 80 60 20 ; www.tuyo-lagomera.com ; Calle Vueltas 5, Vueltas ; plats 10-18 € ; ⏲18h-22h mar-dim ; ✎). Apportant une touche de créativité asiatique parmi la kyrielle de restaurants de fruits de mer du port, l'attrayant Tuyo propose un excellent menu de plats en majorité thaïlandais, dont des currys jaunes et verts, du *tom yum* (soupe de crevettes pimentée), des légumes sautés au wok et des *Buddha bowls* au tofu, et quelques spécialités indiennes. Le cadre est très apaisant, tout en ocre et jaune, avec des lampes et des statues posées un peu partout.

**Gomera Lounge** BAR
(www.gomeralounge.de ; Calle Punta de la Calera 1, La Playa ; ⏲20h30-1h lun-sam). Cet élégant night-club central offre un excellent programme de concerts, allant du reggae à la salsa.

## Achats

**Mercadillo de Valle Gran Rey** MARCHÉ
(Plaza Lomo Riego ; ⏲9h-15h dim). Les artisans du coin vendent des bijoux, des cartes originales, des vêtements *tie and dye* et des tissus provenant d'Inde au petit marché du dimanche de Valle Gran Rey, à côté de la gare routière.

## Renseignements

**Oficina Municipal de Información Turística** (☎922 80 54 17 ; GM1, La Calera ; ⏲8h-15h lun-ven)

**Oficina de Turismo** (☎922 80 54 58 ; www.lagomera.travel ; Calle Lepanto, La Playa ; ⏲9h-13h30 et 15h30-17h30 lun-sam, 10h-13h dim)

## Depuis/vers Valle Gran Rey

Le bateau-taxi Benchi Express de Fred Olsen (p. 194) relie Valle Gran Rey à San Sebastián (8 €, 40 min) via Playa Santiago (8 €, 30 min), 3 fois par jour dans chaque sens.

De l'**Estación de Guaguas** (Calle Lomo Riego), juste en retrait du rond-point principal à l'entrée de La Playa, le bus n°1 se rend à San Sebastián (5 €, 1 heure 45, 2 à 5/jour tlj) via Las Hayas et El Cercado.

Les **taxis** (☎922 80 50 58 ; GM1, La Calera) s'arrêtent juste au nord du rond-point.

# RANDONNÉES SUR LA GOMERA

## LES INCONTOURNABLES

Nombre de visiteurs viennent à La Gomera pour randonner, sur son littoral comme à l'intérieur de l'île.

Des cartes de randonnée sont distribuées par les offices du tourisme et, pour le parc national, par les centres d'accueil des visiteurs de **Juego de Bolas** (p. 200) et de **La Laguna Grande** (p. 200). Le balisage correspond à la numérotation des cartes de l'office du tourisme ou du parc national (plutôt qu'à la numérotation des sentiers "PR" utilisée en Espagne). Parmi les guides utiles, citons *Walk! La Gomera* et la carte de Discovery Walking Guides ou celle de La Gomera au 1/35 000 de Freytag & Berndt. Les librairies de San Sebastián et Valle Gran Rey vendent cartes et guides. L'**office du tourisme** (p. 198) de La Gomera donne des informations en ligne et une application téléchargeable.

De superbes itinéraires parcourent le Parque Nacional de Garajonay (p. 198) et de belles randonnées sillonnent toute l'île, surtout près de Playa Santiago (p. 204) au sud et de Hermigua (p. 200), au nord. Le GR132 (120-130 km) fait une boucle le long du littoral, avec 2 variantes (l'une via Vallehermoso) ; comptez 6-8 jours. Le GR131 (37 km) traverse le centre de l'île, via le parc national, entre San Sebastián et Vallehermoso (2-3 jours). Nombre de randonnées au relief escarpé comptent des tronçons vertigineux.

## ALTO DE GARAJONAY-HERMIGUA

**DÉPART** PAJARITO
**ARRIVÉE** HERMIGUA
**DISTANCE** 10,5 KM ; **DURÉE** 4-5 HEURES
**NIVEAU** DIFFICILE

Cette éprouvante **randonnée** en descente est la plus belle de l'île : elle part de son point culminant et rejoint Hermigua par la *laurisilva* à la beauté irréelle du parc national et les étendues pastorales du Barranco de El Cedro. On peut l'effectuer en montée (une alternative prisée), mais les restaurants de

Attaquez-vous au point culminant de l'île, admirez la vue, puis descendez à travers un ravin luxuriant jusqu'à Hermigua, ou serpentez dans les étendues boisées et nimbées de brume du Parque Nacional de Garajonay.

Hermigua sont parfaits après l'effort, alors qu'il n'y a pas d'infrastructure à Pajarito.

À l'ouest du **rond-point de Pajarito** (à l'intersection GM2-CV13, à 4 km au sud-est du centre des visiteurs de La Laguna Grande), un sentier indiqué "Alto de Garajonay" commence à grimper, avec des vues sur Tenerife émergeant derrière La Gomera. Après 1 km (30 min) et une zone ravagés par l'incendie de 2012, on atteind l'**Alto de Garajonay**, plus haut sommet de La Gomera (1 487 m) ; par temps clair, El Teide (Tenerife), couronné de neige, apparaît au loin, tandis qu'en contrebas l'épaisse forêt de La Gomera couvre la pente. L'Alto était un site sacré pour les Guanches et des fouilles archéologiques ont mis au jour des restes d'offrandes sacrificielles.

Depuis l'Alto, descendez en suivant le balisage de la Ruta 18 (Gran Ruta Circular de Garajonay) jusqu'au parking d'**El Contadero** après 2 km. Le chemin descend vers le nord-est jusqu'au **Barranco del Cedro** à travers la *laurisilva* ombragée. À l'intersection en Y, suivez les panneaux "Arroyo del Cedro" ; le chemin traverse un ruisseau et débouche dans la clairière de Las Mimbreras, à 2,8 km d'El Contadero. À 400 m, parmi les arbres, se dresse l'**Ermita de Nuestra Señora de Lourdes** (p. 202), chapelle chaulée du XXe siècle.

En suivant les panneaux jusqu'à El Cedro (à 1,7 km), on atteint la limite nord du parc, on dépasse des *casas rurales* et on arrive à **El Cedro** par une route goudronnée. Le bar-camping d'El Cedro, **La Vista** (p. 202), est idéal pour un déjeuner canarien.

Quittez El Cedro en contrebas du camping, en suivant les panneaux vers Hermigua (3 km). Un chemin abrupt descend en escalier le long d'une falaise jusqu'à un point de vue sur la **cascade Boca del Chorro** d'El Cedro, puis zigzague dans la vallée jusqu'au réservoir Embalse de los Tiles. De là, le chemin bien marqué continue au milieu des palmiers, passe par le Roque Pedro, les maisons colorées de Hermigua, puis **Hermigua** elle-même, émergeant (et indiquée) face à la Plaza Victoriano Darias Montesinos et au **Convento de Santo Domingo** (p. 200).

## RASO DE LA BRUMA-RISQUILLOS DE CORGO-LAS CRECES

**DÉPART** PARKING DE RASO DE LA BRUMA
**ARRIVÉE** PARKING DE RASO DE LA BRUMA
**DISTANCE, DURÉE** 4 KM, 1 HEURE
**NIVEAU** FACILE

Belle introduction à la *laurisilva* du Parque Nacional de Garajonay, le parcours officiel et facile de la **Route 12** longe une crête orientée au nord, couverte de forêt, souvent noyée dans la brume. En partie parallèle à la GM2, c'est un chemin gratifiant et populaire, qui se prolonge facilement vers le sud-est.

Au **parking de Raso de la Bruma**, à 5 km au nord-ouest de La Laguna Grande au nord de la GM2, un panneau décrit le parcours en détail. Suivez les indications et entrez dans une forêt de conte de fées, avec des branches couvertes de mousse, des lianes de lichen et de la pluie par moments. Le chemin descend en virages à travers la forêt, avec des points de vue sur la vallée de Vallehermoso, puis débouche après 1,2 km sur le **Mirador Risquillos de Corgo**, d'où l'on contemple la vallée jusqu'à Vallehermoso et la mer. Par temps clair, Tenerife apparaît derrière les montagnes de La Gomera.

Du belvédère, on peut revenir directement au parking par une variante balisée, ou rejoindre le GR131 vers le sud-ouest pour atteindre la GM2 et continuer à travers la forêt. En traversant du côté sud de la GM2, on rejoint le **parking de la Route 5 du parc national**, d'où les panneaux indiquent un large chemin à travers une *fayal-brezal* (forêt de bruyère canarienne) tranquille et plus sèche, typique des versants sud du parc. Après 700 m, le chemin arrive à **Las Creces**, une clairière dotée de tables de pique-nique.

De là, revenez au parking et retraversez la GM2 pour prendre le chemin du retour balisé jusqu'au **parking de Raso de la Bruma**. Pour prolonger la balade, la Route 5 continue depuis Las Creces par une boucle de 3,8 km dans la forêt, regagnant le parking de la Route 5. De Las Creces, on peut marcher 2,6 km jusqu'au village de Las Hayas et au restaurant **Casa Efigenia** (p. 205).

1

STIAN KLO/LONELY PLANET ©

2

**1. Randonnée dans le Parque Nacional de Garajonay (p. 198)**
Les principaux atouts de La Gomera sont ses possibilités de randonnée, des agréables marches le long des côtes aux treks à travers l'île.

**2. San Sebastián de la Gomera (p. 195)**
Christophe Colomb aurait fait étape dans la capitale de La Gomera en route vers le Nouveau Monde.

**3. Mirador Roque de Agando (p. 204)**
Relié à Playa Santiago par la Route 23, un chemin de randonnée escarpé.

**4. Mirador de Abrante (p. 202)**
Point de vue haut perché au-dessus d'Agulo, conçu par l'architecte José Luis Bermejo Martín.

4

STIAN KLO/LONELY PLANET ©

# La Palma

☎ 922 / POP 82.000

**Dans ce chapitre ➡**



## Le top des restaurants

- Enriclai (p. 221)
- La Casa del Volcán (p. 227)
- Restaurante Chipi-Chipi (p. 222)
- Tapas Trekking (p. 230)
- Casa Goyo (p. 228)

## Le top des plages

- Puerto Naos (p. 233)
- Piscinas de la Fajana (p. 238)
- Los Cancajos (p. 228)

## Pourquoi y aller

La Palma, la plus verte des îles de l'archipel, offre une nature authentique et préservée, des luxuriantes forêts tropicales du Nord aux paysages arides du Sud, parsemés de cratères volcaniques et d'étranges formations rocheuses, jusqu'aux paisibles forêts de pins du Parque Nacional de la Caldera de Taburiente. Rien d'étonnant à ce que l'île entière ait été déclarée réserve de biosphère par l'Unesco.

L'absence de plage dorée freine jusqu'à présent le tourisme de masse et les visiteurs sont essentiellement des randonneurs et les passagers des bateaux de croisière. La capitale est un joyau architectural, avec son centre du XVI$^{e}$ siècle bordé de superbes demeures, agrémentées de balcons.

En fait, vous aurez du mal à dénicher un endroit sans charme sur La Isla Bonita (la Jolie Île), ce qui ne changera pas tant que l'urbanisation incontrôlée ne la défigurera pas.

## Quand partir

- Le printemps et l'automne offrent les meilleures conditions pour la randonnée, avec un ciel habituellement dégagé et des températures douces.
- À la pointe nord-ouest de l'archipel, La Palma attire davantage de nuages et de pluie venus de l'Atlantique que toute autre île et les hivers dans le Nord (de novembre à février) peuvent être très pluvieux.
- Le carnaval (mars/avril) à Santa Cruz est un spectacle à ne pas rater, avec ses costumes, ses chars et ses participants couverts de talc.

## À ne pas manquer

1. Contempler la Voie lactée depuis le **Roque de los Muchachos** (p. 232), un site d'observation des étoiles.

2. Se promener le soir dans les rues historiques de **Santa Cruz de la Palma** (p. 216).

3. Une randonnée dans le **Parque Nacional de la Caldera de Taburiente** (p. 230) pour admirer ses merveilles naturelles.

4. Une balade le long du cratère du **Volcán San Antonio** (p. 226), avant de randonner vers la mer.

5. Un trek dans la forêt enchantée de **Los Tiles** (p. 238), avec veste de pluie et chaussures de marche.

6. Les rues pavées du charmant village de **San Andrés** (p. 235), menant à une petite crique.

7. La **Playa Puerto Naos** (p. 233), plage de sable noir où profiter du soleil.

## Histoire

Longtemps avant sa conquête par la Castille (Espagne) au XVe siècle, cette île accidentée était appelée Benahoare. Les premiers habitants, qui seraient arrivés dès le Ve siècle av. J.-C., établirent une société ordonnée qui finit par se diviser en 12 cantons, dirigés chacun par un chef.

Elle fut officiellement intégrée à l'Empire espagnol en 1493 après qu'Alonso Fernández de Lugo, un conquistador et le futur gouverneur, utilisa un indigène christianisé afin de convaincre les insulaires de quitter leur bastion montagnard pour des "pourparlers de paix". Un guet-apens les attendait en chemin, à l'endroit appelé aujourd'hui El Riachuelo. Leur chef, Tanausú, fut envoyé en Espagne comme esclave, mais entama une grève de la faim et mourut à bord.

Au siècle suivant, l'île connut une importante période de développement et de prospérité. Le sucre, le miel et la *malvasía* (malvoisie) douce devinrent des exportations majeures et les abondantes forêts de pins des Canaries alimentèrent en bois résistant les chantiers navals en plein essor. À la fin du XVIe siècle, alors que prospérait le commerce transatlantique, Santa Cruz de La Palma était considéré comme le troisième port de l'Empire espagnol après Séville et Anvers, et le superbe patrimoine dont la ville peut se prévaloir aujourd'hui témoigne de son statut de l'époque.

Le sucre, la construction navale et l'industrie de la cochenille maintinrent l'économie de l'île avant qu'elle ne soit frappée par la pauvreté au XXe siècle, provoquant une émigration massive, principalement au Venezuela, en Uruguay et à Cuba. Actuellement, environ 40% de la main-d'œuvre locale dépend de la culture de la banane, mais l'industrie touristique devient un enjeu crucial.

## Depuis/vers La Palma

### AVION

L'aéroport de La Palma (p. 223), à 7 km au sud de Santa Cruz, est bien relié au reste de l'archipel et à l'Europe.

### BATEAU

Des ferrys (p. 223) relient Santa Cruz à Tenerife, La Gomera, la Grande Canarie et Cádiz.

## Comment circuler

### BUS

Les bus de **Transportes Insular La Palma** (TILP ; ☎922 41 19 24 ; www.tilp.es) relient Santa Cruz au reste de l'île. Les arrêts se situent près de la Plaza Constitución et le long de l'Avenida Marítima. Le bus n°300 dessert Los Llanos de Aridane (2,40 €, 45 min) toutes les demi-heures environ.

Depuis la réforme du système de billetterie en vigueur sur toute l'île, 3 tarifs s'appliquent désormais en fonction de la distance : 1,50 € (moins de 10 km), 2,40 € (10-20 km) et 2,60 € (plus de 20 km).

### VOITURE ET MOTO

Disposer d'une voiture est le meilleur moyen d'explorer l'île.

**Avis** (☎928 09 23 30 ; www.avis.es ; Aéroport de La Palma ; ⏲8h-21h)

**Cicar** (☎922 42 80 48 ; www.cicar.com ; Aéroport de La Palma ; 31/99 € par jour/sem)

**Oasis** (☎922 43 44 09 ; www.autosoasislapalma.com ; Centro Cancajos, Local 301 ; à partir de 30/100 € par jour/sem)

# SANTA CRUZ DE LA PALMA

15 700 HABITANTS

Cité compacte construite le long de la côte et flanquée de collines fertiles et verdoyantes, Santa Cruz de La Palma, la capitale historique de l'île, est l'une des plus belles villes des Canaries. Avec ses balcons en bois et son architecture Renaissance, le centre-ville est merveilleusement pittoresque, tandis que la plage et la longue promenade ont considérablement renforcé l'attrait balnéaire de la ville. Se promener dans les rues historiques qui entourent et dominent la Plaza España est un délice, en particulier le soir. Depuis Santa Cruz de La Palma, vous pourrez vous rendre à peu près n'importe où grâce au réseau de bus de l'île.

## Histoire

Les chantiers navals de Santa Cruz étaient, au XVIe siècle, les plus réputés de l'archipel. Ils utilisaient le pin des Canaries, un bois gorgé de sève et résistant aux termites, pour fabriquer des bateaux fiables et résistants. La ville acquit une telle importance que le roi Philippe II y établit le premier Juzgado de Indias (tribunal des Indes) en 1558, où tous les bateaux transportant des marchandises entre l'Espagne et les Amériques devaient s'enregistrer.

Cet essor apporta la sécurité économique, mais suscita les convoitises. Santa Cruz fut fréquemment assiégée et pillée à l'occasion

## LA PALMA EN 3 JOURS

### Jour 1

De Santa Cruz, roulez jusqu'à la réserve de biosphère de Los Tiles (p. 238) pour une randonnée à l'ombre d'arbres immenses. Parcourez ensuite la courte distance jusquà San Andrés (p. 235) pour un déjeuner asiatique à La Placita et une promenade dans les jolies rues pavées. Revenez vers Barlovento (p. 238), mais tournez pour descendre à travers les bananeraies jusqu'aux hautes falaises qui entourent les Piscinas de la Fajana (p. 238) et au restaurant La Gaviota (p. 238) pour conclure la journée avec un dîner de poisson.

### Jour 2

Commencez la journée en explorant les rues pittoresques de Santa Cruz, puis roulez vers le sud pour un excellent déjeuner au son des avions à la Casa Goyo (p. 228). Continuez par la jolie Villa de Mazo en direction des paysages volcaniques désolés qui entourent Fuencaliente (p. 226), pour effectuer une promenade autour du cratère du Volcán San Antonio (p. 226). S'il vous reste du temps, marchez vers la pointe sud de l'île et les Salinas de Fuencaliente (p. 227). Sinon, remontez la côte ouest jusqu'au *resort* de Puerto Naos (p. 233) pour y passer la nuit.

### Jour 3

De Puerto Naos, prenez la route sinueuse qui monte jusqu'au Parque Nacional de la Caldera de Taburiente (p. 230) et enfilez vos chaussures de randonnée pour une demi-journée de marche. Si vous disposez de temps, gravissez le Pico Bejenado (p. 236), une marche de 2 heures 30. Roulez jusqu'à El Paso (p. 228), non loin, pour reprendre des forces avec l'excellente cuisine du Tapas & Trekking (p.230).

par des corsaires, dont ceux commandés par l'Anglais Francis Drake.

## À voir

Flânez le long du front de mer pour découvrir de superbes **maisons anciennes** aux balcons typiquement canariens et couverts de fleurs. Le penchant des insulaires pour les balcons a été introduit par les migrants andalous et modifié par l'influence portugaise. Nombre de ces maisons datent du XVI^e^ siècle et ont été transformées en restaurants haut de gamme.

Après une balade le long de l'attrayante promenade en bord de plage, rejoignez la **Calle O'Daly**, artère principale de la ville. Du nom d'un commerçant de bananes irlandais qui vécut à La Palma, la rue réunit boutiques, bars et certains des plus beaux édifices et lieux de la capitale, comme la spectaculaire Plaza de España. Ne manquez pas d'explorer les rues situées plus haut dans les collines escarpées, tout le quartier étant imprégné de charme et d'histoire.

**♥ Museo Insular** MUSÉE

(Plaza San Francisco 3 ; adulte/enfant 4 €/gratuit ; ⌚9h30-19h lun-ven, 10h-13h sam). Cet excellent musée, installé dans un ancien monastère du XVI^e^ siècle, possède diverses collections, des crânes guanches aux vitrines d'oiseaux naturalisés et de reptiles conservés dans du formol, ainsi que nombre de coquillages et de coraux. Des salles renferment des peintures espagnoles du XX^e^ siècle et des œuvres d'art contemporaines.

**♥ Iglesia del Salvador** ÉGLISE

(☎922 41 32 50 ; www.parroquiadeelsalvador.com ; Calle Adolfo Cabrera Pinto 1, Plaza de España ; ⌚10h-20h30). Cette église abrite une étincelante chaire baroque de 1750 et un plafond en bois du XVI^e^ siècle fabuleusement ouvragé et coloré, considéré comme l'un des chefs-d'œuvre du style mudéjar (architecture hispano-mauresque). Vous pourrez aussi admirer de belles sculptures, de splendides vitraux, un immense portrait de saint Christophe et un autre de saint Michel. L'église domine la Plaza de España.

**Plaza de España** PLACE

(Calle Real). Les édifices qui bordent cette place, à la forme délicieusement irrégulière, sont considérés comme les plus beaux exemples d'architecture Renaissance des Canaries. Le lieu est magnifique et tranquille le soir.

**Iglesia de San Francisco** ÉGLISE

(Plaza San Francisco ; ⌚9h-13h et 17h-20h). Cette église Renaissance est ornée d'un superbe plafond à caissons.

## Santa Cruz de la Palma

### Ermita de San José ÉGLISE

(Calle San José ; horaires variables). Cette chapelle toute simple du XVIIe siècle, blanchie à la chaux, a donné son nom à la rue.

### Ermita de San Sebastián ÉGLISE

(Calle San Sebastián ; horaires variables). Cette paisible petite chapelle située sur la Plaza de San Sebastián, derrière l'Iglesia del Salvador, est généralement fermée au public.

### Ayuntamiento ÉDIFICE HISTORIQUE

(hôtel de ville ; 922 42 65 00 ; Plaza de España 6 ; 9h-14h lun-ven). Suivez la Calle O'Daly vers le nord jusqu'à la Plaza de España, place à la forme irrégulière ombragée de palmiers, au sud de celle-ci trône l'imposant *ayuntamiento*. Il fut construit en 1559 après la destruction de l'édifice d'origine par des corsaires français.

### Playa de Santa Cruz de La Palma PLAGE

(Avenida Marítima). Superbe, immense, très profonde et pourvue de promenades en planches pour protéger les pieds du sable noir brûlant, cette plage qui s'étend le long d'une grande partie de l'Avenida Marítima est impressionnante. Elle attire les amateurs de plages du monde entier.

## Santa Cruz de la Palma

**Les incontournables**
1 Iglesia del Salvador B4
2 Museo Insular C2

**À voir**
3 Ayuntamiento B4
4 Castillo de la Virgen D1
5 Castillo de Santa Catalina D2
6 Centro de Interpretación de La Bajada A4
7 Ermita de Nuestra Señora de la Luz A5
8 Ermita de San José C2
9 Ermita de San Sebastián B4
10 Iglesia de la Encarnación C1
11 Iglesia de San Francisco C2
12 Iglesia de Santo Domingo A4
13 Museo Naval D1
14 Palacio de Salazar B4
15 Playa de Santa Cruz de La Palma C3
16 Plaza de España B4

**Où se loger**
17 Hotel San Telmo A4
18 La Fuente C3

**Où se restaurer**
19 Enriclai B3
20 Habana C3
21 La Lonja C3
22 Mercado Municipal B3
23 Pizzeria Piccolo C3

**Où prendre un verre et faire la fête**
24 Cinnamon Bar A4
25 El Cafe de Don Manuel B4

**Où sortir**
26 Teatro Chico B3

**Achats**
27 Vinateria Albillo C2

### Iglesia de Santo Domingo — ÉGLISE

(Plaza Santo Domingo ; horaires variables). En empruntant les marches qui mènent de la Plaza de España à la ville haute, vous découvrirez la Plaza Santo Domingo, une agréable place ombragée. Son imposante église (1530) renferme une importante collection de peintures flamandes. Notez que l'église est souvent fermée ; n'entrez pas dans le bâtiment adjacent, qui semble faire partie de l'église, mais qui est en fait une école (ses portes sont bordeaux, tandis que celles de l'église sont vertes).

### Centro de Interpretación de la Bajada — MUSÉE

(922 416304 ; www.centrolabajada.com ; La Bajada : Centro de Interpretación Fiestas Lustrales de La Palma ; Calle Virgen de la Luz 13 ; adulte/enfant 4,50 €/gratuit ; 10h-14h lun-ven). Cet excellent musée présente l'histoire, les événements culturels et les célébrations religieuses de la Fiesta de Nuestra Señora de las Nieves (p. 221), à travers une divertissante visite virtuelle. Le billet combiné avec le Museo Naval coûte 7 €.

### Ermita de Nuestra Señora de la Luz — ÉGLISE

(horaires variables). Prenez la Calle Virgin de la Luz vers le sud-ouest pour jeter un coup d'œil à la modeste façade du XVII^e siècle de l'Ermita de Nuestra Señora de la Luz, l'une des chapelles des XVI^e et XVII^e siècles qui émaillent la ville. L'édifice possède une porte avant et une porte latérale, ce qui est courant dans les églises des Canaries.

### Palacio de Salazar — ÉDIFICE HISTORIQUE

(922 41 19 57 ; Calle O'Daly 22 ; 10h-20h lun-ven, 10h-14h sam). GRATUIT En remontant la rue depuis la Plaza Constitución, vous verrez ce beau palais du XVII^e siècle, de style Renaissance tardif, se dresser sur la gauche. Il abrite un centre culturel géré par le gouvernement.

### Iglesia de la Encarnación — ÉGLISE

(horaires variables). Érigée vers le XV^e siècle, cette église fut la première construite à Santa Cruz après la conquête espagnole. Une façon de s'y rendre est de traverser la passerelle qui enjambe le Barranco de las Nieves à côté du Museo Naval, de prendre à gauche et de marcher jusqu'au bout de la route, puis de gravir les marches menant à l'église.

### Museo Naval — MUSÉE

(922 416304 ; www.museonavallapalma.com ; Avenida las Nieves, Plaza de la Alameda ; adulte/enfant 3/1,50 € ; 10h-18h lun-ven, 10h-14h sam-dim). En regardant vers le nord au-delà de la verdoyante Plaza Alameda, vous vous demanderez si le navire de Christophe Colomb, la *Santa María*, n'a pas échoué ici. Il s'agit en réalité du Musée naval de la ville, en béton peint. On peut y admirer de magnifiques maquettes de navires parmi d'autres objets concernant l'histoire maritime. Un billet combiné avec le Centro de Interpretación de la Bajada est disponible (7 €).

**Castillo de la Virgen** CHÂTEAU

Ce modeste château fut construit au XVIIe siècle en tant qu'ouvrage défensif contre la piraterie. Il offre une belle vue sur la ville et la mer.

**Santuario de la Virgen de las Nieves** ÉGLISE

(Avenida Las Nieves ; 8h30-20h ; P). Pour profiter d'une vue splendide sur la vallée et Santa Cruz, prévoyez du temps pour effectuer l'ascension (4 km) menant à ce sanctuaire du XVIIe siècle et principal lieu de pèlerinage de La Palma. L'intérieur de l'édifice est richement décoré. Plafond en bois sculpté de style mudéjar, sculptures et lustres en cristal servent d'écrin à une Vierge haute de 82 cm, entourée d'un autel étincelant. Plus ancienne statue religieuse des Canaries, datant du XIVe siècle, elle est l'objet d'une profonde vénération.

Elle aurait été apportée par des marchands avant l'arrivée des Espagnols. Tous les 5 ans, elle est transportée en procession jusqu'à Santa Cruz.

De style colonial canarien typique, avec sa façade simple et ses balcons, l'église se niche dans de paisibles collines, au milieu des arbres et de la verdure. La montée est assez raide ; emportez de l'eau. En voiture, suivez les panneaux depuis l'Avenida Marítima au croisement avec le *barranco* (ravin), puis tournez à droite dans la Carretera de las Nieves (LP-101) et serpentez à flanc de colline jusqu'aux panneaux indiquant le sanctuaire. Ce trajet sinueux de 5 km se parcourt en près de 15 minutes. Du centre-ville, le bus n°10 (2 €, environ 20 min) dessert le sanctuaire toutes les heures de 6h45 à 20h45, moins fréquemment le week-end.

On trouve un bar-restaurant sur la place, juste à côté de l'église. Si vous empruntez le chemin escarpé, à droite du magasin de souvenirs (face à l'église), vous atteindrez une position plus élevée pour photographier les montagnes, ainsi qu'un sentier qui vous mènera à d'excellents points de vue sur la ville en contrebas. Une autre superbe perspective sur le *barranco* et Santa Cruz vous attend le long de la route qui part de l'église, juste avant le premier virage.

**Maroparque** ZOO

(Calle Cuesta 28 ; adulte/- 12 ans 11/5,50 € ; 11h-17h lun-ven, 11h-18h sam-dim ; P). Les enfants adorent le Monoparque, petit zoo et refuge pour animaux où ouistitis, suricates, toucans, combattants, porcs-épics à crête, pythons et autres reptiles bénéficient de beaucoup d'espace pour évoluer. Le zoo se tient dans un joli jardin paysager. Des boissons sont disponibles. Si vous n'êtes pas motorisé, prenez le bus n°302, 303 ou 300 à Santa Cruz.

**Castillo de Santa Catalina** CHÂTEAU

(Château de sainte Catherine ; 10h-14h lun-ven). À l'extrémité nord du front de mer, le Castillo de Santa Catalina est l'un des forts édifiés au XVIIe siècle pour repousser les attaques des pirates. Château principal d'une série d'ouvrages destinés à protéger la ville, il doit son nom à un ermitage voisin dédié à Santa Catalina.

## Fêtes et festivals

**Carnaval** CARNAVAL

(fév, dates variables). Une fête turbulente de 2 semaines avec musique, danse et libations, dont la folle nuit du lancer de talc, appelée Día de Los Indianos.

VAUT LE DÉTOUR

### RANDONNER VERS LE SANTUARIO DE LA VIRGEN DE LAS NIEVES

La randonnée de 4 km à travers les collines jusqu'au Santuario de la Virgen de las Nieves (ci-dessus) est spectaculaire sans être trop exigeante. Entreprenez-la tôt le matin ou en fin d'après-midi pour profiter de la meilleure lumière et éviter la chaleur de la mi-journée. Partez de la Plaza de la Alameda, empruntez la passerelle proche du Museo Naval pour franchir le Barranco de las Nieves et tournez à gauche ; suivez la route jusqu'au bout, où vous verrez quelques marches étroites et un panneau indiquant "Pico de la Nieve 14,2 km". Montez les marches et vous atteindrez rapidement l'Iglesia de la Encarnación (p. 219). À gauche de l'église quand vous lui faites face, grimpez la Cuesta la Encarnación ; prenez la première à gauche, après environ 500 m, et descendez l'Avenida José Pérez Vidal sur quelque 350 m, puis prenez la première à droite et gravissez la route qui devient le Barranco de las Nieves, en suivant le *barranco* (ravin). La montée prend entre 45 minutes et 1 heure, mais le retour est plus rapide.

À NE PAS MANQUER

## DÍA DE LOS INDIANOS

Tenerife et la Grande Canarie sont réputées pour leurs célébrations bruyantes du carnaval (p. 153), mais la discrète Santa Cruz de La Palma connaît également un moment de folie. Durant deux semaines en février (les dates varient), musique, danse, libations et bataille de talc s'emparent des rues. Le lundi du carnaval, dit Día de Los Indianos, les citoyens de Santa Cruz apportent des seaux de poudre blanche parfumée dans le centre-ville et s'apprêtent à se battre avec leurs voisins. Après quelques verres et un peu de musique pour désinhiber les participants, les hostilités commencent, chacun pouvant être la cible. À la fin de la nuit, les citadins toussent et clignent des yeux, couverts de talc de la tête aux pieds. Il s'agissait à l'origine de ridiculiser les Indios, les émigrés canariens qui avaient fait fortune aux Amériques et revenaient dans l'île, portant costume blanc et panama. C'est aujourd'hui une occasion pour s'amuser.

**Semana Santa** FÊTE RELIGIEUSE
(fin mars-déb avril). Les membres des confréries laïques, en longue robe rouge sang et haut capuchon pointu, défilent dans la Calle O'Daly.

**Fiesta de Nuestra Señora de las Nieves** FÊTE DE SAINT
(juil-août). La fête de Notre-Dame-des-Neiges est la principale fête de La Palma. Ne manquez pas le défilé des géants et des grosses têtes (des personnages trapus aux têtes démesurées), ni la **danse des nains** (Danza los Enanos), une danse exécutée depuis le début du XIXe siècle, au cours de laquelle, au son d'une polka et en l'espace de quelques secondes, les danseurs se transforment en nains et accélèrent le rythme de leur chorégraphie.

La fête, dont le nom complet est la **Fiestas Lustrales de la Bajada de la Virgen de las Nieves**, est célébrée tous les 5 ans (2020, 2025...), en juillet et août. Une procession religieuse transporte la Vierge dans l'île, célébrant son arrivée dans chaque ville importante par des réjouissances.

## Où se restaurer

♥ **Habana** CANARIEN €
(Calle Anselmo Pérez de Brito 27 ; plats 7,50-9 € ; 8h30-23h). Ce charmant bâtiment rose et blanc possède une terrasse sur une place pittoresque avec une fontaine et entourée de balcons fleuris. Le café est excellent, le personnel affairé (mais souriant) et la carte ne déçoit pas, avec des plats tels que risottos, bruschettas et fromage frit avec *mojo* (sauce épicée). La musique cubaine rythme les repas.

**Mercado Municipal** MARCHÉ €
(Avenida del Puente ; 7h-14h lun-sam). Un excellent marché pour des produits frais et de l'épicerie fine, aménagé dans un ancien hôpital du XVIe siècle dédié à Nuestra Señora de los Dolores (Notre-Dame des Douleurs). Goûtez le jus de canne à sucre avec rhum, menthe et citron (4 €), vendu sur un stand – peut-être sans rhum à 7h du matin !

**Tasca Luís** CANARIEN €
(Taburiente ; 680 47 68 31 ; tasca-luis.negocio.site ; Calle Pedro Poggio 7 ; plats 7-8,50 €, menú 10 € ; 12h-23h mar-sam, 12h-16h dim). Repérez les grandes portes aux allures de grange de ce restaurant prisé des habitants, décoré de vieilles photos en noir et blanc de Santa Cruz. Ne prenez pas la peine de demander la carte : le patron prépare les plats selon l'inspiration du jour ; il s'agit toujours de cuisine canarienne traditionnelle, servie en énormes portions.

**Pizzeria Piccolo** ITALIEN €
(Avenida Marítima 53 ; pizzas 6-9,50 €, pastas 11-13 € ; 12h-16h et 19h-23h). Meilleures que les pizzas classiques, celles du Piccolo se distinguent par une pâte fine et une garniture généreuse. Les pâtes maison sont délicieusement *al dente* et vous pouvez choisir des risottos et des plats plus légers, comme les focaccias et les salades. La pizzeria est installée dans un bâtiment ancien avec poutres, carrelage d'origine et beaucoup de cachet, le tout agrémenté de tables en terrasse pour dîner en plein air.

♥ **Enriclai** CANARIEN €€
(680 20 32 90 ; Calle Dr Santos Abreu 2 ; plats 13-15 € ; 12h30-15h30 et 19h30-22h30 mar-sam,

19h-22h30 lun ; ). Quatre tables, un bâtiment vieux de 200 ans, du jazz en fond sonore, des plats qui changent selon la saison et les éloges unanimes des clients. Sans oublier Carmen, la propriétaire et cheffe, tellement charmante qu'on a du mal à la quitter. Les choix incluent des plats végétariens.

**Restaurante Chipi-Chipi** CANARIEN €€

(922 41 10 24 ; www.chipichipi.es ; Calle Juan Mayor 42, Velhoco ; plats 10-15 € ; 12h-17h et 19h-23h30 lun-mar et jeu-sam ; ). Restaurant local réputé et spécialisé dans les viandes grillées, toutes servies avec de copieuses portions de *papas arrugadas* (pommes de terre ridées) et de *mojo* (sauce épicée). À déguster installé dans un espace individuel dans le grand jardin ou sur la terrasse centrale.

À quelques kilomètres à l'ouest de Santa Cruz, dans les collines de la banlieue sud de Velhoco, près de la LP-101.

**La Lonja** ESPAGNOL €€

(922 41 52 66 ; www.lalonjarestaurante.com ; Avenida Marítima 55 ; plats 12-18 € ; 12h-16h et 19h-23h mer-dim). Installé dans une vieille maison canarienne en bord de mer, aux balcons abondamment fleuris, c'est l'un des restaurants les plus prisés de la ville. La carte mêle saveurs canariennes, castillanes et méditerranéennes, avec des plats tels que paella, cochon de lait et fromage rôti avec *mojo* (sauce épicée). Elle affiche aussi du poisson, ainsi que des *postres* (desserts) canariens classiques comme le *bienmesabe* (crème d'amandes au miel) et un dessert maison.

## Où prendre un verre et sortir

En ville, rejoignez la Calle Álvarez Abreu pour trouver ce qui se rapproche le plus de l'animation nocturne. La Plaza José Mata, près de l'Avenida Puente, compte aussi quelques bars ouverts jusque tard. L'Avenida Marítima est bordée de cafés et de *zumerías* (bars à jus).

**El Cafe de Don Manuel** CAFÉ

(www.elcafededonmanuel.com ; Calle Anselmo Pérez de Brito 2 ; 8h-20h30 lun-ven, 9h-14h sam-dim). Dans le cadre raffiné de la Casa Cabrera (datant de 1864), cet atrium baigné de lumière, orné de plantes suspendues et animé de piano jazz, est des plus charmants. Imprégnez-vous de l'ambiance en sirotant un *cortado* (expresso avec un nuage de lait) pour à peine 1 € – Don Manuel est célèbre pour son café. Le lieu n'est pas facile à trouver ; repérez le vélo publicitaire garé juste devant.

**Cinnamon Bar** BAR

(922 41 02 24 ; Calle San Telmo 2 ; cocktails 4,50 €, tablas 7-8 € ; 12h30-16h et 19h30-23h ; ). Le Cinnamon Bar bénéficie d'un emplacement de choix juste à l'angle de la Plaza Santo Domingo, l'une des places les plus élégantes de la ville. La décoration est épurée avec un blanc étincelant qui contraste avec le rouge et le noir. Les tables à l'extérieur sont installées au pied de la gracieuse Iglesia de Santo Domingo. C'est avant tout un bar, mais aussi un gastrobar, servant *tablas* (assiettes) à partager.

**Teatro Chico** CINÉMA

(922 416 045 ; www.cineteatrochico.com ; Calle Díaz Pimienta 1 ; billets 5,50 €). Autrefois sur le

### GASTRONOMIE À LA PALMA

La cuisine de La Palma, à l'instar de celle des autres îles, affiche des plats simples, mais elle se distingue par ses desserts. Le miel constitue ici un aliment important et l'île a une longue tradition de production sucrière. Aujourd'hui, la canne à sucre a pratiquement disparu, mais les îliens apprécient toujours autant les douceurs ; au *mercado municipal* (p. 221) de Santa Cruz, vous pourrez goûter du jus de canne à sucre, éventuellement agrémenté de citron, de menthe et de rhum. Les *rapaduras*, composées de miel et d'amandes, sont populaires, ainsi que les *almendrados* (gâteaux aux amandes et à la cannelle), le *bienmesabe* (crème d'amandes au miel) et le *Príncipe Alberto* (mousse au chocolat et aux amandes).

Ne manquez pas de goûter les fromages locaux, pour la plupart au lait de chèvre cru et souvent fumés. Pour en savoir plus, consultez le site www.quesopalmero.es. Et, pour une excellente sélection de fromages locaux, ainsi que de vins et de produits d'épicerie fine, rendez-vous à Vinateria Albillo (ci-contre), à Santa Cruz.

## LE TOP DES FÊTES ET FESTIVALS

Comme tout Espagnol qui se respecte, les Palmeros adorent faire la fête, et nombre de festivités ponctuent le calendrier.

Chaque ville célèbre son saint patron avec plusieurs jours de défilés et de réjouissances diverses. Les fêtes suivantes comptent parmi les plus populaires :

- **Breña Alta** (fin juin)
- **Breña Baja** (25 juill)
- **Barlovento** (12-13 août)
- **San Andrés y Los Sauces** (déb sept)
- **Tazacorte** (fin sept)

Autres fêtes à découvrir :

**Fiesta del Almendro en Flor** (fête des Amandiers en fleur ; jan-fév). Le village de Puntagorda célèbre à la fois la beauté des amandiers en fleur et son saint patron, San Mauro Abad.

**Fiesta de las Cruces** (3 mai). Les croix de l'île sont parées de bijoux, de fleurs et de riches atours. Un spectacle à ne pas manquer.

**San Juan** (23 juin). Une profusion de feux de joie et de pétards marque la Saint-Jean (solstice d'été) à Puntallana.

**El Diablo** (8 sept). À Tijarafe, feux d'artifice, défilés de diables et musique lugubre illustrent de manière imagée le triomphe du Bien sur le Mal. À cette occasion, quelque 30 kg de poudre à canon sont utilisés pour le spectacle de 20 minutes en hommage à Nuestra Señora de Candelaria.

**Castagnettes** (24 déc). Après la messe de minuit à Breña Alta et dans toute l'île, des hommes jouent des saynètes parodiques au son des castagnettes.

site d'une ancienne maison-hôpital fondée en 1514, ce magnifique petit théâtre de 1866 a rouvert comme cinéma en 2014. Demandez au personnel si vous pouvez entrer pour admirer la salle, au plafond peint dominant la scène et aux élégants balcons anciens. Mieux encore, allez voir un film.

## Achats

**Vinatería Albillo** ALIMENTATION, BOISSONS
(922 41 08 95 ; Calle Anselmo Pérez de Brito 59 ; 10h-16h lun-mer, 10h-15h et 18h30-20h30 jeu-ven, 10h-15h sam). Un excellent traiteur qui propose fromages locaux et nationaux, olives, conserves, anchois, saumon fumé et autres délices haut de gamme, ainsi que du café et du vin. Vous pourrez vous installer sur un banc à l'extérieur avec un café et une grande tasse de *gofio con leche* (céréales grillées et moulues avec du lait) ou tout autre chose qui vous ferait envie.

## Renseignements

**Office du tourisme** (922 41 21 06 ; www.lapalmacit.com ; Plaza Constitución ; 9h-18h30 lun-sam, 9h-18h dim)

## Depuis/vers Santa Cruz de la Palma

### AVION

L'**aéroport de La Palma** (922 41 15 40, 902 404704 ; www.aena.es) est à 7 km au sud de Santa Cruz. Aux Canaries, **Air Europa Express** (www.aireuropa.com) et Binter Canarias (p. 292) relient l'île à Tenerife et à la Grande Canarie. Pour Fuerteventura et Lanzarote, il faut généralement faire escale à Tenerife ou à la Grande Canarie, mais des vols directs sont parfois disponibles. Un nombre croissant de vols internationaux sont proposés, notamment depuis Paris, Bruxelles, Francfort, Madrid, Amsterdam et Barcelone.

### BATEAU

**Naviera Armas** (902 45 65 00 ; www.navieraarmas.com). Relie La Palma à San Sebastián de la Gomera (24 €, 2 heures 15, 1/jour mar-dim), La Gomera ; Los Cristianos (41 €, 3 heures 30, 1/jour mar-dim), Tenerife ; Las Palmas de Gran Canaria (72 €, 14 heures 30, 1/jour mar-dim), Grande Canarie avec escale à La Gomera et à Tenerife.

**Fred Olsen** (p. 292). Ces ferrys relient Los Cristianos (42 €, 2 heures), à Tenerife.

De Tenerife, vous pouvez continuer jusqu'à El Hierro.

**Trasmediterránea** (☎ 902 45 46 45 ; www.trasmediterranea.es ; Plaza de la Constitución). Rallie Santa Cruz de Tenerife (22 €, 5 heures 30, 16h ven), Tenerife. Le bateau rejoint ensuite Las Palmas de Gran Canaria sur Grande Canarie et Cadix, en Andalousie, en respectivement 1 et 3 jours.

### BUS

Des bus TILP (p. 216) en provenance du nord, du sud et de l'ouest de la ville desservent les arrêts de l'Avenida Los Indianos, des côtés nord et sud de la route ; il y a aussi un arrêt de bus dans l'Avenida Marítima, et un autre plus au nord sur cette même route. Les destinations desservies comprennent Fuencaliente (2,60 €, 1 heure, jusqu'à 9/jour), El Paso (2,40 €, 35 min, réguliers), Los Llanos de Aridane (1,50 €, 55 min, réguliers), Los Cancajos (1,50 €, 10 min, toutes les 30 min) et Barlovento (2,60 €, 55 min, réguliers).

## Comment circuler

### DEPUIS/VERS L'AÉROPORT

Le bus n°500 circule entre Santa Cruz et l'aéroport (1,50 €, 35 min) toutes les 30 minutes (au moins toutes les heures le week-end), de 7h15 à 22h45, et fait halte en chemin à Los Cancajos. Un taxi jusqu'à l'aéroport coûte environ 17 €.

### EN VILLE

La marche constitue le meilleur moyen d'explorer Santa Cruz. Si vous arrivez en voiture, essayez de trouver une place au bord de l'eau ; le stationnement dans les vieilles rues escarpées au-delà du centre peut être particulièrement compliqué. Vous pouvez prendre l'un des bus, qui font la navette dans l'Avenida Marítima (1,35 €) ou un **taxi** (☎ 922 18 13 96).

## SUD DE L'ÎLE

Végétation luxuriante, pinèdes, bananeraies, terres cultivées et déserts volcaniques composent le paysage incroyablement varié du sud de La Palma.

La région de Fuencaliente, à la pointe sud de l'île, a connu la plus récente activité volcanique de l'archipel, avec plusieurs éruptions enregistrées au XXe siècle, la dernière en date étant celle du Volcán Teneguía en 1971, qui augmenta la taille de l'île en déversant de la lave dans la mer. Les Llanos Negros (plaines noires) volcaniques environnantes, qui se déploient en éventail en contrebas du Volcán San Antonio, soutiennent la viticulture du Sud. La région fait le bonheur des randonneurs.

# Villa de Mazo

4 821 HABITANTS

Ce paisible village niché dans les collines, à 13 km au sud de Santa Cruz, est entouré de volcans endormis tapissés de verdure. Réputé pour ses cigares et son artisanat, il comprend plusieurs musées passionnants, dont un dans un édifice particulièrement majestueux.

Villa de Mazo est aussi une étape majeure de la Route des vins (ci-dessous) de La Palma, une série d'itinéraires qui fait découvrir les meilleurs domaines viticoles de l'île. Des brochures décrivant ces parcours sont disponibles dans les offices du tourisme, ou téléchargeables sur le site Internet.

## À voir

**Museo Casa Roja** MUSÉE
(☎ 922 42 85 87 ; www.villademazo.com/museos ; Calle Maximiliano Pérez Díaz ; adulte/enfant 2 €/gratuit ; ⏲ 10h-14h lun-sam). Ce musée occupe

### VINS ET SPIRITUEUX

Depuis le début du XVIe siècle – quand les conquérants espagnols plantèrent les premières vignes sur l'île –, La Palma est réputée pour sa *malvasía* (malvoisie). Les colons et les marchands la firent connaître dans toute l'Europe, et certains appelaient ce vin doux le "nectar des dieux". Même Shakespeare, dans *Henri IV*, fait de ce "merveilleux vin pénétrant" qui "parfume le sang" le breuvage favori de Falstaff. Il existe aussi des malvoisies secs, ainsi que des rouges, blancs et rosés, en particulier dans la région de Fuencaliente. Pour une immersion dans l'univers viticole local, suivez la **Route des vins** (☎ 922 44 44 04 ; www.vinoslapalma.com), comprenant des vignobles ouverts aux visiteurs ; renseignez-vous à l'office du tourisme de Santa Cruz de La Palma.

Les quelques plantations de canne à sucre qui subsistent sont exploitées par Ron Aldea, le dernier fabriquant de *ron* (rhum) de l'île.

VAUT LE DÉTOUR

### ROUTE PANORAMIQUE : LA CÔTE SUD-OUEST

La route qui remonte la côte ouest de la pointe de l'île serpente à travers des collines verdoyantes couvertes de cactus et de broussailles. La nationale suit une crête, laissant l'océan dans une brume bleue sur la gauche. Hormis la vue et le petit bar au niveau du mirador à 6 km de Fuencaliente, dans la bourgade d'**El Charco**, la route n'offre pas d'autres sites, mais constitue un superbe détour à partir de Fuencaliente ou de Puerto Naos, le tout en seulement une demi-heure environ.

Continuez vers le nord pour traverser des petits villages quasi inhabités. Puis, faites halte à San Nicolás, à 1 km après le village de Jedey, pour un repas au **Bodegón Tamanca** (☎922 49 41 55 ; www.facebook.com/bodegas.tamanca ; Carretera General Las Mancha-Fuencaliente ; plats 10-18 € ; ⌚11h-23h mar-sam, 11h-17h dim ; P), un restaurant très populaire, aménagé dans une vaste grotte naturelle.

une belle demeure ocre rouge de 1911 dans l'une des rues les plus escarpées qui partent de la route principale. Le rez-de-chaussée est consacré à la Fête-Dieu, célébrée avec faste à Villa de Mazo : les rues sont décorées de “tapis” composés de pétales de fleurs, de graines et de sable. À l'étage, sont exposés tissus et broderies ; ne manquez pas la fabuleuse salle de bains carrelée avec toilettes ornées de peintures. La maison possède aussi un impressionnant escalier impérial, des sols carrelés ornementés, ainsi qu'un petit jardin paysager à l'avant et un autre à l'arrière.

**Escuela Insular de Artesanía** MUSÉE
(☎922 44 00 52 ; Vía Enlace Dr Morera Bravo 1 ; adulte/enfant 2 €/gratuit ; ⌚10h-14h lun-ven). Cette ancienne école d'artisanat renferme toujours un atelier de tissage, que l'on peut visiter. Elle est devenue un musée des métiers et de l'artisanat de l'île, avec projection d'un court film en plusieurs langues et une boutique qui vend broderies, céramiques, paniers et d'autres articles d'artisanat local.

**Templo de San Blas** ÉGLISE
(Calle Caridad Salazar 24 ; ⌚horaires variables ; P). Au pied d'une colline escarpée lorsque l'on vient du centre-ville, cette charmante église blanchie à la chaux dédiée à saint Blaise date de 1512 et surplombe l'océan. Sous son magnifique plafond, elle abrite un retable baroque (enveloppé dans un linceul lors de notre dernière visite) et plusieurs œuvres d'art baroque intéressantes.

**Cerámica el Molino** MUSÉE
(☎922 44 02 13 ; Carretera Hoyo de Mazo ; ⌚9h-13h et 15h-19h lun-sam ; P). Bien indiqué depuis la ville, ce moulin soigneusement restauré héberge un musée de la céramique (diffusant un petit film), un atelier où l'on peut voir des artisans exécuter de belles reproductions de poteries brunes de Benahoare, ainsi qu'une grande boutique de souvenirs qui vend toute sorte d'objets, des petits récipients aux plus grands saladiers. Vous pouvez également le rejoindre depuis la nationale LP-132.

## Où se restaurer

**San Blas** CANARIEN €
(Calle Maria del Carmen Martínez Jerez 4 ; plats 8-10 € ; ⌚7h-15h et 17h30-22h30 mar-jeu, jusqu'à 23h ven, 9h-23h sam, 9h-15h dim ; 👪). Une adresse pratique, dans le centre. On y sert des plats simples tels que pâtes, salades, *chocos* (seiches) avec *mojo verde* (sauce à la coriandre) et de la chèvre accompagnée de pommes de terre, à déguster sur une belle terrasse entourée de robustes palmiers et de fleurs. Le lieu fait aussi café, si c'est d'un *cortado* (café avec une goutte de lait) que vous souhaitez.

## Depuis/vers Villa de Mazo

Les nationales LP-1 et LP-132 encadrent Villa de Mazo. Pour rejoindre la ville, prenez le bus n°201 depuis Santa Cruz (2,40 €, 10/jour, 20 min) qui poursuit sa route vers Fuencaliente (2,60 €).

# Parque Ecológico de Belmaco

**Parque Ecológico de Belmaco** SITE ARCHÉOLOGIQUE
(☎922 44 00 90 ; Carretera a Fuencaliente, Km 7 ; adulte/enfant 2 €/gratuit ; ⌚10h-15h lun-sam ; P). Les premiers pétroglyphes antiques de

l'archipel furent découverts ici en 1752. Un sentier de 300 m serpente entre diverses grottes (avec des bruits animaliers comme effets sonores !), jadis habitées par des tribus benahoares, et forme le cœur de ce parc écologique. Les gravures rupestres en volutes, qui datent de 150, constituent néanmoins les principales curiosités du "parc écologique". Un musée (deux salles) contient des reproductions et fournit des informations sur l'histoire de la découverte.

Il existe 4 séries de gravures ; les experts restent perplexes sur leur signification et pensent qu'il pourrait s'agir de symboles religieux. On ne peut pas visiter les grottes, mais, à l'entrée de l'une d'elles, les pierres gravées sont clairement visibles. Vous pourrez faire une petite randonnée sur un sentier qui monte et passe par une fissure très étroite dans la roche.

De Santa Cruz, le bus n°203 pour Fuencaliente fait halte à 400 m au sud du parc, près de 9 fois par jour en semaine, 4 fois le week-end.

# Fuencaliente

1 705 HABITANTS

Fuencaliente ("source chaude"), avec un mélange de sites volcaniques et marins, constitue la meilleure base touristique dans le sud de l'île. La bourgade doit son nom à des sources chaudes, supposées jadis guérir la lèpre, qui furent ensevelies au XVIIe siècle par une éruption volcanique. Ne croyez pas pour autant que les volcans se soient depuis assagis ; la dernière éruption s'est produite en 1971, quand une coulée de lave projetée par le volcan Teneguía a agrandi l'île de plusieurs hectares.

## À voir

Créant un paysage désolé, par endroits lunaire, les volcans de cette région, les plus jeunes de l'archipel, sont l'attrait majeur de Fuencaliente. La beauté de leurs cônes bas rougeoyants trahit la violence de leurs éruptions, et les champs de lave sombres forment un paysage austère et en grande partie aride qui contraste avec le bleu doux de la mer.

### Centre des visiteurs du Volcán San Antonio et Volcán San Antonio — CENTRE DES VISITEURS

(www.lapalmacit.com ; adulte/enfant 5 €/gratuit ; 9h-18h ; P). Si vous souhaitez explorer les volcans, le centre des visiteurs sera votre première étape. Le lieu est instructif, avec de nombreuses explications, mais l'aménagement n'est pas très original et plutôt vieillot. Il est bien plus intéressant de se promener le long du cratère du volcan San Antonio ; le gouffre béant de ce grand cône noir, dont la dernière éruption date de 1949, est reconquis par de robustes pins des Canaries. Le cratère offre un superbe point de vue pour observer les étoiles.

La vue sur le cratère est magnifique, de même que les panoramas marins qui s'étendent à perte de vue jusqu'aux îles de La Gomera et d'El Hierro. Vous pourrez également apercevoir le volcan Teneguía en contrebas et le petit phare juste au-delà. Notez que le rebord du volcan peut être venteux ; attention à votre équilibre. De retour au centre des visiteurs, vous pourrez reprendre des forces dans le café. Juste après avoir dépassé l'entrée, un sentier balisé descend vers le volcan Teneguía et le phare ; la randonnée prend 1 à 2 heures.

### Volcan Teneguía — VOLCAN

L'éruption du volcan Teneguía en 1971 est la plus récente qui se soit produite dans l'archipel. Un chemin balisé y descend depuis le volcan San Antonio, près du centre des visiteurs. De niveau facile à moyen, la marche, sur du gravier volcanique (prévoir de bonnes chaussures), demande environ deux heures aller-retour. Vous pouvez la prolonger d'une heure (aller) en descendant jusqu'au Faro (phare) de Fuencaliente, sur la côte près de la pointe méridionale de La Palma.

Des bus (2,40 €, 30 min) partent du phare à destination de Fuencaliente toutes les heures moins le quart entre 9h45 et 17h45, et passent par le village de Las Indias.

### Bodegas Teneguía — DOMAINE VITICOLE

(922 44 40 78 ; www.bodegasteneguia.com ; Calle Antonio Francisco Hernández Santos 10 ; 10h-18h lun-ven, 10h-13h sam-dim, visites guidées 12h30 lun-ven ; P). Fuencaliente est réputée pour ses vins, produits sur un sol volcanique. Fondée en 1947, la Bodegas Teneguía est connue pour ses blancs, ses rouges et pour le fameux vin doux *malvasía* (malvoisie), vendus dans toute l'île et même au-delà. Le restaurant n'accueille que les groupes en circuit organisé. Le domaine compte une boutique où vous pouvez goûter – ou plutôt déguster – les vins (à partir de 0,50 € le verre).

VAUT LE DÉTOUR

### ROUTE PANORAMIQUE : JUSQU'AU BOUT DE L'ÎLE

Pour une belle balade en voiture, et peut-être une baignade dans un cadre splendide, prenez la sinueuse LP-209 à l'ouest de Fuencaliente, laquelle devient la LP-207 avant de descendre, après le *resort* Princess, vers l'extrémité sud de l'île (un paradis pour les amateurs d'oiseaux). Ici, se trouvent la **Playa del Faro** (plage du phare ; Carretera la Costa el Faro ; P) et les Salinas de Fuencaliente (ci-dessous), un marais salant de 3,5 ha, qui produit le sel vendu sous la marque Teneguia dans toute l'île. La formation et l'éruption du proche volcan Teneguía (ci-contre), en 1971, faillirent détruire le phare.

Sur la côte, la roche volcanique noire contraste avec l'océan d'un bleu cristallin ; si vous nagez depuis l'une de ces plages, prenez garde aux forts courants et aux déferlantes dangereuses. Revenez par la LP-207 vers le nord pour compléter la boucle jusqu'à Fuencaliente.

Vous pourrez aussi randonner entre le phare et le centre des visiteurs du volcan San Antonio, via le volcan Teneguía. De Fuencaliente, des bus partent toutes les heures et quart (2,40 €, 30 min) à destination du phare.

La réservation est indispensable pour visiter la propriété ; le prix varie selon le nombre de participants.

**Salinas de Fuencaliente** SALINES
(922 411 523 ; www.salinasdefuencaliente.es ; Carretera la Costa el Faro 5 ; 10h-19h). GRATUIT À la pointe sud de l'île, après le phare, ces marais salants ne couvrent pas moins de 3,5 ha. On peut les découvrir sans guide sur un chemin jalonné de panneaux expliquant les procédés d'extraction du sel de mer.

## Plages

Plantations de bananiers, affleurements rocheux et falaises à pic rendent inaccessible la majeure partie de la côte volcanique autour de Fuencaliente. Plaisantes exceptions, **Playa de la Zamora** et **Playa Chica**, deux plages de sable noir dans des criques voisines, sont connues mais rarement bondées.

## Où se restaurer

**Panadería Zulay** BOULANGERIE €
(711 74 19 17 ; www.facebook.com/zulayline ; Carretera General 84 ; 8h30-20h lun-sam, 9h-20h dim). Installez-vous à une table extérieure de cette *panadería* attrayante et tranquille, non loin de la gare routière, pour une pâtisserie, une viennoiserie, un petit-déjeuner, un *bocadillo* ou un délicieux café.

**La Casa del Volcán** CANARIEN €€
(922 44 44 27 ; www.lacasadelvolcan.es ; Calle Los Volcanes 23 ; plats 9-14 € ; 13h-16h et 18h-21h30 mar-sam, 13h-16h dim ; P). Le restaurant sophistiqué de cette bodega est l'un des meilleurs endroits de l'île pour savourer des plats canariens inventifs et délicieusement préparés. L'ambiance est rustique mais raffinée, avec une salle intime que précède un bar lambrissé, où des tonneaux font office de tabourets. La carte comprend lapin au *mojo* rouge (sauce épicée) avec pommes de terre, goulasch de chèvre et poisson frais du jour.

**Tasca La Era** CANARIEN €€
(628 02 11 22 ; Carretera Antonio Paz y Paz 6 ; plats 9-13 € ; 12h-22h jeu-mar ; P). Ce restaurant rustique s'agrémente d'une terrasse qui donne sur un beau jardin planté de palmiers. Un endroit agréable pour déguster des plats de poisson et de viande. Sa spécialité : le *solomillo* (filet de bœuf) et ses 8 sauces au choix. La soupe de cresson et les croquettes de poisson maison ont également bonne presse.

## Depuis/vers Fuencaliente

Les bus n°200 et 201 circulent entre Fuencaliente et Santa Cruz (2,60 €, 1 heure, jusqu'à 9/jour). Le bus n°210 rejoint Los Llanos (2,60 €, 50 min).

# CENTRE DE L'ÎLE

La majorité des visiteurs de La Palma passent l'essentiel de leur séjour dans la région centrale de l'île, et pour de bonnes raisons. La Caldera de Taburiente, en forme de cuvette, et le parc national éponyme dominent la contrée, avec des pics rocheux, de profonds ravins et des versants tapissés de verdoyantes forêts de pins.

Les randonnées comptent parmi les plus spectaculaires de l'archipel et les panoramas sont exceptionnels.

Deux importants centres commerciaux de La Palma – El Paso et Los Llanos (la plus grande ville de l'île) –, en font le moteur économique de l'île. Aux abords de la côte ouest, des vallées sont couvertes de grandes bananeraies, tandis que le littoral offre certaines des plus longues et des plus belles plages de La Palma.

## Los Cancajos

Une agréable promenade en front de mer et une petite plage volcanique sont les principaux attraits de ce petit ensemble d'hôtels, d'appartements et de restaurants, à 4 km au sud de Santa Cruz. Los Cancajos n'a certes pas le charme ou la richesse historique de Santa Cruz ni d'autres villes authentiques, mais constitue une bonne base avec nombre d'hébergements de qualité et une plage parmi les plus agréables de l'île.

### Activités

Los Cancajos est un site populaire pour la plongée. Pour une activité moins sportive, flânez le long de la promenade en bord de mer : cette marche de 20 minutes vous fera découvrir de petites criques et des coulées de lave colonisées par des plantes rustiques, qui semblent presque lumineuses sur les roches d'un noir profond.

**Buceo Sub** PLONGÉE
(922 18 11 13 ; www.4dive.org ; Calle Las Gaviotas 24A ; plongée matériel inclus à partir de 32 € ; 9h-17h lun-sam). Ce centre de plongée réputé, situé à côté du supermarché Spar, propose divers forfaits et cours de plongée, du niveau débutant au niveau moniteur, ainsi que des cours de canoë-kayak.

**La Palma Diving Center** PLONGÉE
(922 18 13 93 ; www.la-palma-diving.com ; Centro Comercial Los Cancajos, Local 227 ; plongée équipement compris à partir de 41 €, cours à partir de 69 € ; 10h-18h lun-sam). Installé dans le principal centre commercial de Los Cancajos, il vise principalement une clientèle allemande, mais les moniteurs parlent anglais. Un grand choix de cours est proposé, du niveau débutant au niveau moniteur. Excursions de snorkeling également.

> **LOS CANARIOS**
>
> Ne soyez pas surpris si vous ne trouvez pas la ville de Los Canarios (souvent indiquée par des panneaux) sur une carte. Ce nom est l'abréviation de Los Canarios de Fuencaliente, la version longue, rarement utilisée.

### Où se restaurer

**Casa Goyo** POISSON €€
(922 44 06 03 ; www.facebook.com/casagoyo-lapalma ; Carretera General Lodero 120 ; plats 10-15 € ; 13h-16h30 et 19h-23h mar-dim ; P). Cette simple cabane coiffée de palmes proche de l'aéroport est devenue l'un des restaurants de poisson les plus renommés de l'île. Écoutez le vrombissement des avions en savourant une *vieja a la plancha* (poisson-perroquet grillé) et des *papas*. Le poisson est aussi frais que les prises du jour.

**El Pulpo** POISSON €€
(922 43 49 14 ; Playa de Los Cancajos ; plats 10-15 € ; 12h30-16h et 18h-21h tlj sauf mer). Ce simple restaurant de plage n'était qu'une cabane lors de son ouverture en 1971, et reste prisé des habitants pour se régaler de poisson frit. Avec des chaises en terrasse sur le sable, il est à juste titre apprécié des familles avec de jeunes enfants.

### Renseignements

**Office du tourisme** (922 18 13 54 ; www.lapalmacit.com ; Calle de la Arena, Playa de Los Cancajos ; 9h-13h30 et 15h-18h lun-ven, 9h-13h et 16h-18h sam, 9h30-14h dim)

### Depuis/vers Los Cancajos

Le bus n°500 (1,50 €, 10 min, toutes les 30 min), qui circule entre l'aéroport et Santa Cruz de la Palma, s'arrête en chemin à Los Cancajos. Au départ de Santa Cruz de la Palma, les bus n°s35, 200, 201 et 300 (1,50 €, 10 min) passent régulièrement par Los Cancajos, avec un arrêt à la Cruce Cancajos.

## El Paso

7 457 HABITANTS

Porte du captivant Parque Nacional de la Caldera de Taburiente – le centre des visiteurs se tient à la sortie de la ville –, El Paso est la plus grande municipalité de l'île, avec de grandes forêts et quelque 8 km² de terres cultivées. Le centre-ville historique, très coloré, et ses rues pavées invitent à la

## QUATRE MERVEILLEUX HÔTELS À LA PALMA

**Hotel La Palma Romántica** (☎922 18 62 21 ; www.hotellapalmaromantica.com ; Las Llanadas, Barlovento ; ch avec petit-déj 80 € ; P). D'un excellent rapport qualité/prix, cet hôtel champêtre de Barlovento, avec vue panoramique sur la vallée, assure un service professionnel. Il compte 40 chambres élégantes, un restaurant chic et un petit spa. S'il fait beau, plongez dans la piscine extérieure ; s'il fait gris, profitez de la piscine intérieure chauffée.

**Hotel San Telmo** (☎922 41 53 85 ; www.hotel-santelmo.com ; Calle San Telmo 5 ; s/d à partir de 80/90 €). Ce merveilleux boutique-hôtel de Santa Cruz n'a que 8 chambres, dont 2 dans le bâtiment d'origine aux poutres apparentes, aux volets en bois et aux balcons donnant sur une magnifique terrasse fleurie. Les autres chambres présentent une décoration plus contemporaine, dans de beaux tons ocre doux.

**Apartamentos Playa Delphin** (☎922 40 81 94 ; www.playadelphin.com ; Avenida José Guzman Pérez 1 ; studio 62 €, app 2/3 pers 69/75 € ; P). Dans un imposant bâtiment semi-circulaire, cet ensemble d'appartements, géré par une famille, est difficile à manquer à Puerto Naos. Vous serez suffisamment proche de la plage pour être bercé par les vagues de l'Atlantique. Dans les chambres bien équipées et pourvues de balcons avec chaises longues, on bénéficie de petits plus comme un grille-pain et une coupe de fruits.

**La Fuente** (☎922 41 56 36 ; www.la-fuente.com ; Calle Anselmo Pérez de Brito 49 ; app 41-65 €). Les 9 appartements de cet établissement de Santa Cruz, appartenant à un Allemand, sont tous différents, avec de grandes chambres, des balcons et une vue splendide sur la ville et la mer pour les plus chers. On peut profiter du soleil sur le toit-terrasse.

promenade. Si vous arrivez en voiture, tournez à droite au panneau "Casco Histórico" pour rejoindre les principaux sites, dont la superbe petite église.

## À voir et à faire

**Museo de la Seda** MUSÉE
(musée de la Soie ; ☎922 48 56 31 ; Calle Manuel Taño 6 ; adulte/enfant 2,50 €/gratuit ; 10h-14h lun-ven). Découvrez les secrets du ver à soie. La soie est produite ici selon des traditions qui n'ont pratiquement pas changé depuis l'introduction de cette industrie à La Palma au XVIe siècle. À l'étage, le musée présente de somptueux vêtements en soie, provenant notamment de Chine et d'Inde, et un court film sur la production de la soie. Terminez la visite par l'atelier au rez-de-chaussée, où vous verrez des tisserands à l'œuvre.

**Ermita de la Virgen de la Concepción de la Bonanza** ÉGLISE
(Calle General Mola ; horaires variables). Cette *ermita* (chapelle) superbement restaurée présente d'élégants motifs sur sa façade peinte en blanc. Les rénovations ont heureusement laissé intact le splendide plafond de style mudéjar (architecture hispano-mauresque) qui domine l'autel. La Virgen de la Concepción de la Bonanza est ici vénérée sous la forme d'une effigie entièrement vêtue, derrière l'autel.

**Mercado** MARCHÉ
(El Mercadillo del Agricultor y Artesanal de El Paso ; Calle Antonio Pino Pérez ; 15h-19h ven, 9h-14h sam). Ce populaire marché fermier, avec quelques stands d'art et d'artisanat, est installé dans le même bâtiment que l'office du tourisme.

**Ruta de los Volcanes** RANDONNÉE
L'exigeante et époustouflante Ruta de los Volcanes serpente sur 19 km à travers des paysages volcaniques très divers et offre une vue magnifique sur les deux côtes en courant au sud le long d'une crête montagneuse vers Fuencaliente. Cet itinéraire fait partie du GR-131. Comptez de 6 à 7 heures pour le parcourir ; le chemin est ardu et mieux vaut effectuer la marche par temps frais et nuageux, car l'ombre et l'eau fraîche sont rares.

L'itinéraire part du Refugio del Pilar, un vaste parc avec une aire de pique-nique, sur la nationale LP-301. La randonnée s'achève à Fuencaliente, où vous devrez trouver un transport pour le retour.

## Où se restaurer

**Tapas & Trekking** TAPAS €
(tapastrekking.negocio.site ; Calle Sagrado Corazón 4 ; tapas 4-5,50 €, tablas 4-8 € ; 9h-16h dim-lun, 9h-23h mer-sam ; ). À l'ombre de la pittoresque *ermita* du XVIII^e siècle, cette adresse joue la simplicité avec une superbe carte de tapas et de *tablas* (assiettes) à partager. Citons notamment les *croquetas* au poisson et au chorizo maison, les œufs brouillés et morue, les poivrons italiens, le fromage de chèvre grillé, les seiches farcies et les *papas arrugadas* (pommes de terre ridées).

## Renseignements

**Office du tourisme** (922 48 57 33 ; www.lapalma-cit.com ; Calle Antonio Pino Pérez ; 10h-18h lun-ven, 10h-14h sam-dim)

## Depuis/vers El Paso

Le bus n°300 relie Santa Cruz de La Palma à El Paso (2,40 €, 35 min) toutes les demi-heures du lundi au vendredi et toutes les heures le week-end, avant de continuer jusqu'à Los Llanos de Aridane (1,50 €, 20 min).

# Parque Nacional de la Caldera de Taburiente

Le **Parque Nacional de la Caldera de Taburiente** (922 92 22 80 ; www.reservasparquesnacionales.es) GRATUIT est un superbe site de randonnée, offrant les meilleurs panoramas de La Isla Bonita ("la Jolie île"). C'est une destination incontournable, même pour les visiteurs pressés par le temps.

Cœur du parc, la **Caldera de Taburiente** (littéralement "chaudron de Taburiente"), est une vaste dépression de 8 km de large, entourée de hautes parois rocheuses. Elle fut appelée ainsi en 1825 par le géologue allemand Leopold von Buch, qui la prit pour un cratère volcanique. Le mot "caldera" devint ensuite un terme standard pour tous les cratères volcaniques dans le monde. Les scientifiques savent désormais qu'il s'agissait d'une imposante montagne volcanique qui s'effondra sur elle-même ; au fil des millénaires, l'érosion creusa ce vaste cirque naturel.

La nationale LP-2, qui relie Santa Cruz et Los Llanos, contourne la lisière sud du parc ; de la route, vous pourrez parfois discerner la couverture de nuages qui remplit la caldeira et déborde sur les versants. À d'autres moments, des nuages se forment au-dessus des sommets et des ravins, avant de se dissiper. Avec l'interaction permanente entre les rayons du soleil et la vapeur d'eau, des arcs-en-ciel apparaissent et disparaissent tout au long de la journée.

## Activités

De nombreux chemins sillonnent le parc, mais, à moins de disposer de plusieurs jours, vous suivrez sans doute les plus connus (p. 236). Ils sont pour la plupart en bon état, mais celui qui relie La Cumbrecita et le camping est très glissant et déconseillé aux randonneurs inexpérimentés. Celui qui descend le Barranco de las Angustias peut être dangereux par temps de pluie. Consultez les prévisions météo et organisez-vous en conséquence.

La signalisation est généralement suffisamment claire. Si vous ne risquez guère de vous perdre (vous croiserez souvent des groupes de marcheurs en chemin), mieux vaut acheter une carte détaillée comme la *Caldera de Taburiente Parque Nacional* au 1/25 000, en vente au centre des visiteurs (p. 232). Consultez aussi l'excellent site www.senderosdelapalma.com pour d'autres descriptions d'itinéraires et des informations sur les sentiers fermés.

## Extrémité sud

La majorité des visiteurs arrivent au parc depuis El Paso ou Los Llanos. Vous aurez besoin d'une voiture, d'un taxi ou d'un guide pour monter jusqu'à l'un des miradors d'où partent les chemins.

Pour avoir une vue d'ensemble du parc, empruntez le chemin PR LP 13 qui commence à **Los Brecitos** (1 081 m). De là, suivez les panneaux jusqu'à Los Barros, puis jusqu'à Los Brecitos. Le chemin traverse une paisible forêt de pins des Canaries, passe par le camping du parc, franchit un ruisseau, puis descend le **Barranco de las Angustias** en croisant de nombreux cours d'eau. Repérez les sites intéressants comme la source minérale aux vives couleurs orange et verte, les curieux reliefs créés par la lave en coussins et des formations rocheuses comme la phallique **Roque Idafe**, un important site spirituel pour les Benahoares. Cette randonnée de 6 heures (22 km) est populaire et convient pour toute personne en bonne forme physique. Soyez prudent s'il a plu récemment ou si un orage semble

### LE PIN DES CANARIES

Lorsque l'on randonne dans le parc de la Caldera de Taburiente, on remarque une caractéristique omniprésente dans le magnifique paysage : le pin des Canaries (*pinus canariensis*), haut conifère tropical vert endémique des îles Canaries, dont les aiguilles tapissent le sol des collines.

Très résistante à la sécheresse, l'espèce peut atteindre plus de 40 m de haut, ce qui en fait l'arbre le plus grand de l'archipel. Si on le voit partout dans les hauteurs boisées de La Palma et dans les forêts de la Grande Canarie et de Tenerife, il est bien plus rare sur Fuerteventura, Lanzarote et les autres îles. Parmi les arbres de la planète les plus résistants au feu, en partie en raison de son écorce très épaisse, le pin des Canaries est capable de poursuivre sa croissance après un incendie de forêt.

Le plus grand qu'il vous sera donné de voir sera sans doute le Pino Gordo (Gros Pin), sur Tenerife, en dehors de Vilaflor, dans les collines vers El Teide ; il atteint une hauteur vertigineuse de 45,12 m et une circonférence de 9 m !

imminent ; le "Ravin des Angoisses" peut rapidement devenir un torrent déchaîné et ses crues éclair ont déjà fait des victimes.

Quand le chemin est entièrement ouvert, le mieux consiste à se garer à Las Hoyas, au pied du Barranco de las Angustias. De là, un **service de navettes 4x4** (922 40 35 40 ; 10 €/pers ; 8h-12h) conduit les marcheurs à Los Brecitos, qui peuvent redescendre à pied jusqu'à leur voiture.

Une autre possibilité est de monter en voiture par la LP-302 en passant par la Carretera Caldera Taburiente du centre des visiteurs jusqu'au **Mirador de la Cumbrecita** (1 287 m), où se tient un petit **bureau d'information** (9h-18h). Le trajet de 7 km passe devant les embranchements vers la Pista de Valencia et l'Ermita del Pino, traverse une forêt de pins jusqu'à une vue dégagée sur la vallée. Du parking, une randonnée de 2 heures 30 aller-retour grimpe au sommet du Pico Bejenado (p. 237), pour une vue panoramique. Si vous disposez de peu de temps, une boucle de 3 km conduit au **Mirador de los Roques** et au **Mirador Lomo de las Chozas** ; la dernière partie de la boucle, entre Lomo de las Chozas et le parking, est un chemin plat de 1 km, praticable en fauteuil roulant et avec une poussette.

Sachez que les chemins qui partent du Mirador de la Cumbrecita sont les plus fréquentés du parc et que le nombre limité de places de parking a obligé les autorités du parc à instaurer des quotas stricts. Pour rejoindre le mirador en voiture, vous devez vous inscrire en ligne (3 jours avant votre passage) auprès du centre des visiteurs (p. 232) juste après El Paso, et attendre votre tour. L'attente peut se limiter à quelques minutes, mais peut dépasser 1 heure le week-end et en haute saison.

Autre marche excellente et moyennement difficile, le PR LP 13.3 (p. 236) part du parking de la Pista de Valencia et rejoint le Pico Bejenado (1 845 m). Cette randonnée de 4-5 heures aller-retour (11,4 km) grimpe à travers une superbe forêt de vieux pins avant de déboucher sur le bord de la caldeira pour une vue époustouflante. Ce chemin facile à suivre convient à tout marcheur en bonne forme physique, qui souhaite un itinéraire moins fréquenté et plus exigeant que ceux du Mirador de la Cumbrecita, mais moins difficile que ceux de Los Brecitos. Sur le sentier, bifurcation possible pour le Mirador de la Cumbrecita.

## Extrémité nord

Une série de pics rocheux frôlant les 2 500 m d'altitude entoure la caldeira, et le chemin qui longe ces parois rocheuses offre une vue saisissante sur le parc et le reste de l'île. De l'étroite piste (portion du GR-131), qui longe la lisière nord du parc, partent des chemins plus courts qui s'aventurent à l'intérieur.

Un des tronçons les plus spectaculaires relie le **Roque de los Muchachos** et le **Pico de la Nieve**, près de la LP-4. Cette nationale sinueuse part de la nationale LP-1 à 3 km au nord de Santa Cruz et serpente à travers l'île, contournant le parc et ses sommets au nord. Pour éviter de revenir sur vos pas, prévoyez deux voitures. Laissez-en une au *pico* (le parking est à 20 minutes de marche du chemin), puis conduisez (ou faites-vous conduire) jusqu'au Roque de los Muchachos (2 426 m), le point culminant de La Palma, où est installé l'Observatorio Roque de Los Muchachos. La descente à pied jusqu'au

### OBSERVATION DES ÉTOILES

Les immenses télescopes qui couronnent le sommet du Roque de los Muchachos appartiennent à l'**Observatorio del Roque de Los Muchachos** (www.iac.es), l'un des meilleurs sites de la planète pour observer les étoiles ; il a été classé, en 2012, première réserve de ciel étoilé au monde par l'Unesco. Le gigantesque Grantecan (Gran Telescopio Canarias ; GTC) est le plus grand télescope optique à ouverture unique au monde. L'observatoire se visite dans le cadre de circuits organisés.

On peut trouver un guide agréé par l'intermédiaire de Cielos-La Palma (www.cielos-lapalma.es).

L'observatoire permet aux scientifiques d'analyser la création et l'évolution des galaxies dans l'histoire de l'univers, d'étudier les étoiles et d'observer les anneaux de corps célestes. Située loin de la lumière des centres urbains, La Palma est un endroit idéal pour regarder les étoiles, d'autant que plus de 75% des nuits sont dégagées à El Roque.

L'observatoire de La Palma est associé à l'Observatorio del Teide (p. 174) de Tenerife avec lequel il forme l'Instituto de Astrofisica de Canarias (IAC).

L'entreprise privée **Ad Astra La Palma** (www.adastralapalma.com ; visite guidée 9 €) propose des visites de l'observatoire le matin, mais il est indispensable de réserver (âge minimum 6 ans). Des visites sont organisées tous les jours, sauf le lundi et le mercredi ; comme il peut faire froid, prévoyez un manteau. Aucune visite nocturne de l'observatoire n'est autorisée, mais d'autres circuits d'observation des étoiles sont proposés ; consultez le site Internet.

Pico de la Nieve s'effectue en 4 ou 5 heures (environ 9 km).

De nombreux miradors jalonnent la LP-4 autour du Roque de los Muchachos ; même si vous ne marchez pas jusqu'à la crête, la vue justifie le déplacement. La nuit, l'endroit est fantastique pour contempler les étoiles.

### Renseignements

**Centre des visiteurs** (922 49 72 77 ; www.reservasparquesnacionales.es ; Carretera General de Padrón 47 ; 9h-18h). Sur la nationale LP-3 à 5 km à l'est d'El Paso, ce centre pratique, comprenant une salle d'exposition et un jardin botanique, fournit des informations générales gratuites (prenez une carte *Caldera de Taburiente Paths*, en anglais), des cartes détaillées (dont une carte géologique) et des guides.

### Depuis/vers le Parque Nacional de la Caldera de Taburiente

Aucune route ne traverse le parc et il n'existe que 3 voies d'accès : via la LP-202 près du centre des visiteurs, par la piste qui relie Los Llanos et Los Brecitos ou via la nationale LP-1032 au nord. Aucun bus ne dessert l'intérieur du parc.

Le bus n°300 (1,50 € depuis El Paso, 10 min), entre Santa Cruz de La Palma et Los Llanos, passe par le centre des visiteurs deux fois par heure du lundi au vendredi, et toutes les heures le week-end.

## Los Llanos de Aridane

20 043 HABITANTS

Centre économique de l'île et ville ouvrière, Los Llanos n'a pas le charme de la capitale ni de certains villages, mais les places ombragées et les rues piétonnes du centre historique méritent le détour.

Los Llanos se niche dans une vallée fertile, l'une des régions les plus riches de l'île avec une longue tradition de culture de la canne à sucre, de la banane et, plus récemment, de l'avocat. La ville abrite aujourd'hui nombre des entreprises et des services de La Palma, attirant des jeunes Palmeros en quête d'emploi. Des peintures murales colorées et des sculptures modernes émaillent le centre-ville et en font un musée à ciel ouvert.

**Plaza España** PLACE

Cette agréable place est le cœur de la vieille ville. Ombragée de majestueux ficus, elle est idéale pour pique-niquer, regarder les passants ou se détendre dans un café. L'**Iglesia de Nuestra Señora de los Remedios**, qui domine le côté nord de la place, resplendit de blancheur. Explorez les rues et les places alentour, qui conservent une grande part de leur cachet traditionnel.

**Bike'n'Fun** VÉLO

(922 40 19 27 ; www.bikenfun.de ; Calle Calvo Sotelo 20 ; service d'un guide 55 €/pers, location vélo à partir de 14 €/jour ; 10h-13h). Cette

agence réputée loue des vélos et organise de nombreuses excursions à vélo dans La Palma, dont un circuit dans Los Llanos. Location de VTT et de vélos électriques.

**La Vitamina** INTERNATIONAL, VÉGÉTARIEN €
(www.facebook.com/lavitaminalosllanos ; Calle Real 29 ; plats 8,50-10 € ; 12h-21h30 lun-mer et ven ; ). Un peu bohème et un brin désorganisée, cette adresse aux chaises peintes et au mobilier dépareillé est souvent bondée. La carte, en grande partie (mais pas exclusivement) végétarienne et végétalienne, mêle saveurs africaines, asiatiques et espagnoles de manière très inattendue. Les portions sont généreuses.

## Renseignements

**Office du tourisme** (922 40 25 83 ; Avenida Dr Fleming ; 9h30-14h30 et 19h-18h lun-ven, 9h30-15h30 sam-dim).

## Depuis/vers Los Llanos de Aridane

Le bus n°300 relie la **gare routière** (Calle Luis Felipe Gómez Wanguemert) à Santa Cruz de La Palma (2,40 €, 45 min) toutes les demi-heures du lundi au vendredi et toutes les heures le week-end, en passant par El Paso (1,50 €, 20 min). Le bus n°210 dessert Fuencaliente (2,60 €, 40 min, jusqu'à 6/jour) et le bus n°24 Puerto Naos (2,40 €, 20 min, jusqu'à 21/jour).

# Puerto Naos

L'un des deux centres touristiques de La Palma (avec Los Cancajos situé sur la côte ouest), Puerto Naos existe presque uniquement pour les touristes. Blottie autour d'une longue baie arrondie et protégée de chaque côté par de hautes falaises, la ville constitue une bonne base pour lézarder au soleil et accéder facilement au nord et à l'intérieur de l'île.

Puerto Naos ne manque pas de charme, mais n'a pas de véritables attraits à part sa plage de sable noir et les activités proposées, notamment le parapente, de plus en plus populaire.

## À voir et à faire

**Playa Puerto Naos** PLAGE
(P). La plage de sable noir de Puerto Naos, qui s'étire sur près de 1 km, est la plus longue de l'île. Bordée de hauts palmiers, elle offre d'excellentes infrastructures, dont des douches, des vestiaires et des toilettes, ainsi que des transats et des parasols à louer. Une promenade jalonnée de bars, de restaurants, de boutiques et de plusieurs hôtels longe le sable. À l'extrémité nord, se trouve la plus petite crique de sable noir de Playa Chica.

**El Charco Verde** PLAGE
(LP-213 ; P). Avec ses promenades en planches sur le sable, cette petite plage volcanique noire au-delà de Puerto Naos est une halte sympathique sur la route d'El Remo. Remarquez le rocher qui s'avance dans la mer, le site d'un petit sanctuaire. On trouve un parking à chacune des extrémités de la plage et un petit kiosque sur le sable, servant café, bière et tapas. Le bus n°24 (2,40 €) vous conduit ici depuis Los Llanos, via Puerto Naos.

### SPORTS D'AVENTURE

Si la marche vous semble trop sage, vous pouvez essayer l'escalade ou la spéléologie. Ékalis (p. 236) offre diverses sorties de varappe et de rappel, ainsi qu'une expédition de spéléologie de 2 heures. Il loue aussi des vélos et organise des circuits guidés à VTT, une autre activité populaire dans l'île. Si vous êtes en forme, le relief en montagnes russes vous réjouira. Autrement, des prestataires comme Bike'n'Fun (ci-contre) assurent le transport jusqu'au sommet d'une montagne, suivi d'un parcours essentiellement en descente. Atlantic Cycling (p. 234) et Bike Station (p. 234), tous deux à Puerto Naos, sont d'autres prestataires recommandés. Tous les opérateurs peuvent venir vous chercher à votre hôtel ou à un lieu de rendez-vous central.

Depuis quelques années, le parapente est devenu un sport en vogue, et l'île est aujourd'hui considérée comme l'un des meilleurs sites au monde pour cette activité. Tentez l'aventure avec Palmaclub (p. 234), à Puerto Naos.

Les centres de plongée de Puerto Naos et de Los Cancajos fournissent l'équipement nécessaire. Des sorties en kayak de mer sont également proposées dans les deux localités ; contactez Ekalis pour plus d'informations.

## LA PALMA AVEC DES ENFANTS

Construire des châteaux de sable sur les plages de sable noir de Puerto Naos et de Los Cancajos (p. 228), chercher les crabes à El Remo ou barboter dans l'eau de mer des Piscinas de la Fajana (p. 238) et du Charco Azul (p. 235) constituent des activités évidentes, mais que faire après la plage ? Les plus grands apprécieront les randonnées comme celles du Mirador de los Roques et du Mirador Lomo de las Chozas, tous deux dans le Parque Nacional de la Caldera de Taburiente (p. 230). Une balade au bord du cratère du Volcán San Antonio (p. 226) émerveillera les enfants. Ajoutez un peu d'histoire avec la marche de 1,5 km dans le Parque Cultural La Zarza (p. 238) ou allez voir les maquettes de navires au Museo Naval (p. 219) de La Palma. Les plus petits apprécieront les animaux du Maroparque (p. 220).

**El Remo** VILLAGE
(LP-213 ; P). Pas très loin, au bout de la route qui continue au-delà de Puerto Naos, après les serres de bananiers, ce petit village au bord de la mer se compose de maisons basses, de cafétérias et de restaurants. C'est un lieu agréable où escalader les rochers en quête de crabes (en abondance) et regarder les vagues s'écraser sur le rivage. Une *playa* de sable noir longe une grande partie de la Calle Remo ; les couchers de soleil sont magnifiques.

Le bus n°24 (2,40 €, 30 min) vous conduit ici depuis Los Llanos, via Puerto Naos.

**Atlantic Cycling** VÉLO
(www.atlantic-cycling.de ; Calle Mauricio Duque Camacho 27 ; location vélo 23 €/jour, vélo électrique 55 €/jour). Vend toutes sortes de vélos, loue des vélos standards et électriques, et organise des circuits à vélo de course. Si vous louez un vélo pour plus de 3 jours, le tarif journalier diminue de 3 €. Mieux vaut organiser votre location quelques jours à l'avance.

**Tauchpartner** PLONGÉE
(922 40 81 39 ; www.tauchpartner-lapalma.de ; Edificio Playa Delfín 1 ; plongée équipement compris 41 € ; 9h30-11h et 17h-19h lun-sam). Offre un grand choix de cours (PADI et CMAS) et de sorties de plongée.

**Palmaclub** PARAPENTE
(610 69 57 50 ; www.palmaclub.com ; Calle Juana Tabares 3 ; vol en tandem 100-150 € ; 10h-18h). Le parapente a le vent en poupe et des amateurs viennent de toute l'Europe pour profiter des conditions idéales de l'île. Le Palmaclub, dirigé par un Suisse, propose des vols en tandem, mais les participants doivent avoir leur licence. Les prix dépendent de la durée du vol, 7 minutes depuis les immenses falaises au-delà de Puerto Naos ou 15 minutes depuis un sommet plus éloigné.

**Bike Station** CYCLOTOURISME
(922 40 83 55 ; www.bike-station.de ; Avenida Cruz Roja 3 ; location vélo 6-24 €/jour, circuits à partir de 50 € ; 9h-12h et 17h-19h lun-sam). Loue des vélos et organise divers circuits guidés à VTT. Vend également des vélos d'occasion.

## Où se restaurer

**Orinoco** POISSON €
(www.islalapalma.com/orinoco ; Calle Manuel Rodriguez Quintero 1 ; tapas 2,50-7 €, plats 6-10 € ; 13h-23h jeu-mar). Situé dans une petite rue qui monte depuis la promenade principale, ce restaurant, qui ne paie pas de mine, est l'adresse de prédilection des habitants. Au menu : soupe de poisson, tapas de fruits de mer, poisson frais et desserts *palmero* traditionnels, comme le *bienmesabe* (crème d'amandes au miel) et le *quesillo* (flan).

**Restaurante Playa Chica** POISSON €€
(922 40 84 52 ; Avenida Marítima 2, Playa Chica ; plats 15-20 € ; 12h-23h mer-lun). Donnant sur la charmante petite crique éponyme à l'extrémité nord de la plage, cet élégant restaurant au cadre bleu bénéficie de l'un des meilleurs emplacements de la ville ; d'où sa popularité. Les plats sont bien préparés – même les salades, ce qui est rare dans les restaurants de poisson espagnols. La soupe de fruits de mer, à 3 €, est d'un bon rapport qualité/prix.

## Depuis/vers Puerto Naos

Le bus n°24 relie Puerto Naos et Los Llanos (2,40 €, 20 min, jusqu'à 21/jour), avant de poursuivre vers El Remo, à 5,5 km au sud de Puerto Naos.

# NORD DE L'ÎLE

Épaisses forêts tropicales, collines fertiles et grands pins forment un tapis de verdure sur la moitié nord de l'île, totalement différente du Sud volcanique, brûlé par le soleil. Si les routes sinueuses en font la partie la moins accessible de La Palma, beaucoup la considèrent comme la plus belle, avec ses falaises rocheuses qui plongent dans une eau saphir et ses plages de sable noir désertes, frangées de palmiers.

## San Andrés

4 473 HABITANTS

San Andrés semble tout droit sorti d'un livre de contes de fées, avec ses rues pavées, qui descendent abruptement vers une petite crique, et bordées de maisons basses blanchies à la chaux. Prenez le temps de flâner dans ce village au bord de la mer délicieusement paisible pour en explorer toutes les nuances pittoresques. La courte randonnée qui mène aux piscines du Charco Azul, le long de la côte, est très agréable et rafraîchissante.

À une courte distance de San Andrés, la réserve de biosphère de Los Tiles (p. 238) compte parmi les plus beaux sites de l'île.

### À voir

**Iglesia de San Andrés** ÉGLISE

(Calle Plaza). Au centre du village, cette église, fondée en 1515, fut l'une des premières bâties sur l'île par les conquérants espagnols. La majeure partie de l'édifice actuel date cependant du XVII^e siècle. À l'intérieur, remarquez les somptueux retables baroques et le plafond à caissons. La petite Ermita del Pilar se trouve un peu plus loin dans la rue.

**Charco Azul** PISCINE D'EAU DE MER

Aménagée avec créativité, cette série de bassins d'eau de mer allie béton moulé et rochers volcaniques naturels. L'effet est saisissant, en particulier quand les vagues se déchaînent. Des passerelles relient les plateformes-solariums. Le bus n°100 (2,40 €) assure des liaisons régulières entre Santa Cruz de La Palma et Los Sauces, où vous pourrez prendre le bus n°104 pour le Charco Azul (1,50 €, 10 min, 3/jour).

En voiture, le Charco Azul se situe à 6 km au nord-ouest de San Andrés sur la nationale LP-104. On peut se rendre à pied du Charco Azul à San Andrés en suivant le **sentier côtier** ; depuis San Andrés, descendez l'escarpée Calle Abajo jusqu'à la crique, traversez le pont et continuez vers le nord. Le bus n°4 relie Los Sauces au Charco Azul via San Andrés.

**Parque Arqueológico de El Tendal** SITE ARCHÉOLOGIQUE

(parc archéologique d'El Tendal ; ☎639 98 38 79 ; Camino San Juan ; 10h-17h mar-sam, 10h-15h dim-lun). Au bord de la route LP-1 vers Los Sauces, un nouveau musée archéologique, instructif et doté d'écrans tactiles, venait juste d'ouvrir lors de notre passage. Il fait face à un ensemble de grottes utilisées par les Benahoares dans le *barranco* en contrebas ; certaines devraient être accessibles au moment où vous lirez ces lignes. Dans le musée, une vidéo aborde l'histoire des grottes et leur importance pour les premiers occupants.

Poteries, outils et autres fragments découverts ici sont aussi exposés.

### Où se restaurer

**La Cantina** PRODUITS DE LA MER €

(Charco Azul ; plats 8-10 € ; 11h-19h). Ce bar-restaurant, donnant sur les baigneurs qui profitent des piscines en contrebas et la mer saphir qui s'étend au-delà, est le choix naturel de tous les visiteurs. Sur la belle terrasse, sous un toit de bambou, délectez-vous de la vue et d'appétissants plats de poisson et de fruits de mer d'un bon rapport qualité/prix.

**La Placita** THAÏLANDAIS, CANARIEN €€

(☎922 10 63 34 ; www.facebook.com/laplacitafoodandcoffee ; Calle La Plaza 5 ; plats 10-14 € ; 12h-21h mar-jeu, 12h-22h30 ven-sam). Il est surprenant de trouver un restaurant thaïlandais au beau milieu d'un village somnolent comme San Andrés ! Tenu par un couple germano-thaïlandais, il est réputé et compte peu de tables libres, surtout le week-end. Ombragée de palmiers, sa terrasse donne sur l'église. La carte, essentiellement thaïlandaise, compte quelques plats canariens préparés de manière créative.

### Depuis/vers San Andrés

Le bus n°100 relie Santa Cruz (4 €, 35 min, jusqu'à 19/jour) au centre de la localité voisine de Los Sauces ; de là, prenez le bus n°4 jusqu'à San Andrés (1,50 €, 15 min). En voiture, quittez la route principale LP-1 pour la LP-104 ; San Andrés est à 3 km.

*(Suite du texte en p. 238.)*

# RANDONNÉE À LA PALMA

## INFORMATIONS

Les splendides paysages de La Palma se découvrent idéalement à pied. On dit que c'est l'île la plus escarpée au monde ; et, même si ce n'est pas tout à fait vrai, attendez-vous à de nombreuses pentes raides, à de larges points de vue et à des douleurs aux mollets. Avec 850 km de chemins de randonnée, l'île est une destination idéale pour la randonnée, comme l'attestent les nombreux marcheurs que vous verrez explorer l'île.

Parmi les divers tour-opérateurs, **Natour** (☎922 43 30 01 ; www.natour-trekking.com ; randonnées guidées à partir de 32 € ; ⏲9h-13h et 16h-20h lun-ven, 16h-19h sam-dim) est le meilleur, avec des excursions dans toute l'île. Le **Parque Nacional de la Caldera de Taburiente** (p. 230), la **Ruta de los Volcanes** (p. 229) et le circuit de la "Forêt enchantée" à travers le domaine forestier du Nord comptent parmi les itinéraires les plus prisés. Le prestataire vient vous chercher à votre hôtel ou à un lieu de rendez-vous central.

Autre tour-opérateur réputé, **Ekalis** (☎922 44 45 17 ; www.ekalis.com ; Calle la Molina 9, Tijarafe ; 38 €/jour) vient également chercher les participants à leur hôtel.

Les services d'un guide ne sont cependant pas indispensables ; les bonnes conditions de sécurité conviennent pour tout marcheur en forme et doté d'une carte précise. La compagnie d'un guide apporte le plaisir des informations et anecdotes qu'il donne en chemin, sans oublier le transport organisé au départ et à l'arrivée d'une longue marche.

## DE LA PISTA DE VALENCIA AU PICO BEJENADO

**DÉPART** PISTA DE VALENCIA
**ARRIVÉE** PICO BEJENADO
**LONGUEUR** 5,4 OU 6,4 KM
**DURÉE** 2 HEURES 30 OU 3 HEURES
**NIVEAU** MOYEN

Cet itinéraire part de la Pista de Valencia et suit un sentier moyennement escarpé parmi les pins pour atteindre le Pico Bejenado, qui

**Lors de votre ascension au Pico Bejenado, qui culmine à 1 854 m, découvrez des pétroglyphes enveloppés de mystère et d'étranges tunnels de lave.**

offre une superbe vue dans toutes les directions. Pendant la montée, vous serez parfois enveloppé dans la brume et les nuages bas, ou exposé en plein soleil, sur les parties où les pins ne vous protègent pas de leur ombre. Le silence n'est généralement troublé que par le vent dans les arbres et le chant des oiseaux. Prévoyez de l'eau et des en-cas pour l'ascension et des chaussures de randonnée. Comme le recommande le panneau d'information de la Pista de Valencia, ne tentez pas la randonnée par temps très venteux ou en cas de nuage de poussière, car vous pourriez être pris dans un feu de forêt.

Après avoir parcouru la LP-302 (qui devient une piste accidentée parsemée de pierres sur les derniers kilomètres) depuis le **centre des visiteurs** (p. 232), laissez votre voiture à la **Pista de Valencia** (Estacionamento Valencia ; P), qui marque le début de la montée. Sur le panneau d'information, une carte décrit le sentier, précisant les altitudes et les distances le long de l'itinéraire.

Suivez le sentier balisé (repérez les rectangles blancs et jaunes) qui monte à travers les pins, sans jamais vous en éloigner. Après environ 10 minutes de marche, vous atteindrez un **panneau** vous souhaitant la bienvenue au parc national ; retournez-vous pour admirer la vue sur El Paso dans la vallée en contrebas. Vous arrivez ensuite à un embranchement : choisissez entre le chemin court (4,9 km), passant par les *petroglifos* (pétroglyphes), et un chemin plus long (6,2 km), via le Roque de los Cuervos.

Notre itinéraire emprunte le premier. Après 10 minutes, vous passerez un panneau indiquant le chemin pour El Paso (à 6,7 km) et Bejenado (à 4,5 km). La route s'élargit jusqu'aux **tunnels de lave** dans la paroi rocheuse. À l'origine, il s'agissait de conduits dans lesquels la lave coula lentement en refroidissant suffisamment pour former un tunnel. Sur un poteau, un code QR permet d'obtenir avec son smartphone un audioguide en ligne (si vous captez un signal), donnant davantage d'explications sur les tunnels.

Après 5 minutes de marche, vous atteindrez une trouée dans les pins et une vue époustouflante. Continuez à suivre les panneaux qui jalonnent le parcours jusqu'à ce que le sentier se resserre parmi les pins pour arriver à un panneau indiquant les **gravures du Lomo del Estrecho**, à 150 m sur le chemin (à votre droite). Ces gravures (protégées) furent découvertes en 1988. Il est assez difficile de distinguer le motif sur le rocher lorsque le soleil se reflète dessus, mais on peut discerner les lignes courbes. Sa fonction précise reste inconnue ; il servait peut-être à jalonner des pâturages ou d'anciennes routes de bergers.

Revenez sur vos pas pour rejoindre le chemin qui monte au Pico Bejenado, à 3 km. Au cours de l'ascension, remarquez les nombreuses traces de feu sur l'écorce carbonisée des pins qui vous entourent ; le pin des Canaries (p. 231) est l'un des arbres les plus résistants au feu de la planète.

Après 20 minutes de marche environ, vous atteindrez une autre bifurcation : le chemin de droite mène à Cumbrecita (à 2,7 km), celui de gauche au **Bejenado** (à 1,6 km). De là, admirez le magnifique panorama, des crêtes de montagnes déchiquetées et des pins solitaires sur des affleurements rocheux, avant de rejoindre une zone exposée indiquée **El Rodeo**. Ici, on commence vraiment à sentir le vent. À partir de là, ne quittez pas le sentier des yeux, car on peut le perdre facilement et quelques passages en contrebas sont escarpés ; attention à vos appuis.

Après encore 30 minutes de marche, vous atteindrez le sommet : le **Pico Bejenado**. De part et d'autre, la vue embrasse la mer, El Paso et Los Llanos, ainsi que les sommets des montagnes. Si vous souhaitez laisser vos impressions, il y a un livre d'or et un stylo dans la boîte en métal accrochée à l'un des rochers. Ne faites pas de pyramides de pierres : les pierres peuvent tomber et dégringoler sur le versant.

*Suite de la p. 235.*

## Los Tiles

Réserve de biosphère depuis 1983, Los Tiles, d'une superficie de près de 140 km², protège une superbe forêt tropicale grouillante de vie. Cette réserve fraîche et humide est l'un des plus beaux endroits de l'île, à explorer pour découvrir la faune et la flore variées, et la plus vaste *laurisilva* de La Palma. Los Sauces est la localité la plus proche, à environ 4 km au nord-est du centre des visiteurs.

**Mirador Topo de las Barandas** RANDONNÉE

L'itinéraire de randonnée le plus court et le plus populaire de Los Tiles monte en pente raide jusqu'au Mirador Topo de las Barandas (1,5 km, 1 heure aller-retour). Le pavillon au sommet offre une vue spectaculaire, sur la vallée et les collines qui se superposent d'un côté, et sur la mer de l'autre. L'ascension est plutôt fatigante, mais le sentier – égayé par les chants d'oiseaux – est facile à suivre.

**Sources Marcos et Cordero** RANDONNÉE

Le long chemin à flanc de ravin jusqu'aux sources Marcos et Cordero (8,1 km) traverse une dizaine de tunnels humides (emportez une lampe torche et une veste imperméable), serpente à travers la forêt en passant par des cascades et longe des coulées volcaniques. Il n'est pas excessivement abrupt, sauf par endroits, mais il peut être glissant : portez des chaussures de randonnée et soyez prudent.

Un moyen populaire de suivre ce chemin consiste à prendre un taxi (15 €/pers) du parking de Los Tiles jusqu'à Casa del Monte, d'où la marche aller-retour jusqu'aux sources s'effectue en 4 heures environ.

### ℹ Renseignements

**Centre des visiteurs** (☎ 922 45 12 46 ; ⌚ 9h-14h et 14h30-18h30). Pratique, ce centre propose de la documentation (mais pas de cartes lors de notre dernière visite) et des panneaux d'information détaillés. Le personnel peut vous suggérer des itinéraires de randonnée.

### ℹ Depuis/vers Los Tiles

En venant de Santa Cruz, suivez les panneaux qui indiquent Los Tiles sur la nationale LP-1. Le centre des visiteurs est à 3 km sur la LP-105, qui longe le verdoyant Barranco del Agua. Aucun bus ne s'aventure ici et vous aurez besoin d'un véhicule ou de jambes musclées.

## Barlovento

2 360 HABITANTS

Évitez le bourg et visitez les sites naturels au-delà, comme les Piscinas de la Fajana, beaux bassins d'eau de mer, juste à l'est de Barlovento.

**Piscinas de la Fajana** PISCINES D'EAU DE MER

(P). Des vagues écumeuses s'écrasent au pied de barrières en béton qui délimitent les différents piscines d'eau de mer paisibles et apaisantes. À environ 5 km à l'est de Barlovento, quittez la LP-1 pour vous diriger vers la côte, où de spectaculaires rochers sombres et l'océan déchaîné composent un sublime panorama.

**La Gaviota** POISSON €€

(☎ 922 18 69 14 ; Piscinas de la Fajana ; plats 10-16 € ; ⌚ 8h-22h ; P). Ce restaurant au cadre marin (bleu et blanc) possède une vaste terrasse juste au-dessus de l'eau, donnant sur les piscines. La carte comprend tous les plats de poisson classiques, servis avec une généreuse portion de pommes de terre et de *mojo* (sauce épicée).

### ℹ Depuis/vers Barlovento

Le bus n°100 relie Santa Cruz à Barlovento (2,60 €, 55 min, 18/jour lun-ven, 9/jour sam-dim), le dernier arrêt.

## Parque Cultural La Zarza

**Parque Cultural La Zarza** SITE ARCHÉOLOGIQUE

(La Mata ; adulte/enfant 2/1 € ; ⌚ 10h-18h lun-sam, 10h-15h dim ; P). Deux pétroglyphes benahoares constituent les principales curiosités du Parque Cultural La Zarza, un site archéologique. Dans le parc, un circuit de 1,5 km conduit aux gravures aux formes géométriques. De retour au centre des visiteurs, vous pourrez regarder une vidéo de 20 minutes sur la vie des premiers habitants et visiter le musée interactif. Pour atteindre le parc, suivez la LP-1 vers l'ouest et guettez le panneau, car il se situe dans un tournant et se manque facilement.

# El Hierro

10 800 HABITANTS

**Dans ce chapitre ➡**



## Le top des restaurants

- Joapira (p. 251)
- El Refugio (p. 249)
- Casa Juan (p. 249)
- La Higuera de Abuela (p. 244)
- Restaurante Mirador de la Peña (p. 245)
- Casa Carlos (p. 244)

## Les meilleures piscines naturelles

- La Maceta (p. 249)
- Cala de Tacorón (p. 248)
- Charco Azul (p. 253)
- Charco de los Sargos (p. 250)
- Charco Manso (p. 244)
- Tamaduste (p. 245)

## Pourquoi y aller

Avec ses côtes bordées de falaises infranchissables et sa situation, loin dans l'Atlantique, la deuxième plus petite île des Canaries, classée géoparc par l'Unesco, est très reculée, et c'est là son plus grand attrait. El Hierro était même considéré comme le bout du monde jusqu'à ce que Colomb traverse l'océan vers l'Amérique en 1492.

Il est impossible de ne pas tomber sous le charme du rythme ralenti et de la simplicité de la vie locale, du littoral sculpté par la lave et battu par les vagues, des piscines naturelles scintillantes, des tranquilles sentiers de randonnée, des pinèdes et des prairies parsemées de fleurs, et de la beauté étrange des bosquets de genévriers et du paysage lunaire des terres volcaniques du Sud. Et puis il y a la réserve marine du Mar de las Calmas, au large de la côte sud, avec ses merveilles sous-marines éthérées.

À mille lieues du reste de l'archipel, cette île est unique, d'autant qu'elle prévoit de devenir la première île au monde autonome en énergie.

## Quand partir

- Septembre et octobre sont les meilleurs mois pour la randonnée, avec un temps toujours chaud et sec ; au printemps (mars/avril), les prairies des hauts plateaux se parent de fleurs sauvages, mais il peut pleuvoir.
- L'île connaît des pics d'affluence de juillet à septembre et à Pâques, avec l'arrivée des vacanciers espagnols ; réservez voiture et hébergement bien à l'avance.
- Avec une température autour de 25°C, la période de juin à début juillet et le mois de septembre sont parfaits pour se détendre dans les piscines naturelles ou plonger dans le paradis sous-marin de La Restinga (bien qu'octobre soit le meilleur mois pour la plongée).
- En avril, ne manquez pas la Fiesta de los Pastores, en l'honneur de la Virgen de los Reyes.

# À ne pas manquer

1. Le **Camino de Jinama** (p. 254) est l'une des plus belles randonnées de l'île.
2. Une baignade dans les piscines naturelles de **La Maceta** (p. 249), suivie d'une balade sur les falaises côtières.
3. La vue spectaculaire qu'offre le **Mirador de la Peña** (p. 244) sur le golfe.
4. Une plongée dans les eaux chaudes au large de **La Restinga** (p. 249), première destination de plongée de l'île.
5. Une promenade dans la forêt préservée d'**El Pinar** (p. 247).
6. Des dégustations de vins d'El Hierro dans les vignes volcaniques de **La Frontera** (p. 252).
7. Une balade parmi les genévriers d'**El Sabinar** (p. 256).
8. Une promenade au **Faro de Orchilla** (p. 256), pointe sud-ouest accidentée de l'Espagne.
9. L'**Ecomuseo de Guinea et Lagartario** (p. 252), où rencontrer le lézard d'El Hierro, menacé d'extinction.
10. Une pause détente à **Tamaduste** (p. 245), une baie émeraude protégée.

## Histoire

El Hierro est la plus jeune île de l'archipel, née il y a à peine 1,2 million d'années. Au fil des millénaires, l'activité volcanique fit émerger cette île escarpée, avec un pic haut de 2 000 m au centre. Puis, il y a quelque 50 000 ans, un tremblement de terre secoua la région si violemment qu'un tiers de l'île s'effondra du côté nord. Le pic et les terres alentour glissèrent dans l'océan, créant El Golfo, une baie en forme d'amphithéâtre.

Premiers habitants de l'île, les Bimbaches vinrent d'Afrique du Nord et fondèrent une pacifique société troglodytique vivant de l'agriculture, de la pêche, de la chasse et de la cueillette. Ils auraient appelé l'île Hero ou Esero, peut-être l'origine de son nom actuel. Les Bimbaches ont laissé des pétroglyphes (dessins gravés dans la pierre) sur des rochers et des parois de grottes dans toute l'île ; les plus intéressants se trouvent à El Julan (p. 248).

Au début du XV^e siècle, l'explorateur français Jean de Béthencourt, futur roi des Canaries, arriva sur l'île ; celle-ci fut rapidement incorporée à la Couronne de Castille. Après la conquête espagnole, une forme de féodalisme fut instaurée ; les fermiers espagnols se mélangèrent progressivement aux insulaires qui avaient survécu aux maladies et n'avaient pas été vendus comme esclaves.

Ce n'est qu'en 1912 que l'île devint autonome. Au XX^e siècle, de nombreux Herreños durent émigrer pour trouver du travail, à Cuba principalement après une grave sécheresse en 1911, et au Venezuela dans les années 1940. L'économie de l'île s'est depuis consolidée, basée actuellement sur le fromage, la pêche, l'arboriculture fruitière, le bétail et, de plus en plus, le tourisme. Nombre d'émigrés sont revenus. La difficulté est aujourd'hui de concilier la préservation de la beauté unique de l'île, protégée par l'Unesco, avec les besoins de croissance économique.

Si la dernière forte éruption volcanique s'est produite il y a 200 ans à El Hierro, entre octobre 2011 et mars 2012, des éruptions sous-marines majeures ont eu lieu au large de La Restinga, entraînant l'évacuation préventive de la ville (il n'y a eu heureusement aucune victime).

## Depuis/vers El Hierro

### AVION

El Hierro possède un petit **aéroport** (☎913 21 10 00 ; www.aena.es ; 6h-19h), à 10 km à l'est de Valverde, sur la côte nord-est. Binter Canarias (p. 292) et Canary Fly (p. 292) assurent quelques vols depuis/vers Tenerife Norte et la Grande Canarie, bien reliés au reste de l'archipel.

### BATEAU

Du dimanche au vendredi, **Naviera Armas** (☎922 55 45 60 ; www.naviera-armas.com ; Puerto de la Estaca ; 6h-15h lun, 9h-15h mar et jeu-ven, 3h30-5h et 9h-17h mer, 12h-16h dim) propose un aller-retour quotidien entre le Puerto de la Estaca d'El Hierro et Los Cristianos (49,50 €, 2 heures 45) de Tenerife. Les heures de départ varient selon les jours ; renseignez-vous en ligne.

## Comment circuler

### DEPUIS/VERS L'AÉROPORT

Des bus circulent entre l'aéroport et Valverde (1,20 €, 15 min, 5-6/jour), leurs horaires coïncidant généralement avec ceux des vols. Un taxi depuis/vers Valverde coûte 15 €.

### BUS

Les bus **TransHierro** (☎922 55 11 75 ; www.transhierro.es ; Calle El Molino 14, Valverde ; 7h-19h) desservent une grande partie de l'île plusieurs fois par jour.

### VÉLO

**MTB-Active** (☎669 157567, 620 005998 ; www.mtb-active.com ; Calle de la Corredera 9, Tigaday ; location de vélos 20-33 €/jour)

**Velohierro** (☎674 736565 ; www.velohierro.com ; Calle El Paseo 6B, Echedo ; location de vélos 20 €/jour ; 10h-18h lun-ven)

**Yahé Aventuras** (☎639 039946 ; www.yaheaventuras.es ; Calle Santiago 19, Valverde ; VTT 20 €/jour ; 9h-21h)

### VOITURE ET MOTO

El Hierro ne compte que quelques compagnies de location de voitures et le nombre de véhicules est limité ; réservez bien à l'avance. Généralement, votre voiture vous est remise à votre arrivée à l'aéroport ou au port. **Cicar** (☎928 82 29 00 ; www.cicar.com ; Aeropuerto de El Hierro ; 8h-19h) est une compagnie fiable, présente sur tout l'archipel.

L'île ne compte que 3 stations-service : une à Valverde, une autre à La Frontera et la troisième sur la HI4, vers La Restinga.

## EL HIERRO EN 3 JOURS

### Jour 1

El Golfo (p. 249) est sans doute la partie la plus spectaculaire de l'île (un jour ne vous semblera pas suffisant !). Admirez le paysage côtier volcanique lors d'une marche (p. 252) entre Las Puntas et la piscine naturelle de La Maceta (p. 249). Rencontrez les lézards géants d'El Hierro à l'Ecomuseo de Guinea et Lagartario (p. 252), avant un repas au Joapira (p. 251), à La Frontera. Puis, choisissez entre un après-midi détente au paisible Charco Azul (p. 253), la visite d'un vignoble (p. 252), une excursion dans la région sauvage de La Dehesa (p. 256) et une randonnée sur le Camino de Jinama (p. 254).

### Jour 2

Roulez vers le nord jusqu'au Mirador de la Peña (p. 244), pour sa vue inoubliable sur El Golfo, puis mettez le cap sur l'incroyable Mirador de Isora (p. 246), près de San Andrés, avant de gagner la majestueuse forêt d'El Pinar (p. 247). Descendez une route en lacets à travers des paysages de montagne volcanique désolés jusqu'à la côte et La Restinga (p. 248), le meilleur site de plongée des Canaries. Dînez à El Refugio (p. 249) ou à la Casa Juan (p. 249), et ne manquez pas l'étincelante Cala de Tacorón (p. 248).

### Jour 3

Beaucoup de visiteurs ignorent la côte est d'El Hierro ; quel dommage ! Allez vers le sud jusqu'à Las Playas (p. 245), une longue plage de galets battue par les vents, parfaite pour une promenade. Déjeunez au somptueux Parador (p. 245), puis remontez vers le nord jusqu'à Tamaduste (p. 245) et sa paisible crique, ou jusqu'à La Caleta (p. 245) et ses piscines d'eau salée adaptées aux familles. Enfin, visitez la petite capitale de l'île, Valverde.

# NORD ET EST D'EL HIERRO

Les côtes nord et est de l'île sont bordées de falaises d'une beauté sauvage (souvent inaccessibles), entrecoupées de charmantes petites criques, de piscines naturelles de roche volcanique et, plus haut, de points de vue spectaculaires. À l'intérieur des terres, les prairies forment une grande partie du paysage, émaillé de villages agricoles et de vignes.

## Valverde

4 950 HABITANTS

Seule capitale enclavée des Canaries, Valverde est perchée sur une crête venteuse au-dessus de l'Atlantique. La ville, qui se développa à partir du XVI^e^ siècle, est aujourd'hui le centre – plutôt quelconque – de commerce, de transport et de services d'El Hierro. Une grande partie de ses bâtiments d'origine furent détruits par un incendie dévastateur en 1899 et ses basses maisons blanches ne sont pas aussi pittoresques que les demeures dotées de balcons des autres capitales canariennes. Cependant, par temps clair, on profite d'une jolie vue sur les toits, les rues escarpées et les terrasses agricoles, voire, depuis le modeste centre-ville, sur La Gomera et El Teide (Tenerife). Même si vous n'y séjournez pas, vous passerez certainement par Valverde.

Bien que Jean de Béthencourt ait conquis l'île en 1405, Valverde ne s'imposa comme ville principale qu'au XVI^e^ siècle. Nombre d'insulaires se réfugièrent dans ce village à l'intérieur des terres à l'occasion d'un ouragan dévastateur en 1610, provoquant un essor relatif qui aboutit à en faire, au début du XX^e^ siècle, le siège du *municipio* (conseil municipal) qui couvrait toute l'île.

### À voir

Commencez par la **Calle Dr Quintero**, bordée de quelques boutiques et de bars, avant de découvrir l'attrayante **Plaza Quintero Nuñez** (Plaza Cabildo), qui abrite l'église.

**Iglesia de Nuestra Señora de la Concepción** ÉGLISE

(Plaza Quintero Núñez ; aube-crépuscule). La simple église à 3 nefs de Valverde, datant de la fin du XVIIIe siècle, possède un clocher avec un étage supérieur entouré d'une balustrade qui sert de point de vue. Derrière sa façade néo-baroque, on découvre un magnifique *artesonado* (plafond à caissons fait de poutres entrelacées avec insertions décoratives) voûté, et un autel polychrome, l'œuvre d'art la plus précieuse de la ville.

**Casa de las Quinteras** MUSÉE
(☎ 922 55 20 26 ; Calle Armas Martel ; adulte/enfant 4 €/gratuit ; ⏲ 10h-18h lun-sam). Un groupe de petites maisons en pierre a été transformé en musée ethnographique multilingue sur la vie rurale de l'île, où l'on peut voir vêtements et céramiques traditionnels, du matériel d'équitation, une forge, un métier à tisser et une vidéo sur le patrimoine culturel d'El Hierro. L'excellente boutique vend de l'artisanat local, notamment des paniers, couvertures et poteries.

## Fêtes

**Fiestas de la Concepción** FÊTE RELIGIEUSE
La plus grande fête de Valverde, le 8 décembre, en hommage à la Virgen de la Inmaculada Concepción, donne lieu à deux semaines de festivités, avec célébrations religieuses, concerts, feux d'artifice et spectacles culturels.

## Où se restaurer et prendre un verre

De bonnes *tascas* (bars à tapas) bordent la rue principale, Calle Dr Quintero, donnant sur la Plaza Quintero Núñez.

**El Charquete** CANARIEN €
(☎ 922 55 06 04 ; www.facebook.com/tascaelcharquete ; Calle de la Constitución 4 ; plats 5-9 € ; ⏲ 13h-tard mar-sam). Côtoyez les habitants dans cette toute petite *tasca* aux murs pêche-orange, au service jovial et à la carte courte mais appétissante (inscrite à la craie sur le tableau noir) de plats comme les *huevos rotos* (œufs au plat, chorizo et frites), *tomates aliñados* (tomates assaisonnées), fajitas aux légumes, *tortilla de patatas*, le tout agrémenté d'une touche contemporaine. Les desserts maison comprennent une divine mousse au chocolat.

**La Mirada Profunda** BISTROT €€
(☎ 922 55 17 87 ; Calle Santiago 25 ; plats à partir de 10 € ; ⏲ 13h-16h et 20h-23h ; ✎). Ne vous attendez pas à ce qu'on vous remette une carte : trop prosaïque pour cette élégante adresse de style bistrot, aux murs violets. Au lieu de cela, le chef Antonio García Corujo passera à votre table pour vous annoncer ce qu'il a préparé ce jour-là : soupes, salades, poisson frais, ou classiques locaux tels le *cochinillo* rôti ou le poulpe aux *papas arrugadas*, remis au goût du jour. L'offre végétarienne peut par exemple comprendre une soupe de brocoli ou une salade avocat-roquefort.

**La Taberna de la Villa** CANARIEN €€
(Calle General Rodriguez y Sánchez Espinosa 10 ; plats 8-14 € ; ⏲ 13h-16h30 et 19h30-minuit lun-sam ; 📶). Cuisine simple et bonne, atmosphère chaleureuse et salle accueillante aux murs ocre font de la Taberna l'un des restaurants les plus populaires de la ville, à deux pas de la place principale. Accompagnez votre assiette – par exemple, fromage *herreño* grillé avec miel, *papas arrugadas* avec *mojo* ou filet de porc avec sauce au poivre – de vin d'El Hierro.

## Renseignements

**Office du tourisme** (☎ 922 55 41 09 ; www.elhierro.travel ; Calle Dr Quintero 11 ; ⏲ 10h-18h lun-ven, 9h-15h sam). L'aéroport abrite aussi une **annexe** de l'office du tourisme.

## Depuis/vers Valverde

Au départ de la **gare routière** (Calle El Molino), à l'extrémité sud de la ville, des bus TransHierro (p. 241) desservent toute l'île. Le n°3 rallie La Frontera (1,20 €, 30 min, 6/jour), le n°6 Tamaduste (1,20 €, 15 min, 6/jour), les nos 3 et 5 El Mocanal (1,20 €, 15 min, 11-12/jour) et le n°8 El Pinar (1,20 €, 30 min, 5-6/jour). Le n°10 circule depuis/vers l'aéroport (1,20 €, 15 min, 5-6/jour) et les nos 7 et 11 rejoignent le Puerto de la Estaca (1,20 €, 15 min, 5-7/jour) ; leurs horaires coïncident généralement avec ceux des vols et des ferrys.

Un taxi depuis/vers l'aéroport ou le port coûte 15 € ; on trouve une **station de taxis** (☎ 922 55 07 29 ; www.transhierro.com ; Calle San Francisco ; ⏲ 24h/24) dans le centre-ville.

# Echedo

250 HABITANTS

Echedo, à 4 km au nord de Valverde et au cœur de la région viticole d'El Hierro, possède des petits vignobles plantés derrière de robustes murs en pierre sèche qui les protègent du vent. Au moment de la rédaction de ce guide, les bodegas de la région n'étaient cependant pas ouvertes au public.

### EL HIERRO AVEC DES ENFANTS

À défaut des parcs à thème et des multiples activités organisées qu'offrent certaines des îles plus grandes, les enfants trouveront à El Hierro toutes sortes d'occupations amusantes, saines et au grand air. On peut se baigner en toute sécurité dans plusieurs des piscines naturelles qui émaillent l'île, notamment à La Maceta (p. 249), à La Caleta (ci-contre) et au Charco Azul (p. 253), d'une beauté sauvage. Les enfants plus grands peuvent pratiquer le snorkeling et la plongée (p. 248) autour de La Restinga, et tout le monde aime découvrir le lézard géant à l'Ecomuseo de Guinea et Lagartorio (p. 252) de La Frontera. Sur le plateau central, vos enfants pourront dépenser leur énergie débordante sur les chemins de randonnée, agrémentés de très beaux points de vue.

**Charco Manso** PISCINE NATURELLE
(P). Depuis Echedo, l'étroite HI-151 serpente sur 4 km vers le nord, passant parmi arbustes et rochers volcaniques, pour atteindre ces bassins naturels d'eau de mer, enjambés pour certains d'arches de lave spectaculaires. Par beau temps, les eaux turquoise limpides sont paradisiaques, mais, à marée haute ou quand l'océan est agité, les courants peuvent être forts. Méfiez-vous près des grottes creusées dans le rivage : jetez un coup d'œil par temps calme, mais n'y nagez jamais. Un kiosque, qui ouvre de façon irrégulière, propose de quoi grignoter au bord de l'eau.

**La Higuera de Abuela** CANARIEN €€
(☎922 55 10 26 ; Calle Tajaniscaba 10 ; plats 9-15 € ; ⏲12h-16h et 19h30-22h30 mer-lun juin-nov). Pour un merveilleux repas dans un cadre rustique tranquille, installez-vous dans le patio verdoyant de ce restaurant prisé qui sert des plats traditionnels aussi copieux que délicieux : lapin ou chèvre sautés, fruits de mer grillés ou encore un poisson frais de l'île. Le nom "Higuera" vient de l'énorme figuier qui se dressait jadis ici. Ouvert en saison uniquement.

### ℹ Depuis/vers Echedo

Le bus n°9 relie Valverde à Echedo (1,20 €, 10 min, 2-4/jour) sur demande une heure à l'avance (922 55 07 29), et continue jusqu'à Pozo de las Calcosas.

## El Mocanal

830 HABITANTS

Sur le versant d'une colline verdoyante, offrant une vue qui s'étend jusqu'à la côte nord bordée de falaises, El Mocanal est le plus grand des villages agricoles qui émaillent le nord de l'île, comprenant hébergements, supermarchés et restaurants, ainsi qu'une **église** (HI-5 ; ⏲lever-coucher du soleil) en pierre blanchie à la chaux, de style canarien typique, datant du XVIIe siècle.

**Pozo de las Calcosas** VILLAGE
(P). À 5 km au nord d'El Mocanal, ce village estival du XVIIIe siècle se compose de petites maisons traditionnelles en pierre volcanique (appelées *pajeros*), autour d'un bassin naturel de la côte nord. Les maisons appartiennent depuis des générations aux villageois, qui s'y installent en juillet et août et font paître leurs animaux dans les champs escarpés au-dessus. Un sentier de pierre très raide descend jusqu'au village ; au-dessus du front de mer, on trouve quelques restaurants, un belvédère et une petite chapelle en pierre.

**Casa Carlos** POISSON €
(Restaurante Las Calcosas ; ☎690 227360, 620 111589 ; Calle El Letime 3, Pozo de las Calcosas ; plats 5-9 € ; ⏲11h-21h). À flanc de colline, la chaleureuse salle à l'ancienne, décorée de plantes en pot et de nappes à carreaux rouges, offre une vue fabuleuse sur les extraordinaires vieilles maisons de plage en contrebas. Julia, la patronne, prépare des plats de la mer merveilleusement simples, notamment thon grillé, soupe de poisson, *vieja* (poisson-perroquet), paella et moules, ainsi que du café maison et des plateaux de fromage *herreño*. Appartements pour 2 à 4 personnes également proposés (40 €).

### ℹ Depuis/vers El Mocanal

Le bus n°3 circule depuis/vers Valverde (1,20 €, 15 min, 6/jour) et La Frontera (1,20 €, 15 min, 6/jour). Le bus n°5 dessert également Valverde (1,20 €, 15 min, 5-6/jour).

## Mirador de la Peña

Dessiné en 1989 par César Manrique, célèbre artiste né à Lanzarote, le **Mirador de la Peña** (☎922 55 03 00 ; Guarazoca ;

⌚11h-22h30 ; P) GRATUIT, à seulement 1 km à l'est du hameau agricole de Guarazoca, est l'un des sites les plus fascinants d'El Hierro. Par temps clair, ce mirador aux murs de pierre offre une vue panoramique sur El Golfo, son littoral et les Roques de Salmor. Flânez sur les chemins entourés de buissons de lavande, de palmiers et de dragonniers, qui conduisent à plusieurs points de vue, puis dînez dans l'élégant **restaurant** (☎922 55 03 00 ; Guarazoca ; plats 13-19 € ; ⌚11h-22h30 ; P ), l'un des plus chics de l'île, avec ses baies vitrées, ses murs blanchis à la chaux et son abondante végétation.

## Tamaduste et La Caleta

320 HABITANTS (TAMADUSTE), 270 HABITANTS (LA CALETA)

S'étirant autour d'une jolie baie protégée, encadrée par des falaises basses et une promenade en planches pittoresque ponctuée de parasols en bois, la charmante petite station balnéaire de Tamaduste est la retraite parfaite où se détendre, se baigner et profiter du soleil. C'est, avec La Caleta, juste au sud, le terrain de jeu estival des habitants de Valverde. À marée haute, la crique se remplit d'eau et les baigneurs plongent dans l'Atlantique depuis diverses plateformes et échelles. À marée basse, les vagues se retirent, ne laissant que des flaques.

**Piscinas de La Caleta** PISCINE NATURELLE

À l'extrémité sud de la ville, donnant sur le panorama côtier, les piscines d'eau de mer turquoise de La Caleta sont bien entretenues et idéales pour les enfants (bien qu'il puisse y avoir du vent).

**Harina y Tomate** PIZZA €

(☎922 10 90 76 ; Calle Tabaiba ; pizzas 5-8 € ; ⌚13h-15h30 et 19h-23h jeu-mar). Un peu en retrait de la partie nord de la baie de Tamaduste, cette discrète pizzeria est l'une des rares adresses où se restaurer. Commandez une délicieuse pizza à emporter – choisissez parmi les garnitures classiques et les saveurs locales (crevettes, jambon ibérique) – ou installez-vous sur la terrasse ensoleillée à l'arrière.

### Depuis/vers Tamaduste et La Caleta

Le bus n°6 relie Valverde et Tamaduste (1,20 €, 15 min, 6/jour), puis continue vers La Caleta (1,20 €, 40 min).

## Timijiraque et Las Playas

190 HABITANTS

Au sud du tranquille Puerto de la Estaca (p. 241), seul port de ferrys de l'île, la HI-30 serpente sur 3 km le long de la côte jusqu'à Timijiraque, petite localité à la jolie plage de galets noirs (méfiez-vous des courants !), aux quelques bons restaurants et aux maisons colorées. Parcourez encore 8 km vers le sud-ouest, à travers un no man's land de rivages et de versants rocheux, pour atteindre **Las Playas** (P), majestueuse baie de galets noirs de 4 km de long, où se trouve le somptueux Parador de El Hierro (p. 247). Au large du rivage nord de Las Playas, le **Roque de la Bonanza**, célèbre formation rocheuse, s'élève à 200 m au-dessus de l'océan.

Depuis Las Playas, un populaire itinéraire de randonnée (p. 254) de 3,8 km (3 heures) grimpe au Mirador de Isora (p. 246).

**Restaurante Bahía** CANARIEN €

(☎646 691361 ; HI-30 ; plats 8-12 € ; ⌚12h30-17h et 19h-23h lun et mer-ven, 12h-23h sam-dim). Murs bleu clair, nappes à carreaux et tableau noir où les plats proposés sont inscrits à la craie composent le cadre décontracté de ce restaurant, où se régaler de plats classiques locaux soigneusement préparés : *carne fiesta* (viandes grillées, poivrons et pommes de terre), *tablas* (plateaux) de viandes et de fromages des Canaries, ou *salpicón* (salade de la mer). Emplacement pratique, juste en face de la plage de Timijiraque.

**Parador de El Hierro** CANARIEN €€

(☎922 55 80 36 ; www.parador.es ; Las Playas ; plats 17-20 € ; ⌚7h30-10h30, 13h30-15h30 et 19h30-22h ; ). L'un des meilleurs restaurants d'El Hierro, niché dans le luxueux Parador (p. 247), sur le front de mer de Las Playas. Dans l'élégante salle habillée de blanc et de bleu, les spécialités locales – plateaux de fromages *herreños* et d'ailleurs aux Canaries, thon au four, paella de la mer – s'agrémentent de touches créatives. On peut aussi s'y rendre pour déguster un café ou un verre de vin de La Frontera sur la terrasse donnant sur la plage.

### Depuis/vers Timijiraque et Las Playas

Le bus n°7 circule entre Valverde et le Parador de El Hierro (1,20 €, 30 min, 5-6/jour) via Timijiraque.

## LA CUISINE D'EL HIERRO

La cuisine *herreña* est simple mais délicieuse, une grande partie des produits utilisés provenant de l'île ou des eaux au large de ses côtes. Le petit nombre de touristes amène les restaurants à satisfaire la clientèle locale, d'où une qualité plus élevée. Les spécialités de l'île comme le *queso herreño* (fromage d'El Hierro), la *quesadilla* (gâteau trois-fromages) et les figues sèches figurent aux côtés de classiques des Canaries comme le *potaje de berros*, les *patatas arrugadas* et les produits de la mer frais. Les vins d'El Hierro (p. 252) sont de plus en plus populaires.

# San Andrés

220 HABITANTS

Groupe de bâtiments de part et d'autre de la HI-1, à 9 km au sud-ouest de Valverde, San Andrés est le centre agricole du centre-nord d'El Hierro. Pour les voyageurs, les principaux attraits sont les quelques sites intéressants et les points de vue disséminés dans les environs. L'étroite H-120 serpente depuis San Andrés jusqu'au Mirador de la Peña (p. 244).

**Árbol Garoé** SITE HISTORIQUE

(PREH11 Km 8,4 ; adulte/enfant 2,50 €/gratuit ; ⌚10h-18h ; Ⓟ). Pour un aperçu de la culture des Bimbaches, visitez le site de leur ancien arbre sacré. Selon la légende, l'ancien arbre sacré des Bimbaches aurait miraculeusement craché de l'eau, abreuvant les insulaires et leurs animaux. Nous savons aujourd'hui qu'il ne s'agissait pas d'un miracle : la brume se condense sur les feuilles et fournit de l'eau fraîche. L'arbre d'origine, déraciné par un ouragan en 1610, ne fut remplacé par le tilleul actuel qu'en 1949. Suivez sur 2,6 km la piste indiquée qui bifurque de la HI-10 à 800 m au nord de San Andrés ; certaines parties sont rocailleuses et escarpées.

**Mirador de la Llanía** POINT DE VUE

(Ⓟ). Imprégnez-vous de la beauté des étendues agricoles d'El Golfo depuis ce belvédère balayé par les vents, à 5 minutes à pied (chemin balisé) au nord du parking de la fontaine de La Llanía sur la HI-1, à 7 km au sud-ouest de San Andrés.

Depuis le point de vue, le Camino de la Llanía (p. 255), boucle de 4,2 km (1 heure 30) plutôt facile mais extrêmement gratifiante, traverse une *laurisilva* et une forêt de fougères préservée et des collines volcaniques.

**Mirador de Jinama** POINT DE VUE

(Ⓟ). À environ 3,5 km au sud-ouest de San Andrés, le Mirador de Jinama (1 230 m) offre, lorsqu'il n'est pas enveloppé de nuages, une vue saisissante sur le gigantesque amphithéâtre qu'est El Golfo. Il y a aussi une aire de pique-nique pittoresque (mais venteux) et une petite chapelle couleur mangue. Ce point de vue marque l'extrémité supérieure du Camino de Jinama (p. 254), sentier ancien très prisé.

**Casa Goyo** CANARIEN €

(✆922 55 12 63 ; www.facebook.com/casagoyo-elhierro ; Carretera General San Andrés 11 ; plats 9-11 € ; ⌚10h30-22h mar-dim). Dans une maison villageoise typique, avec 4 petites salles et un bar local rustique à l'avant, ce restaurant au succès mérité sert des plats traditionnels simples tels le bœuf rôti, les *garbanzas* (pois chiches et chorizo), le *solomillo al ajillo* (filet à l'ail) ou le fromage d'El Hierro fumé avec miel de palme et confiture de myrtilles, ainsi que des vins de La Frontera voisine.

## ℹ Depuis/vers San Andrés

Les bus n°s 2 et 5 relient San Andrés à Valverde (1,20 €, 20-30 min, 5-6/jour pour chaque ligne) ; le n°2 poursuit jusqu'à El Pinar, tandis que le n°5, qui passe par El Mocanal, continue jusqu'à Isora.

# Isora

400 HABITANTS

À 4 km au sud de San Andrés, le charmant village agricole d'Isora, dont les ruelles étroites sont bordées de potagers et de maisons en pierre volcanique, est connu pour son fromage *herreño*, produit à partir d'un mélange de laits de chèvre, de brebis et de vache. On peut faire de bonnes randonnées dans la campagne environnante (notamment les 3 km depuis/vers San Andrés par les PREH4.1 et PREH3.3 ; environ 40 minutes).

**Mirador de Isora** BELVÉDÈRE

(Ⓟ). Depuis le mirador perché à 800 m sur les falaises d'El Risco de los Herreños, la montagne s'affaisse jusqu'à la côte volcanique de Las Playas. Le belvédère se trouve à 1 km au sud d'Isora ; le bus n°5, qui relie Valverde à Isora (1,20 €), continue jusqu'au mirador.

On peut randonner (p. 254) jusqu'à Las Playas le long du PREH3 (3,8 km, environ 2 heures).

**Centro de Interpretación de la Reserva de la Biosfera** MUSÉE
(Antiguo Casino de Isora, Calle Ferinto 32 ; adulte/enfant 3 €/gratuit ; 10h-18h mar-sam). Aménagé dans un club social (appelé *casino*) des années 1970, construit à l'origine par un émigré de retour du Venezuela, ce centre d'interprétation de l'environnement et de l'écologie représente l'engagement bien connu d'El Hierro en faveur d'un avenir durable (l'île compte 58% d'espace protégé).

**Cooperativa de Ganaderos Central Quesera** FROMAGE
(922 55 03 27 ; gerencia@cooperativaganaderos.com ; Polígono El Majano ; 8h-14h30 lun-ven). Des éleveurs de toute l'île livrent du lait à cette coopérative, à 2 km au nord d'Isora, où est produit le délicieux fromage *herreño*. Plusieurs variétés, dont le *queso fresco* (fromage frais) et le *queso ahumado* (fromage fumé), sont en vente, de même que du miel local. Contactez la coopérative à l'avance pour organiser une visite gratuite de ses installations.

### Depuis/vers Isora

Le bus n°5 circule entre Isora et Valverde (1,20 €, 40 min, 5-6/jour), via San Andrés et El Mocanal.

## SUD D'EL HIERRO

Avec son climat idyllique toute l'année et ses paysages verdoyants doucement vallonnés, le sud d'El Hierro est pour beaucoup la plus belle région de l'île.

## El Pinar

La paisible forêt de pins d'El Pinar, d'un vert intense, couvre une longue étendue dans la moitié sud de l'île, ombrageant le terrain volcanique. Avec ses sentiers serpentant parmi les arbres, débouchant sur des points de vue spectaculaires ou, parfois, sur une vigne traditionnelle, la région attire randonneurs et cyclistes, mais aussi visiteurs motorisés en quête d'une destination pittoresque. Les deux agréables petites localités agricoles de la municipalité d'El Pinar, **Las Casas** et **Taibique**, s'étendent le long de la HI-4, qui descend en pente raide. Il est presque impossible de dire où l'une finit et où l'autre commence, si bien qu'on les désigne souvent conjointement par "El Pinar".



### QUATRE BEAUX HÔTELS À EL HIERRO

**El Sitio** (922 55 98 43 ; www.elsitio-elhierro.com ; Calle La Carrera 26 ; ch 41-56 € ; ). En bordure du centre de La Frontera, cette bodega réaménagée est absolument charmante, écoresponsable et empreinte d'une atmosphère bohème-rustique apaisante.

**Hotel Puntagrande** (922 69 16 93, 611 285983 ; www.hotelpuntagrande.com ; Las Puntas ; ch avec petit-déj 120-170 € ; P ). Un bâtiment portuaire ancien, en pierre, perché sur un rocher spectaculaire à Las Puntas. Les 5 chambres douillettes, de style boutique-hôtel, sont complétées par un élégant **restaurant** (922 69 16 93, 611 285983 ; plats 13-19 € ; 13h-23h jeu-mar ; ).

**Parador de El Hierro** (922 55 80 36 ; www.parador.es ; Las Playas ; ch 100-120 € ; P ). Le meilleur hôtel de l'île, aux élégantes chambres habillées de vert ou de bleu, repose sur une plage de galets bordée de falaises. La piscine donne sur les vagues qui se brisent et l'excellent restaurant (p. 245).

**Hotel Balneario Pozo de la Salud** (922 55 59 46, 922 55 95 61 ; hotelbalneariopozodelasalud@gmail.com ; Pozo de la Salud ; s/d avec petit-déj 67/82 € ; P ). Juste à côté du célèbre Pozo de la Salud (p. 253), l'hôtel le plus occidental d'Espagne propose un choix impressionnant de soins de balnéothérapie et des chambres contemporaines claires et épurées.

À NE PAS MANQUER

**CALA DE TACORÓN**

Criques de roche volcanique austères mais paisibles, chauffées quasi continuellement par le soleil et baignées par une mer saphir, la **Cala de Tacorón** (P) est appréciée des baigneurs, adeptes du bronzage, kayakistes et plongeurs (de nombreux centres de La Restinga viennent ici). L'aire de pique-nique, faite de rondins et de branches, donne sur des piscines naturelles accessibles par de petites échelles, derrière lesquelles s'élève un littoral noir et rouille, à 9 km au nord-ouest de La Restinga (repérez le panneau sur la HI-4).

### À voir

**Bodega Elysar** VIGNOBLE
(☎662 509381, 609 270479 ; www.facebook.com/bodegaelysar ; Taibique ; P). Sous la direction d'Ambrosio Martín, viticulteur autodidacte, cette entreprise familiale fondée en 2015 produit de délicieux vins comme le Tinto Lajiales Herreños, primé, à partir de cépages traditionnels de l'île (negramoll, baboso negro). Elle prévoit de se lancer aussi dans la production de vins bio.

**Mirador de Las Playas** POINT DE VUE
(près de la HI-4 ; P). Situé à environ 2 km au nord de Las Casas et bien indiqué depuis la HI-4, ce mirador révèle un superbe paysage de pins vert bouteille dégringolant le versant de la colline pour rencontrer la côte volcanique en contrebas.

**Parque Cultural de El Julan** SITE HISTORIQUE
(☎922 55 84 23 ; HI-400 ; ⏲10h-18h mar-dim ; P). Fermé pour rénovation lors de nos recherches (durée indéterminée), ce centre d'exposition moderne est dédié à l'un des sites culturels les plus importants de l'île, Los Letreros, où les Bimbaches ont gravé d'indéchiffrables pétroglyphes dans une coulée de lave. Bien indiqué, le centre se trouve à 7 km à l'ouest de la zone de loisirs **Hoya del Morcillo** (HI-400 ; P), mais le site lui-même, un circuit aller-retour de 11 km en bord de mer, ne se visite qu'avec un guide, à pied ou en jeep.

### Depuis/vers El Pinar

Le bus n°2 circule depuis/vers Valverde (1,20 €, 30 min, 5-6/jour), tandis que le bus n°8 relie El Pinar à La Restinga (1,20 €, 30 min, 5-6/jour).

## La Restinga

À l'extrémité sud d'El Hierro, La Restinga, jadis tranquille village de pêcheurs, se transforme lentement en station balnéaire depuis l'afflux de centres de plongée, qui font découvrir les merveilles sous-marines du **Mar de las Calmas**, les eaux chaudes et calmes qui entourent le rivage sud-ouest de l'île. Aménagée autour d'un port ensoleillé, bordé de deux plages volcaniques et dominé par des immeubles d'habitation disparates, La Restinga elle-même, plutôt moderne, manque de caractère et semble toujours en construction.

La HI-4 y conduit en traversant de majestueux paysages volcaniques. Le Mar de las Calmas comprend une réserve marine (au moment de nos recherches, il était prévu d'en faire un parc national de 200 km²).

### À voir et à faire

Les centres de plongée proposent des excursions et des cours (PADI ou SSI) similaires pour la plupart. Une plongée dans le Mar de las Calmas (25-30 €) vous fera découvrir des coraux colorés, de majestueuses formations rocheuses et une vie marine très variée (dauphins, tortues et plusieurs espèces de baleines fréquentent ces eaux). Octobre est considéré comme le meilleur mois pour la plongée, mais des plongées sont organisées toute l'année (si la météo est bonne).

**Centro de Interpretación del Geoparque** MUSÉE
(HI-4 ; adulte/enfant 5 €/gratuit ; ⏲10h-18h mar-sam ; P). Au milieu de magnifiques paysages volcaniques, à 6 km au nord de La Restinga, cet instructif centre multilingue relate la création des îles Canaries et explique les causes exactes d'une éruption volcanique à travers des écrans informatisés, des effets spéciaux et une bande sonore évocatrice. Vous vous baladez ensuite à travers des champs de lave pour atteindre un second bâtiment, où des écrans géants vous font revivre l'éruption volcanique qui s'est produite au large d'El Hierro en 2011.

**Green Shark** PLONGÉE

(☎662 921370, 687 966160 ; www.thegreenshark.com ; Calle El Lajial 7 ; excursion 2/4 plongées 54/104 € ; ⏲8h-20h). Ce centre de plongée hispano-helvétique professionnel et soucieux de l'environnement travaille avec des chercheurs biologistes et océanographes. Il organise notamment des excursions de deux plongées et des cours PADI Discover Scuba (80 €) et Open Water (340 €) dans le Mar de las Calmas et sur d'autres sites autour de l'île. Hébergement proposé.

**Arrecifal** PLONGÉE

(☎696 617201, 922 55 71 71 ; www.arrecifal.com ; Calle La Orchilla 30 ; excursion 1 plongée 28 € ; ⏲8h40-15h). Ce centre, sous la direction efficace d'un Irlandais, propose plongées diurnes et nocturnes, location de matériel (9 €), hébergement (45-60 €) et divers cours PADI, notamment Discover Scuba (50 €), Open Water (343 €) et Divemaster (650 €).

**El Hierro Taxi Diver** PLONGÉE

(☎626 789205 ; www.elhierrotaxidiver.net ; Avenida Marítima 4 ; excursion 1 plongée 25-32 € ; ⏲8h-20h). L'un des prestataires les plus anciens de La Restinga, installé sur le front de mer. Cours PADI (Open Water 329 €), baptêmes et plongées nocturnes (32 €) sur différents sites d'El Hierro, ainsi que divers forfaits avec hébergement.

## Où se restaurer

**El Refugio** POISSON €€

(☎675 830886 ; Calle La Lapa 1 ; plats 9-13 € ; ⏲13h-16h30 et 18h-22h mar-dim). L'équipe joviale de ce fabuleux restaurant de poisson, dans une ruelle étroite du centre-ville, vous propose ses prises du jour. Le poisson est frit, grillé ou cuit au four et servi avec des *papas arrugadas*, et peut être accompagné de fromage d'El Hierro assaisonné de miel des Canaries. Optez pour le plat du jour ou un festin de la mer pour deux.

**Casa Juan** POISSON €€

(☎922 55 71 02 ; www.facebook.com/casajuanlarestinga ; Calle Juan Gutiérrez Monteverde 23 ; plats 12-16 € ; ⏲13h30-16h15 et 19h-22h30 jeu-mar). Élégamment repeinte en blanc et gris perle, la Casa Juan, dirigée par un couple, est aujourd'hui l'un des restaurants les plus créatifs d'El Hierro. Le chef primé Arabisén Quintero élabore ses créations, présentées de manière originale, à partir de produits locaux : crevettes frites, samoussas de thon avec *mojo*, délicieux *arroces* (plats de riz) de la mer et poisson du jour joliment préparé. Les boulettes de poisson en sauce curry comptent parmi les spécialités.

## Renseignements

**Office du tourisme** (☎922 55 71 88 ; www.elhierro.travel ; Calle El Carmen 4 ; ⏲8h30-13h30 et 16h-18h15 mer-dim)

## Depuis/vers La Restinga

Le bus n°8 circule depuis/vers El Pinar (1,20 €, 30 min, 5-6/jour), où vous pouvez prendre une correspondance pour Valverde.



# EL GOLFO

Dépression en forme d'amphithéâtre qui occupe le flanc nord-ouest d'El Hierro, le Golfo verdoyant est, comme le reste de l'île, essentiellement rural avec des bananeraies prédominant dans les basses régions côtières. Des hameaux tranquilles se suivent un peu en retrait de la côte, où d'attrayantes piscines naturelles scintillent sur fond de désert volcanique d'une beauté singulière.

Dans les terres, des centres commerciaux comme Tigaday et, dans une moindre mesure, La Frontera, constituent le moteur économique de l'ouest de l'île. Au sud, une crête montagneuse escarpée cache le reste de l'île du haut de ses 1 000 m.

## Tigaday

1 270 HABITANTS

Carrefour commercial de la municipalité de La Frontera, Tigaday borde la nationale HI-50 à 3 km de la côte. Si le centre n'offre guère d'intérêt, à part une jolie avenue jalonnée de lauriers, la deuxième localité d'El Hierro a pour atout ses magasins et services, qui peuvent rivaliser avec ceux de la capitale, et sa station-service, l'une des trois de l'île. Bien que Tigaday soit techniquement indépendante de La Frontera (p. 251), les deux villes se confondent aujourd'hui.

## À voir et à faire

**La Maceta** PISCINE NATURELLE

(P). Se baigner à La Maceta, sans doute la plus belle piscine naturelle côtière de l'île, aussi prisée des Herreños que des visiteurs, est un délice. Les bassins varient en profondeur et sont plus ou moins abrités

### LE LÉZARD GÉANT D'EL HIERRO ET SES COUSINS CANARIENS

Imaginez la surprise des premiers explorateurs espagnols lorsqu'ils découvrirent à El Hierro, parmi les oiseaux indigènes, les genévriers et les étranges rochers volcaniques, d'énormes lézards d'un brun grisâtre, pesant environ 700 g, mesurant jusqu'à 60 cm de long et vivant jusqu'à 20 ans dans leur milieu naturel. Dans les années 1940, l'espèce (ni venimeuse ni nuisible) était presque éteinte, sa population décimée par l'empiétement de l'homme sur son habitat, les prédateurs introduits sur l'île (les chats en particulier) et des facteurs climatiques. Quelques individus survécurent sur les Roques de Salmor, rochers au large d'El Golfo (d'où le nom donné à l'espèce, "lézard de Salmor"), mais ils disparurent aussi rapidement.

Puis, dans les années 1970, les bergers commencèrent à observer de gros excréments d'animaux non identifiés et des carcasses de lézards très longs tués par des chiens. À la plus grande joie des écologistes, une petite colonie de lézards géants avait survécu sur une montagne pratiquement inaccessible dominant El Golfo, la Fuga de Gorreta.

En 1985, le plan de sauvegarde du lézard géant d'El Hierro fut mis en place. Aujourd'hui, on peut observer ces reptiles à l'Ecomuseo de Guinea et Lagartario (p. 252), où ils sont élevés en captivité avant d'être relâchés dans des zones sauvages surveillées. Ils seraient aujourd'hui environ 400 à travers toute l'île.

On trouvait autrefois des lézards géants sur toutes les îles des Canaries (chaque île avait sa propre espèce), mais presque tous ont disparu à cause des hommes, des chats et des chiens. Cependant, après la redécouverte du lézard géant d'El Hierro dans les années 1970, ses cousins réapparurent sur Tenerife en 1996, sur La Gomera en 1999 (les scientifiques en découvrirent 10 individus) et sur La Palma en 2007. Ces 3 populations sont classées "en danger critique d'extinction" (comme les lézards d'El Hierro), bien que la situation semble moins préoccupante pour les lézards de La Gomera, dont le nombre est actuellement estimé à 580 (dont 250 dans la nature). Le lézard géant de la Grande Canarie, qui peut atteindre jusqu'à 80 cm de long, est le seul reptile du genre qui ne soit pas actuellement en danger d'extinction.

des vagues. L'un d'eux est même adapté aux enfants. À marée haute, l'océan engloutit les bassins rendant la baignade dangereuse. De la HI-550, suivez les panneaux indiquant La Maceta, à 4 km au nord de Tigaday.

L'excellent et modeste petit bar de plage, le **Kiosco Los Arroyos** (plats 6-12 € ; ⏲10h-21h), sert poissons et fruits de mer frais, et un joli sentier côtier (p. 252) serpente sur 2,5 km vers le nord jusqu'à Las Puntas. Le bus n°4 depuis/vers Tigaday (1,20 €, 15 min, jusqu'à 6/jour) dessert La Maceta.

**Charco de los Sargos** PISCINE NATURELLE
(Ⓟ). Un petit réseau de sentiers et de promenades en planches mène aux piscines tranquilles de ce splendide site entièrement sauvage de la côte ouest, à 4 km au nord de Tigaday, où les vagues viennent se briser. Au sommet de la falaise, un petit *kiosko* ouvre selon des horaires irréguliers. Suivez les panneaux depuis la HI-550.

Le bus n°4 depuis/vers Tigaday (1,20 €, 15 min, jusqu'à 6/jour) s'arrête à proximité, sur la HI-550.

**Fly El Hierro** SPORTS D'AVENTURE
(☎684 297672 ; www.flyelhierro.com ; vol 10/25/45 min 80/100/130 €). Un parapentiste expérimenté et primé dirige des vols en tandem matin et après-midi au-dessus d'El Golfo. Réservez quelques jours à l'avance.

## Où se restaurer et prendre un verre

**Quesadillas La Herreña** PÂTISSERIES €
(www.facebook.com/quesadillaslaherrena ; Calle Las Lajas ; quesadillas 3 € ; ⏲9h-14h et 16h-21h). Arrêtez-vous dans cette accueillante boulangerie en bord de route, avec seulement quelques tables en terrasse, pour goûter la divine *quesadilla* d'El Hierro, gâteau aux 3 fromages en forme de fleur très apprécié, aromatisé à l'anis et au citron.

**Las Flores del Mar** ITALIEN, PRODUITS DE LA MER €€
(☎632 692430 ; Calle Las Lajas 4B ; plats 9-13 € ; ⏲18h-23h lun-mar et jeu-sam, 13h-18h dim). Service chaleureux et atmosphère décontractée définissent ce charmant restaurant ouvert sur la route, décoré de guirlandes électriques et de plantes et aux murs bleu

pâle. La carte créative mêle une bonne et authentique cuisine italienne (le patron est italien) et des classiques de la mer locaux : les pâtes, présentées de manière artistique, comprennent des *tortelli* crevettes, épinards et sauce *almogrote*, servies dans une poêle.

**Casa Pucho** CANARIEN €€
(Restaurante Don Din 2 ; 922 55 53 27 ; Calle de la Corredera 5 ; plats 9-14 € ; 8h-23h ; ). Une adresse hyper-centrale qui prépare tous les classiques d'El Hierro avec qualité et simplicité. Agneau rôti, plateaux de fromages des Canaries, soupe de poisson et *vieja* (poisson-perroquet) accommodé de nombreuses façons font partie des spécialités ; l'offre végétarienne/végétalienne comprend des assiettes de légumes grillés. Prenez place sous les lauriers de la terrasse au bord de la route, dans la petite salle ou au bar.

## Achats

**Mercadillo La Frontera** MARCHÉ
(www.facebook.com/mercadillolafrontera ; Plaza Vieja ; 8h-13h dim). Le petit marché d'artisanat et de produits frais locaux de Tigaday se tient sur la Plaza Vieja chaque dimanche.

## Depuis/vers Tigaday

Au départ du **Terminal de Guaguas** (Estación de Frontera ; Calle de la Corredera), le bus n°3 dessert Valverde (1,20 €, 30 min, 6/jour), le bus n°12 rejoint Pozo de la Salud (1,20 €, 30 min, 5-6/jour) et le bus n°4 (1,20 €, 30 min, jusqu'à 6/jour) fait une boucle à travers La Frontera passant par Las Puntas et La Maceta.

La **station de taxis centrale** (922 55 29 91 ; www.transhierro.com) se trouve à la gare routière de Tigaday.

# La Frontera

1 520 HABITANTS

La Frontera est à la fois le nom de la grande municipalité qui s'étend sur tout El Golfo et celui d'une petite localité très paisible, à flanc de colline au-dessus de Tigaday, aménagée autour de la charmante **Plaza de la Candelaria**. Le populaire Camino de Jinama (p. 254) commence (ou se termine, selon votre itinéraire) en face de la place.

**Iglesia de la Candelaria** ÉGLISE
(Plaza de la Candelaria ; lever-coucher du soleil). Cette église du XIXe siècle, érigée sur le site d'une chapelle du XVIIe siècle, est le bâtiment le plus important de La Frontera. À l'intérieur, on découvre trois nefs séparées par deux rangées de belles colonnes de pierre et un autel du XIXe siècle orné de dorures. À l'arrière, une montée courte mais raide mène à un clocher de la fin du XXe siècle, au sommet d'une colline.

**Consejo Regulador Denominación de Origen El Hierro** VIGNOBLE
(616 517962, 922 44 89 37 ; www.doelhierro.es ; Calle El Hoyo 1 ; dégustation 5 €/pers ; 8h-13h lun-ven). L'organisation El Hierro Denominación de Origen (DO) propose des dégustations de vins locaux à son siège, une belle cave d'eau-de-vie du XIXe siècle peinte en jaune canari ; réservez deux jours à l'avance. On y trouve aussi des informations sur les autres vignobles de l'île.

**Bodega Uwe Urbach** VIGNOBLE
(603 180950, 619 015087 ; uweurbach@hotmail.com ; Pico de Brezo ; visite et dégustation 25 €/pers ; P). Ce vignoble, dont les origines remontent au XIXe siècle, est spécialisé dans les vins bio, produits selon un mélange de techniques traditionnelles et innovantes. Uwe, le propriétaire expert, dirige des visites guidées de 4 heures dans différentes langues, avec dégustation de 4 vins minimum et de tapas à base de produits locaux. Réservez par téléphone ou sur le stand d'Uwe Urbach au Mercadillo La Frontera (ci-contre), marché hebdomadaire de Tigaday.

**Joapira** CANARIEN €
(922 55 98 03 ; Plaza Candelaria 8 ; plats 9-13 € ; 8h-23h lun-sam ; ). L'aimable équipe du Joapira est fière de sa cuisine, comprenant des spécialités telles que les *cachapas* vénézuéliennes (crêpes de maïs farcies) et la *carne fiesta* (viandes grillées, poivrons et pommes de terre). Les poivrons farcis aux légumes, entre autres plats à la petite touche créative, sont une aubaine pour les végétariens (si vous êtes végétalien, demandez s'ils contiennent du fromage *herreño*). Des fleurs fraîches agrémentent les tables et la véranda à l'avant donne sur l'église de La Frontera.

## Depuis/vers La Frontera

Le bus n°4 (1,20 €, 30 min, jusqu'à 6/jour), qui fait une boucle à travers toute la municipalité de La Frontera, s'arrête sur la Plaza de la Candelaria.

À NE PAS MANQUER

### VINS ET VIGNOBLES D'EL HIERRO

Traditionnellement issus de sols volcaniques riches en minéraux, les vins uniques d'El Hierro – rouges jeunes, rosés délicats et divers blancs secs et doux, généralement produits dans des bodegas de petite taille – gagnent en popularité et en reconnaissance. Les cépages, notamment *listán*, *baboso* et *verijadiego*, sont peu communs et souvent acides ; nombre d'entre eux sont cultivés depuis des siècles. Echedo, dans le Nord, La Frontera, dans l'Ouest, et El Pinar, dans le Sud-Est, sont les principales régions viticoles de l'île.

L'œnotourisme se développe (lentement) à El Hierro : plusieurs bodegas locales ouvrent désormais leurs portes pour des visites en plusieurs langues avec dégustation. Vous devrez néanmoins appeler à l'avance pour organiser votre visite. Le Consejo Regulador Denominación de Origen El Hierro (p. 251), à La Frontera, est un excellent point de départ. Là, vous pourrez vous renseigner sur les vignobles à visiter sur l'île et goûter un vin ou deux dans une cave d'eau-de-vie du XIXe siècle, jaune canari. Parmi les autres vignobles remarquables ouverts au public, on peut citer la Bodega Soterana (p. 253), à Los Llanillos, la Bodega Uwe Urbach (p. 251), à La Frontera, et la Bodega Elysar (p. 248), à El Pinar.

# Las Puntas

300 HABITANTS

Au bord de l'eau (mais sans accès à la mer) et au pied du Risco de Tibataje, à 5 km au nord-est de Tigaday, le paisible hameau de Las Puntas ne vit presque que pour le tourisme. La vue sur la côte volcanique et le bruit des vagues constituent ses principaux attraits.

### Ecomuseo de Guinea et Lagartario — MUSÉE

(☎ 922 55 50 56 ; HI-55 ; adulte/enfant 9 €/gratuit ; ⏲ 10h-18h, visites guidées 10h30, 11h30, 12h30, 13h30 et 16h ; P). Premier site culturel d'El Hierro, ce musée en plein air comprend deux pôles distincts. L'intéressant itinéraire **Casas de Guinea** passe par une grotte volcanique et 20 maisons traditionnelles bâties entre les XVIIe et XXe siècles ; le site, à l'origine habité par les Bimbaches, accueillit l'une des premières colonies de l'île après la conquête espagnole. À côté, le **Lagartario** est une réserve et un centre de reproduction/réintroduction du lézard géant d'El Hierro (p. 250), menacé d'extinction. Vous pourrez tout savoir sur ces reptiles de 60 cm de long et admirer 11 spécimens sur le site (ils sont plus actifs après 11h).

L'Ecomuseo est bien signalé sur la HI-55, à environ 3 km au sud de Las Puntas. Toutes les visites sont guidées et ont lieu à des heures déterminées, en espagnol, anglais et/ou allemand selon la demande.

### Itinéraire Las Puntas-La Maceta — RANDONNÉE

Cet itinéraire de pierres et de planches fait partie du PREH8.1. Il parcourt 2,5 km de côte volcanique noire et rouge, battue par les vagues atlantiques et dominée par l'imposant Risco de Tibataje, entre Las Puntas et La Maceta. Balisé à partir de l'extrémité sud de Las Puntas, il est facile (environ 45 minutes aller), ponctué de sublimes points de vue sur l'océan.

### Garañones — POISSON €

(☎ 649 509696, 699 160854 ; www.restaurante-garanones.es ; Calle Cascadas del Mar 3 ; plats 7,50-12 € ; ⏲ 12h30-16h et 19h-22h mar-sam, 12h30-16h dim). Repérez les encadrements de fenêtre bleu vif et la petite terrasse de l'accueillant Garañones, l'une des rares adresses de Las Puntas où boire un verre et où manger un morceau. Régalez-vous de tapas de fromage *herreño*, de croustillantes croquettes d'épinards, de soupe de potiron et de produits de la mer merveilleusement frais, souvent servis avec d'immenses assiettes de salade, de *mojo* et de *papas arrugadas* à partager.

## Depuis/vers Las Puntas

Le bus n°3, qui relie Valverde à Tigaday (1,20 €, 30 min, 6/jour), s'arrête à Las Puntas, tout comme le bus n°4 depuis/vers Tigaday (1,20 €, 15 min, jusqu'à 6/jour).

## Los Llanillos et Sabinosa

500 HABITANTS

Émaillé de maisons traditionnelles en pierre et à toit plat, le village de **Los Llanillos** borde la HI-50 à 2,5 km à l'ouest de Tigaday. De là, la route serpente et grimpe sur 6,5 km en direction de l'ouest pour gagner le village reculé de **Sabinosa**, la localité la plus occidentale d'Espagne. Il n'y a pas grand-chose à y voir (à part une chapelle du XVIIIe siècle), mais le paysage volcanique environnant est à couper le souffle.

**Pozo de la Salud** SITE HISTORIQUE

(Calle Pozo de la Salud ; P). L'eau riche en minéraux du célèbre "puits de la Santé" d'El Hierro, réputée guérir diverses maladies (on lui attribue la guérison miraculeuse du bétail local), est reconnue pour ses propriétés curatives depuis le XVIIIe siècle ; au milieu du XIXe siècle, elle était même exportée à New York et à Cuba. Vous pouvez descendre à pied jusqu'à ce petit puits, sur la côte à 3,5 km au nord-ouest de Sabinosa, près de la HI-500, mais il est généralement fermé.

Si vous souhaitez prendre les eaux, réservez un séjour ou un soin à l'Hotel Balneario Pozo de la Salud (p. 247) voisin.

**Bodega Soterana** VIGNOBLE

(☎626 295453 ; bodegasoterana@gmail.com ; Los Llanillos ; dégustation 25-45 €/pers ; 17h-20h lun-ven, 10h-20h sam-dim ; P). Si cette bodega dirigée de manière experte, à l'ouest de Los Llanillos, est nouvelle sur la scène viticole florissante d'El Hierro, ses vignes sur sol volcanique sont centenaires et l'enthousiaste propriétaire Carmelo Padrón produit son vin tout seul selon des techniques séculaires. Réservez la visite guidée complète (minimum 2 pers ; disponible en français), avec dégustation de 3 vins, par e-mail ou via la page Facebook.

**Charco Azul** PISCINE NATURELLE

(P). Coulées de lave et vagues atlantiques ont sculpté la forme caractéristique du "bassin bleu", crique préservée aux paisibles bassins naturels parfaits pour la baignade, à 1,5 km au nord de Los Llanillos. Une arche en pierre naturelle surplombe l'une des piscines.

**Playa de las Arenas Blancas** PLAGE

À l'extrémité ouest isolée d'El Golfo, juste à côté de la HI-500, à 6,5 km au nord-ouest de Sabinosa, cette bande de sable blond se fond

*(Suite du texte en p. 256.)*

### UNE ÎLE ÉCOLOGIQUE

Aride et rocheuse, El Hierro ne vous semblera sans doute pas la plus belle île des Canaries à première vue, mais montez sur le plateau central, gagnez une paisible piscine naturelle ou descendez vers El Golfo, et ces premières impressions se dissiperont rapidement. Non seulement l'île est enveloppée d'une douce beauté pastorale, mais elle abrite aussi certains des animaux et des plantes les plus curieux de l'Atlantique est, ce qui lui valut d'être la première île des Canaries classée géoparc par l'Unesco en 2014, suivie l'année suivante par Lanzarote et l'archipel de Chinijo.

Les écologistes s'attachent en particulier à protéger la réserve marine du Mar de las Calmas (qui devait prendre le statut de *parque nacional* lors de nos recherches), les genévriers surréalistes d'El Sabinar (p. 256) et la paisible pinède d'El Pinar (p. 247), mais l'île entière bénéficie de son classement par l'Unesco, avec des fonds pour aider à l'utilisation durable de ses ressources naturelles uniques. Pour en savoir plus, visitez le Centro de Interpretación del Geoparque (p. 248) de La Restinga ou consultez le site www.elhierrogeoparque.es.

En 2014, l'île a pris un nouveau tournant écologique en devenant la première île au monde à entreprendre des projets qui lui permettront d'utiliser uniquement des ressources renouvelables pour ses besoins énergétiques. Ce penchant écologique se manifeste aussi d'autres façons, notamment par la promotion et le soutien de l'agriculture biologique dans toute l'île et le projet de n'utiliser que des voitures électriques d'ici à 2020. En 2018, El Hierro est parvenu à fonctionner entièrement à l'énergie renouvelable durant 18 jours consécutifs. Pour en savoir plus sur ces éco-initiatives, visitez le Centro de Interpretación de la Reserva de la Biosfera (p. 247), situé à Isora.

# RANDONNÉES À EL HIERRO

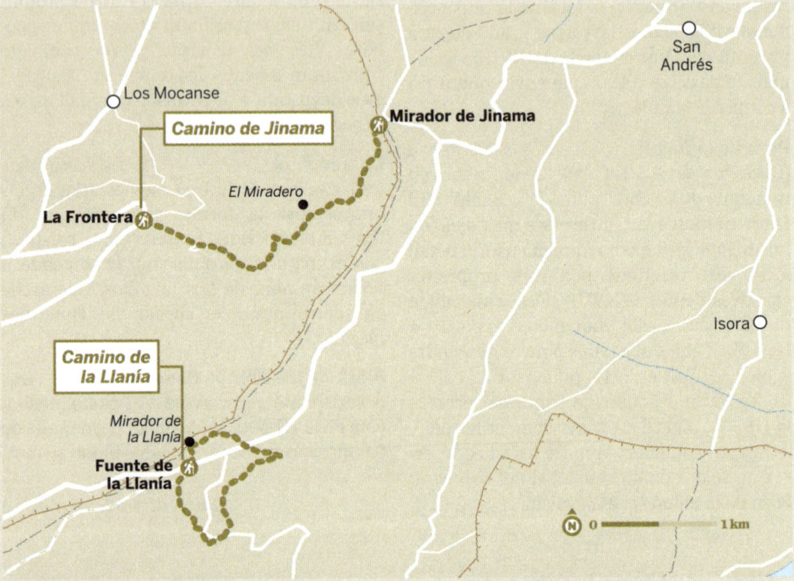


## INFORMATIONS

À Valverde, l'**office du tourisme** (p. 243) fournit des conseils et des cartes basiques, mais il vaut mieux disposer d'un guide détaillé comme *Walking on La Gomera and El Hierro* (Cicerone ; 2016). Sentier le plus connu de l'île, le **Camino de la Virgen**, ancien, s'étend sur 27 km entre l'**Ermita de Nuestra Señora de los Reyes** (p. 256) et Valverde (8 heures). Parmi les autres randonnées exigeantes, on peut citer le **Camino de Isora**, 3,8 km éprouvants entre le Mirador de Isora et Las Playas (2 heures) ; le **Camino de Jinama** (ci-contre), 4,4 km à travers les falaises (2 heures 30) ; et la montée jusqu'à la **Fuente de Mencáfete**, un tronçon du PREH1, dans l'ouest de l'île. Les itinéraires intéressants mais plus tranquilles comprennent le **Camino de la Llanía** (ci-contre), de 4,2 km (1 heure 30), et l'**itinéraire Las Puntas-La Maceta** (p. 252), de 2,5 km sur la côte d'El Golfo (45 min).

## CAMINO DE JINAMA

**DÉPART** LA FRONTERA
**ARRIVÉE** MIRADOR DE JINAMA
**DISTANCE** 4,4 KM
**DURÉE** 2 HEURES 30
**NIVEAU** DIFFICILE

À la fois spectaculaire et exigeant, le Camino de Jinama (une partie du PREH8), bien connu localement, suit un ancien chemin muletier qui gravit le versant escarpé d'une montagne au-delà de La Frontera. Autrefois le seul lien entre El Golfo et le nord d'El Hierro, c'est aujourd'hui l'un des itinéraires de randonnée les plus gratifiants de l'île. On peut le parcourir dans les deux sens, mais dans le sens de la montée, vous ménagerez vos genoux et vous finirez par une vue saisissante depuis le sommet de la falaise.

Partez de la **Plaza de la Candelaria** (p. 251), à La Frontera. Le **Camino** commence juste en face de la place, à côté de l'excellent café-restaurant **Joapira** (p. 251) ; suivez le panneau "Jinama", puis, juste après, le panneau en bois "4,4 km" et les balises jaune

De beaux itinéraires de randonnée, tranquilles ou exigeants, sillonnent l'île. Parmi nos préférés : une ascension spectaculaire au-dessus d'El Golfo et une marche en forêt entre deux points de vue époustouflants.

et blanc et prenez à gauche à la bifurcation. Dirigez-vous vers le sud-est en montant une route asphaltée, en passant devant des maisons qui cèdent la place à des vignes volcaniques. La route devient un chemin de pierre balisé, qui traverse la route principale, tandis qu'il continue de grimper.

Après 1 km, le sentier s'aplanit et pénètre dans une **laurisilva** (forêt tropicale humide), puis atteint une clairière où un rocher est surmonté d'une croix en bois, appelée **Cruz del Fraile**. À partir de là, vous suivez un chemin abrupt en lacets, en passant devant de beaux *mocanes*.

À 2,5 km, le sentier quitte les arbres et se poursuit sur le versant d'une falaise rocheuse ; peu après, on atteint l'époustouflant point de vue **El Miradero**. De retour dans la forêt, le chemin continue jusqu'au **Descansadero de la Virgen**, un banc en pierre au milieu de la *laurisilva*.

À environ 3,5 km, le sentier s'ouvre sur une descente abrupte, les pins des crêtes apparaissant au-delà d'une **aire de pique-nique**. Enfin, le Camino émerge sous une arche en bois à côté d'une chapelle jaunie et du **Mirador de Jinama** (p. 246), à 1 230 m, d'où une paroi verticale descend presque jusqu'à votre point de départ.

Du mirador, vous pouvez encore parcourir 4,7 km (sentier balisé) à travers les pâturages jusqu'à San Andrés (p. 246) ou bien redescendre à La Frontera en taxi pour 25 € (réservez !).

## CAMINO DE LA LLANÍA

**DÉPART** FUENTE DE LA LLANÍA
**ARRIVÉE** FUENTE DE LA LLANÍA
**DISTANCE** 4,2 KM
**DURÉE** 1 HEURE 30
**NIVEAU** FACILE

Prisée, cette boucle tranquille (SLEH1) serpente à travers le centre boisé de l'île, reliant des paysages typiques de *laurisilva*, de pinède et de collines volcaniques. En l'effectuant dans le sens inverse des aiguilles d'une montre, vous garderez les points de vue les plus majestueux pour la fin.

Partez du parking de la **Fuente de la Llanía**, une fontaine en pierre à 7 km au sud-ouest de San Andrés, et traversez la HI-1 vers l'est pour atteindre des panneaux pour "El Brezal" (une forêt de bruyères canarienne) et un tableau présentant plusieurs variantes de l'itinéraire. Notre itinéraire, qui suit le **sentier vert** (SLEH1), fait 4,2 km, mais vous pouvez le prolonger aux extrémités nord-est et/ou sud-ouest (5,6 km pour 2 heures ou 7,4 km pour 3 heures au total).

En direction du sud, plongez dans une forêt féerique le long d'un sentier ombragé qui passe bientôt devant une **table de pique-nique**, puis des pins qui se dressent vers le ciel et dont les aiguilles tapissent le sol. Après moins de 1 km, le sentier tourne en épingle à cheveux avant de traverser la HI-40 pour pénétrer dans une lande, des panneaux en bois "Sendero La Llanía" vous maintenant sur la bonne voie.

Après 2,5 km environ, vous retraverserez la HI-1 via un passage souterrain, puis suivrez les panneaux vers le nord pour grimper jusqu'à la **Hoya de Fireba** (1 330 m), un cratère de 450 m de large et de 160 m de profondeur dans les falaises d'El Golfo. Le GR131 passe aussi par là. De retour sur le sentier, descendez vers l'ouest sur quelques centaines de mètres pour atteindre une clairière parsemée de pins : le **Bailadero de las Brujas**, un mythique lieu de rendez-vous des sorcières.

Le sentier monte brièvement vers le nord-ouest à travers un paysage de montagnes volcaniques dénudées, s'enfonce dans les bois couverts de mousse et émerge finalement (après environ 3,5 km) au **Mirador de la Llanía** (p. 246). El Golfo s'étend loin en contrebas. De là, suivez le sentier qui descend à travers une dernière portion de forêt enchantée jusqu'au **parking** où l'aventure a commencé.

*Suite de la p. 253.*

dans la roche volcanique au bord de l'eau. Avec son cadre sauvage et sa vue imprenable sur El Golfo, le lieu est fabuleux, mais faites attention aux dangereux courants si vous vous baignez.

### Depuis/vers Los Llanillos et Sabinosa

Le bus n°12, qui relie la gare routière de Tigaday (p. 251) au Pozo de la Salud (1,20 €, 30 min, 5-6/jour), passe par Los Llanillos et Sabinosa.



## LA DEHESA

La pointe ouest de l'île, pratiquement inhabitée, a pour attrait principal son paysage volcanique, dominé par des formations rocheuses à l'aspect menaçant, des buissons robustes, des genévriers tordus par le vent et quelques plages volcaniques. On ne peut rejoindre cette zone protégée, appelée La Dehesa ("la Pâture"), que par la route (asphaltée) HI-500, qui décrit une courbe.

C'est une charmante région à explorer à pied ; le long GR131 relie le Faro de Orchilla (ci-contre) à l'Ermita de Nuestra Señora de los Reyes (ci-dessous) – 5,7 km – avant de gagner Valverde et le nord-est de l'île à travers les collines.

**Playa del Verodal** PLAGE

(P). Cette curieuse plage de sable rouge volcanique, à l'extrémité ouest de l'île, à 1 km de la HI-500 (bien indiquée), est dominée par une majestueuse falaise rocheuse. Elle est souvent déserte – vous aurez sans doute ce paradis pour vous tout seul –, mais les forts courants rendent la baignade dangereuse.

**Ermita de Nuestra Señora de los Reyes** ÉGLISE

(HI-506 ; 10h45-17h30 mar-dim). La longue histoire et la tradition forte qui entourent cette chapelle du XVIIIe siècle la rendent d'autant plus intéressante. Blanchie à la chaux, couverte de tuiles rouille et entourée de pins, elle contient une statue de la sainte patronne de l'île, Nuestra Señora de los Reyes (Notre-Dame-des-Rois), que des bergers locaux achetèrent à des marins étrangers le jour de l'Épiphanie (6 janvier) en 1545 ou 1546. Les Herreños lui attribuent plusieurs miracles, dont la fin de la sécheresse. De la chapelle, qui domine la mer, des sentiers de randonnée serpentent dans les collines.

Tous les quatre ans, la Vierge est transportée à travers l'île pour la Bajada de la Virgen de Los Reyes. Si vous ne pouvez assister à cette procession animée, sachez que la statue est aussi déplacée fin avril chaque année entre sa chapelle et la Cueva del Caracol, la grotte où elle fut à l'origine conservée, pour la **Fiesta de los Pastores**.

**El Sabinar** FORÊT

(P). Joliment sculptées par la nature dans des formes surréalistes, les *sabinas* (genévriers) qui poussent à flanc de colline à El Sabinar sont devenues le symbole d'El Hierro. Ces arbres particulièrement étranges sont l'une des raisons qui ont motivées l'Unesco à déclarer l'île réserve de biosphère. Ils se trouvent à 3,5 km au nord de l'Ermita de Nuestra Señora de los Reyes, le long d'une piste bien indiquée.

**Faro de Orchilla** PHARE

(P). Même s'il a perdu son statut de Meridiano Cero au profit de Greenwich, en Grande-Bretagne, en 1885, le phare en béton qui marque le point le plus au sud-ouest de l'Espagne demeure un symbole de l'île. Perché sur une falaise au bord de la mer et entouré de collines de lave, le site est très pittoresque. À 8,5 km au sud-ouest de l'Ermita de Nuestra Señora de los Reyes par la HI-503, puis la HI-500 (le phare est bien indiqué).

### LA DESCENTE DE LA VIERGE

Fête emblématique d'El Hierro, la **Bajada de la Virgen de los Reyes** (www.bajadaelhierro.com ; déb juil), ou "descente de la Vierge des Rois", a lieu tous les quatre ans depuis 1745 (les prochaines en 2021, 2025...). Presque toute la population de l'île se rassemble pour regarder ou suivre la procession qui transporte la statue de la Vierge dans une chaise à porteurs de l'Ermita de Nuestra Señora de los Reyes, dans l'ouest de l'île, jusqu'à Valverde.

# Comprendre les Canaries

# Les Canaries aujourd'hui

**En visitant l'archipel, les visiteurs oublient souvent la fragilité du tissu social. Les îles produisent des richesses, mais elles sont mal redistribuées. Au fort taux de chômage et au système de protection sociale chancelant – réalité pour nombre d'habitants –, s'ajoutent les incertitudes liées au Brexit. Des mesures environnementales, notamment le développement de l'éolien, commencent à avoir un impact bénéfique. L'archipel entend dorénavant miser sur un tourisme durable et la protection de ses ressources énergétiques naturelles.**

### À voir

**Guarapo** (Santiago et Teodoro Ríos, 1987). Premier film tourné à La Gomera, sur l'émigration au Venezuela après la guerre civile espagnole.
**Étreintes brisées** (Pedro Almodóvar, 2009). Thriller romantique avec Penélope Cruz, tourné à Lanzarote. On reconnaît Famara et El Golfo.
**The Dictator** (Sacha Baron Cohen, 2012). Satire politique tournée en partie sur Fuerteventura.
**Wild Oats** (Andy Tennant, 2016). Film d'action tourné en grande partie sur la Grande Canarie.
**Hierro** (2019). Série policière bien menée se déroulant à El Hierro.

### À lire

**Nada** (Carmen Laforet, 1944). Ce récit, en partie autobiographique, suit une jeune Canarienne qui part étudier dans la Barcelone d'après-guerre.
**Les Îles Canaries - Terres d'Europe au large de l'Afrique** (Albert Odouard, 1995). De l'agriculture au tourisme, 30 ans de mutations pour le meilleur et pour le pire.
**Lanzarote** (Michel Houellebecq, 2000). Une fiction en forme de récit de voyage accompagné de photographies de l'écrivain français.
**Culture et mythologies des îles Canaries** (Josette Chanel-Tisseau Des Escotais, 2004). Une belle introduction à ces îles atlantiques.

## Tourisme

Pilier de l'économie des Canaries, le tourisme représente plus de 32% de l'activité économique de l'archipel, avec plus de 14 millions de visiteurs en 2017, dont la majorité sur Tenerife. Mais, avec près de 40% des visiteurs arrivant de Grande-Bretagne en 2016, les nuages du Brexit ont assombri les prévisions économiques, surtout depuis que la détérioration de la livre, en 2018, a démotivé les voyageurs britanniques. Craignant leur désertion, le gouvernement local a envisagé des mesures pour les amadouer, comme la dispense d'IGIC (Impôt général indirect des Canaries). On estime que cette décision – qui coûterait 100 millions d'euros par an –, serait un investissement judicieux. Ailleurs, toutefois, quelques signes annoncent les conséquences néfastes du tourisme de masse. Une taxe pour le tourisme durable, semblable à celle récemment introduite aux Baléares pour contrôler le nombre de visiteurs et fournir des fonds pour la protection de l'environnement et la conservation du patrimoine, serait aussi dans les tiroirs.

## Le pays des ciels clairs

Avec de puissants alizés tenant les nuages à distance, le ciel des Canaries figure parmi le plus clair d'Europe. En effet, avec l'ajout récent de Fuerteventura, l'archipel compte désormais 3 réserves de ciel étoilé de l'Unesco (les deux autres sont La Palma et les hautes terres de Tenerife). Les astronomes et les astrophotographes seront au nirvana sous un ciel d'une clarté exceptionnelle. Si vous avez toujours rêvé de réaliser un *time-lapse* de la Voie lactée, c'est le moment. Face à une demande croissante, de plus en plus de circuits "astronomie" (certains organisés par les hôtels) sont proposés. Le troisième plus grand télescope solaire du monde se trouve à Tenerife, et l'observatoire de Roque de los Muchachos sur La Palma bénéficie de l'un des meilleurs emplacements dans l'hémisphère Nord pour l'astronomie optique et infrarouge.

## Politique et économie

La Coalition canarienne (*Coalición Canaria* ou CC), de centre-droit, est la principale force politique de l'archipel depuis sa première victoire aux élections régionales en 1993. La cause principale du mécontentement social est le chômage, évident sur certaines îles. La proportion de chômeurs a atteint le niveau effarant de 33,2% en 2013, puis a baissé à 20% en 2018 (ce qui reste 5 à 6% au-dessus de la moyenne espagnole). Paradoxalement, l'une des causes de la faillite des petits commerces et entreprises est directement liée au tourisme. En effet, les hôtels proposent de plus en plus de formules tout compris, ce qui incite leurs clients à ne pas s'en éloigner.

La migration en provenance d'Afrique s'est stabilisée depuis quelques années, même si les chiffres de l'immigration pour 2018 ont quadruplé par rapport à l'année précédente. Ces chiffres s'expliquent en partie par les sommes colossales dépensées par l'UE pour contrôler les flux terrestres en Afrique du Nord. Avec 1 200 migrants ayant rejoint les côtes canariennes entre janvier et novembre 2018, la quantité reste bien inférieure aux 32 000 personnes arrivées en 2006 (certains jours, plusieurs centaines d'Africains atteignaient les îles à bord d'embarcations de fortune), mais laisse présager une situation qui pourrait redevenir problématique.

## Environnement

Le gigantesque mégaport de Grandilla (Tenerife) a ouvert en 2017 après que la Commission européenne a promis d'investir près de 67 millions d'euros dans sa construction. Ce projet a été mené au mépris des 5 000 plaintes officielles, déposées principalement par des organisations écologistes inquiètes de l'impact du port sur la faune et la flore du secteur de Los Sebadales, ainsi que sur les plages voisines et la pêche locale. En 2017, un *resort* de la Grande Canarie s'est vu accusé d'avoir importé du sable du Sahara occidental, au mépris de la législation internationale.

Parallèlement, les îles investissent massivement dans des parcs d'éoliennes, et la part de cette énergie a augmenté de près de 140% entre 2015 et 2018. Outre ces infrastructures éoliennes sur la terre ferme, les Canaries envisagent de produire 300 MW d'énergie éolienne offshore en 2025, afin d'atteindre la proportion de 45% d'énergies renouvelables dans sa production énergétique totale.

Dans le même temps, El Hierro étoffe encore son crédit écologique : l'île a récemment été classée géoparc par l'Unesco pour saluer ses progrès en matière de promotion du développement durable ; elle vise à devenir la première île autosuffisante sur le plan énergétique, en s'appuyant conjointement sur les énergies solaire, éolienne et hydraulique combinées.

PIB : **44 MILLIARDS DE DOLLARS**

INFLATION : **1,6% (2018)**

TAUX DE CHÔMAGE : **20%**

POPULATION : **2,1 MILLIONS D'HABITANTS**

### Sur 100 personnes aux Canaries

**73** sont canariens
**13** sont européens non-hispaniques
**12** sont espagnols continentaux
**2** sont africains

### Religions

(en % de la population)

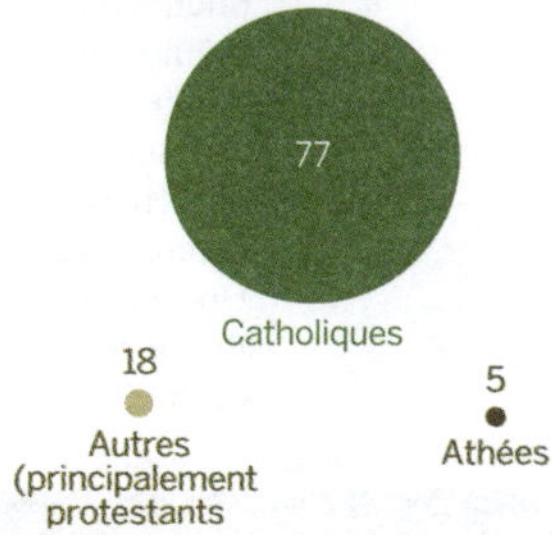


### Population au km²

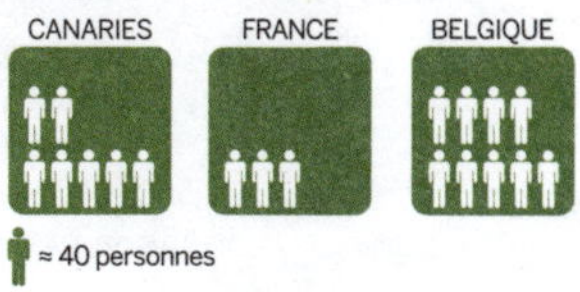

# Histoire

**Un parfum de mystère plane sur les origines des îles Canaries et de leurs premiers habitants, les Guanches. Ceux-ci ont disparu progressivement, victimes de vagues d'invasions successives. En 1821, l'archipel est devenu une province espagnole. Par la suite, les retombées économiques de la guerre civile espagnole, puis de la Seconde Guerre mondiale précipitèrent les îles dans une grande pauvreté. Il fallut attendre les années 1960, et les débuts du tourisme de masse, pour que l'économie canarienne se redresse durablement.**

## Aux commencements...

Une théorie fantaisiste veut que l'archipel soit constitué des vestiges de l'Atlantide. Selon une explication moins romantique et plus scientifique, ces îles sont en fait l'infime partie émergée d'une longue chaîne sous-marine volcanique. El Teide (Tenerife) est non seulement le plus haut sommet d'Espagne, mais aussi, si on le mesure depuis le fond océanien, le troisième volcan de la planète par la taille.

*Les îles Canaries* (1995), d'Attilio Guadio, est un ouvrage synthétique sur l'histoire de l'archipel.

La datation au carbone des rares découvertes archéologiques des îles a repoussé la date estimée des premiers établissements humains aux Canaries vers 2000 av. J.-C., mais il n'est pas inconcevable qu'ils soient antérieurs – on a par ailleurs retrouvé à Fuerteventura des os de chèvre datant de 3000 av. J.-C. Il est possible que, dans leurs travaux de reconnaissance de la côte atlantique de l'Afrique du Nord, les Phéniciens, puis leurs successeurs les Carthaginois, aient aperçu les îles les plus orientales de l'archipel. Selon certains historiens, une expédition phénicienne aurait débarqué aux Canaries au XII<sup>e</sup> siècle av. J.-C., de même que le Carthaginois Hannon en 470 av. J.-C.

On sait en tout cas avec certitude que l'Empire romain en pleine expansion vainquit Carthage au terme de la troisième guerre punique en 146 av. J.-C., mais les Romains semblent ne pas avoir trop cherché l'archipel, alors connu sous le nom d'Insulae Fortunatae (îles Fortunées). Un siècle et demi plus tard, peu après la naissance de Jésus-Christ, Rome reçut de la plume de Pline l'Ancien (23-79) des informations plus ou moins solides sur l'archipel, fondées sur les récits d'une expédition

### CHRONOLOGIE

**2000 av. J.-C.**

La datation au carbone de vestiges archéologiques révèle que le premier habitant des Canaries fut d'ascendance Cro-Magnon, peut-être venu d'Afrique du Nord.

**Ve siècle av. J.-C.**

Dans son exploration des côtes africaines, le Carthaginois Hannon débarque sur l'une des îles, inhabitée mais dotée de ruines.

**40 av. J.-C.**

Une expédition partie de Mogador (l'actuelle Essaouira, au Maroc) et conduite par le protégé de l'Empereur romain Auguste, le roi Juba II, arrive dans l'archipel.

emmenée vers 40 av. J.-C. par Juba II, roi nord-africain sous tutelle romaine. En l'an 150 de notre ère, Ptolémée parvint à une localisation assez précise des Canaries en traçant un méridien imaginaire marquant les confins du monde et qui passait par l'île d'El Hierro.

## Les premiers Canariens connus

Comment les Guanches, décrits par les conquistadors comme de grands blonds aux yeux bleus, avaient-ils pu arriver aux Canaries ? Voilà qui a déconcerté les historiens des siècles durant. Se serait-il agi d'aventuriers scandinaves égarés ? De Celtes venus de la péninsule Ibérique, peut-être liés aux Basques ?

De récentes analyses d'ADN extrait de crânes guanches sur la Grande Canarie et Tenerife démontrent plutôt que cette population était originaire d'Afrique du Nord : les Guanches étaient donc très liés aux Nord-Africains d'ascendance berbère. Des similitudes dans les noms de lieux guanches, les pratiques funéraires et les sculptures rupestres ont aussi suggéré un lien avec l'Afrique du Nord. Le peu que l'on sait de la langue guanche (désormais disparue) fait penser à une langue berbère ; par ailleurs, les cheveux blonds et les yeux bleus sont assez courants chez les Berbères.

On estime qu'avant la conquête au XV<sup>e</sup> siècle, les Guanches étaient environ 30 000 à la Grande Canarie et à Tenerife, plus de 4 000 à La Palma, un bon millier sur El Hierro et quelques centaines à Lanzarote et Fuerteventura.

Chez les Guanches, on était vieux à 35 ans. En raison d'un régime alimentaire riche en dattes et en figues séchées, à forte teneur en sucre, ainsi que de l'emploi de meules grossières pour moudre les céréales, les aborigènes canariens se retrouvaient édentés dès l'âge de 25 ans, et de ce fait victimes d'infections qui causaient leur mort prématurée.

## Le début de la conquête

Après la chute de l'Empire romain et alors que l'Europe s'enfonçait dans le Moyen Âge, les Canaries disparurent des archives pendant plus de 1 000 ans. Il n'existe aucun témoignage écrit de séjour dans l'archipel jusqu'au début du XIV<sup>e</sup> siècle, quand le capitaine génois Lanzerotto Malocello (Lancelot Moisel, en français) débarqua sur l'île qui prendrait plus tard son nom : Lanzarote.

La conquête de l'archipel débuta véritablement en 1402, lorsque Jean de Béthencourt, seigneur normand et aventurier, appareilla de La Rochelle. Avec un équipage réduit et mal préparé, il mit le cap sur les Canaries. Le but affiché, comme en témoignait la présence de prêtres à bord, était d'évangéliser ces peuples païens. Mais Béthencourt était avant tout en quête de gloire et de richesse. Avec son associé Gadifer de La Salle, il espérait probablement faire des Canaries le camp de base d'une exploration de la côte africaine à la recherche du Río de Oro. Mais ce projet ne se concrétisa jamais, les boucaniers préférant conquérir les îles. S'ouvrit alors un chapitre peu glorieux, marqué par l'invasion,

**150**

Le célèbre géographe Ptolémée localise assez précisément les Canaries en traçant un méridien imaginaire marquant les confins du monde, qui passe par l'île d'El Hierro.

**1312**

Le navigateur et explorateur génois Lanzerotto Malocello débarque sur l'île la plus au nord-est de l'archipel : elle s'appellera Lanzarote.

**1402**

Le 1<sup>er</sup> mai, l'aventurier normand Jean de Béthencourt appareille de La Rochelle avec un équipage réduit et mal préparé, et met le cap sur les Canaries.

**1464**

Les Rois Catholiques, ayant eu vent de l'intérêt des Portugais pour l'archipel, donnent mandat à Diego de Herrera, seigneur espagnol de La Gomera, pour attaquer les îles qui résistent encore.

la traîtrise et le gâchis. De nombreux Guanches périrent ou furent vendus comme esclaves au cours du siècle, les autres se fondant dans la société de l'envahisseur.



## LES GUANCHES

Les Guanches formaient une société essentiellement tribale, avec à la tête de chaque tribu un chef ou un roi jouissant d'un pouvoir quasi absolu. Ils vivaient dans des grottes naturelles ou de modestes habitations basses en pierre : les grottes et cavernes plus petites étaient utilisées pour l'entreposage des céréales ou comme lieux de culte. Un système de descendance matrilinéaire existait sur La Gomera et d'autres îles de l'archipel, et l'héritage se faisait par la branche maternelle. De nos jours, il ne reste plus grand-chose de la culture guanche, hormis le *silbo* (langue sifflée) de La Gomera (voir p. 203) – et certains toponymes et monuments.

### Économie

La subsistance reposait sur l'agriculture, l'élevage, la chasse et la cueillette. L'essentiel de l'alimentation tenait en protéines (chèvre et poisson) et en *gofio*, à base d'orge moulue et grillée – des plats toujours consommés aux Canaries de nos jours.

### Religion

Les Guanches avaient un dieu, baptisé Alcorac à la Grande Canarie, Achaman à Tenerife et Abora à La Palma. Cette divinité aurait été étroitement assimilée à Magec (le Soleil). Les habitants de Tenerife croyaient que l'enfer, nommé Echeyde, se trouvait dans le volcan Teide et qu'il était sous les ordres du démon Guayota.

### Le rôle des femmes

Bien que la société guanche fût globalement patriarcale, les femmes jouissaient d'un certain pouvoir. Sur l'île de la Grande Canarie en particulier, les droits de succession étaient transmis par la mère, et non par le père. Mais, lorsque les temps étaient durs, ils l'étaient plus encore pour les femmes. En période de famine, l'infanticide était une pratique répandue dans tout l'archipel, avec les filles pour victimes exclusives.

### Usages vestimentaires et armement

La peau de chèvre était la base principale de l'habillement, tandis que les bijoux et les accessoires se résumaient pour l'essentiel à des colliers de terre cuite avec perles et coquillages. Le bois, la pierre et l'os étaient les matériaux utilisés pour les outils et les armes.

### Luttes de pouvoir

Les différents clans d'une île étaient enclins à se quereller, et, lorsque débuta la conquête de l'archipel par les Européens, au XVe siècle, celui-ci était divisé en quelque 25 fiefs – le record étant détenu par La Palma, avec pas moins de 12 subdivisions à elle seule.

**1479**

Par le traité d'Alcáçovas, le Portugal reconnaît la mainmise espagnole sur les Canaries.

**1493**

Tenerife oppose la plus vigoureuse résistance à la conquête espagnole. En mai, Alonso Fernández de Lugo y débarque avec 1 000 soldats d'infanterie et une cavalerie forte de 150 hommes.

**1501-1585**

La richesse des Canaries attire pirates et corsaires : l'amiral ottoman Kemal Reis fait plusieurs incursions dans l'archipel, tandis que Murat Reis s'empare de Lanzarote en 1585.

**1599**

Durant la révolte des Pays-Bas contre la couronne d'Espagne, une offensive de grande envergure est lancée contre Las Palmas de Gran Canaria : 12 000 hommes attaquent le Castillo de la Luz, qui garde le port.

La troupe bigarrée de Béthencourt débarqua tout d'abord à Lanzarote, alors gouvernée par le *mencey* (roi guanche) Guardafía. Ne rencontrant aucune résistance, Béthencourt alla bâtir un fort sur Fuerteventura.

Et ce fut tout. Ses provisions épuisées, ses hommes trop peu nombreux pour une telle entreprise, le Normand mit le cap sur l'Espagne dans le but d'obtenir le soutien de la couronne de Castille. Ce qui avait commencé en aventure de francs-tireurs français privée se termina en conquête impérialiste espagnole.

Jean de Béthencourt revint aux Canaries en 1404 avec des navires, des hommes et des fonds. Fuerteventura, El Hierro et La Gomera tombèrent rapidement. Nommé suzerain des quatre îles par Henri III de Castille, Béthencourt encouragea ensuite l'installation de paysans normands et commença à engranger les bénéfices. Il rentra définitivement en Normandie en 1406, confiant sa conquête à son neveu Maciot.

## Querelles et stagnation

La suite de l'histoire n'est pas entrée dans les annales des plus glorieuses entreprises coloniales. Marquée par d'incessantes querelles et diverses révoltes de colons, la présence européenne après le départ de Béthencourt ne fit rien pour améliorer le sort des Canariens toujours plus opprimés.

Les insulaires étaient lourdement taxés, et Maciot les enrôla par ailleurs dans diverses incursions ratées dans les trois îles restées indépendantes. Il finit même par revendre au Portugal les droits sur les quatre îles dont il avait hérité de son oncle. Naturellement, la Castille goûta peu cette nouvelle (elle se verra finalement remettre les droits sur les îles par le pape Eugène IV). Les rivalités perdurèrent néanmoins, pour ne cesser qu'en 1479, avec le traité d'Alcáçovas et la reconnaissance par le Portugal de la mainmise espagnole sur les Canaries. En échange, l'Espagne accorda aux Portugais les Açores, les îles du Cap-Vert et Madère.

Exilé volontaire à Madère, Maciot y mourut en 1452. Une coterie de petits nobles espagnols prit sa suite sur la scène canarienne, déployant dans l'office une incompétence à l'aune de celle de leur prédécesseur.

## Les Rois Catholiques persévèrent

En 1478 arriva un nouveau commandant, Pedro de Vera, accompagné d'un contingent, envoyé sur l'ordre des Reyes Católicos (Rois Catholiques) Ferdinand et Isabelle, pour en terminer une fois pour toutes avec la conquête des Canaries. Bien qu'attaqués d'emblée par quelque 2 000 hommes sur le site de l'actuelle Las Palmas de Gran Canaria, les Espagnols l'emportèrent et capturèrent ensuite le *guanarteme* (chef de l'île), Tenesor Semidan, au cours d'une offensive navale menée par la mer sur Gáldar.

**1666**
En révolte contre le monopole britannique sur le commerce du vin mis en place par de nouveaux colons, les viticulteurs de Garachico, à Tenerife, détruisent leurs caves et leur production.

**1730-1737**
De gigantesques éruptions volcaniques de Timanfaya, à Lanzarote sont dévastatrices. Les coulées de lave donnent aussi naissance à des terres fertiles, notamment pour cultiver la vigne.

**1821**
Les Canaries deviennent une province espagnole, avec pour capitale Santa Cruz de Tenerife. Las Palmas de Gran Canaria exige la scission de la province en deux.

**1850-1890**
La pénurie alimentaire et le chômage persistants entraînent le départ de 40 000 Canariens au Venezuela et ailleurs en Amérique latine.

Tenesor Semidan fut envoyé en Espagne, converti au catholicisme et rapatrié en 1483 pour convaincre ses compatriotes d'abandonner la lutte. Ils obéirent, et, pourtant, 20 années de batailles s'ensuivirent, marquées entre autres par la tentative ratée de déporter des centaines d'insulaires de Las Palmas de Gran Canaria pour les vendre comme esclaves en Espagne. Par chance, les Canarios eurent vent de ce stratagème et forcèrent les navires transportant les hommes à accoster à Lanzarote.

### Les plus belles églises historiques

- *Iglesia de Nuestra Señora de Regla, Pájara, Fuerteventura*
- *Nuestra Señora de Antigua, Antigua, Fuerteventura*
- *Catedral de Santa Ana, Las Palmas de Gran Canaria*
- *Iglesia de Nuestra Señora de la Concepción, Valverde, El Hierro*
- *Iglesia del Salvador, Santa Cruz de la Palma*
- *Iglesia de Nuestra Señora de la Concepción, La Laguna, Tenerife*

## Les dernières batailles

En mai 1493, le commandant espagnol Alonso Fernández de Lugo débarqua à Tenerife, accompagné de 1 000 soldats d'infanterie et de 150 cavaliers, dont des Guanches de la Grande Canarie et de La Gomera. Lors de ce qui entra dans l'histoire sous le nom de première bataille de l'Acentejo, Lugo fut vaincu par les Guanches, avantagés notamment par leur bonne connaissance de cette zone montagneuse.

Le 25 décembre 1494, 5 000 Guanches emmenés par Bencomo furent mis en déroute lors de la deuxième bataille de l'Acentejo. Le site, à quelques kilomètres au sud de La Matanza, a conservé le nom de La Victoria. En juillet 1495, lorsque Lugo marcha sur le Valle de la Orotava pour affronter le successeur de Bencomo, Bentor, les Guanches, malades et démoralisés, n'étaient pas en état de résister. Bentor se rendit : la conquête était terminée. Il fallut encore deux ans pour vaincre les dernières poches de résistance, et Bentor finit par se donner la mort.

Quatre ans après la chute de Grenade et la réunification de l'Espagne chrétienne, les Rois Catholiques célébraient leur premier exploit colonial : la soumission d'un petit archipel de l'Atlantique défendu par des tribus du néolithique. La grande différence entre cette conquête et celle opérée sur le continent tenait au fait que les Rois Catholiques n'étaient pas confrontés à leur ennemi traditionnel, l'islam, dont la culture était bien plus riche et sophistiquée que la leur. Cette fois, ils eurent affaire à un peuple autochtone qu'ils réussirent à exploiter sans merci. On peut considérer cet événement comme le premier exemple mondial d'authentique colonialisme, et comme modèle ultérieur de conquêtes semblables dans les Amériques et ailleurs.

## Une économie fragile, un territoire menacé

Dès le début du XVIe siècle, les îles de la Grande Canarie et de Tenerife, en particulier, attirèrent des flots réguliers de colons venus d'Espagne, du Portugal, de France, d'Italie et même de Grande-Bretagne. Chaque île disposait de son autorité propre, et la canne à sucre devint bientôt la principale exportation des Canaries.

**1923**

Le général Miguel Primo de Rivera, arrivé au pouvoir en Espagne à la faveur d'un coup d'État militaire, améliore les infrastructures aux Canaries, notamment les routes et l'alimentation en eau.

**1927**

Madrid décide finalement de créer deux provinces aux Canaries : Tenerife, La Gomera, La Palma et El Hierro à l'ouest, Fuerteventura, la Grande-Canarie et Lanzarote à l'est.

**1936**

En mars, le gouvernement décide de transférer aux îles Canaries le général Franco, vétéran des guerres espagnoles au Maroc et idole de la Légion étrangère espagnole.

**Années 1940**

La guerre civile espagnole a des conséquences terribles pour les Canaries : entre rationnement, pénurie alimentaire et misère, le marché noir prospère.

La “découverte” du Nouveau Monde en 1492 par Christophe Colomb, passé plusieurs fois aux Canaries dans ses périples vers les Amériques, eut des répercussions diverses. Elle suscita un important commerce transatlantique, mais elle se traduisit aussi par une “délocalisation” de la production de sucre vers le nouveau continent, où la canne était cultivée et transformée à moindre coût. L'économie locale ne dut son salut qu'à la demande croissante de vin à l'exportation, produit surtout à Tenerife.

Les îles plus pauvres, notamment Lanzarote et Fuerteventura, restaient à la traîne, et leur population démunie vivait de contrebande et de piraterie au large des côtes marocaines (le jeu des représailles avec les pirates marocains durera des siècles).

Les Espagnols devaient défendre leurs possessions. Le succès le plus spectaculaire en la matière revint à l'amiral britannique Robert Blake, célèbre amiral d'Oliver Cromwell. En 1657, un an après l'entrée en guerre de l'Angleterre et de l'Espagne, Blake écrasa une flotte de galions espagnols au prix d'un seul de ses navires devant Santa Cruz de Tenerife.

Les attaques britanniques culminèrent en 1797 avec l'offensive de l'illustre amiral Horatio Nelson sur Santa Cruz. Envoyé pour intercepter une autre précieuse cargaison, il échoua à prendre la ville d'assaut et y laissa un bras.

Sur une note plus légère, en 1799, l'illustre explorateur et botaniste Alexander von Humboldt, en route pour l'Amérique latine, fit brièvement escale à Tenerife. En découvrant le Valle de la Orotava, il aurait dit que c'était le “paysage le plus enchanteur sur lequel un regard se soit jamais posé”, déclaration devenue célèbre. Ce commentaire et ses louanges concernant l'archipel ont certainement contribué à la popularité de ce dernier, et à ses débuts de villégiature touristique, d'abord réservée à l'élite. Il fallut cependant attendre un bon siècle pour que le tourisme devienne une part significative de l'économie locale.

La Gomera fut la dernière terre foulée par Christophe Colomb avant qu'il ne mît le cap sur le Nouveau Monde.



## Divisions insulaires

Au sein même des Canaries, une rivalité se fit jour entre la Grande Canarie et Tenerife pour la suprématie sur l'archipel.

Lorsque les Canaries devinrent une province espagnole, en 1821, Santa Cruz de Tenerife fut déclarée capitale de l'archipel. Les prises de bec entre les deux îles principales restaient nombreuses, et Las Palmas demanda à de multiples reprises la division de la province en deux. L'idée fut brièvement mise en pratique dans les années 1840, sans grand succès.

En 1927, Madrid décida finalement de scinder les Canaries en deux provinces, avec Tenerife, La Gomera, La Palma et El Hierro à l'ouest, et Fuerteventura, la Grande Canarie et Lanzarote à l'est. Les terres furent réparties entre les agriculteurs locaux. La banane et la

**Années 1950**

Dans l'après-guerre, la détresse économique des Canaries et de l'Espagne en général ne faiblit pas. L'émigration de masse reprend : 16 000 Canarios tentent leur chance au Venezuela.

**Années 1960**

L'essor du tourisme, venu en particulier d'Allemagne et de Grande-Bretagne, conduit à de nombreuses créations d'emplois. On commence à immigrer aux Canaries.

**1983**

En vertu de la nouvelle Constitution adoptée à Madrid en 1978, les Canaries deviennent en août de cette année-là une *comunidad autónoma* (communauté autonome).

**1986**

Les Canaries rejoignent l'UE sous un statut de membre spécial, en dehors de l'espace TVA de l'UE.

tomate représentaient alors les principales productions. Aujourd'hui encore, elles demeurent l'une des exportations agricoles majeures. Plus insolite, on introduisit l'élevage de la cochenille, qui devint l'une des plus importantes industries de l'archipel, en particulier à Lanzarote. Cet insecte parasite qui vit sur les plantes grasses est élevé pour son colorant carmin. Toutefois, cette production a baissé de manière drastique face à la concurrence des colorants de synthèse.

## Des décennies d'émigration

Une émigration de masse vers les Amériques eut lieu dans la dernière partie du XIXe siècle et le début du XXe. Il était courant alors que dans certains villages, il ne reste quasiment plus d'hommes jeunes. L'exode se poursuivit même après la guerre hispano-américaine (1898) qui vit sortir Cuba et Porto Rico du giron de l'Espagne. À l'origine, Cuba était la destination la plus prisée, suivie de près par le Venezuela. Cette tendance s'accentua considérablement après la guerre d'Espagne, une époque de grande misère économique marquée par les rationnements, les pénuries alimentaires et un marché noir prospère. Dans les années 1950, la situation était si désespérée que 16 000 Canarios partirent clandestinement, pour la plupart au Venezuela, alors même que ce pays avait fermé ses portes à l'immigration. Un tiers de ces Canariens périrent en traversant l'océan.

Cuba fut une destination très prisée par les Canariens fuyant la guerre civile : les liens tissés alors entre l'archipel espagnol et l'île des Caraïbes restent forts aujourd'hui, tant au niveau officiel qu'entre les populations.

## L'Espagne franquiste

Dans les années 1930, alors qu'en Espagne continentale la gauche et la droite devenaient de plus en plus revendicatives, les craintes de coup d'État montèrent. En mars 1936, le gouvernement décida de "transférer" aux îles Canaries le général Franco, vétéran des guerres espagnoles au Maroc et idole de la Légion étrangère espagnole.

Ce n'était pas sans raison qu'on le soupçonnait d'être mêlé à un complot de renversement du gouvernement. Lorsque les garnisons qui lui étaient favorables à Melilla (enclave espagnole au Maroc) se soulevèrent prématurément le 17 juillet, Franco était prêt. Après s'être emparé de l'archipel quasiment sans livrer bataille (le commandant pro-républicain de la garnison de Las Palmas était mort dans d'étranges circonstances le 14 juillet), Francisco Franco s'envola le 19 juillet pour le Maroc. Malgré l'absence de combats aux Canaries, les nationalistes ne mirent guère de temps à arrêter quiconque était suspecté, même vaguement, d'avoir des sympathies républicaines. C'est ainsi que des écrivains, des artistes, des professeurs et des politiciens disparurent mystérieusement.

La misère économique qui frappa l'Espagne après la guerre civile n'épargna pas l'archipel, conduisant toujours plus de Canarios à émigrer. Pendant la Seconde Guerre mondiale, Winston Churchill fomenta

**À lire sur la guerre d'Espagne**

*Pour qui sonne le glas (1940)* – Ernest Hemingway

*La guerre d'Espagne 1961)* – Hugh Thomas

**1993**
La Coalición Canaria (CC) est formée, et travaille en collaboration avec le gouvernement central.

**1994**
La première *patera* (embarcation de fortune), avec à son bord des immigrés clandestins venus d'Afrique, débarque aux Canaries.

**2006**
L'immigration clandestine atteint un pic avec 31 678 arrivées de clandestins. Des centaines d'autres périssent en mer.

**2007**
Inauguration du plus grand télescope du monde à l'Observatorio del Roque de los Muchachos de La Palma, l'un des meilleurs sites d'astronomie de l'hémisphère Nord.

(sans jamais le mettre en acte) le projet d'envahir les Canaries pour en faire une base navale en cas d'assaut sur Gibraltar par l'Espagne continentale. Dans le même temps, les exportations vers l'Europe cessèrent, sauf à destination de l'Espagne.

## Tourisme, "nationalisme" et démographie

Quand Franco décida d'ouvrir les portes de l'Espagne aux touristes d'Europe du Nord en abolissant les visas touristiques en 1959, les Canaries bénéficièrent de la mesure autant que l'Espagne continentale. Tout était prêt pour que des foules de vacanciers se déversent sur les îles tout au long de l'année.

Quoique toujours marginal, le nationalisme canarien a refait surface dans l'opposition à Franco. Le MPAIC (Movimiento para la Autodeterminación e Independencia del Archipiélago Canario), fondé en 1963 par Antonio Cubillo pour promouvoir la sécession des îles, se lança à la fin des années 1970 dans une campagne de terrorisme. Il y eut notamment un attentat à la bombe dans un centre commercial de Las Palmas de Gran Canaria en 1976. Il y eut aussi des menaces d'attentats à la bombe, et, en mars 1977, une explosion à l'aéroport international de la Grande Canarie contribua à la pire catastrophe de l'histoire de l'aviation : suite à l'incident, deux Boeing 747 (un de KLM et un de la Pan Am) furent détournés vers l'aéroport Los Rodeos (actuel aéroport de Tenerife Nord, désormais très fréquenté) et entrèrent en collision sur la piste, causant la mort de 583 personnes. Échappant aux autorités espagnoles, Cubillo s'était enfui en Algérie dans les années 1960 et fut autorisé à rentrer en Espagne en 1985.

En 1978, une nouvelle Constitution axée sur la décentralisation fut adoptée à Madrid. En août 1982, les Canaries devinrent une *comunidad autónoma* (communauté autonome), formées de deux provinces.

La force principale de la politique canarienne, depuis sa première victoire régionale en 1993, est la Coalición Canaria (CC). Quoique peu portée sur l'indépendance (hypothèse d'ailleurs peu probable), la CC place les intérêts de l'archipel devant les considérations nationales.

Au cours des deux dernières décennies, l'immigration venue d'Afrique et d'ailleurs a profondément bouleversé la démographie canarienne et contraint l'archipel à revoir sa position à l'égard du continent. L'UE a aussi encouragé l'intensification des liens entre les Canaries et l'Afrique afin de créer un pont entre le bloc commercial européen et l'Afrique. Depuis les années 1990, les Canaries ont fait de la coopération avec l'Afrique une priorité majeure, en signant des accords bilatéraux notamment avec le Maroc, la Mauritanie, le Cap-Vert et le Sénégal.

### Les plus beaux musées d'histoire

- *Casa-Museo de Colón, la Grande Canarie*
- *Museo de la Piratería, Lanzarote*
- *Museo de la Historia de Tenerife*
- *Museo Arqueológico de Lanzarote*
- *Museo Arqueológico de Betancuria, Fuerteventura*
- *Museo de la Naturaleza y el Hombre, Tenerife*



**2011**
Suite à l'enregistrement de plus de 8 000 secousses sismiques mineures, les habitants d'El Hierro sont évacués par crainte d'une possible éruption volcanique.

**2015**
La compagnie Repsol abandonne son projet controversé de forage pétrolier à 50 km des côtes de Fuerteventura et de Lanzarote.

**2018**
L'archipel aux 7 îles en accueillent une huitième : la Isla Graciosa fait officiellement partie des Canaries.

# Arts et culture

**Si les Canaries appartiennent bien à l'Espagne, l'archipel se distingue sensiblement de la partie continentale du pays par son architecture, ses arts et, dans l'ensemble, sa culture marquée par une influence latino-américaine. Les Canariens sont très attachés aux traditions et à la famille – et à la fête. Si vous le pouvez, joignez-vous à une de leurs *fiestas*, toujours d'une merveilleuse exubérance.**

## Arts

### Architecture

Dans l'archipel, la plupart des constructions préhispaniques ont été soit lourdement restaurées, soit entièrement reconstituées. Les Guanches vivaient principalement dans des grottes et, de leurs maisons rudimentaires, il reste peu de choses. Il existe quelques sites d'une grande valeur archéologique, à la Grande Canarie et à Fuerteventura, mais vous y verrez uniquement des ruines ou les fondations des édifices. Vous pourrez toutefois vous faire une bonne idée du type d'habitations construites à l'époque préhispanique. Un exemple sur la route de Pozo Negro à Fuerteventura : le Poblado de La Atalayita (p. 102) est constitué des vestiges d'un village, dans un paysage lunaire.

Vous entendrez peut-être parler d'"architecture canarienne typique", mais les influences ont été si nombreuses au fil des siècles qu'il est difficile de la définir. Il n'est d'ailleurs pas rare qu'un édifice soit marqué par plusieurs styles architecturaux distincts.

**Les plus beaux plafonds de style mudéjar**

- *Iglesia de Nuestra Señora de la Concepción, La Laguna, Tenerife*
- *Iglesia de Santa Catalina, Tacoronte, Tenerife*
- *Iglesia del Salvador, Santa Cruz de la Palma*
- *Iglesia de Santa María, Buenaventura, Fuerteventura*
- *Iglesia de Nuestra Señora de Rega, Pájara, Fuerteventura*
- *Iglesia de Nuestra Señora de la Concepción, Valverde, El Hierro*

#### Période coloniale

Parfaite illustration de ces superpositions de styles, l'architecture coloniale mêle des influences espagnoles, portugaises, françaises, flamandes, italiennes et anglaises.

Lorsque s'achève la conquête des Canaries à la fin du XV^e^ siècle, les styles gothique et mudéjar (architecture hispano-mauresque) appartiennent pour ainsi dire au passé. Le fascinant style mudéjar n'est parvenu dans l'archipel que par bribes, avec par exemple ces sublimes plafonds à caissons de bois appelés *artesonados*. L'intérieur de la Catedral de Santa Ana de Las Palmas est néanmoins un beau témoignage de ce que certains historiens de l'art appellent le "gothique atlantique".

Vous pourrez vous faire une idée de l'exubérance plateresque (de *plata*, l'argent, car le style évoque l'art de l'orfèvre) avec la Catedral de Santa Ana de Las Palmas et l'Iglesia de Nuestra Señora de la Concepción, cette dernière faisant d'ailleurs figure de référence en matière de travail des styles, du gothique au plateresque en passant par le mudéjar. Le baroque, emblématique du XVII^e^ siècle, a laissé plusieurs empreintes sur l'archipel, mais c'est l'église paroissiale Betancuria, à Fuerteventura, qui en est le témoignage le mieux préservé.

Parmi les traits les plus caractéristiques de cette période figurent les patios et des balcons en bois sculpté d'une grande beauté. Le quartier historique de Vegueta, à Las Palmas de Gran Canaria, conserve de beaux témoignages de cette architecture, tout comme l'Avenida Marítima à Santa Cruz de la Palma et La Orotava.

### Modernisme

On peut voir un grand nombre d'édifices modernistes le long de la Calle Mayor de Triana et parmi les maisons et villas privées du quartier de Triana à Las Palmas de Gran Canaria. Non loin, d'autres superbes exemples jalonnent les rues autour du Parque San Telmo.

Le grand génie de l'architecture canarienne est César Manrique (1919-1992). Ses créations d'inspiration écologique exploitant souvent la pierre volcanique et d'autres matériaux locaux peuvent se voir dans tout l'archipel, mais plus encore sur son île natale de Lanzarote. Son œuvre est tellement admirée que certains organisent leur séjour autour de la visite de l'ensemble des sites.

### Architecture contemporaine

Tenerife se targue d'abriter deux œuvres emblématiques de l'architecture canarienne contemporaine : la "vague" de Santiago Calatrava, l'auditorium polyvalent de Tenerife, qui domine le front de mer de Santa Cruz de Tenerife avec son profil immanquable évoquant une vague déferlant sur le rivage, ainsi que les lignes puissantes et la structure attrayante du Tenerife Espacio de las Artes (TEA). Cet espace artistique novateur est époustouflant, et doté d'une fabuleuse bibliothèque (ouverte 24h/24) au rez-de-chaussée.

Las Palmas de Gran Canaria est également une ville d'architecture : on retiendra notamment l'intérieur du Centro Atlántico de Arte Moderno, conçu par Sáenz de Oiza, l'Auditorio Alfredo Kraus d'Òscar Tusquets, et la tour Woermann d'Iñaki Ábalos et Juan Herreros.

## Peinture et sculpture

### Les Guanches

Les premiers artistes canariens furent naturellement les Guanches : certaines de leurs belles peintures rupestres sont encore visibles dans plusieurs sites dont la Cueva Pintada, à Gáldar (Grande Canarie).

Essentiellement géométriques, leurs motifs ont inspiré des artistes canariens de grande renommée, tel Manolo Millares (1926-1972), natif de Las Palmas de Gran Canaria, mais aussi les décors omniprésents qui ornent aujourd'hui T-shirts, souvenirs et céramiques. La plus populaire des sculptures de ces premiers artistes est l'*Ídolo de Tara,* retrouvée à la Grande Canarie, une idole guanche en terre cuite aux opulentes courbes féminines que vous retrouverez elle aussi sur des tissus et en reproductions de terre cuite.

### Œuvres de César Manrique

- *Jameos del Agua, Malpaís de la Corona, Lanzarote*
- *Parque Marítimo, Santa Cruz de Tenerife*
- *Casa Museo César Manrique, Haría, Lanzarote*
- *Fundación César Manrique, Tahíche, Lanzarote*
- *Mirador del Río, nord-ouest de Lanzarote*
- *LagOmar, Lanzarote*

### MARTÍN CHIRINO

Martín Chirino, né à Las Palmas de Gran Canaria en 1925 et mort en mars 2019, est largement considéré comme l'un des plus grands sculpteurs espagnols du XXe siècle. Dans sa jeunesse, il multiplie les séjours en Afrique, notamment au Maroc et au Sénégal, et son travail en est profondément marqué, en particulier ses premières œuvres.
Les sculptures géantes de Chirino, le plus souvent en bronze, sont à voir dans tout l'archipel. Découvrez notamment *Espiral* (1999), à Santa Cruz de Tenerife, *El Pensador* (2002), qui orne le campus de l'université de Las Palmas de Gran Canaria, et, peut-être la plus visible de toutes, *Lady Harimaguada* (1999), sur l'Avenida Marítima, à Las Palmas de Gran Canaria. Pour plus de renseignements et d'images de ses œuvres, voir le site www.martinchirino.com.

### Artistes du XVII^e^ au XIX^e^ siècle

Au XVIIe siècle, le Tinerfeño Gaspar de Quevedo est le premier grand peintre canarien. Sa relève est assurée au siècle suivant par Cristóbal Hernández de Quintana (1659-1725), dont les œuvres ornent encore la Catedral de La Laguna, à Tenerife. Plus marquant, Juan de Miranda (1723-1805) est l'auteur de chefs-d'œuvre comme *La Adoración de los pastores* (L'Adoration des bergers) de l'Iglesia de Nuestra Señora de la Concepción à Santa Cruz de Tenerife.

Au XIXe siècle, Valentín Sanz Carta (1849-1898) fut l'un des premiers peintres paysagistes canariens, de même que Lorenzo Pastor et Lillier y Thruillé, dont on peut voir des œuvres au Museo de Bellas Artes de Santa Cruz de Tenerife.

Le principal représentant de l'impressionnisme canarien fut Manuel González Méndez (1843-1909), dont *La verdad venciendo el error* (La Vérité triomphant de l'Erreur) est exposée à l'*ayuntamiento* (hôtel de ville) de Santa Cruz de Tenerife.

Chaque île de l'archipel fut peuplée par des communautés d'origine berbère venues d'Afrique du Nord. Chaque communauté a un nom différent selon l'île sur laquelle elle réside : les Guanches à Tenerife, les Canariens à la Grande Canarie, les Majos à Fuerteventura et Lanzarote, les Benahoarites à La Palma, les Gomeritas à La Gomera et les Bimbaches à El Hierro.

### XXe siècle

Le Cubano-Canarien José Aguiar García (1895-1976), né de parents gomeros, grandit à Cuba. Peintre prolifique, il atteignit le sommet de son art avec la fresque. On peut voir ses œuvres dans tout l'archipel : le *Friso isleño* (frise insulaire) se trouve au casino de Santa Cruz de Tenerife.

Tous les grands courants artistiques européens ont laissé leur empreinte aux Canaries. On citera les peintres Francisco Miranda Bonnin (1911-1963) et Jesús Arencibia (1911-1993), auteur de la grande fresque de l'Iglesia de San Antonio Abad à Las Palmas de Gran Canaria.

La première exposition surréaliste d'Espagne se tint à Santa Cruz de Tenerife le 11 mai 1935. Le plus illustre représentant canarien de ce mouvement, le Tinerfeño Óscar Domínguez (1906-1957), s'installa à Paris en 1927 et fut fortement influencé par Picasso. On retient également le cubiste Antonio Padrón (1920-1968), à qui est dédié un magnifique musée installé dans son ancien atelier, sur l'île de la Grande Canarie.

L'art abstrait canarien a pour fer de lance Manuel Millares (1921-1972), tandis qu'Alberto Manrique (né en 1926), originaire de la Grande Canarie, peint des œuvres spectaculaires et perturbantes en déjouant les lois de la perspective. Une partie de son travail est exposé au Centro de Arte Canario, à La Oliva, Fuerteventura.

**Quelques grands sculpteurs contemporains**

- *Eduardo Gregorio*
- *Plácido Fleitas*
- *Manolo Millares*
- *César Manrique*
- *Juan Bordes*

## Artisanat canarien

Les Canaries possèdent une tradition artisanale bien ancrée, avec même une spécialité pour chaque île. Vous trouverez nappes, serviettes et autre linge de table brodé et garni de délicates dentelles dans tout l'archipel, Ingenio (Grande Canarie), Mazo (La Palma) et La Orotava (Tenerife) étant particulièrement connues pour leurs broderies. Attention toutefois aux importations chinoises vendues pour des produits locaux, notamment sur les marchés. Outre les signes extérieurs de qualité, le prix est un bon critère pour reconnaître une pièce authentique : fruit d'un long et dur labeur, les broderies artisanales ne sont pas bon marché. On assiste cependant à une baisse générale des prix, du fait de la désaffection dont souffrent aujourd'hui ces textiles.

Avec leurs couleurs vives et leurs rayures pleines de simplicité, les tapis de laine, plus intemporels, sont toujours fabriqués avec art sur des métiers à tisser manuels. Vous pourrez aussi rapporter des Canaries de la vannerie, des poteries inspirées des Guanches, diverses céramiques et des chapeaux de paille de toutes sortes.

## Musique

Emblématique du patrimoine musical *canario*, le *timple* est une sorte d'ukulélé d'origine mal connue, peut-être introduit dans l'archipel au XVe siècle par les esclaves berbères. C'est un petit instrument à 4 ou 5 cordes aux sonorités aiguës.

Vous verrez cet instrument dans toutes les fêtes traditionnelles, interprétant des danses telles que l'*isa* et la *folía* et, si vous êtes en veine, le *tajaraste*, qui, tout populaire qu'il soit demeuré à La Gomera, serait la seule danse des Guanches arrivée jusqu'à nous.

Si vous souhaitez écouter de la musique canarienne, regardez *Tenderete*, une émission télévisée diffusée depuis près de 50 ans. À voir le dimanche soir sur TVE1.

# Culture

## Identité régionale

Il est difficile de synthétiser toutes les communautés et traditions existant dans un archipel de 7 îles. Les habitudes, les expressions, la cuisine et la musique varient sensiblement d'une île à l'autre et les rivalités sont fortes, notamment entre les poids lourds que sont Tenerife et la Grande Canarie. Mais l'archipel tout entier se caractérise par une même fierté d'être canarien et la conviction que l'histoire et la culture des îles les distinguent du reste de l'Espagne. Si la plupart des Canariens présentent les mêmes traits typiquement méditerranéens que les Espagnols (cheveux foncés, regard ténébreux et teint mat), vous verrez probablement qu'ils ne se pensent pas aussi Espagnols que cela.

Au lendemain de la victoire des socialistes, en 1982, les Canaries devinrent une *comunidad autónoma*, l'une des 17 régions autonomes qui composent l'Espagne. Certains Canarios véhéments aimeraient voir leur archipel accéder à l'autonomie totale : en témoignent les graffitis "*Canarias no es España*" (les Canaries, ce n'est pas l'Espagne), '*Viva Canarias Libre*' (Vive les Canaries libres !) ou "*Godos fuera*" (Les Espagnols dehors !).

Le drapeau de la région est une bannière tricolore blanc-bleu-jaune, à laquelle certains *independentistas* ajoutent 7 étoiles représentant les îles. La division de l'archipel en deux provinces, Santa Cruz et Las Palmas, persiste, tout comme les rivalités entre elles : le gouvernement régional dispose ainsi de bureaux dans les deux capitales provinciales, qui assument de plus, tour à tour, tous les 4 ans, le rôle de capitale régionale.

### Noms des peuples insulaires

*Grande Canarie : Grancanarios ou Canariones*

*Tenerife : Tinerfeños*

*Lanzarote : Conejeros*

*Fuerteventura : Majoreros*

*La Gomera : Gomeros*

*La Palma : Palmeros*

*El Hierro : Herreños*

## Mode de vie

Le plus grand bouleversement qu'ait connu la vie aux Canaries aura été celui du tourisme. À partir des années 1960, cette société essentiellement agricole en est venue en seulement quelques décennies à dépendre largement du secteur des services. L'emploi traditionnel sur des petites *fincas* (propriétés rurales) ou dans les villages de pêcheurs a été détrôné par des emplois touristiques.

Le passage de la vie rurale et traditionnelle aux cadences plus rapides de la modernité adoptées dans le reste de l'Espagne s'accompagne

### LOS SABANDEÑOS

Le groupe folklorique le plus apprécié des Canariens, Los Sabandeños, est en activité depuis 1965, année qui vit ces Tinerfeños s'unir pour faire revivre et connaître leur culture au-delà de l'archipel. Difficile de dire exactement l'impact qu'a eu ce groupe de près de 25 musiciens (plus quelques nouvelles recrues) sur les Canaries. Une chose est sûre : une statue lui rend hommage à Punta de Hidalgo (Tenerife) et 7 rues (au dernier décompte) portent son nom dans l'archipel. Leurs albums légers et mélodieux sont disponibles partout, et il existe une compilation de leurs meilleurs titres, *60 Canciones de Oro* (2012).

### PERSONNALITÉS CANARIENNES

Quelques célébrités originaires des Canaries :

- César Manrique (1919-1992) – artiste, sculpteur et architecte, né à Arrecife, sur Lanzarote.
- David Silva – footballeur international ayant brillé avec Manchester City et l'équipe d'Espagne. Né à Arguineguín, sur la Grande Canarie en 1986.
- Carmen Laforet (1921-2004) – écrivaine du XX^e siècle et auteure de *Nada* (1945). Carmen Laforet est née à Barcelone, mais a grandi aux Canaries où ses parents ont déménagé lorsqu'elle avait 2 ans.
- Javier Bardem – comédien, avec des rôles dans *Jambon, Jambon* (1992), *No Country for Old Men* (2007) ou *Escobar* (2018), entre autres films ; né à Las Palmas de Gran Canaria en 1969.
- Juan Carlos Fresnadillo – réalisateur, producteur et écrivain, né à Santa Cruz de Tenerife, en 1967 ; réalisateur de films d'horreur apocalyptiques comme *Intacto* (2001) ou *28 semaines plus tard* (2007).

d'inévitables problèmes. Le coût de la vie s'est envolé, contraignant les Canariens qui ont conservé leurs emplois dans l'agriculture à compléter leurs revenus en travaillant dans le tourisme. L'éducation pose un autre problème : les petites îles n'ayant pas d'université, les jeunes doivent étudier à Tenerife ou à la Grande Canarie, ce qui peut grever un budget familial déjà serré. Une fois diplômés, de nombreux Canariens finissent par quitter leur île pour trouver de meilleurs postes à Tenerife, à la Grande Canarie ou sur le continent. La nécessité conduit de nombreuses familles à vivre séparées.

Les valeurs familiales n'en restent pas moins le cœur de la culture canarienne. Les grandes fêtes de chaque île se passent souvent en famille, et des Canariens expatriés sur le continent américain n'hésitent pas à faire le voyage pour retrouver leurs amis et leurs proches. La plupart des festivités religieuses et culturelles sont également familiales : si la famille est plus réduite que jadis (un ou deux enfants en général), elle reste une unité sociale importante. Comme ailleurs en Europe, les couples attendent davantage avant de se marier et pour avoir des enfants, ce qui montre que la société canarienne n'est plus aussi traditionnelle qu'auparavant.

L'un des créateurs de chaussures les plus célèbres du monde, Manolo Blahnik, est né en 1943 à Santa Cruz de La Palma. Né d'un père tchèque et d'une mère espagnole, il a passé son enfance au milieu des plantations de bananiers de sa mère – un début improbable pour une star de la mode internationale !

## Sports

Les Canaries sont une destination propice aux sports grâce à leur climat doux et ensoleillé, à leur long littoral et à leur mode de vie décontracté qui fait la part belle au plein air. S'agissant d'une région d'Espagne, le sport favori est sans surprise le football. Si les Canaries possèdent bien leur équipe de football régionale, celle-ci n'est membre d'aucune fédération (ni la FIFA, ni l'UEFA, ni la CAF), l'archipel étant représenté à l'international par la sélection nationale espagnole. L'équipe canarienne ne joue que des matchs amicaux.

Plus exotique, la *lucha canaria* (lutte canarienne) remonterait aux Guanches, un peuple de robustes guerriers très portés sur les épreuves de force, qu'il s'agisse de sauter par-dessus les précipices, de plonger depuis de vertigineux promontoires ou de combattre corps à corps. Un membre de chaque équipe se place en face de son adversaire sur le terrain et, passés le salut protocolaire et quelques autres manifestations de bonne volonté, chacun tente de faire mordre la poussière à l'autre. Aucune partie du corps à l'exception de la plante des pieds ne doit toucher le sol, et le premier à manquer à cette règle perd la partie.

Pour savoir si des matchs sont prévus sur votre lieu de séjour, renseignez-vous auprès de l'office du tourisme le plus proche ou consultez la page Facebook de la Federación de Lucha Canaria.

## Multiculturalisme

Cette région jadis terre d'émigration affiche aujourd'hui un solde migratoire nettement excédentaire. Des travailleurs des secteurs de l'hôtellerie, de la restauration et du bâtiment, tout comme les Européens du Nord en quête de soleil toute l'année, soutiennent la croissance démographique de l'archipel. Avec près d'un demi-million de lits disséminés dans les hôtels, appartements et maisons de toutes les Canaries, on constate une arrivée régulière de voyageurs du monde entier, mais surtout d'Europe. Certains décident parfois de s'installer ici.

Plus récemment, on voit arriver des immigrants descendants de Canarios partis au Venezuela ou ailleurs en Amérique du Sud et désireux de retrouver la terre de leurs ancêtres.

Dans le passé, les Canaries ont connu d'importants problèmes avec les migrants illégaux arrivant en nombre des côtes africaines. Ces dernières années, le nombre de bateaux de migrants illégaux a considérablement chuté, même si les habitants s'inquiètent toujours de la situation. Sans généraliser à l'ensemble de la population canarienne, certains touristes d'origine africaine font état de discrimination, surtout dans les magasins et les restaurants, et en particulier dans les stations balnéaires du sud de Tenerife.

Macaronésie est le nom donné à un ensemble de 4 archipels dans l'océan Atlantique, à savoir (du nord au sud) : les Açores, Madère, les Canaries et le Cap-Vert. Seul le Cap-Vert est un État ; les autres archipels appartiennent au Portugal (Açores et Madère) et à l'Espagne (Canaries).

## Religion

Le catholicisme s'est fort bien implanté aux Canaries. La plupart des Canarios sont baptisés et ont fait leur première communion, sont mariés et enterrés selon les rites catholiques et vont à l'église pour les grandes fêtes religieuses – ils sont toutefois de plus en plus rares à se rendre régulièrement à la messe dominicale. De plus, les fiestas colorées et endiablées qui rythment le calendrier canarien ont souvent une origine ou un contexte religieux.

# Vivre sur un volcan

**Le nom des Canaries évoque pour beaucoup des paysages plats et des terres quasi désertiques. Comme souvent, le cliché n'est que partiellement fidèle à la réalité : certaines régions sont ainsi, mais tous ceux qui connaissent bien l'archipel sont enthousiasmés par la merveilleuse diversité des paysages, des microclimats, de la faune et de la flore que recèle ce superbe univers insulaire. Certes, de vastes étendues de Fuerteventura ressemblent à Mars, mais d'autres îles comme la Grande Canarie et La Palma abritent des régions très luxuriantes qui rappellent certaines zones plus fraîches d'Europe continentale. Préparez-vous à être surpris.**

## Des terres volcaniques

### Naissance d'un archipel

Les 7 îles et les 6 îlots constituant l'archipel des Canaries sont en fait les plus hauts sommets d'une vaste chaîne de montagnes d'origine volcanique s'étendant au fond de l'océan Atlantique. Nouvelles nées en termes géologiques, ces îles apparurent il y a 30 millions d'années lorsque la collision de deux plaques tectoniques provoqua l'apparition d'immenses chaînes de montagnes sur terre, dont l'Atlas en Afrique du Nord, et en mer sur le plancher océanique, créant les îles du Cap-Vert, les Açores et les Canaries. L'ensemble de ces îles atlantiques est appelé Macronésie. Après ce plissement initial, une succession d'éruptions volcaniques finit de donner aux îles leur forme actuelle. Aujourd'hui, ces éruptions continuent de modeler les îles, mais plus rarement et de façon moins impressionnante.

Le *Guide des volcans d'Europe et des Canaries* (1999), de Maurice Krafft et François-Dominique Larouzière est un ouvrage bien documenté qui retrace l'histoire et l'évolution de chaque volcan de l'archipel.

### Géographie des Canaries

Les 7 îles principales totalisent 7 447 km². Si leur surface totale semble peu importante, elles concentrent à peu près tous les paysages imaginables, des longues plages de sable de Fuerteventura et des dunes de la Grande Canarie aux majestueuses falaises côtières de Tenerife et aux bois noyés de brume de La Gomera. Les îles les plus à l'est ont un décor presque saharien, et certaines parties de La Palma et La Gomera sont luxuriantes. À de plus hautes altitudes sur La Palma et la Grande Canarie, les forêts de pins tapissent les versants des montagnes et le sol est couvert d'épines. La plus haute montagne d'Espagne est le Pico del Teide, dont les 3 718 m dominent toute l'île de Tenerife.

Par rapport à sa taille et à sa superficie, La Palma est l'île la plus escarpée au monde.

### El Teide et ses pairs

Imposante pyramide volcanique dressée juste au centre de Tenerife, El Teide s'élève à 3 718 m au-dessus du niveau de la mer, ce qui en fait le point culminant de l'Espagne – mais aussi le troisième plus grand volcan du monde. El Teide est ce qu'on appelle un volcan bouclier : son sommet renferme un cratère aux bords abrupts et au fond plat. Et, s'il semble calme, le volcan n'est en aucune manière éteint.

On peut observer de temps à autre des émanations de gaz chauds autour du sommet, et l'activité sismique est fréquente. Sa lave est très fluide, et la pression des gaz qu'elle contient peut augmenter jusqu'à

### LA CUMBRE VIEJA ET LE MÉGATSUNAMI

Sur La Palma se dresse la Cumbre Vieja (sommet ancien). En 1949, ce volcan a été le théâtre d'une série d'éruptions à l'origine d'une faille longue de près de 2,5 km : la partie ouest de la Cumbre Vieja a alors glissé vers le bas, et vers l'ouest, d'environ 2 m.

Selon certains experts, la Cumbre Vieja pourrait à tout moment entrer à nouveau en éruption et s'effondrer, entraînant 500 km$^3$ de roches dans l'Atlantique. Le tsunami qui en résulterait pourrait mesurer jusqu'à 600 m de haut et, en se déplaçant à une vitesse d'environ 1 000 km/h, atteindrait la côte est des États-Unis en 6 heures (et le littoral africain et européen bien plus vite).

De l'autre côté de l'Atlantique, les vagues mesureraient encore de 30 à 60 m, à moins qu'en atteignant des hauts-fonds, elles ne reprennent de la hauteur, pour atteindre plusieurs centaines de mètres. Bizarrement, Hollywood n'a pas encore réalisé un film sur cette catastrophe potentielle, qui verrait des vagues déferler sur environ 25 km à l'intérieur des terres, dévastant les Caraïbes et la côte est des États-Unis.

Certains spécialistes minimisent les risques tandis que d'autres sont plus alarmistes, mais personne ne peut être catégorique quant à la taille et au pouvoir de destruction d'un tel tsunami. Par ailleurs, personne ne peut prédire la date de la prochaine éruption. Certaines recherches ont suggéré que la partie occidentale de la Cumbre Vieja ne devrait pas s'effondrer dans la mer avant 10 000 ans.

entraîner des émissions de lave et/ou de cendres par la bouche d'éjection la plus proche, qui peut aussi exploser si la pression est suffisante.

Il arrive que d'autres volcans sur les îles fassent littéralement exploser leur sommet. L'énorme cratère qui en résulte est appelé caldeira, dans laquelle il arrive que de nouveaux cônes se forment, créant des volcans dans le volcan. Il existe plusieurs caldeiras impressionnantes sur la Grande Canarie, dont la plus intéressante est la Caldera de Bandama. Bien qu'on l'ait longtemps cru, la grande Caldera de Taburiente sur La Palma n'appartient pas à ce groupe de phénomènes géologiques.

De nos jours, l'endroit où l'activité sismique sous-marine de la région est la plus visible est Lanzarote, où les Montañas del Fuego bouillonnent toujours avec vigueur, même si les dernières éruptions remontent à 1824. Aucune activité éruptive n'a été signalée depuis des siècles sur Fuerteventura, la Grande Canarie, La Gomera ou El Hierro. À Tenerife, la dernière manifestation, presque anecdotique, date de 1909, et c'est à La Palma qu'eut lieu en 1971 le plus récent spectacle pyrotechnique, une éruption spectaculaire du volcan Teneguía, des coulées de lave se répandant dans la mer, accroissant de fait la superficie de l'île.

Le Bardino (Perro Bardino), ou Majorero, est endémique sur Fuerteventura. Cette race de chien musclé et assez imposant aurait été amenée sur l'île par les premiers colons, mais ils accompagnaient peut-être les Hispaniques, plus tard. Ce chien de berger peut peser plus de 40 kg. Il en reste très peu et de moins en moins.

## Les Canaries sauvages

### Du canari à la baleine

Les animaux sauvages de l'archipel sont souvent petits, timides et très difficiles à repérer pour l'œil non averti. Les plus gros animaux visibles sont les oiseaux et les lézards, parfois de très grande taille comme le lézard géant d'El Hierro (*Gallotia simonyi*), endémique, qui peut atteindre 60 cm de long. On trouve environ 200 espèces d'oiseaux sur les îles, dont beaucoup venus d'Afrique et d'Europe. Les Canaries possèdent 5 espèces d'oiseaux endémiques : le pigeon de Bolle, le pigeon des lauriers, le pinson bleu, le pouillot des Canaries et le tarier des Canaries. Et c'est bien d'ici que viennent les canaris, même si, en réalité, les espèces sauvages arborent un plumage moins éclatant que leurs cousins en cage.

Si vous voulez voir de grosses bêtes, vous devrez quitter la terre ferme et vous tourner vers l'océan. Les eaux séparant Tenerife et La Gomera sont une riche aire de nutrition traditionnelle pour 26 espèces de cétacés,

## LA MÉGAFAUNE CANARIENNE

Aujourd'hui, les plus connus des animaux endémiques des Canaries sont les lézards géants (p. 250), qui survivent encore en différents lieux. Bien qu'ils soient très impressionnants, ils sont plus petits qu'une espèce de lézard désormais disparue qui gambadait et sifflait jadis dans les collines. Découverts sur Tenerife et d'autres îles, des fossiles et des os de *Gallotia goliath* révèlent que ce lézard colossal mesurait un bon mètre de long. Il a disparu vers le XVe siècle. Des squelettes et moulages sont exposés au Museo de la Naturaleza y el Hombre, à Tenerife (p. 151).

Aux côtés de ces lézards vivait une créature cauchemardesque : le rat géant de Tenerife (*Canariomys bravoi*). Cet énorme rongeur mesurait environ 1 m de long (queue incluse) et on estime qu'il pouvait peser 1 kg à l'âge adulte. L'espèce n'était pas encore éteinte sur Tenerife à l'arrivée des Guanches, mais les hommes, et sans doute leurs chats domestiques, ne tardèrent pas à faire un sort au monstre. La Grande Canarie avait aussi jadis sa propre espèce de rat géant, moins impressionnante (25 cm – tout est relatif...).

On pense aussi qu'une espèce de tortue géante (*Geochelone burchardi*) vivait jadis sur Tenerife, tandis que d'autres espèces de tortues évoluaient sur les autres îles.

et d'autres y passent durant leur migration. Les plus courants sont les globicéphales tropicaux, les cachalots et les grands dauphins.

L'observation de cétacés est ici une industrie florissante : tous les ans, 800 000 personnes embarquent pour les apercevoir. Une loi régule l'observation des mammifères marins, interdisant de s'approcher à moins de 60 m de ces derniers et limitant le nombre de bateaux suiveurs à tout moment. Elle tente aussi de modifier les méthodes visant à attirer les cétacés, telle l'utilisation du sonar. Quatre petits navires patrouilleurs tentent de surveiller les activités. Si vous décidez d'aller observer les cétacés, choisissez un prestataire avec une bonne réputation.

À côté des majestueux mammifères marins, quantité d'autres formes de vie s'activent dans l'océan, dont plus de 500 espèces de poissons. Le meilleur moyen de les voir dans leur habitat est la plongée.

### La flore

La richesse du sol volcanique des îles, les diverses précipitations et les grandes variations d'altitude permettent une grande diversité de végétaux, autant indigènes qu'introduits.

Les Canaries hébergent environ 2 000 espèces de plantes, environ 700 d'entre elles étant endémiques. Le seul frein à cette variété, qui pourrait être encore plus grande dans cet environnement largement tropical, est le manque d'eau. Les amateurs d'espèces végétales auront pourtant largement de quoi herboriser, et un bon nombre de jardins botaniques sur l'archipel permettent d'admirer un beau choix de la flore locale.

Lisez les livres de David Bramwell, le conservateur du Jardín Botánico Canario de Gran Canaria et fin connaisseur de la flore des îles, qui a rédigé de nombreux ouvrages sur le sujet.

Le Parque Nacional de Garajonay, à La Gomera, renferme probablement l'écosystème végétal le plus précieux des Canaries : inscrit au patrimoine mondial de l'Unesco, il comprend l'une des dernières forêts de l'ère tertiaire de la planète. Appelée *laurisilva*, celle-ci est composée de lauriers, houx, tilleuls et fougères géantes festonnés de lichens et de mousses et se trouve généralement baignée de brumes.

Sur les hauteurs du grand bassin volcanique du Parque Nacional del Teide, l'incontestable vedette botanique est le flamboyant *tajinaste rojo*, ou vipérine de Tenerife (*Echium wildpretii*), qui peut dépasser 3 m de haut. Bisannuelle, la vipérine fleurit en produisant une extraordinaire hampe conique couverte de petites fleurs rouge vif. Après ce court et spectaculaire moment de gloire, elle meurt, ne laissant qu'un squelette desséché aux airs d'arête de poisson couvert de milliers de poils pouvant être très irritants. Ne pas toucher !

# Problèmes environnementaux

## Les faits

Comme dans le reste de l'Espagne, les premières vagues du tourisme de masse ont déferlé sur les rivages tranquilles des Canaries dans les années 1960. Le gouvernement d'alors pensait remplir ses coffres avec l'argent des visiteurs, et les entrepreneurs locaux se ruèrent avec enthousiasme sur ce marché juteux. Bien peu se soucièrent de l'impact environnemental que pouvait avoir la prolifération de touristes et de stations balnéaires.

L'absence de contrôle sur la construction et l'expansion des stations balnéaires jusque dans les années 1980 ont permis l'émergence de monstruosités monumentales, surtout dans les parties sud de Tenerife et de la Grande Canarie. Quantité de villas de vacances, d'hôtels et d'ensembles résidentiels ont envahi une grande partie des côtes sud des deux îles. Et ce phénomène ne s'arrête pas aux stations balnéaires : les villes et les villages de l'intérieur sont de plus en plus défigurés par de hâtives extensions de béton dues aux promoteurs et aux spéculateurs.

*Flore autochtone Îles Canaries* (Miguel Ángel Cabrera Pérez ; 1999) recense plus de 150 espèces de plantes des Canaries.

L'énorme afflux de visiteurs ces dernières décennies a aussi provoqué ou exacerbé d'autres problèmes. La pollution des belles plages, dunes et autres aires naturelles, due autant aux touristes étrangers qu'aux habitants, reste d'une brûlante actualité. De temps à autre, des associations de protection de l'environnement organisent de grandes séances de nettoyage des plages et des alentours, gestes utiles mais insuffisants car les nuisances existent à très grande échelle et demanderaient bien d'autres moyens.

L'un des principaux problèmes des îles est le manque d'eau. La faible pluviométrie associée à l'absence de sources a, de tout temps, restreint l'expansion de l'agriculture, et les ressources en eau sont toujours limitées. La désalinisation semble être l'unique solution pour les Canaries ; à Lanzarote et Fuerteventura la quasi-totalité de l'eau potable provient des usines de désalinisation d'eau de mer.

L'été, les feux de forêt sont le corollaire du sempiternel manque d'eau. Avec une régularité presque parfaite, des centaines, voire des milliers, d'hectares de végétation sont ravagés chaque été sur toutes les îles, sauf sur Lanzarote et Fuerteventura, déjà quasi désertiques. Le pin canarien est la principale victime de ces brasiers, mais il s'agit d'un arbre étonnamment résistant au feu et qui se régénère rapidement après le passage des flammes.

### L'ARBRE VENU DU PASSÉ

Un des arbres endémiques les plus surprenants des îles Canaries est le *drago* (dragonnier commun, *Dracaena draco*), qui peut atteindre 18 m et vivre des siècles.

Cet arbre a survécu à la dernière période glaciaire, d'où sa singulière apparence préhistorique. Sa forme rappelle celle d'un bouquet de fleurs dont le tronc et les racines seraient les tiges, se terminant haut dans les airs par de longues feuilles étroites d'un vert argenté. Lorsqu'elle grandit, cette plante arborescente (les botanistes ne la considèrent pas comme un arbre) s'alourdit de plus en plus sur sa partie haute. Pour se stabiliser, elle fait pousser des racines autour de son tronc, finissant par en former un nouveau, plus large. Autre caractéristique du dragonnier, sa sève, une résine rouge appelée "sang de dragon", était utilisée en médecine traditionnelle et comme colorant.

La plante jouait autrefois un rôle important dans la vie locale. C'était sous les branches d'un *drago* que le Guanche, le conseil des nobles, se rassemblait pour rendre la justice.

Le *drago* fait partie d'une famille de quelque 40 espèces (*Dracaenae*) ayant survécu aux périodes glaciaires dans les zones tropicales de l'Ancien Monde. C'est un des derniers représentants de la flore de l'ère tertiaire.

Roque Cinchado, Parque Nacional del Teide (p. 173)

## Éléments de polémique

Les pouvoirs publics sont confrontés à un dilemme. Le tourisme représente une manne essentielle pour l'économie de l'archipel, qui ne survivrait pas sans cet apport. Ils assurent que les profits générés sont réinvestis pour la communauté. Mais cette redistribution, arbitraire et chaotique, provoque depuis plus de 10 ans la demande d'une intensification de la planification régionale. D'année en année, des voix de plus en plus fortes exigent une suspension totale du développement touristique. De temps à autre, des moratoires de courte durée sont mis en place île par île. Malheureusement, certaines des dégradations déjà infligées, surtout sur les côtes, sont irréversibles.

Pour les dernières informations sur les problèmes écologiques, consultez la page Facebook de l'Asociación Tinerfeña Amigos de la Naturaleza, sur laquelle sont publiés des articles et des liens en rapport avec l'environnement à Tenerife.

Au sud-est de Tenerife, le nouveau Puerto Industrial de Granadilla a entraîné des inquiétudes quant aux effets de cet énorme port commercial sur l'environnement. Le projet controversé d'extraction de gaz et de pétrole au large de Fuerteventura et Lanzarote, a heureusement été abandonné après avoir été jugé inintéressant lors des analyses de reconnaissance.

El Hierro a accompli des avancées considérables en matière de protection : après des années d'efforts, le gouvernement est sur le point d'atteindre son objectif de devenir la première île du monde capable de remplir ses besoins énergétiques par des sources renouvelables (vent, eau et soleil). Prochaine étape : El Hierro prévoit d'avoir un parc de voitures exclusivement électriques en 2020 et mène campagne dans toute l'île pour favoriser l'agriculture biologique.

L'énergie éolienne s'est beaucoup développée aux Canaries, progressant de 137% entre 2015 et 2018. Les gigantesques parcs d'éoliennes sur Tenerife, la Grande Canarie et d'autres îles font partie d'un projet visant à couvrir 45% des besoins énergétiques de l'archipel via des sources renouvelables d'ici 2025.

# Canaries pratique

# Carnet pratique

## Ambassades et consulats

### Ambassades et consulats d'Espagne à l'étranger

La liste des ambassades et consulats espagnols à l'étranger est disponible sur le site du **ministère des Affaires étrangères espagnol** (www.exteriores.gob.es/Portal/en/ServiciosAlCiudadano/Paginas/EmbajadasConsulados.aspx). Voici les adresses de quelques représentations diplomatiques espagnoles :

**Belgique** Ambassade (☎02 230 03 40 ; www.exteriores.gob.es/Embajadas/bruselas/fr ; 19 rue de la Science, Etterbeek 1040 Bruxelles).

**Canada** Ambassade (☎613-747 2252 ; www.exteriores.gob.es/Embajadas/OTTAWA ; 74 Stanley Avenue, Ottawa, Ontario K1M 1P4). Consulats généraux à Montréal (☎514-935 52 35 ; 1200 Avenue McGill College, Suite 2025, H3B 4G7 Montréal, Québec) et à Toronto (☎416-977 16 61 ; 2 Bloor Street East, Ste 1201, Toronto, Ontario)

**France** Ambassade (☎01 44 43 18 00 ; 22 av. Marceau, 75008 Paris). Consulat général (☎01 44 29 40 00 (serveur vocal) ; 165 bd Malesherbes, 75017 Paris). Consulats également à Bayonne, Bordeaux, Lyon, Marseille, Montpellier, Pau, Perpignan, Strasbourg et Toulouse.

**Suisse** Ambassade (☎350 52 52 ; www.exteriores.gob.es/Embajadas/berna ; Kalcheggweg 24, Postfach 310, 3000 Berne 15). Consulats généraux à Berne (☎356 22 20 ; www.exteriores.gob.es/Consulados/Berna ; Marienstrasse 12, 3005 Berne) ; à Genève (☎749 14 60 ; www.exteriores.gob.es/Consulados/GINEBRA ; Avenue Blanc 53, 2e ét., 1202 Genève) ; à Zurich (☎44 368 61 00 ; www.exteriores.gob.es/consulados/zurich ; Riedtlistrasse 17, 8006 Zurich)

### Ambassades et consulats étrangers aux Canaries

De nombreux pays ont une ambassade à Madrid, mais certains consulats sont installés à Las Palmas de Gran Canaria et Santa Cruz de Tenerife.

**Belgique** Consulat (☎922 241 387 ; www.diplomatie.be/tenerifefr ; Edificio Ahlers Y Rahn, Calle Villalba Hervas 4 – 2e ét. 38002 Santa Cruz de Tenerife)

#### UN FIL D'ARIANE EN VOYAGE

Le portail Ariane (pastel.diplomatie.gouv.fr/fildariane), mis en place par le Centre de crise du ministère des Affaires étrangères, est un service gratuit permettant au voyageur français à l'étranger d'être contacté par le service consulaire, sur son téléphone portable ou par e-mail, au cas où des événements graves (crise politique, catastrophe naturelle, attentat...) se produiraient dans le pays durant son séjour, ou de contacter rapidement sa famille ou ses proches en France en cas de besoin.

La procédure d'inscription se réalise en ligne, où vous donnez des informations sur votre voyage (date de départ, de retour, numéro de téléphone portable, coordonnées d'éventuels contacts sur place, adresses de séjour et itinéraire prévu, etc.).

Grâce à ce service, vous recevrez en outre, avant votre départ, des recommandations de sécurité par e-mail si la situation dans le pays le justifie.

Une application Conseils aux voyageurs existe pour les smartphones et les tablettes.

**France** Consulat à La Palmas de Gran Canaria (☎928 947 034 ; www.ambafrance-es.org, info@agenceconsulairelaspalmas.fr ; Calle Alonso Quintero, 29 - 2E ; 35001 Las Palmas de Gran Canaria) et à Santa Cruz de Tenerife (☎922 53 35 36 ; Calle de Robayna 25, 38004 Santa Cruz de Tenerife).

**Suisse** Consulat honoraire (☎928 15 79 79 ; Urbanización Bahía Feliz, Edificio de Oficinas, Local 1, 35107 Playa de Tarajalillo, Grande Canarie). Ce consulat honoraire ne dispose d'aucune attribution en matière de délivrance de visas ou de passeports suisses. Pour ce type de demandes, s'adresser à l'**ambassade de Suisse à Madrid** (☎(34) 91 436 39 60 ; www.eda.admin.ch/madrid ; C/ Núñez de Balboa 35A, 7e ét., Edificio Goya, 28001 Madrid).

**Canada** Ambassade (☎(34) 91 382 8400 ; Torre Espacio, Paseo de la Castellana 259D, 28046 Madrid). Le gouvernement du Canada n'a pas de bureau aux îles Canaries. Pour des demandes ou renseignements d'ordre consulaire, adressez-vous à l'ambassade du Canada, à Madrid.

## Argent

Le plus commode est de partir avec votre carte bancaire, ainsi qu'un peu d'argent liquide qui peut servir en cas d'urgence.

### Cartes bancaires

Les principales *tarjetas de crédito* (cartes bancaires) sont acceptées à peu près partout. Vous pouvez les utiliser pour de nombreux achats (notamment dans les stations-service et les hypermarchés, où la présentation d'une pièce d'identité est parfois demandée), ainsi que dans les hôtels et les restaurants. En revanche, les petits établissements n'acceptent parfois que les espèces. Le paiement sans contact est aussi disponible un peu partout.

### Change

Vous trouverez des bureaux de change dans la plupart des ports et des aéroports de l'archipel, ainsi que dans les *resorts* et villes très touristiques, où vous les reconnaîtrez à l'enseigne *cambio* (change). La plupart pratiquent des horaires plus étendus, offrent un service plus rapide que les banques et, la plupart du temps, des taux de change plus intéressants. Quel que soit l'établissement où vous changez de l'argent, renseignez-vous sur le montant de la commission, dont les termes varient d'un endroit à l'autre, et demandez confirmation des taux affichés. Le taux habituel de commission est de 3%. Les bureaux affichant "pas de commission" compensent généralement par des taux moins avantageux.

### Distributeurs automatiques de billets (DAB)

Les banques sont nombreuses aux Canaries et pour beaucoup dotées de *cajeros automáticos* (DAB) en plusieurs langues. Une commission de 2 à 3% est généralement prélevée sur les retraits au distributeur à l'étranger.

### Espèces

Vous aurez toujours besoin d'avoir de la monnaie – les chauffeurs de bus et certains petits restaurants et magasins n'acceptent pas les cartes bancaires.

### Pourboire

La plupart des clients, quand ils sont satisfaits, laissent quelques pièces, mais ce n'est pas obligatoire. Un pourboire de 5% est jugé très convenable, 10% d'une grande générosité. Aux bagagistes des hôtels, il est de bon ton de donner 1 €. Les taxis n'attendent pas de pourboire, mais ils verront d'un bon œil que vous arrondissiez le prix de la course.

## Assurances

Il est conseillé de souscrire une police d'assurance qui vous couvrira en cas d'annulation de votre voyage, de vol, de perte de vos affaires, de maladie ou encore d'accident.

Vérifiez notamment que les "sports à risques", comme la randonnée, la plongée, l'équitation ou l'escalade, ne sont pas exclus de votre contrat, ou encore que le rapatriement médical d'urgence, en ambulance ou en avion, est couvert. De même, le fait d'acquérir un véhicule dans un autre pays ne signifie pas nécessairement que vous serez protégé par votre propre assurance.

Vous pouvez contracter une assurance qui réglera directement les hôpitaux et les médecins, vous évitant ainsi d'avancer des sommes qui ne vous seront remboursées qu'à votre retour. Dans ce cas, conservez avec vous tous les documents nécessaires (les consultations médicales se règlent généralement en espèces : demandez un reçu pour le remboursement).

Attention ! Avant de souscrire une police d'assurance, vérifiez bien que vous ne bénéficiez pas déjà d'une assistance par votre carte bancaire, votre mutuelle ou votre assurance automobile.

N'oubliez pas de prendre avec vous les documents relatifs à l'assurance, ainsi que les numéros à appeler en cas d'urgence.

Reportez-vous également à la rubrique *Santé*, p. 286, et au chapitre *Transports*, p. 289.

Une assurance voyage valable dans le monde entier

est disponible sur www.lonelyplanet.com/travel-insurance. Vous pouvez la souscrire, l'étendre et déclarer un sinistre en ligne à tout moment, même après votre départ.

## Cartes de réduction

Une pièce d'identité avec photo est indispensable pour bénéficier d'éventuelles remises.

- Les seniors bénéficient de réductions dans certains musées et sites touristiques, parfois aussi dans les transports. L'âge minimum varie entre 60 et 65 ans.
- Les étudiants ont généralement une réduction de 50% sur le tarif normal, mais la carte étudiant n'est pas acceptée partout.

## Cours de langues

Tenerife est particulièrement réputée pour ses cours d'espagnol. Plusieurs écoles sont également situées à Las Palmas de Gran Canaria. Un certain nombre d'écoles s'occupent de votre hébergement, parfois même dans une famille espagnole. Certaines écoles spécialisées, comme la **Magma Kitesurf School** (☎626 200345 ; www.magma-kiteschool.com ; Calle Central 1 ; cours de surf 1 jour 50 €, cours de kitesurf 2 jours 255 €), à Lajares, sur Fuerteventura, peuvent combiner les cours d'espagnol à l'apprentissage du kitesurf.

**Canarias Cultural** (carte p. 150 ; ☎922 21 21 86 ; www.canariascultural.es ; Avenida de Buenos Aires 54, Santa Cruz de Tenerife ; programme intensif d'une sem 150 €). Des programmes à temps plein ou partiel, dont un stage intensif de cours particuliers d'une semaine à 150 €. Possibilité d'hébergement.

**Don Quijote** (carte p. 164 ; ☎922 36 88 07 ; www.donquijote.org ; Avenida Colón 14, Puerto de la Cruz, Tenerife ; programme intensif d'une sem 185 €, inscription 55 €, livret 35 €). Organisation nationale proposant des cours collectifs ou particuliers, et un programme de 2 semaines pour les plus de 50 ans. Possibilité d'hébergement.

**Gran Canaria School of Languages** (carte p. 62 ; ☎928 26 79 71 ; www.grancanariaschool.com ; Calle Dr Grau Bassas 27 ; programme intensif d'une sem 170 €). École à l'excellente réputation, ouverte depuis plus de 50 ans. Possibilité d'hébergement.

**Study Abroad International** (www.studyabroadinternational.com). Divers programmes de cours à l'étranger sur la Grande Canarie et Tenerife.

## Climat

### Las Palmas de Gran Canaria

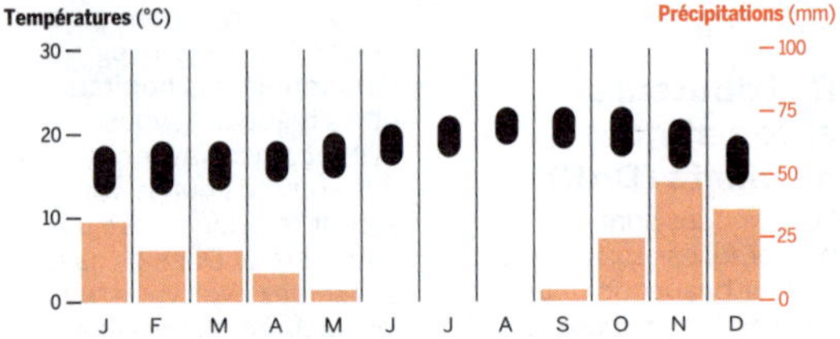


### Puerto del Rosario

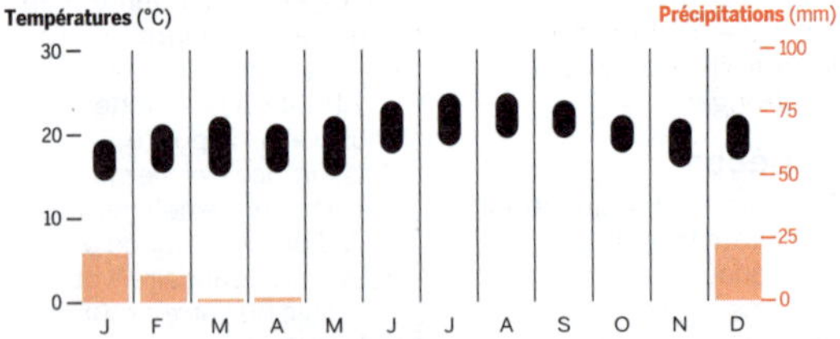


### Santa Cruz de Tenerife

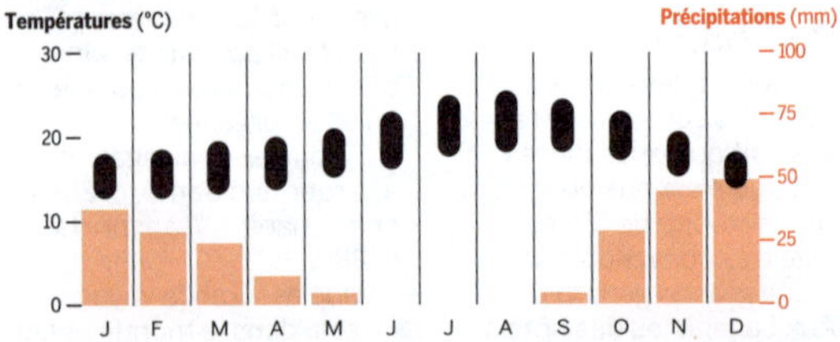


## Douane

Si les Canaries appartiennent bien à l'Espagne, elles sont toutefois considérées, en termes douaniers, comme hors Union européenne. De ce fait, les quotas y sont nettement moins généreux que pour les biens achetés dans les pays de l'Union européenne.

Vous pouvez faire entrer ou sortir un maximum de :

- 4 litres de vin
- 1 litre de spiritueux (ou 2 litres de vin pétillant)
- 16 litres de bière
- 200 cigarettes
- 300 € de cadeaux et autres produits

## Électricité

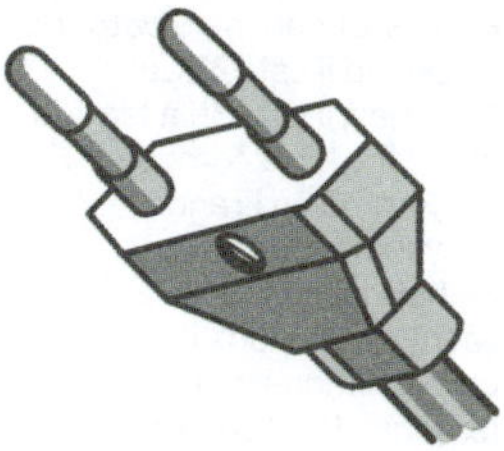

**Type C**
**230 V/50 Hz**

## Femmes seules

Les cas de harcèlement sont bien plus rares que ne le laissent croire les clichés sur l'Espagne, mais bien que le pays affiche les taux de plaintes pour viol les plus bas au monde, plusieurs cas de violence à l'égard des femmes ont été médiatisés ces dernières années. Vous risquez davantage d'être embêtée dans une station touristique par un touriste éméché venu d'Europe du Nord que par un Canarien.

Dans les villes, les femmes sont parfois la cible de regards appuyés, sifflets et commentaires déplacés, face auxquels la réaction la plus efficace est l'indifférence. Ne vous formalisez pas si vous faites l'objet de réflexions : le *piropo*, compliment inoffensif et gentiment dragueur, est profondément ancré dans les habitudes espagnoles (même s'il met généralement les femmes mal à l'aise).

Si le monokini et les tenues légères sont monnaie courante dans les stations balnéaires, partout ailleurs un peu plus de pudeur est recommandée.

## Formalités et visas

L'Espagne est membre de l'espace Schengen – ce qui signifie qu'elle a levé les contrôles aux frontières pour les voyageurs en provenance d'autres États membres.

Les formalités pour entrer en Espagne selon votre pays d'origine :

**Ressortissants ou résidents de l'UE et de l'espace Schengen** Pour un séjour inférieur à 3 mois, les Français, les Belges et les Suisses peuvent entrer aux Canaries avec une carte d'identité ou un passeport en cours de validité (le permis de conduire n'est pas une pièce d'identité)

**Ressortissants ou résidents canadiens** Pas de visa nécessaire pour les séjours de tourisme de moins de 90 jours. Les Canadiens doivent fournir un passeport valide encore au moins 90 jours après leur date de retour.

**Pour travailler ou faire des études en Espagne** Un visa particulier peut être exigé : contactez une ambassade ou un consulat d'Espagne avant votre départ.

Avant le départ, il est impératif de contacter les ambassades et les consulats pour s'assurer que les modalités d'entrée sur le territoire n'ont pas changé. Nous vous conseillons de scanner ou de photocopier tous vos documents importants (pages d'introduction de votre passeport, cartes bancaires, police d'assurance, billets de train/d'avion/de bus, permis de conduire, etc.). Conservez ces copies à part des originaux. Vous remplacerez ainsi plus aisément ces documents en cas de perte ou de vol.

### Prorogation et permis de séjour

Les visas Schengen sont valables 90 jours et ne peuvent pas être prorogés. Les ressortissants des pays membres de l'UE, d'Islande, de Norvège et de Suisse peuvent se rendre sur l'archipel et en sortir sans déposer de demande de permis de séjour (*tarjeta de residencia*), mais ils sont censés faire une demande de permis de séjour s'ils veulent séjourner plus de 90 jours.

Les autres citoyens désirant rester plus de 90 jours en Espagne doivent obtenir un permis de séjour, ce qui peut être une formalité administrative éreintante, qui commence par l'obtention du visa approprié, délivré par un consulat d'Espagne dans leur pays de résidence. Commencez les démarches bien avant votre voyage.

## Handicapés

Les Canaries ne facilitent pas particulièrement le séjour des personnes handicapées. De nombreux restaurants, boutiques et sites touristiques ne sont pas équipés pour les fauteuils roulants, mais les hôtels et *resorts* les plus chers ont souvent des chambres adaptées. Évidemment, il est préférable de vérifier avant de réserver. Les restaurants, les bars et les boutiques des centres commerciaux disposent de rampes d'accès pour les fauteuils roulants.

Les transports sont particulièrement difficiles, mais vous devriez pouvoir louer une voiture adaptée au handicap auprès d'un grand loueur international (réservez bien à l'avance). D'ailleurs, réserver tôt doit être votre maître mot : renseignez-vous d'emblée auprès de votre agent de voyages sur l'offre en termes d'information et d'assistance. Dans les grandes villes de l'archipel, comme Las Palmas et

Santa Cruz, certains bâtiments (comme les musées ou les administrations) ont des ascenseurs signalés en braille et des revêtements de sol spécifiques devant les escaliers, mais cela s'arrête là. Les infrastructures publiques sont en particulier très peu adaptées aux malentendants. Il est facile de louer des scooters pour personnes à mobilité réduite à Los Cristianos (Tenerife) ; vous verrez beaucoup de personnes les utiliser.

Les personnes à mobilité réduite voulant profiter de la plage pourront se renseigner sur la location de fauteuils amphibies à l'**office du tourisme** (☎928 51 05 42 ; www.puertodelcarmen.com ; Avenida de las Playas ; ⌚10h-18h) de Puerto del Carmen, sur Lanzarote.

Ces sites (en espagnol) donnent des informations et des adresses utiles :

**Grande Canarie** www.spain-grancanaria.com/fr/disabled.html

**Tenerife** www.tenerife-accesible.org

### Location de matériel spécialisé

**Mobility Abroad** (www.mobilityabroad.com). Un prestataire bien établi, implanté à la Grande Canarie et à Lanzarote.

**Orange Badge** (☎922 79 73 55 ; www.orangebadge.eu ; Avenida Amsterdam, Los Cristianos ; ⌚10h-17h lun-ven, 10h-13h sam-dim). Location de fauteuils roulants et de scooters électriques à Tenerife.

### Organismes

En France, l'**APF France handicap** (☎01 40 78 69 00 ; www.apf-francehandicap.org ; 17 bd Auguste-Blanqui, 75013 Paris) peut fournir des informations utiles sur les voyages accessibles. **Yanous** (www.yanous.com), **Hizy** (hizy.org), **Handicap.fr** (www.handicap.fr) et **Tourisme et handicaps** (www.tourisme-handicaps.org) constituent également de bonnes sources d'information.

Désormais, les principales plateformes d'hébergement que sont **Abritel** (www.abritel.fr), **Airbnb** (www.airbnb.fr), **Booking** (www.booking.com) et **Hotels.com** (fr.hotels.com) ont intégré des critères d'accessibilité à leur moteur de recherche. **Mobee Travel** (www.mobeetravel.com) est une start-up qui regroupe des hébergements accessibles et qui propose aussi des séjours sur mesure. Les agences de voyages **Yoola** (www.yoola.fr) et **Comptoir des voyages** (www.comptoir.fr) organisent des voyages adaptés aux personnes à mobilité réduite.

## Heures d'ouverture

Ces horaires s'appliquent en haute saison uniquement ; le reste de l'année, les heures d'ouverture sont généralement restreintes.

**Banques** 8h30-14h du lundi au vendredi

**Bars** 19h-minuit

**Bureaux de poste** 8h30-20h30 du lundi au vendredi, 9h30-13h le samedi (grandes villes) ; 8h30-14h30 du lundi au vendredi, 9h30-13h le samedi (reste de l'archipel)

**Magasins** 10h-14h et 17h-21h du lundi au vendredi, 10h-14h le samedi

**Restaurants** service 13h-16h et 19h-tard

**Supermarchés** 9h-21h du lundi au samedi

## Heure locale

Les Canaries sont soumises au fuseau horaire GMT/UTC, plus 1 heure après le passage à l'heure d'été. L'archipel est à 1 heure de moins que l'Espagne continentale et la plupart des pays d'Europe. Les Canaries passent à l'heure d'été le dernier dimanche de mars (on avance alors sa montre d'une heure). On retarde les horloges d'une heure le dernier dimanche d'octobre.

Quand il est 12h aux Canaries, il est 13h à Madrid et à Paris, 7h à Toronto.

Comme en France, le système horaire sur 24 heures est utilisé à l'écrit, mais, dans les conversations de tous les jours, la population utilise plutôt le système horaire sur 12 heures.

## Homosexualité

Le mariage homosexuel est légal en Espagne et donc aux Canaries. L'âge minimum est fixé à 16 ans, comme pour le mariage hétérosexuel. Playa del Inglés et Maspalomas, tout au sud de la Grande Canarie, est la destination favorite des gays européens en vacances aux Canaries, et la vie nocturne y est trépidante toute l'année. Le jour, les plages nudistes sont très prisées.

En règle générale, les Espagnols sont assez tolérants en matière de mœurs et vous ne devriez pas avoir d'ennuis. Toutefois, les habitants des petites villes de campagne risquent d'être déconcertés par des témoignages d'affection trop expansifs entre personnes du même sexe.

### Sites Internet

**Canarias Gay** (www.canariasgay.com). Moteur de recherche pour des vacances gay-friendly sur les îles.

**Gamá** (www.colectivogama.com). Un collectif gay et lesbien qui couvre tout l'archipel.

**Gay Homestays** (www.gayhomestays.com). Listes d'hébergements LGBT sur Tenerife, la Grande Canarie et Lanzarote (et le reste du monde).

**Gay Welcome** (www.gaywelcome.com). Site Internet utile pour les voyages en Europe, notamment aux îles Canaries.

## Internet (accès)

Le Wi-Fi est disponible dans les aéroports et dans presque tous les hôtels, ainsi que dans de nombreux cafés et restaurants (mais pas tous). Il est souvent gratuit, mais pas toujours. À l'hôtel, le débit de la connexion varie souvent d'une chambre à l'autre – renseignez-vous à votre arrivée.

### LES CANARIES PRATIQUES

**Journaux et magazines** Parmi les publications canariennes en espagnol figurent le *Diario de Avisos*, *Canarias 7* et *La Provincia*. On peut aussi se procurer les quotidiens nationaux *El País* et *El Mundo*.

**Radio** La Radio Nacional de España compte 4 stations. Les radios FM locales sont très nombreuses dans l'archipel ; on reçoit le BBC World Service (www.bbc.co.uk/worldserviceradio) sur les fréquences 6195kHz, 9410 kHz, 12095kHz, 15485 kHz et 15105 kHz. Vous pouvez également écouter le programme européen (24h/24) en ligne en cliquant sur le lien Radio Player de la page de la BBC World Service.

**Télévision** Les Canaries reçoivent les chaînes de télévision d'Espagne continentale (TVE1, La 2, Antena 3, Cuatro, Tele 5, La Sexta), ainsi que quelques chaînes locales d'intérêt très limité.

**Fumeurs** La loi interdit désormais de fumer dans tous les bars et restaurants, à proximité des hôpitaux et dans les cours d'école, ainsi qu'à la télévision.

**Poids et mesures** Le système métrique est en vigueur.

## Jours fériés

Le calendrier canarien compte au moins 14 jours fériés officiels. Lorsqu'un jour férié tombe non loin d'un week-end, on n'aime rien tant que faire le *puente* (pont) en prenant un jour de congé. Lorsque plusieurs jours fériés encadrent un même week-end, le *puente* devient *acueducto* (aqueduc) !

Voici la liste des principaux jours fériés du calendrier national, pratiqués aux Canaries et dans toute l'Espagne :

**Año Nuevo** (Nouvel An) 1er janvier

**Día de los Reyes Magos** (Épiphanie) 6 janvier

**Viernes Santo** (Vendredi saint) mars/avril

**Fiesta del Trabajo** (fête du Travail) 1er mai

**La Asunción de la Virgen** (Assomption) 15 août

**Día de la Hispanidad** (Jour de l'Hispanité et fête nationale) 12 octobre

**Todos los Santos** (Toussaint) 1er novembre. Particulièrement respecté à Tenerife.

**La Inmaculada Concepción** (Immaculée Conception) 8 décembre

**Navidad** (Noël) 25 décembre

Par ailleurs, le gouvernement canarien a fixé 5 autres jours fériés, et deux autres encore sont établis par les autorités locales. Parmi les plus répandus figurent les suivants :

**Martes de Carnaval** (Mardi gras) février/mars

**Jueves Santo** (Jeudi saint) mars/avril

**Día de las Islas Canarias** (fête des Canaries) 30 mai

**Día de San Juan** (Saint-Jean) 24 juin

**Día de Santiago Apóstol** (fête de l'apôtre Jacques, saint patron de l'Espagne) 25 juillet. À Santa Cruz de Tenerife, ce jour marque aussi la commémoration de la défaite de l'amiral Nelson, qui en 1797 tenta de prendre la ville.

**Día del Pino** (fête de la Vierge du Pin) 8 septembre. Une date très importante à la Grande Canarie.

**Día de la Constitución** (fête de la Constitution) 6 décembre

## Offices du tourisme

Toutes les grandes villes des Canaries possèdent un office du tourisme où vous trouverez généralement de bonnes cartes et des informations sur les sites et les activités disponibles dans la région. Si le gouvernement canarien fournit des renseignements sur la région entière et sur chaque île via son excellent site www.holaislascanarias.com, les offices du tourisme sont, eux, gérés par les *cabildos* (gouvernements insulaires) ou les *ayuntamientos* (hôtels de ville).

On trouve aussi des offices du tourisme dans les principaux aéroports. Ils pourront vous aider à trouver un hébergement de dernière minute.

## Poste

Correos (www.correos.es), l'opérateur postal espagnol qui gère le courrier aux îles Canaries, est généralement efficace, mais parfois un peu lent. Les boîtes aux lettres sont jaunes et estampillées "Correos".

## Problèmes juridiques

Si vous êtes arrêté, vous bénéficierez des services gratuits d'un *abogado de oficio* (avocat commis d'office) qui pourrait bien ne parler qu'espagnol. Vous avez aussi le droit de passer un appel téléphonique. Si vous appelez votre ambassade ou votre consulat, sachez que le personnel ne pourra pas faire grand-chose de plus que de vous adresser à un avocat francophone. Si vous passez en jugement, les autorités sont tenues de vous fournir un interprète.

En théorie, vous devez en permanence avoir sur vous votre carte nationale d'identité ou votre passeport, que vous devez pouvoir présenter en cas de contrôle de police. En pratique, c'est rarement un problème, et beaucoup de voyageurs préfèrent laisser leur passeport au coffre de leur hôtel et avoir sur eux une photocopie.

Il y a 3 grands types de *policía* : la *policía local*, la *policía nacional* et la Guardia Civil. Tous les services de police sont habilités à vous répondre, mais la *policía local* se révèle souvent plus utile. Le gouvernement des Canaries assure une assistance téléphonique gratuite (☎112), qui veille à ce que toute affaire urgente soit transmise au service de police le plus proche.

Selon la loi espagnole, tout individu de moins de 18 ans est considéré comme un mineur.

## CONSEILS AUX VOYAGEURS

La plupart des gouvernements possèdent des sites Internet qui recensent les dangers possibles et les régions à éviter. Consultez notamment les sites suivants :

**Ministère des Affaires étrangères français** (www.diplomatie.gouv.fr)

**Ministère des Affaires étrangères de Belgique** (http://diplomatie.belgium.be/fr)

**Département fédéral des Affaires étrangères suisse** (www.eda.admin.ch/eda/fr/dfae.html)

**Ministère des Affaires étrangères du Canada** (www.voyage.gc.ca)

# Santé

## Assurances et services médicaux

La carte européenne d'assurance maladie (CEAM), nominative et individuelle et valable un an, assure l'aide médicale d'urgence (mais non le rapatriement sanitaire) aux citoyens de l'Union européenne. Vous devez en faire la demande auprès de votre caisse d'assurance maladie ou en ligne sur www.ameli.fr. Comptez un délai de 2 semaines pour la réception.

Les ressortissants d'autres pays devront payer leurs soins médicaux en totalité (et se faire rembourser plus tard par leur assurance, s'ils en ont une).

Consultez également la rubrique *Assurance*, p. 281.

## Vaccination

Aucun vaccin n'est obligatoire pour entrer en Espagne. L'OMS recommande toutefois aux voyageurs d'être à jour pour les vaccinations habituelles : diphtérie-tétanos-poliomyélite en incluant la rubéole, les oreillons et plus particulièrement la rougeole, quelle que soit leur destination. Pensez à aller chez votre médecin traitant plusieurs semaines avant le départ.

## Disponibilité des soins médicaux

L'Espagne (et donc les Canaries) possède un excellent système de santé. Si vous avez besoin d'une ambulance, appelez le 112 (le numéro de téléphone européen d'urgence et de demande d'assistance médicale). Autre numéro d'urgence, le 061. Vous pouvez aussi vous rendre directement aux *urgencias* (urgences) de l'hôpital le plus proche.

Indiquées d'une croix verte, les *farmacias* (pharmacies) sont de bon conseil et vous fourniront les médicaments en vente libre. Dans toutes les Canaries, un système de *farmacias de guardia* (pharmacies de garde) fait en sorte qu'il y ait toujours une officine ouverte par secteur. Quand une pharmacie est fermée, les adresses ouvertes les plus proches sont indiquées sur la porte.

## Eau potable

Aux Canaries, l'eau est généralement de l'eau de mer dessalée. Elle est potable, mais son goût n'est pas très agréable. La plupart des habitants achètent de l'eau en bouteille, bon marché et disponible partout. En cas de doute, demandez : *¿Es potable el agua (de grifo)?* ("L'eau (du robinet) est-elle potable ?"). Ne buvez pas l'eau des lacs : elle est susceptible de contenir des bactéries et des virus pouvant entraîner diarrhées et vomissements.

## Épuisement par la chaleur

L'épuisement par la chaleur survient à la suite d'une perte excessive d'eau non compensée. Parmi les symptômes : maux de tête, vertiges et fatigue. La déshydratation est déjà installée lorsque l'on ressent la soif – assurez-vous de boire suffisamment d'eau afin que votre urine soit claire et diluée. Si vous souffrez d'épuisement par la chaleur, buvez de l'eau et/ou des jus de fruits et rafraîchissez-vous à l'aide d'eau fraîche et de ventilateurs.

### Mal des montagnes

Si vous faites de la randonnée en altitude, au-delà de 2 500 m (par exemple sur El Teide, à Tenerife), méfiez-vous du mal des montagnes.

Le mal des montagnes a lieu à haute altitude et affecte la plupart des individus de façon plus ou moins forte. Il survient à des altitudes variables, mais en général il frappe plutôt à partir de 3 500 à 4 500 m. Il est recommandé de dormir à une altitude inférieure à l'altitude maximale atteinte dans la journée.

Symptômes : manque de souffle, toux sèche irritante, fort mal de tête, perte d'appétit, nausée et parfois vomissements. Les symptômes disparaissent généralement au bout d'un jour ou deux, mais, s'ils persistent ou empirent, le seul traitement consiste à redescendre, ne serait-ce que de 500 m.

Vous pouvez prendre certaines mesures à titre préventif : ne faites pas trop d'efforts au début, reposez-vous souvent. À chaque palier de 1 000 m, arrêtez-vous pendant au moins un jour ou deux afin de vous acclimater. Buvez plus que d'habitude, mangez légèrement, évitez l'alcool et tout sédatif.

## Sécurité

Les voyageurs se sentiront généralement en sécurité dans l'archipel. Les petits vols sont les principaux dangers.

- Gardez vos objets de valeur cachés ou enfermés dans votre chambre d'hôtel et ne laissez rien de visible dans votre voiture.
- Attention aux pickpockets dans les régions très touristiques.
- Les femmes peuvent être victimes de harcèlement sexuel ; il ne s'agit souvent que de remarques douteuses ou de regards prononcés, mais cela peut-être déstabilisant.
- Méfiez-vous des contre-courants lorsque vous vous baignez dans l'archipel.

### Contre-courants

Si vous êtres pris dans un contre-courant en haute mer, ne luttez pas, car vous risqueriez de vous fatiguer très vite. Il est plus prudent d'essayer d'appeler à l'aide et de vous laisser porter par le courant afin d'économiser vos forces ; le contre-courant vous emmènera plus loin, mais vous devriez pouvoir revenir en nageant. Les contre-courants se produisant sur des zones assez étroites, nager petit à petit parallèlement à la côte est un autre moyen d'en sortir.

## Téléphone

### Appels internationaux

Pour téléphoner à l'étranger depuis les Canaries, composez le ☎00, l'indicatif du pays (☎33 pour la France, 32 pour la Belgique, 41 pour la Suisse et 1 pour le Canada), et le numéro de votre correspondant sans le 0 initial.

Pour appeler aux Canaries depuis l'étranger, composez le code d'accès international de votre pays (☎00 en France, en Belgique et en Suisse, ☎011 au Canada), suivi de l'indicatif ☎34 et du numéro de votre correspondant.

### Téléphones portables

Achetez un mobile prépayé avec un crédit à partir de 30 €. Les cartes SIM locales sont largement disponibles et peuvent être utilisées dans les téléphones débloqués.

Si vous possédez un téléphone mobile GSM, bibande ou tribande, vous pourrez acheter sur place cartes SIM et cartes prépayées.

Tous les opérateurs espagnols (notamment Orange, Vodafone et Movistar) proposent des forfaits prépayés. Vous pourrez ensuite recharger votre carte dans leurs boutiques ou chez des revendeurs, par exemple les supermarchés et bureaux de tabac.

Les Canaries utilisent le système GSM 900/1800, compatible avec le reste de l'Europe, mais pas avec le GSM 1900 en vigueur en Amérique du Nord : les voyageurs venus d'outre-Atlantique doivent posséder un téléphone tribande ou quadribande.

### Indicatifs téléphoniques

**Numéros de portables** commencent par 6

**Code d'accès international** 00

**Indicatif de l'Espagne** (dont les Canaries) 34

**Indicatifs provinciaux, par île** Grande Canarie, Lanzarote et Fuerteventura 928 ; Tenerife, La Gomera, La Palma et El Hierro 922

**Numéros gratuits** commencent par 900

## Toilettes

Les toilettes publiques sont rares et parfois peu attrayantes. Le plus commode est d'utiliser celles d'un bar ou d'un café. Dans ce cas, il est poli de consommer un petit quelque chose, mais ce n'est pas obligatoire. Toutefois, dans les zones touristiques, un panneau peut préciser que l'usage des toilettes est réservé aux clients.

Les voyageurs prudents auront toujours du papier toilette sur eux, beaucoup de sanitaires en étant dépourvus. S'il y a une poubelle, jetez le papier dedans (un panneau en espagnol, anglais et allemand peut vous le rappeler) – sans doute parce que le système des eaux usées local n'est pas très bon.

## Travailler aux Canaries

Les ressortissants de l'UE sont libres de travailler partout en Espagne (y compris aux Canaries) sans nécessité d'un visa, mais sont censés demander une carte de résident au cours du premier mois s'ils envisagent un séjour de plus de 90 jours. Tous les autres ressortissants sont supposés détenir un permis de travail (demandé auprès d'un consulat d'Espagne dans leur pays de résidence) et, pour un séjour supérieur à 90 jours, d'un visa de résident. Il est assez facile de trouver un emploi, surtout dans les stations touristiques, mais les procédures d'obtention de ces papiers sont souvent longues et fastidieuses.

# Transports

## DEPUIS/VERS LES CANARIES

Se rendre aux Canaries ne pose aucun problème. Les compagnies aériennes low cost sont légion dans toute l'Europe.

Trouvez un vol, un séjour ou un hôtel en quelques clics dans la rubrique "Réservations" du site www.lonelyplanet.fr.

## Entrer aux Canaries

Les ressortissants français, belges et suisses n'ont pas besoin de visa pour se rendre aux Canaries. Une carte nationale d'identité ou un passeport suffisent. Les ressortissants canadiens devront avoir un passeport en cours de validité (pour des séjours touristiques n'excédant pas 90 jours).

La législation espagnole vous impose d'avoir votre carte d'identité ou votre passeport sur vous en permanence pendant votre séjour, dans l'éventualité d'un contrôle de police. Mais, en pratique, vous ne risquez guère d'ennuis. Vous pouvez préférer porter sur vous une photocopie de ces documents. Dans tous les cas, une pièce d'identité originale est souvent demandée à votre arrivée dans les hôtels.

## Voie aérienne

L'excellent site Internet et le numéro d'information sur les vols d'**Aena** (☎91 321 10 00 ; www.aena.es), l'autorité espagnole du transport aérien, centralisent les renseignements sur la totalité des aéroports du pays.

### Aéroports et compagnies aériennes

Les 7 grandes îles canariennes ont chacune leur aéroport. Tenerife, la Grande Canarie, Lanzarote, Fuerteventura et, de plus en plus, La Palma, accueillent la quasi-totalité des vols internationaux et arrivant d'Espagne continentale ; les aéroports des autres îles assurent surtout des vols intérieurs à l'archipel.

Les grands aéroports suivants accueillent les vols internationaux :

**Aeropoerto Tenerife Norte** (Los Rodeos ; ☎902 40 47 04, 922 63 56 35 ; www.aena.es ; Los Rodeos). Accueille presque tous les vols inter-îles, ainsi que la plupart de ceux vers l'Espagne continentale.

**Aeropoerto Tenerife Sur** (Reina Sofía ; ☎922 75 95 10 ; www.aena.es ; Reina Sofía). Accueille les autres vols, dont la quasi-totalité des charters depuis/vers les Canaries.

**Aeropuerto de Gran Canaria** (☎913 21 10 00 ; www.aena.es ; près de GC-1). Se trouve à 16 km au sud de Las Palmas.

**Aeropuerto César Manrique-Lanzarote** (www.aena.es). Se trouve à 6 km au sud-ouest de la capitale, Arrecife.

**Aeropuerto de Fuerteventura** (☎902 40 47 04 ; www.aena.es ; El Matorral). Se trouve à 6 km au sud de la capitale, Puerto del Rosario.

### Depuis la France

Les compagnies à bas coût Vueling et easyJet assurent des vols directs depuis Paris pour Tenerife, Lanzarote, Fuerteventura ou la Grande Canarie (environ 4 heures 20) à des

**AVERTISSEMENT**

Les informations contenues dans ce chapitre sont particulièrement susceptibles de changements. Vérifiez directement auprès de la compagnie aérienne ou de l'agence de voyages les modalités d'utilisation de votre billet d'avion. N'hésitez pas à comparer les prestations. Les détails fournis ici doivent être considérés à titre indicatif et ne remplacent en rien une recherche personnelle attentive.

## AGENCES EN LIGNE

Vous pouvez réserver votre vol via une agence en ligne ou vous renseigner auprès d'un comparateur de vols :

- www.bourse-des-vols.com
- www.ebookers.fr
- www.expedia.fr
- www.govoyages.com
- www.illicotravel.com
- www.kayak.fr
- www.opodo.fr
- www.oui.sncf
- www.partirou.com
- www.skyscanner.fr
- voyages.kelkoo.fr

tarifs très attractifs. Lors de nos recherches, un vol aller-retour commençait à 210 € pour Tenerife, 240 € pour Grande Canarie, 150 € pour Lanzarote et 110 € pour Fuerteventura.

Les compagnies Air France et Iberia, ainsi que d'autres compagnies aériennes, proposent des vols quotidiens pour les Canaries. Certains sont directs (souvent opérés par Vueling). D'autres font une escale à Madrid ou à Barcelone et durent alors entre 6 et 10 heures.

Voici quelques adresses de compagnies aériennes et d'agences de voyages :

**Air France** (☎3654 ou 09 69 39 36 54 ; www.airfrance.fr). Plusieurs vols hebdomadaires depuis Paris vers Tenerife et la Grande Canarie, et, de temps en temps, vers Fuerteventura et Lanzarote ; également des liaisons depuis Lyon, Nantes et Bordeaux.

**Iberia** (☎0825 800 965 ; www.iberia.com/fr). Depuis Paris, une dizaine de vols desservent la Grande Canarie, Tenerife Sur, Tenerife Norte, Lanzarote et Fuerteventura, avec une correspondance à Madrid ou à Barcelone. Certains vols (directs) sont opérés par Vueling.

**Air Europa** (☎01 42 65 08 00 en France ; www.aireuropa.com). Vols quotidiens depuis Paris vers Tenerife, via Barcelone ou Madrid. Départ possible aussi depuis Nantes. Certains vols sont assurés en partenariat avec Air France.

**Volotea** (☎0899 232 050 ; www.volotea.com). Cette compagnie espagnole à bas coût, fondée en 2012, relie les capitales régionales et les villes moyennes d'Europe. Depuis la France, des départs sont possibles de Nantes, Bordeaux, Toulouse, Marseille et Strasbourg vers certaines îles des Canaries, dont la Grande Canarie, Lanzarote, Tenerife et Fuerteventura.

**Vueling** (☎01 84 88 69 48 ; www.vueling.com/fr/). Depuis Paris, vols pour Tenerife, Fuerteventura et la Grande Canarie.

**easyJet** (☎0820 420 315 ; www.easyjet.com). Relie Paris à Tenerife Sur, Fuerteventura et Lanzarote, ainsi que Nantes, Bordeaux, Lyon, Toulouse et Nice à Tenerife ou Fuerteventura. Également des liaisons depuis Bâle-Mulhouse vers la Grande Canarie, Fuerteventura, Lanzarote et Tenerife.

**OUI Sncf** (☎36 35, 0,64 €/min ; www.oui.sncf).

**TUI** (réservations et informations au ☎0825 000 825, 20 €/min ; www.tui.fr).

## Depuis la Belgique

Au moment de nos recherches, il fallait compter entre 120 et 150 € pour un vol direct depuis Bruxelles vers Tenerife, la Grande Canarie ou Fuerteventura. La durée d'un vol direct est de 5 heures à 6 heures selon la destination.

Voici quelques adresses utiles pour commencer vos recherches :

**Iberia** (☎02 585 51 98 ; www.iberia.com/be). Depuis Bruxelles, Iberia assure des vols, via Madrid ou Barcelone, pour Tenerife Sur, Tenerife Norte, la Grande Canarie, Lanzarote et Fuerteventura.

**Air Europa** (☎070 358 400 ; www.aireuropa.com). Depuis Bruxelles, des vols vers Tenerife Sur, Tenerife Norte, la Grande Canarie et Lanzarote, avec une escale à Madrid. Une seconde escale est possible à la Grande Canarie pour rejoindre Fuerteventura et à Tenerife Norte pour arriver à La Palma.

**Airstop** (☎070 233 188 ; www.airstop.be)

**Connections** (☎070 23 33 13 ; www.connections.be/fr-be)

**Gigatours Voyages Éole** (Éole à Bruxelles ☎02 672 35 03 ; www.voyageseole.be)

## Depuis la Suisse

Depuis Genève, comptez à partir de 230 FS pour un vol avec escale vers les Canaries, et à partir de 480 FS pour un vol direct.

Au moment de nos recherches, la compagnie à bas coût easyJet affichait des tarifs attractifs à certaines conditions (sans bagages en soute notamment) : à partir de 170 FS pour un vol direct Genève-Tenerife et 120 FS pour un Genève-Las Palmas.

Voici quelques adresses utiles pour commencer vos recherches :

**Iberia** (☎0 848 000 015 ; www.iberia.com). De Genève et Zurich, Iberia assure plusieurs vols par semaine, via Madrid ou Barcelone, à destination de Fuerteventura, la Grande Canarie, Tenerife Norte, Tenerife Sur et Lanzarote.

**EasyJet** (☎0848 282 828 ; www.easyjet.com) assure des vols directs depuis Genève pour Tenerife Sur et Fuerteventura, et des vols avec escale pour Lanzarote.

Vous pourrez aussi contacter **STA Travel** (☎058 450 49 49 ; www.statravel.ch) qui possède de nombreuses agences en Suisse.

### Depuis le Canada

Il n'existe aucun vol direct depuis le Canada vers les Canaries. Le mieux est d'étudier le meilleur rapport tarif/itinéraire : un vol direct pour Madrid ou Paris par exemple, suivi d'un vol charter ou d'un forfait, est souvent la formule la plus simple et la plus avantageuse de rallier l'archipel.

Au moment de la rédaction de ce guide, l'aller-retour le moins cher reliant Toronto à la Grande Canarie s'élevait à 1 300 $C (avec une escale). Pour un aller-retour Montréal-Ténérife, il fallait compter à partir de 1 500 $CA (avec 2 escales).

Vous pourrez notamment vous renseigner auprès de :

**Air Canada** (☎1 888 247 2262 ; www.aircanada.ca)

**Expedia** (www.expedia.ca)

**Orbitz** (www.orbitz.com)

**Travel Cuts – Voyages Campus** (☎1 800 667 2887 ; www.travelcuts.com)

**Travelocity** (www.travelocity.ca)

## Voie maritime

Presque tous les voyageurs vont aux Canaries en avion. Le seul autre moyen est de prendre un ferry depuis l'Espagne continentale.

Le prix d'un trajet en bateau depuis l'Espagne est cher. Si vous optez à bord pour une simple place assise, vous dépenserez autant que pour un billet d'avion. Et si vous voyagez en cabine, le trajet vous coûtera 3 à 4 fois le prix d'un vol (et durera presque 10 fois plus longtemps !).

**Naviera Armas** (☎902 45 65 00 ; www.navieraarmas.com). Un bateau par semaine au départ de Huelva, sur le continent, pour Arrecife (27 heures) sur Lanzarote, Las Palmas de Gran Canaria (32 heures) et Santa Cruz de Tenerife (36 heures).

**Trasmediterránea** (☎902 45 46 45 ; www.trasmediterranea.com). Un ferry par semaine relie Cadix, en Espagne continentale, à Santa Cruz de Tenerife (49 heures), avec escales à Arrecife sur Lanzarote (31 heures), Las Palmas de Gran Canaria (40 heures) et Santa Cruz de La Palma (64 heures).

> **TAXE DE DÉPART**
>
> À l'heure actuelle, les îles Canaries n'imposent pas de taxe de départ. En revanche, la mise en vigueur d'une taxe pour le tourisme durable, similaire à l'impôt perçu auprès des touristes dans les îles Baléares, était à l'étude lors de la rédaction de ce guide afin d'aider à financer les efforts pour la protection de l'environnement et pour faire face au nombre de visiteurs.

# VOYAGES ORGANISÉS

Les Canaries se prêtent idéalement à la randonnée, et les agences spécialisées dans ce domaine proposent de nombreux circuits, adaptés aux marcheurs de tous niveaux, à travers une ou plusieurs des 8 îles de l'archipel. Les sports nautiques sont également à l'honneur. Les amateurs de plages peuvent opter pour les séjours en demi-pension ou tout compris, en hôtels et hôtels-clubs au catalogue de la plupart des agences généralistes.

## Randonnées et treks

**Allibert** (☎04 92 45 49 50 en France, ☎02 318 32 02 en Belgique, ☎022 519 03 23 en Suisse ; www.allibert-trekking.com) ; Paris (☎01 44 59 35 35 ; 37 bd Beaumarchais, 75003). Divers circuits pour marcheurs plus ou moins aguerris. Autres agences à Chamonix, Chapareillan, Lyon, Toulouse et Villeneuve-Loubet.

**Atalante** (☎04 72 53 24 80 ; www.atalante.fr) ; Lyon (☎04 72 53 24 80 ; 36 quai Arloing, 69009 Lyon) ; Paris (☎01 55 42 81 00 ; 18 rue Séguier, 75006 Paris). Treks sportifs et circuits découvertes alliant randonnée, visites culturelles et baignades.

**Canary Active Nature** (☎+34 610 21 43 24 ; www.canary-active-nature.com ; Diseminado Caleta de Famara 23, 35558 Teguise, Lanzarote). Une agence locale mais francophone (entre autres), qui propose divers circuits de randonnée d'une semaine environ, mais aussi des excursions à la journée et un pack multi-activités.

**Chamina Voyages** (☎04 66 69 00 44 ; www.chamina-voyages.com). Des randonnées accompagnées ou en liberté de 5 à 15 jours, dont une adaptée aux enfants.

**Grand Angle** (☎04 76 95 23 00 ; www.grandangle.fr ; 52 rue du Tortolon, 38112 Autrans-Méaudre-en-Vercors). Des randonnées guidées et à la carte, et un circuit à vélo.

**Huwans-Clubaventure** (☎04 96 15 10 20 ; www.huwans-clubaventure.fr) ; Paris (☎01 44 32 09 30 ; 18 rue Séguier, 75006 Paris) ; Genève (☎22 320 50 80 ; 51 rue Prévost-Martin, CP124, 1211 Genève 4). Treks et randonnées sportives ou en famille. Également un séjour multi-activités. Autres agences à Lyon et Marseille.

## VOYAGES ET CHANGEMENT CLIMATIQUES

Tous les moyens de transport fonctionnant à l'énergie fossile génèrent du $CO_2$ – la principale cause du changement climatique induit par l'homme. L'industrie du voyage est aujourd'hui dépendante des avions. Si ceux-ci ne consomment pas nécessairement plus de carburant par kilomètre et par personne que la plupart des voitures, ils parcourent en revanche des distances bien plus grandes et relâchent quantité de particules et de gaz à effet de serre dans les couches supérieures de l'atmosphère. De nombreux sites Internet utilisent des "compteurs de carbone" permettant aux voyageurs de compenser le niveau des gaz à effet de serre dont ils sont responsables par une contribution financière à des projets respectueux de l'environnement. Lonely Planet "compense" les émissions de tout son personnel et de ses auteurs.

**Nomade Aventure** (☎01 46 33 71 71 ; www.nomade-aventure.com ; 40 rue de la Montagne-Sainte-Geneviève, 75005 Paris). Des treks de niveaux différents et une randonnée multi-activités, idéale pour les familles.

**Terdav** (☎01 70 82 90 00 en France, ☎02 543 95 60 en Belgique, ☎022 519 1220 en Suisse ; www.terdav.com ; 30 rue Saint-Augustin, 75002 Paris). Randonnées accompagnées ou en individuel. Nombreuses agences en France. Une autre agence à Bruxelles et à Genève.

### Sports et découverte

**AMV Subocea** (☎04 95 06 12 39 ; www.amv-voyages.fr ; par courrier : 7 port de la Pointe Rouge, 13008 Marseille). Cette agence spécialisée dans la plongée propose des séjours à La Graciosa, Tenerife ou Lanzarote.

**Escursia** (☎02 53 35 40 29 ; www.escursia.fr ; par courrier : 8 rue de Mayence, 44 000 Nantes). Un circuit à la découverte des oiseaux des steppes de l'archipel, en compagnie d'un naturaliste.

# COMMENT CIRCULER

## Avion

Sept des 8 îles possèdent un aéroport, faisant de l'avion l'option la plus simple (et rapide) si vous souhaitez visiter plusieurs îles. Binter Canarias est la compagnie la plus ancienne, avec une offre complète de vols et, sur certaines lignes (notamment dans les îles occidentales), de minuscules avions ! Canary Fly et Air Europa Express assurent des liaisons entre la plupart des îles, généralement avec au moins une correspondance à Tenerife.

**Air Europa Express** (www.aireuropa.com). Vols au départ de Tenerife pour la Grande Canarie, Fuerteventura, Lanzarote et La Palma.

**Binter Canarias** (☎902 39 13 92 ; www.bintercanarias.com). Vols pour toutes les îles.

**Canary Fly** (☎902 80 80 65 ; www.canaryfly.es). Dessert Tenerife, La Palma, la Grande Canarie et Lanzarote.

## Bateau

Les îles sont reliées entre elles par des "ferrys rapides" et des hydroglisseurs.

Les horaires, les tarifs et même les itinéraires sont susceptibles de changer. Ce n'est pas bien grave sur les grands itinéraires, où l'offre ne manque pas, mais cela peut occasionner d'importants retards si vous empruntez un itinéraire desservi seulement 2 à 3 fois par jour, voire par semaine. Si vous avez peu de temps, l'avion est le moyen le plus rapide (souvent à des prix compétitifs).

Voici les 3 compagnies principales :

**Fred Olsen** (☎902 10 01 07 ; www.fredolsen.es ; ⌚renseignements 8h-20h)

**Naviera Armas** (☎902 45 65 00 ; www.navieraarmas.com)

**Trasmediterránea** (☎902 45 46 45 ; www.trasmediterranea.com)

## Bus

Aux Canaries, un bus s'appelle une *guagua* (prononcez "goua-goua"). Mais si vous parlez d'*autobuses*, vous vous ferez parfaitement comprendre.

Chaque île a son propre service interurbain. Les bus pourront vous conduire vers tous les grands sites (et vous en ramener), mais il n'y en a souvent que quelques-uns par jour (sauf sur les itinéraires très populaires), ce qui vous obligera à vous organiser à l'avance. C'est particulièrement vrai sur les plus petites îles, peu peuplées, où tout le monde ou presque doit être motorisé.

Les grandes îles, Tenerife et la Grande Canarie, jouissent d'un système de transports publics efficace couvrant tout leur territoire. La fréquence est toutefois extrêmement variable : la desserte, très régulière entre les grandes villes, se résume parfois à deux allers-retours par jour pour transporter travailleurs et écoliers depuis/vers la capitale insulaire.

Le week-end, veillez à bien vérifier les horaires lors de vos déplacements. Même sur les lignes des grandes îles, une desserte fréquente en semaine peut se réduire à quelques bus le samedi et à un seul (voire aucun) le dimanche.

Dans les grandes villes, les bus partent d'une *estación de guaguas* (gare routière). Dans les petites communes et les villages, la tête de ligne se trouve souvent dans une rue ou sur une place déterminée. Le ticket s'achète à bord.

**Global** (☎928 25 26 30 ; www.guaguasglobal.com). Réseau bien développé d'itinéraires à la Grande Canarie, mais la desserte entre les zones rurales est plus que réduite.

**Guagua Gomera** (☎922 14 11 01 ; www.guaguagomera.com ; Estación de Guaguas, Avenida Vía de Ronda, San Sebastián). Le service limité de La Gomera gère 7 lignes à travers l'île.

**Intercity Bus Lanzarote** (☎928 81 15 22 ; www.arrecifebus.com). Un bon réseau qui couvre les principales curiosités de Lanzarote.

**Tiadhe** (☎928 85 57 26 ; www.tiadhe.com). Réseau correct de Fuerteventura, avec 18 lignes.

**TITSA** (Transportes Interurbanos de Tenerife SA ; ☎922 53 13 00 ; www.titsa.com ; ⏲service client 8h-20h). Réseau de bus très dense, sur toute l'île de Tenerife.

**TransHierro** (☎922 55 11 75 ; www.transhierro.es ; Calle El Molino 14, Valverde ; ⏲7h-19h). Le service de bus d'El Hierro offre une couverture raisonnable de l'île.

**Transportes Insular La Palma** (TILP ; ☎922 41 19 24 ; www.tilp.es). Un service étendu sur La Palma.

### Forfaits

Sur certaines îles, vous pouvez vous procurer une carte qui permet de bénéficier d'une réduction sur le prix du billet, réduction qui a sensiblement baissé dernièrement (5% sur Fuerteventura et 10% sur Lanzarote, par exemple). La carte coûte généralement 2 € et peut être rechargée d'au minimum 5 €. Les cartes s'achètent dans les gares routières et chez divers commerçants, dont les marchands de journaux. Il suffit souvent de passer la carte sur le lecteur et d'annoncer au chauffeur votre destination, pour que le montant du trajet soit automatiquement débité de la carte. Sur Tenerife, avec la carte Ten+, qui offre une réduction de 30%, il faut passer la carte sur le lecteur en entrant *et* en sortant (au risque de payer le tarif le plus cher). Une carte peut généralement être utilisée par un autre voyageur. Las Palmas de Gran Canaria propose aussi un **pass Live bus** (www.guaguas.com/tarifas-carnets/tarjeta-turistica) pour les lignes de la ville.

### Tarifs

Les tarifs sont raisonnables et peut-être un peu moins chers en achetant une carte. Ils sont calculés au prorata de la distance. Les tickets varient donc de 1 € pour un court trajet en ville à 10 € environ pour un trajet de plus d'une heure (sur les îles les plus grandes). Un tarif fixe en fonction des distances a été introduit à La Palma : 1,50 € jusqu'à 10 km, 2,40 € de 10 km à 20 km et 2,60 € pour plus de 20 km.

Munissez-vous de petites coupures et de monnaie pour faire l'appoint, car les chauffeurs de bus ne peuvent pas toujours rendre la monnaie sur les gros billets.

## Voiture et moto

Louer une voiture est fortement conseillée, en partie parce que conduire dans les îles fait partie des souvenirs les plus mémorables. Les lignes de bus sont excellentes pour les trajets entre les grandes villes, mais si vous souhaitez rallier de petites villes, vous devrez peut-être attendre le prochain bus une journée entière. Vous ne pourrez explorer en profondeur qu'avec votre propre véhicule – à moins d'être prêt à passer un jour et une nuit dans chaque *pueblo* (village) que vous visiterez. En outre, les îles sont traversées par une myriade de routes pittoresques.

### Assurance

Au minimum, la loi exige aux Canaries (comme dans le reste de l'Europe) la souscription d'une assurance automobile au tiers. Veillez à connaître vos obligations et le montant des franchises pratiquées, ainsi que les réductions de franchise possibles en cas d'accident ou de dommages causés au véhicule de location. Sachez que, sur une route de terre, votre assurance est parfois nulle et non avenue : vérifiez auprès de l'agence de location. Les grandes agences de location internationales, comme Avis, ont tendance à avoir une police d'assurance complète intégrée dans le devis, aussi les clients sont-ils assez bien couverts en cas d'accident, mais mieux vaut vérifier avant de vous engager. D'autres agences peuvent vous donner le choix de laisser une caution et de rapporter la voiture dans le même état pour la récupérer, ou d'opter pour une couverture complète. Dans ce cas, on vous louera peut-être une voiture un peu plus cabossée.

### Code de la route

Le taux d'alcool doit être inférieur à 0,5 g/litre de sang et des contrôles intempestifs sont menés. Si votre contrôle révèle un taux supérieur, vous risquez une amende et votre permis peut être saisi dans les 24 heures. Les étrangers non résidents devront régler l'amende immédiatement (avec 30% à 50% de remise sur le total). Plaider l'incompréhension linguistique est inutile : l'agent de police pourra produire une liste des infractions et des amendes dans toutes les langues que vous voulez. Si vous ne payez pas, ou ne connaissez pas de résident canarien qui puisse vous servir de garant, votre véhicule peut être saisi.

**Âge légal pour conduire une voiture** 18 ans

**Âge légal pour conduire une moto ou un scooter** 16 ans (à partir de 80 cm³) ou 15 ans (moins de 50 cm³) ; permis obligatoire.

**À moto** Allumage obligatoire des phares, de jour comme de nuit, et port obligatoire du casque sur les engins de plus 125 cm³.

**Aux carrefours giratoires** Priorité aux véhicules déjà engagés.

**Sens de conduite** On conduit à droite.

**Limitations de vitesse** 50 km/h en agglomération, 100 km/h sur les grands axes et 120 km/h sur les *autovías* (autoroutes).

## Permis de conduire

En théorie, si votre permis n'a pas été émis dans l'UE, vous devrez l'accompagner d'un permis de conduire international ; en pratique, ceux émis par certains pays, tels que le Canada et les États-Unis, sont le plus souvent acceptés.

Il faut un permis pour conduire tout véhicule de plus de 50 cm³.

## Essence

La *gasolina* (essence) est bien moins chère aux Canaries que dans le reste de l'Espagne, car moins taxée. Le *sin plomo* (sans plomb) et le *diesel* (gazole) sont vendus partout et généralement disponibles en deux indices d'octane.

Les prix varient légèrement d'une station à l'autre et en fonction du cours du pétrole et de la politique fiscale. Les stations-service acceptent les cartes bancaires les plus courantes.

Dans certaines stations-service, des pompistes font le plein pour vous, tandis que dans d'autres vous devrez le faire vous-même.

## Location de voiture

Tous les grands loueurs internationaux sont représentés aux Canaries, où abondent par ailleurs les prestataires locaux. Pour louer une voiture, vous devez avoir le permis, être âgé de plus de 21 ans et, pour les grands loueurs (mais pas seulement), détenir une carte bancaire.

Si vous comptez séjourner longtemps sur l'une des îles, il peut être avantageux de réserver une voiture à l'avance, par exemple via un forfait vol+location. De même, il vaut mieux réserver à l'avance pour la haute saison ou sur les plus petites îles où les véhicules de location ne sont pas légion. Sachez que les frais de location sont plus élevés pour les 3 ou 4 premiers jours ; louer un véhicule pour une semaine ne vous reviendra pas beaucoup plus cher.

En règle générale, vous ne pouvez pas sortir une voiture d'une île sans avoir l'autorisation expresse du loueur. La plupart des prestataires font exception pour la traversée Fuerteventura-Lanzarote : vous pouvez généralement amener votre voiture d'une île à l'autre, et même, dans certains cas, prendre la voiture sur l'une et la rendre sur l'autre.

**Avis** (☎902 24 88 24, 902 18 08 54 ; www.avis.es)

**Cicar** (☎928 82 29 00 ; www.cicar.com). Agence locale réputée qui couvre toutes les îles. Cicar appartient au groupe Cabrera Medina et propose des tarifs et conditions identiques.

**Europcar** (☎902 50 30 10, 911 50 50 00 ; www.europcar.es)

## Apporter son propre véhicule

À moins d'envisager de vous installer sur place, rien ne justifie que vous apportiez votre propre véhicule. Les coûts de transport par ferry depuis Cadix, en Espagne continentale, sont exorbitants, alors que la location de voiture dans l'archipel est sensiblement moins chère que dans la plupart des pays de l'UE. Si vous faites partie des rares visiteurs à venir avec leur voiture, il vous faudra votre carte grise et un certificat d'assurance internationale (ou "carte verte"), à demander à votre assureur.

# Vélo

Se déplacer à vélo dans l'archipel est un moyen très agréable (et sportif !) pour admirer le paysage, et, en règle générale, les conducteurs se montrent patients avec les cyclistes sur les routes vallonnées des Canaries. Malheureusement, en ville, les pistes cyclables sont rares, à l'exception de Las Palmas et des avenues bordant les plages, qui intègrent de plus en plus des espaces pour les cyclistes.

Si vous envisagez de venir avec votre vélo, vérifiez auprès de la compagnie aérienne s'il n'y a pas de frais supplémentaires et s'il faut le démonter et l'emballer pour le voyage. En ferry, c'est plus simple : le transport est très bon marché, voire parfois gratuit.

## Location

Il est possible de louer des vélos un peu partout dans l'archipel : quantité de boutiques vendent ou louent toutes sortes de vélos, notamment des vélos électriques et tout l'équipement nécessaire. Vous pouvez louer VTT, vélos de ville et e-bikes dans diverses stations, ainsi que dans les zones les plus touristiques de l'archipel. Comptez un minimum de 12 € la journée, ainsi qu'une caution d'environ 50 €. Un casque et quelques équipements basiques sont inclus dans la location. Certains de ces loueurs organisent aussi des circuits guidés à vélo.

Las Palmas de Gran Canaria offre un service de location de vélos appelé **Sitycleta** (www.sitycleta.com/es). On trouve des bornes avec ces vélos jaune et bleu dans toute la ville.

## En stop

L'auto-stop n'est jamais sans danger, et nous ne le conseillons pas. Les voyageurs qui choisissent ce moyen de transport doivent savoir qu'ils prennent un risque, certes faible, mais bien réel. Il est plus prudent de voyager à deux, et d'informer quelqu'un de sa destination.

L'auto-stop est illégal sur les *autovías*. Choisissez plutôt un endroit où les voitures pourront s'arrêter en toute sécurité, avant les entrées d'autoroute, ou privilégiez les axes secondaires. Sur ces derniers, armez-vous de patience, la circulation étant souvent clairsemée.

# Langue

Aux Canaries, on parle l'espagnol (*español*), également appelé castillan (*castellano*).

L'espagnol n'est pas très difficile à prononcer. Dans nos conseils de prononciation, rh indique le "j" se prononçant comme un r très dur et guttural, th indique le "c" ou le "z" prononcés en glissant la pointe de la langue entre les dents (comme le "th" en anglais) ; le r est fortement roulé. Si vous connaissez l'espagnol, peut-être reconnaîtrez-vous les inflexions andalouses, voire latino-américaines, de l'accent canarien : "lli" se prononce y, et le "z" et le "c" devant une voyelle se prononcent s (sans le "zézaiement" habituel du reste de l'Espagne). La lettre "s" est pour ainsi dire muette, servant plutôt à prolonger la voyelle : ainsi, Las Palmas se prononce "Laa Palmaa". En suivant nos conseils de prononciation (avec les syllabes accentuées en italique), vous devriez vous faire comprendre *perfectamente*.

Le genre existe en espagnol. Les noms féminins se terminent généralement en *-a*, les noms masculins en *-o*. Les terminaisons des adjectifs changent aussi en fonction du genre du nom qu'ils qualifient. Dans ce chapitre, les deux formes sont indiquées chaque fois que cela est nécessaire, séparées par une barre oblique, en commençant par la forme masculine (ex. *perdido/a*).

Lorsqu'un nom ou un adjectif se termine par une voyelle, on forme le pluriel en ajoutant *–s* ; il faut ajouter *-es* s'il se termine par une consonne.

Pour s'adresser à des proches ou à une personne plus jeune, on utilise le tutoiement *tú*, plutôt que le vouvoiement *usted*. Dans ce chapitre, les deux possibilités sont indiquées (politesse/familier).

### POUR ALLER PLUS LOIN

Indispensable pour mieux communiquer sur place : le *Guide de conversation Espagnol* de Lonely Planet. Pour réserver une chambre, lire un menu ou simplement faire connaissance, ce manuel permet d'acquérir des rudiments d'espagnol. Inclus : un minidictionnaire bilingue.

## BASES

| | | |
|---|---|---|
| **Bonjour** | *Hola* | o·la |
| **Au revoir** | *Adiós* | a·*dyos* |
| **Comment ça va ?** | *¿Qué tal?* | *ké tal* |
| **Bien, merci** | *Bien, gracias* | bièn *gra*·sias |
| **Excusez-moi** | *Perdón* | pèr·*don* |
| **Désolé** | *Lo siento* | lo ssi·*ènn*·to |
| **Oui/Non** | *Sí/No* | si/no |
| **S'il vous/te plaît** | *Por favor* | por fa·*vor* |
| **Merci** | *Gracias* | *gra*·sias |
| **Je vous/t'en prie** | *De nada* | dé *na*·da |

**Je m'appelle...**
*Me llamo...* — mé *lya*·mo...

**Quel est votre nom ?**
*¿Cómo se llama Usted?* — *ko*·mo se *lya*·ma *ou*·ssté (pol)
*¿Cómo te llamas?* — *ko*·mo té *lya*·mass (fam)

**Parlez-vous (français) ?**
*¿Habla (francés)?* — *a*·bla (frann-*théss*) (pol)
*¿Hablas (francés)?* — *a*·blas (frann-*théss*) (fam)

**Je (ne) comprends (pas)**
*Yo (no) entiendo* — yo (no) ènn·*tiènn*·do

## HÉBERGEMENT

**Je voudrais réserver une chambre.**
*Quisiera reservar una habitación.* — ki·*ssié*·ra ré·ssèr·*var* ou·na a·bi·ta·*thyonn*

**Quel est le prix pour une nuit/par personne ?**
*¿Cuánto cuesta por noche/persona?* — *kouann*·to *kouèss*·ta por *no*·tché/por pèr·*sso*·na

**Le petit-déjeuner est-il compris ?**
*¿Incluye el desayuno?* — inn·*klou*·yé èl dé·ssa·*you*·no

| | | |
|---|---|---|
| **campin** | *terreno de cámping* | tè·*ré*·no dé *kamm*·ping |
| **hôtel** | *hotel* | o·*tèl* |
| **pension** | *pensión* | pènn·*ssion* |
| **auberge de jeunesse** | *albergue juvenil* | al·*bèr*·gué rhou·vé·*nil* |

| | | |
|---|---|---|
| **Je voudrais une chambre** | *Quisiera una habitación* | ki·*ssié*·ra ou·na a·bi·ta·*thionn.* |
| **simple** | *individual* | inn·di·vi·*doual* |
| **double** | *doble* | *do*·blé |
| **climatisation** | *aire acondicionado* | *aï*·ré a·kon·di·thyo·*na*·do |
| **fenêtre** | *ventana* | vènn·*ta*·na |
| **lit** | *cama* | *ka*·ma |
| **salle de bains** | *baño* | *ba*·nyo |

# ORIENTATION

**Où est...?**
*¿Dónde está ...?* — donn·dé èss·*ta* ...

**Quelle est l'adresse ?**
*¿Cuál es la dirección?* — *koual* ès la di·rèk·*thyonn*

**Pourriez-vous me l'écrire, s'il vous plaît ?**
*¿Puede escribirlo, por favor?* — *poué*·dé èss·kri·*bir*·lo por fa·*vor*

**Pourriez-vous me montrer (sur la carte) ?**
*¿Me lo puede indicar (en el mapa)?* — mé lo *poué*·dé inn·di·*kar* (ènn èl *ma*·pa)

| | | |
|---|---|---|
| **à côté de...** | *al lado de ...* | al *la*·do dé ... |
| **à l'angle** | *en la esquina* | ènn la èss·*ki*·na |
| **au feu** | *en el semáforo* | ènn èl ssé·*ma*·fo·ro |
| **derrière...** | *detrás de* | dé·*trass* dé |
| **devant** | *enfrente de* | ènn·*frènn*·té dé |
| **droite** | *derecha* | dé·*ré*·tcha |
| **en face de** | *frente a* | *frènn*·té a |
| **gauche** | *izquierda* | ith·*kyèr*·da |
| **loin** | *lejos* | *lé*·rhoss |
| **près** | *cerca* | *thèr*·ka |
| **tout droit** | *todo recto* | *to*·do *rèk*·to |

# AU RESTAURANT

**Que conseillez-vous ?**
*¿Qué recomienda?* — ké ré·ko·*myènn*·da

**Qu'y a-t-il dans ce plat ?**
*¿Que lleva ese plato?* — ké *lyé*·va *é*·sé *pla*·to

**Je ne mange pas de...**
*No como ...* — no *ko*·mo ...

**C'était délicieux !**
*¡Estaba buenísimo!* — èss·*ta*·ba boué·*ni*·ssi·mo

**Apportez-nous la note, s'il vous plaît.**
*Por favor nos trae la cuenta.* — por fa·*vor* nos *tra*·é la *kouènn*·ta

**Santé !**
*¡Salud!* — sa·*lou*

| | | |
|---|---|---|
| **Je voudrais réserver une table pour ...** | *Quisiera reservar una mesa para ...* | ki·*ssyé*·ra ré·ssèr·*var ou*·na *mé*·ssa *pa*·ra ... |
| **(huit) heures** | *las (ocho)* | lass (*o*·tcho) |
| **(deux) personnes** | *(dos) personas* | (doss) pèr·*sso*·nass |

## EXPRESSIONS UTILES

Pour vous débrouiller en espagnol, combinez ces formules simples avec les mots de votre choix.

**Quand part (le prochain vol) ?**
*¿Cuándo sale (el próximo vuelo)?* — *kouann*·do ssa·lé (èl *prok*·ssi·mo *voué*·lo)

**Où se trouve (la gare) ?**
*¿Dónde está (la estación)?* — *donn*·dé èss·*ta* (la èss·ta·*thyonn*)

**Où puis-je (acheter un billet) ?**
*¿Dónde puedo (comprar un billete)?* — *donn*·dé *poué*·do (komm·*prar* oun bi·*lyé*·té)

**Avez-vous (un plan) ?**
*¿Tiene (un mapa)?* — *tyé*·né (oun *ma*·pa)

**Y a-t-il (des toilettes) ?**
*¿Hay (servicios)?* — aï (sèr·*vi*·thyoss)

**Je voudrais (un café).**
*Quisiera (un café).* — ki·*ssié*·ra (oun ka·*fé*)

**Je voudrais (louer une voiture).**
*Quisiera (alquilar un coche).* — ki·*ssyé*·ra (al·ki·*lar* oun *ko*·tché)

**Puis-je (entrer) ?**
*¿Se puede (entrar)?* — ssé *poué*·dé (ènn·*trar*)

**Pourriez-vous (m'aider) s'il vous plaît ?**
*¿Puede (ayudarme), por favor?* — *poué*·dé (a·you·*dar*·mé) por fa·*vor*

**Dois-je (obtenir un visa) ?**
*¿Necesito (obtener un visado)?* — né·thé·*ssi*·to (ob·té·*nèr* oun vi·*ssa*·do)

## Mots utiles

| | | |
|---|---|---|
| **Amuse-bouche** | *aperitivos* | a·pé·ri·*ti*·voss |
| **assiette** | *plato* | *pla*·to |
| **avec/sans** | *con/sin* | konn/sinn |
| **bar** | *bar* | bar |
| **bol** | *bol* | bol |
| **bouteille** | *botella* | bo·*té*·lya |
| **café** | *café* | ka·*fé* |
| **chaise haute** | *trona* | *tro*·na |
| **chaud** | *caliente* | ka·*lyènn*·té |
| **couteau** | *cuchillo* | kou·*tchi*·lyo |
| **cuillère** | *cuchara* | kou·*tcha*·ra |
| **déjeuner** | *almuerzo/ comida* | al *mouer* so/ ko·*mi*·da |
| **dîner** | *cena* | *thé*·na |
| **fourchette** | *tenedor* | té·né·*dor* |
| **(très) froid** | *(muy) frío* | (moui) *fri*·o |
| **marché** | *mercado* | mèr·*ka*·do |
| **menu enfant** | *menú infantil* | mé·*nou* inn·fann·*til* |

| | | |
|---|---|---|
| **menu (en français)** | *menú (en francés)* | mé·*nou* (ènn frann·*théss*) |
| **nourriture** | *comida* | ko·*mi*·da |
| **nourriture végétarienne** | *comida vegetariana* | ko·*mi*·da vé·rhé·ta·*rya*·na |
| **petit-déjeuner** | *desayuno* | dé·ssa·*you*·no |
| **plat de résistance** | *segundo plato* | ssé·*gounn*·do *pla*·to |
| **restaurant** | *restaurante* | rèss·taou·*rann*·té |
| **supermarché** | *supermercado* | sou·pèr·mèr·*ka*·do |
| **verre** | *vaso* | *va*·sso |

## Viandes et poissons

| | | |
|---|---|---|
| **agneau** | *cordero* | kor·*dé*·ro |
| **bœuf** | *carne de vaca* | *kar*·né dé *va*·ka |
| **canard** | *pato* | *pa*·to |
| **dinde** | *pavo* | *pa*·vo |
| **poisson** | *pescado* | pèss·*ka*·do |
| **porc** | *cerdo* | *thèr*·do |
| **poulet** | *pollo* | *po*·lyo |
| **veau** | *ternera* | tèr·*né*·ra |

## Fruits et légumes

| | | |
|---|---|---|
| **abricot** | *albaricoque* | al·ba·ri·*ko*·ké |
| **ananas** | *piña* | *pi*·nya |
| **artichaut** | *alcachofa* | al·ka·*tcho*·fa |
| **asperges** | *espárragos* | ess·*pa*·ra·goss |
| **banane** | *plátano* | *pla*·ta·no |
| **betterave** | *remolacha* | ré·mo·*la*·tcha |
| **carotte** | *zanahoria* | tha·na·o·rya |
| **céleri** | *apio* | *a*·pyo |
| **cerise** | *cereza* | thé·*ré*·tha |
| **champignon** | *champiñón* | tchamm·pi·*nyonn* |
| **chou** | *col* | kol |
| **citron** | *limón* | li·*monn* |
| **concombre** | *pepino* | pé·*pi*·no |
| **épinards** | *espinacas* | èss·pi·*na*·kass |
| **fraise** | *fresa* | *fré*·ssa |
| **fruit** | *fruta* | *frou*·ta |
| **haricots** | *judías* | rhou·*di*·ass |
| **laitue** | *lechuga* | lé·*tchou*·ga |
| **légume** | *verdura* | vèr·*dou*·ra |
| **lentilles** | *lentejas* | lènn·*té*·rhass |
| **maïs** | *maíz* | ma·*ith* |
| **noix** | *nueces* | *noué*·thés |
| **oignon** | *cebolla* | thé·*bo*·lya |
| **orange** | *naranja* | na·*rann*·rha |
| **pastèque** | *sandía* | sann·*di*·a |
| **pêche** | *melocotón* | mé·lo·ko·*tonn* |
| **petits pois** | *guisantes* | gui·*ssann*·tés |
| **poivron (rouge/vert)** | *pimiento (rojo/verde)* | pi·*myènn*·to (*ro*·rho/*vèr*·dé) |
| **pomme de terre** | *patata* | pa·*ta*·ta |
| **pomme** | *manzana* | mann·*tha*·na |
| **potiron** | *calabaza* | ka·la·*ba*·tha |
| **prune** | *ciruela* | thi·*roué*·la |
| **raisin** | *uvas* | *ou*·vas |
| **tomate** | *tomate* | to·*ma*·té |

## Autres aliments

| | | |
|---|---|---|
| **pain** | *pan* | pann |
| **beurre** | *mantequilla* | mann·té·*ki*·lya |
| **fromage** | *queso* | *ké*·sso |
| **œuf** | *huevo* | *oué*·vo |
| **miel** | *miel* | myèl |
| **confiture** | *mermelada* | mèr·mé·*la*·da |
| **huile** | *aceite* | a·*theï*·té |
| **pâtes** | *pasta* | *pass*·ta |
| **poivre** | *pimienta* | pi·*myènn*·ta |
| **riz** | *arroz* | a·*roth* |
| **sel** | *sal* | sal |
| **sucre** | *azúcar* | a·*thou*·kar |
| **vinaigre** | *vinagre* | vi·*na*·gré |

## Boissons

| | | |
|---|---|---|
| **bière** | *cerveza* | thèr·*vé*·tha |
| **café** | *café* | ka·*fé* |
| **eau (minérale)** | *agua (mineral)* | a·goua (mi·né·*ral*) |
| **jus (d'orange)** | *zumo (de naranja)* | *thou*·mo (de na·*rann*·rha) |
| **lait** | *leche* | *lé*·tché |
| **thé** | *té* | té |
| **vin (blanc)** | *vino (blanco)* | *vi*·no (*blann*·ko) |
| **vin (rouge)** | *vino (tinto)* | *vi*·no (*tinn*·to) |

### QUESTIONS

| | | |
|---|---|---|
| **Pourquoi ?** | *¿Cómo?* | *ko*·mo |
| **Quoi ?** | *¿Qué?* | ké |
| **Quand ?** | *¿Cuándo?* | *kwan*·do |
| **Où ?** | *¿Dónde?* | *don*·dé |
| **Qui ?** | *¿Quién?* | kyén |
| **Pourquoi ?** | *¿Por qué?* | por·*ké* |

## URGENCES

| | | |
|---|---|---|
| **Au secours !** | *¡Socorro!* | so·*ko*·ro |
| **Va-t-en !** | *¡Vete!* | *vé*·té |
| **Appelez... !** | *¡Llame a ...!* | *lya*·mé a ... |
| **un médecin** | *un médico* | ounn *mé*·di·ko |
| **la police** | *la policía* | la po·li·*si*·a |

**Je me suis perdu(e).**
*Estoy perdido/a.* èss·*toï* pèr·*di*·do/a (m/f)

**J'ai eu un accident.**
*He tenido un accidente.* é té·*ni*·do oun ak·thi·*dènn*·té

**Je suis malade.**
*Estoy enfermo/a.* èss·*toï* ènn·*fèr*·mo/a (m/f)

**J'ai mal ici.**
*Me duele aquí.* mé *doué*·lé a·*ki*

**Je suis allergique (aux antibiotiques).**
*Soy alérgico/a (a los antibióticos).* soy a·*lèr*·rhi·ko/a (a loss ann·ti·*byo*·to·koss) (m/f)

## ACHATS ET SERVICES

**Je voudrais acheter...**
*Quisiera comprar ...* ki·*ssyé*·ra komm·*prar* ...

**Je veux juste regarder.**
*Sólo estoy mirando.* so·lo èss·*toï* mi·*rann*·do

**Puis-je le voir ?**
*¿Puedo verlo?* *poué*·do *vèr*·lo

**Cela ne me plaît pas.**
*No me gusta.* no mé *gouss*·ta

**Quel en est le prix ?**
*¿Cuánto cuesta?* *kouann*·to *kouèss*·ta

**C'est trop cher.**
*Es muy caro.* èss mouï *ka*·ro

**Pouvez-vous baisser le prix ?**
*¿Podría bajar un poco el precio?* po·*dri*·a ba·*rhar* oun po·ko èl *pré*·thyo

**Il y a une erreur sur le ticket.**
*Hay un error en la cuenta.* aï oun è·*ror* èn la *kouènn*·ta

| | | |
|---|---|---|
| **carte bancaire** | *tarjeta de crédito* | tar·*rhé*·ta dé *kré*·di·to |
| **cybercafé** | *cibercafé* | thi·bèr·ka·*fé* |
| **DAB** | *cajero automático* | ka·*rhé*·ro aou·to·*ma*·ti·ko |
| **office du tourisme** | *oficina de turismo* | o·fi·*thi*·na dé tou·*riss*·mo |
| **poste** | *correos* | ko·*ré*·oss |

## HEURE ET DATE

**Quelle heure est-il ?**
*¿Qué hora es?* ké o·ra èss

**Il est (10) heures.**
*Son (las diez)* sonn (las dyèth)

### NOMBRES

| | | |
|---|---|---|
| 1 | *uno* | *ou*·no |
| 2 | *dos* | doss |
| 3 | *tres* | trèss |
| 4 | *cuatro* | *koua*·tro |
| 5 | *cinco* | *thinn*·ko |
| 6 | *seis* | seïss |
| 7 | *siete* | *ssyé*·té |
| 8 | *ocho* | o·tcho |
| 9 | *nueve* | *noué*·vé |
| 10 | *diez* | dyèth |
| 20 | *veinte* | *véïnn*·té |
| 30 | *treinta* | *tréïnn*·ta |
| 40 | *cuarenta* | koua·*rènn*·ta |
| 50 | *cincuenta* | thinn·*kouènn*·ta |
| 60 | *sesenta* | ssé·*ssènn*·ta |
| 70 | *setenta* | ssé·*tènn*·ta |
| 80 | *ochenta* | o·*tchènn*·ta |
| 90 | *noventa* | no·*vènn*·ta |
| 100 | *cien* | thyènn |
| 1 000 | *mil* | mil |

| | | |
|---|---|---|
| **(Une heure) et demie** | *Es (la una) y media* | èss (la *ou*·na) i *mé*·dya |
| **après-midi** | *tarde* | *tar*·dé |
| **aujourd'hui** | *hoy* | oï |
| **demain** | *mañana* | ma·*nya*·na |
| **hier** | *ayer* | a·*yèr* |
| **matin** | *mañana* | ma·*nya*·na |
| **soirée** | *noche* | *no*·tché |
| **lundi** | *lunes* | *lou*·nèss |
| **mardi** | *martes* | *mar*·tèss |
| **mercredi** | *miércoles* | *myèr*·ko·lèss |
| **jeudi** | *jueves* | *rhoué*·béss |
| **vendredi** | *viernes* | *vyèr*·néss |
| **samedi** | *sábado* | *sa*·ba·do |
| **dimanche** | *domingo* | do·*minn*·go |
| **janvier** | *enero* | é·*né*·ro |
| **février** | *febrero* | fé·*bré*·ro |
| **mars** | *marzo* | *mar*·tho |
| **avril** | *abril* | a·*bril* |
| **mai** | *mayo* | *ma*·yo |
| **juin** | *junio* | *rhou*·nyo |
| **juillet** | *julio* | *rhou*·lyo |
| **août** | *agosto* | a·*goss*·to |
| **septembre** | *septiembre* | sèp·*tyèmm*·bré |

**PANNEAUX**

| | |
|---|---|
| **Abierto** | Ouvert |
| **Cerrado** | Fermé |
| **Entrada** | Entrée |
| **Hombres** | Hommes |
| **Mujeres** | Femmes |
| **Prohibido** | Interdit |
| **Salida** | Sortie |
| **Servicios/Aseos** | Toilettes |

| | | |
|---|---|---|
| **octobre** | *octubre* | ok·tou·bré |
| **novembre** | *noviembre* | no·vyèmm·bré |
| **décembre** | *diciembre* | di·thyèmm·bré |

# TRANSPORTS

## Transports en commun

| | | |
|---|---|---|
| **avion** | *avión* | a·vyonn |
| **bateau** | *barco* | bar·ko |
| **bus** | *autobús* | aou·to·bouss |
| **train** | *tren* | trènn |
| **tram** | *tranvía* | tran·vi·a |
| **premier** | *primer* | pri·mérr |
| **dernier** | *último* | oul·ti·mo |
| **prochain** | *próximo* | prok·ssi·mo |

**Je voudrais aller à...**
*Quisiera ir a ...* ki·ssyé·ra ir a ...

**S'arrête-t-il à (Madrid) ?**
*¿Para en (Madrid)?* pa·ra ènn (ma·dri)

**Comment s'appelle cet arrêt ?**
*¿Cuál es esta parada?* koual èss èss·ta pa·ra·da

**À quelle heure arrive-t-il/part-il ?**
*¿A qué hora llega/sale?* a ké o·ra lyé·ga/sa·lé

**Pourriez-vous me prévenir quand nous arriverons à (Séville) ?**
*¿Puede avisarme cuando lleguemos a (Sevilla)?* poué·dé a·vi·ssar·mé kouann·do lyé·gué·moss a (sé·vi·lya)

**Je veux descendre ici.**
*Quiero bajarme aquí.* kyé·ro ba·rhar·mé a·ki

| | | |
|---|---|---|
| **un billet de...** | *un billete de ...* | oun bi·lyé·té dé ... |
| **première classe** | *primera clase* | pri·mé·ra kla·ssé |
| **deuxième classe** | *segunda clase* | sé·gounn·da kla·ssé |
| **aller simple** | *ida* | i·da |
| **aller-retour** | *ida y vuelta* | i·da i vouèl·ta |
| **annulé** | *cancelado* | kan·thé·la·do |
| **en retard** | *retrasado* | ré·tra·ssa·do |
| **plate-forme** | *plataforma* | pla·ta·for·ma |
| **guichet** | *taquilla* | ta·ki·lya |
| **horaire** | *horario* | o·ra·ryo |
| **gare ferroviaire** | *estación de trenes* | èss·ta·thyonn dé tré·nèss |
| **siège côté allée** | *asiento de pasillo* | a·ssyènn·to dé pa·ssi·lyo |
| **siège côté fenêtre** | *asiento junto a la ventana* | a·ssyènn·to rhounn·to a la ven·ta·na |

## Transports individuels

| | | |
|---|---|---|
| **Je voudrais louer...** | *Quisiera alquilar ...* | ki·ssyé·ra al·ki·lar ... |
| **un 4x4** | *un todo-terreno* | oun to·do·tè·ré·no |
| **un vélo** | *una bicicleta* | ou·na bi·thi·klé·ta |
| **une voiture** | *un coche* | oun ko·tché |
| **une moto** | *una moto* | ou·na mo·to |
| **casque** | *casco* | kass·ko |
| **diesel** | *gasóleo* | ga·sso·léo |
| **essence/carburant** | *gasolina* | ga·sso·li·na |
| **mécanicien** | *mecánico* | mé·ka·ni·ko |
| **siège enfant** | *asiento de seguridad para niños* | a·ssyènn·to dé sé·gou·ri·da pa·ra ni·nyoss |
| **station-service** | *gasolinera* | ga·sso·li·né·ra |

**Cette route mène-t-elle à (Barcelone) ?**
*¿Se va a (Barcelona) por esta carretera?* sé va a (bar·cé·lo·na) por ess·ta ka·ré·té·ra

**(Combien de temps) Puis-je stationner ici ?**
*¿(Por cuánto tiempo) Puedo aparcar aquí?* (por kouann·to tyèmm·po) poué·do a·par·kar a·ki

**La voiture est tombée en panne (à Valence).**
*El coche se ha averiado (en Valencia).* el ko·tché sé a a·vé·rya·do (ènnva·lènn·thya)

**J'ai un pneu crevé.**
*Tengo un pinchazo.* tènn·go oun pinn·tcha·tho

**Je suis en panne d'essence.**
*Me he quedado sin gasolina.* mé é ké·da·do sin gasolina

# GLOSSAIRE



*Sauf mention contraire, les termes ci-dessous sont en espagnol castillan.*

**abierto** – ouvert
**aljibe** – citerne
**apartado de correos** – boîte aux lettres (poste)
**artesonado (plafond)** – plafond à caissons
**autovía** – autoroute
**ayuntamiento** – mairie, hôtel de ville

**barranco** – ravin, canyon ou gorge
**barrio** – quartier
**Bimbaches** – peuple indigène d'El Hierro
**bocadillo** – sandwich fait avec une baguette de pain
**bodega** – bar à vins traditionnel ou cave à vins
**bote** – canot assurant la navette entre le rivage et les navires au large
**buceo** – plongée sous-marine
**butaca** – fauteuil à bord des ferrys

**cabildo insular** – conseil de l'île (organe du gouvernement local)
**cabra** – chèvre
**cabrito** – chevreau
**cajero automático** – distributeur automatique de billets (DAB)
**caldera** – vaste cratère volcanique ; caldeira
**calle** – rue
**cambio** – change
**Canariones** – habitants de la Grande Canarie
**Carnaval** – fête célébrant le début du Carême, 40 jours avant Pâques
**casa rural** – gîte rural
**caserío** – ferme traditionnelle ou hameau
**cena** – dîner
**charco** – piscine naturelle d'eau de mer
**chiringuito** – kiosque
**churros** – beignets sucrés
**comedor** – salle à manger
**comida** – déjeuner
**Conejeros** – habitants de Lanzarote
**Corpus Christi** – Fête-Dieu ; célèbre l'Eucharistie 60 jours après Pâques
**correos** – bureau de poste
**cruz** – croix
**Cruz Roja** – Croix-Rouge
**cueva** – grotte

**denominación de origen** – dénomination d'origine ; équivalent d'"appelation d'origine contrôlée" (AOC)
**desayuno** – petit-déjeuner
**drago** – dragonnier (arbre)

**ermita** – ermitage, chapelle
**estación** – gare
**estación de guaguas** – gare routière
**estación marítima** – gare maritime
**estanco** – bureau de tabac
**este** – est

**faro** – phare
**feria** – foire
**fiesta** – fête, jour férié
**finca** – domaine agricole

**godo** – Goth ; surnom donné aux Espagnols par les habitants des Canaries
**gofio** – farine de céréales grillées (maïs, orge, blé) ; aliment de base de la cuisine canarienne, traditionnellement utilisé à la place du pain
**Gomeros** – habitants de La Gomera
**gran** – grand
**guagua** – bus
**guanarteme** – chef insulaire
**Guanches** – peuple indigène des Canaries

**Herreños** – habitants de Hierro
**horario** – horaire
**hostal** – lieu d'hébergement de 2 à 3 étoiles ; à ne pas confondre avec les auberges de jeunesse dont il n'existe qu'une seule adresse dans l'archipel
**hotel** – hôtel (de 1 à 5 étoiles)

**IGIC** – Impuesto General Indirecto Canario ; TVA appliquée aux Canaries
**iglesia** – église

**jamón** – jambon
**juego del palo** – jeu de bâton

**lagarto** – lézard
**laurisilva** – laurisylve ; forêt tropicale composée de plusieurs espèces de lauracées endémiques
**lavandería** – laverie
**librería** – librairie
**lucha canaria** – lutte canarienne

**Majoreros** – habitants de Fuerteventura
**malpaís** – mauvaises terres volcaniques
**malvasía** – malvoisie (vin)
**marcha** – animation, vie nocturne, milieu festif
**mencey** – roi guanche
**menú del día** – menu du jour
**mercado** – marché
**meseta** – plateau
**mesón** – auberge ou taverne à l'ancienne
**mirador** – point de vue, belvédère
**mojo** – sauce typique des Canaries à base de piment rouge, de coriandre ou de basilic
**montaña** – montagne
**mudéjar** – se dit de l'art pratiqué dans l'Espagne chrétienne du XIIIe au XVIe siècle et caractérisé par l'emploi de techniques et de formes décoratives islamiques
**muelle** – quai, jetée, embarcadère
**municipio** – municipalité
**museo** – musée

**norte** – nord

**oeste** – ouest

**oficina de turismo** – office du tourisme

**Paginas Amarillas** – Pages jaunes (annuaire)

**Palmeros** – habitants de La Palma

**papas arrugadas** – littéralement pommes de terre "ridées" ; pommes de terre non épluchées cuites à l'eau avec beaucoup de gros sel

**parador** – hôtel haut de gamme géré par l'État et généralement aménagé dans un bâtiment à caractère historique

**parque nacional** – parc national

**paseo marítimo** – promenade sur le front de mer

**pensión** – pension (1 ou 2 étoiles)

**piscina** – piscine

**plateresque** – style d'architecture espagnol du début du XVIe siècle au décor très ornementé rappelant l'orfèvrerie

**playa** – plage

**pozo** – puits

**presa canario** – chien des Canaries ; voir aussi *verdino*

**pueblo** – village

**puente** – pont

**puerta** – porte

**puerto** – port

**ración** – grosse portion de tapas

**rastro** – marché aux puces

**retablo** – retable

**romería** – pèlerinage ou procession

**sabina** – genévrier

**Semana Santa** – Semaine sainte ; semaine qui précède Pâques

**señorío** – seigneurie, gouvernement insulaire exerçant l'autorité pour la Couronne espagnole

**s/n** – *sin numero* (sans numéro) ; figure parfois sur les adresses

**sur** – sud

**taberna** – taverne

**tapas** – assortiment d'entrées variées, servies à l'apéritif dans des petites assiettes (de *tapa*, couvercle)

**taquilla** – guichet

**tarjeta de crédito** – carte de crédit

**tarjeta telefónica** – carte téléphonique

**tasca** – pub, bar

**terraza** – terrasse d'un bâtiment ou d'un café

**timple** – petite guitare à 4 ou 5 cordes, typique des Canaries

**Tinerfeños** – habitants de Tenerife

**valle** – vallée

**vega** – plaine

**verdino** – chien des Canaries au pelage brun verdâtre

**volcán** – volcan

**zumería** – bar à jus de fruits

# En coulisses

## VOS RÉACTIONS ?

Vos commentaires nous sont très précieux et nous permettent d'améliorer constamment nos guides. Notre équipe lit toutes vos lettres avec la plus grande attention. Nous ne pouvons pas répondre individuellement à tous ceux qui nous écrivent, mais vos commentaires sont transmis aux auteurs concernés. Tous les lecteurs qui prennent la peine de nous communiquer des informations sont remerciés dans l'édition suivante, et ceux qui nous fournissent les renseignements les plus utiles se voient offrir un guide.

Pour nous faire part de vos réactions, prendre connaissance de notre catalogue et vous abonner à notre newsletter, consultez notre site Internet : **www.lonelyplanet.fr**

Nous reprenons parfois des extraits de notre courrier pour les publier dans nos produits, guides ou sites web. Si vous ne souhaitez pas que vos commentaires soient repris ou que votre nom apparaisse, merci de nous le préciser. Notre politique en matière de confidentialité est disponible sur notre site Internet.


## À NOS LECTEURS

**Merci à tous les voyageurs qui ont utilisé la dernière édition de ce guide et qui nous ont écrit pour nous faire part de leurs conseils, de leurs suggestions et de leurs anecdotes :** **B** Patrick Beraud, Philippe Bourgeois **C** Elisa Chandre-Maurin, Gérard Crémier **K** Virasith Khattignarath **L** Hervé Lalande **M** Margaux Maboux, Gilbert Mathe, Gabriel Melun **V** Sascha Valero, Damien Vogels

## UN MOT DES AUTEURS

### Isabella Noble

Un immense *gracias* à tous ceux qui m'ont aidée à travailler sur cette mise à jour dans la joie. Sur Lanzarote, merci à Tila, Michelle, Richard, Caroline, María, Gaspare, José et à l'équipe, Faye, Andrew et tous les autres *conejeros*. Pour La Gomera, je remercie Barbara, Christa, Thomas, Sandra, Adelaida, Isabel et tout particulièrement Papi (pour les superbes randonnées). Sur El Hierro, *muchísimas gracias* à Idaira, Eva, Raico, Ida Inés, Carmelo et l'équipe du Turismo El Hierro. Enfin, un merci tout particulier à Damian Harper, fabuleux co-auteur.

### Damian Harper

Tous mes remerciements à Isabella Noble pour tout son soutien et sa bonne humeur, ma gratitude à Li Jiani et Arman, toujours serviables, et toute ma reconnaissance à Juan de la Vega, Damien, Carlos Brito, Olga Aresté, Ellen, Ling, Michele, Tim et Emma, ainsi qu'à toutes les autres personnes qui ont fait de mon voyage une fascinante épopée remplie de découvertes.

## REMERCIEMENTS

Données des cartes du climat adaptées de Peel MC, Finlayson BL & McMahon TA (2007) "Updated World Map of the Köppen-Geiger Climate Classification", *Hydrology and Earth System Sciences*, 11, 163344.
Photographie de couverture : Dragonnier et Teide, Cameris/Getty Images ©

## À PROPOS DE CET OUVRAGE

Cette 4e édition française du guide Lonely Planet *Canaries* est la traduction-adaptation de la 7e édition anglaise que l'on doit à Isabella Noble et Damian Harper. L'édition précédente a été écrite par Lucy Corne et Josephine Quintero.

**Traduction** Jeanne Robert, Giuseppe Ardiri et Florence Delahoche

**Direction éditoriale** Didier Férat

**Adaptation française** Cécile Bertolissio

**Responsable prépresse** Jean-Noël Doan

**Maquette** Laurence Tixier

**Cartographie** Anthony Phelan, adaptée en français par Nicolas Chauveau

**Couverture** Naomi Parker, adaptée en français par Laure Wilmot

**Remerciements à** Basile Mariton pour la préparation du manuscrit et le référencement, Angélique Adagio et Céline Raux-Samaan pour leur précieuse contribution au texte, à Christian Deloye pour son aide et, enfin, à Christiane Mouttet pour sa relecture attentive. Un grand merci à Dominique Spaety et Dorothée Pasqualin du bureau parisien. Enfin, merci Clare Mercer, Joe Revill, Sarah Nicholson, Luan Angel et Becky Henderson du bureau de Londres, et à Darren O' Connell, Elizabeth Nguyen, Chris Love, Jacqui Saun-ders, Glenn van der Knijff et Claire Murphy du bureau australien.

# Index



**Référence des cartes**
**Référence des photos**

## D



## E



**Référence des cartes**
**Référence des photos**

## F



## G



## H



## I

**Référence des cartes**
**Référence des photos**

# Légende des cartes

## À voir

- Plage
- Réserve ornithologique
- Temple bouddhiste
- Château/palais
- Église/cathédrale
- Temple confucéen
- Temple hindou
- Mosquée
- Temple jaïn
- Synagogue
- Monument
- Musée/galerie/édifice historique
- Ruines
- Sentō (bain public)
- Temple shintoïste
- Temple sikh
- Temple taoïste
- Cave/vignoble
- Zoo
- Autre site

## Activités, cours et circuits organisés

- Bodysurfing
- Plongée/snorkeling
- Canoë/kayak
- Cours/circuits organisés
- Ski
- Snorkeling
- Surf
- Piscine/baignade
- Randonnée
- Planche à voile
- Autres activités

## Où se loger

- Hébergement
- Camping

## Où se restaurer

- Restauration

## Où prendre un verre

- Bar
- Café

## Où sortir

- Salle de spectacle

## Achats

- Magasin

## Renseignements

- Banque
- Ambassade/consulat
- Hôpital/centre médical
- Accès Internet
- Police
- Bureau de poste
- Centre téléphonique
- Toilettes
- Office du tourisme
- Autre adresse pratique

## Géographie

- Plage
- Refuge/gîte
- Phare
- Point de vue
- Montagne/volcan
- Oasis
- Parc
- Col
- Aire de pique-nique
- Cascade

## Agglomérations

- Capitale (pays)
- Capitale (région/État/province)
- Grande ville
- Petite ville/village

## Transports

- Aéroport
- Poste frontière
- Bus
- Téléphérique/funiculaire
- Piste cyclable
- Ferry
- Métro/Tube Station (anglais)
- Monorail
- Parking
- Station-service
- Station de métro
- Taxi
- T-Bane/Station T-Bane (norvégien)
- Gare/chemin de fer
- Tramway
- U-Bahn (allemand)
- Autre moyen de transport

*Les symboles recensés ci-dessus ne sont pas tous utilisés dans ce guide*

## Routes

- Autoroute à péage
- Voie rapide
- Nationale
- Route secondaire
- Petite route
- Chemin
- Route non goudronnée
- Route en construction
- Place/rue piétonne
- Escalier
- Tunnel
- Passerelle
- Promenade à pied
- Promenade à pied (variante)
- Sentier

## Limites et frontières

- Pays
- État/province
- Frontière contestée
- Région/banlieue
- Parc maritime
- Falaise
- Rempart

## Hydrographie

- Fleuve/rivière
- Rivière intermittente
- Canal
- Étendue d'eau
- Lac asséché/salé/intermittent
- Récif

## Topographie

- Aéroport/aérodrome
- Plage/désert
- Cimetière (chrétien)
- Cimetière (autre)
- Glacier
- Marais
- Parc/forêt
- Site (édifice)
- Terrain de sport
- Mangrove

# LES GUIDES LONELY PLANET

Une vieille voiture déglinguée, quelques dollars en poche et le goût de l'aventure, c'est tout ce dont Tony et Maureen Wheeler eurent besoin pour réaliser, en 1972, le voyage d'une vie : rallier l'Australie par voie terrestre via l'Europe et l'Asie. De retour après un périple harassant de plusieurs mois, et forts de cette expérience formatrice, ils rédigèrent sur un coin de table leur premier guide, *Across Asia on the Cheap*, qui se vendit à 1 500 exemplaires en l'espace d'une semaine. Ainsi naquit Lonely Planet, dont les guides sont aujourd'hui traduits en 13 langues.

# NOS AUTEURS

**Isabella Noble**

Lanzarote, El Hierro, La Gomera, Préparer son voyage Anglo-australienne sur le papier, mais Espagnole de cœur, Isabella parcourt le globe depuis qu'elle a un an et qu'elle effectué son premier voyage autour du monde. Après avoir grandi dans un village andalou aux maisons blanchies à la chaux, elle est devenue une journaliste de voyage spécialisée dans l'Espagne, mais elle écrit également beaucoup sur l'Inde, la Thaïlande, le Royaume-Uni et bien d'autres destinations pour Lonely Planet, le *Daily Telegraph* et d'autres publications. Isabella a été co-auteur sur les guides Lonely Planet *Espagne* et *Andalousie*, et elle est l'experte pour l'Espagne au *Daily Telegraph*. Elle a également contribué aux guides Lonely Planet *Inde*, *Inde du Sud*, *Thaïlande*, *Îles et plages de Thaïlande*, *Big Trips - Asie du Sud-Est* et *Great Britain*, et a écrit le guide *Phuket En quelques jours*. Retrouvez Isabella sur Twitter et Instagram (@isabellamnoble).

**Damian Harper**

Tenerife, la Grande Canarie, Fuerteventura, La Palma, Comprendre Londonien de naissance, Damian a grandi à Notting Hill bien avant que le quartier soit découvert par Hollywood. Autrefois vendeur dans la librairie Shakespeare and Company et présentateur radio, Damian participe à l'écriture des guides Lonely Planet depuis la fin des années 1990. Il vit dans le sud de Londres avec sa femme et leurs deux enfants et se rend souvent en Chine (sa seconde patrie).

**Canaries**

4e édition
Traduit et adapté de l'ouvrage *Canary Islands, 7th edition, January 2020*


92 avenue de France, 75013 Paris
Photographes © comme indiqué 2020

Dépôt légal Février 2020
ISBN 978-2-81618-542-3

Imprimé par Pollina, Luçon, France - 92223

En Voyage Éditions | un département édi8